新形态一体化教材

"十四五"职业教育国家规划教材

U0750659

旅游学概论

（第五版）

主编　郭胜　张红英　曹培培

中国教育出版传媒集团

高等教育出版社·北京

内容提要

本教材是"十四五"职业教育国家规划教材，也是江苏省"十四五"首批职业教育规划教材和江苏省优秀培育教材。

本教材根据近年来旅游业发展的情况和广大教师在教材使用过程中提出的建议，补充了新材料和新案例，力求反映旅游业发展的新业态、新技术和新趋势，突出产教融合特色。各章设有"知识链接""拓展阅读""案例链接"等小栏目，章后设有实训项目，以利于对学生分析、解决实际问题能力的训练和培养。同时为了适应"互联网+职业教育"发展的新需求，打造新形态一体化教材，配套建设有丰富的数字化教学资源，可通过扫描教材中二维码进行在线学习，在提升学习兴趣的同时，也为学习者提供更多自主学习的空间。

本教材适用于高等职业院校、职业本科院校及应用型本科院校旅游类相关专业教学使用，也可作为相关从业人员的业务参考书。

教师如需获取本书授课用PPT、习题答案等配套资源，请登录"高等教育出版社产品信息检索系统"（http://xuanshu.hep.com.cn/）免费下载。

图书在版编目（ＣＩＰ）数据

旅游学概论／郭胜，张红英，曹培培主编. --5 版
. --北京：高等教育出版社，2024.3
ISBN 978-7-04-061448-0

Ⅰ.①旅… Ⅱ.①郭… ②张… ③曹… Ⅲ.①旅游学
-概论 Ⅳ.①F590

中国国家版本馆 CIP 数据核字（2023）第 240359 号

Lüyouxue Gailun

策划编辑	张 卫	责任编辑	张 卫	封面设计	姜 磊	版式设计	徐艳妮
责任绘图	裴一丹	责任校对	刁丽丽	责任印制	耿 轩		

出版发行	高等教育出版社	网 址	http://www.hep.edu.cn
社 址	北京市西城区德外大街 4 号		http://www.hep.com.cn
邮政编码	100120	网上订购	http://www.hepmall.com.cn
印 刷	小森印刷（北京）有限公司		http://www.hepmall.com
开 本	787mm×1092mm 1/16		http://www.hepmall.cn
印 张	19.5	版 次	2004 年 6 月第 1 版
字 数	480 千字		2024 年 3 月第 5 版
购书热线	010-58581118	印 次	2024 年 9 月第 2 次印刷
咨询电话	400-810-0598	定 价	49.00 元

第五版前言

本教材自第一版出版以来，受到广大院校和读者的欢迎和肯定，经过不断修订完善，已更新至第五版。本次修订以党的二十大精神为指引，把"坚持以文塑旅、以旅彰文，推进文化和旅游深度融合发展"等要求贯穿教材编写的全过程，并融入近年来旅游业发展的最新实践和广大教师在教材使用过程中提出的建议，以进一步增强教材的适用性。本次修订突出了以下特点。

1. 落实立德树人根本任务

通过学习教材内容，培养学生树立远大的职业理想、增强文化自信和责任担当，促进学生培育和践行社会主义核心价值观，激发学生爱旅游、爱生活、爱祖国的情怀，有效落实立德树人的根本任务。

2. 打造新形态一体化教材

本次修订新增了教材配套的数字化资源，包括微课资源、课件、案例、图片、题库等，方便教师的教和学生的学。

3. 反映旅游新业态和学术成果

本次修订对所有的章节都做进一步的修订和完善，对过时的内容进行了删减，特别是根据近年来国内外旅游业发展的现状和前景，把旅游业新的实践经验和理论成果引入教材，使教材能够更契合旅游业发展实际。

4. 突出产教融合和校企合作开发

努力使教材内容对接旅游业发展现状和趋势，对接旅游企业发展对人才培养的需求，对接旅游企业岗位对学生能力的要求，打造校企合作开发教材。同时，努力使教材对接国家职业标准、行业标准。

5. 体现应用性、实践性、职业性

加强案例教学和体验式教学内容的设计，进一步充实教材知识链接、拓展阅读、案例解析等栏目，为课程思政教育提供素材。增加实践教学内容和实训项目，以体现职业教育类型特色，提高学生分析问题、解决问题的能力。

本次修订工作由无锡商业职业技术学院有着丰富教学和实践经验的教师团队负责。其中，第一章、第九章由吴兰桂修订，第二章、第十章由何调霞修订，第三章、第四章、第八章由曹培培修订和增写，第五章、第六章、第十二章由张红英修订和增写，第七章、第十一章由鲁瑾修订。全书由郭胜、张红英统稿定稿。教材修订得到无锡市旅游业协会王洁平、无锡中国国际旅行社赖霖、无锡灵山文化旅游集团有限公司朱金辉、无锡太湖鼋头渚旅游集团有限公司刘靖霞的大力支持，在此深表谢意。本教材也是教育部第二批国家职业教育教师教学创新团队(旅游管理)、江苏省第二批职业教育教师教学创新团队(旅游管理)资助项目。

由于水平有限,本书不足和疏漏之处在所难免,希望得到广大读者的批评指正。

编 者
2024 年 1 月于无锡

第一版前言

　　本书是根据全国高职高专旅游服务类专业课开发指导委员会确定的旅游服务类专业主干课程"旅游学概论"的教学基本要求编写的，是新世纪高职高专旅游服务类专业规划教材。

　　"旅游学概论"是旅游服务类专业的一门专业基础课和必修课，在旅游服务类专业教材建设中具有重要地位。为了编写好这本教材，全国高职高专旅游服务类专业课开发指导委员会组织部分高职高专旅游院校的专业教师，在广泛吸收国内外学术成果和最新现代旅游业发展成就的基础上，深入钻研、反复商讨、精心写作，历时两年，终于完成此书。

　　本书的主要特点如下。

　　(1) 博采众长，理论充实，反映了现代旅游业发展的新观念、新思想、新方法。

　　(2) 体系完整，内容充实，系统性强。

　　(3) 理论联系实际，具有较强的实践性，并体现了国际国内旅游业发展的最新状况。

　　本书是为高职高专旅游服务类专业编写的，同时，本书也可以作为大专层次的自学考试用书和旅游从业人员的参考用书。

　　为了便于学生使用和学习，本书从体系编排上做了较大的调整，增加了"学习目标""本章小结""关键概念""同步练习"等板块，全书数据均采用最新的资料，以开阔学生的视野，丰富学生的课堂知识。

　　本书由郭胜担任主编，李贤政担任副主编，具体编写分工如下：郭胜编写第一章、第九章，虞艳编写第二章，彭磊义编写第三章、第七章，蔡海燕编写第四章，李贤政编写第五章、第八章，柏杨编写第六章、第七章，最后由郭胜、李贤政统稿定稿。

　　由于时间和水平有限，本书错误和疏漏在所难免，希望广大读者予以批评指正。

编　者

2004 年 2 月于无锡

目录

第一章　旅游学概述 1

　学习目标 1

　第一节　旅游的含义、属性及特征 2

　第二节　旅游学的研究对象 15

　第三节　旅游学的学习和研究方法 20

　本章小结 21

　同步练习 22

　实训项目 22

第二章　旅游的产生与发展 23

　学习目标 23

　第一节　世界旅游历史发展 24

　第二节　中国旅游历史发展 33

　第三节　世界和中国旅游发展趋势 43

　本章小结 50

　同步练习 50

　实训项目 51

第三章　旅游者 53

　学习目标 53

　第一节　旅游者概述 55

　第二节　旅游需求的激励因素 66

　第三节　旅游流及其运动规律 76

　第四节　旅游者的权利和义务 82

　第五节　文明旅游 85

　本章小结 89

　同步练习 89

　实训项目 90

第四章　旅游资源 91

　学习目标 91

　第一节　旅游资源概述 92

　第二节　旅游资源的评价 102

第三节 旅游资源的开发和保护 ······································· 108
　　本章小结 ··· 115
　　同步练习 ··· 116
　　实训项目 ··· 116
第五章　旅游业 ··· 117
　　学习目标 ··· 117
　　第一节 旅游业概述 ··· 119
　　第二节 旅行社 ·· 124
　　第三节 旅游饭店 ··· 132
　　第四节 旅游交通 ··· 140
　　第五节 旅游商品 ··· 144
　　本章小结 ··· 148
　　同步练习 ··· 148
　　实训项目 ··· 148
第六章　旅游市场 ··· 149
　　学习目标 ··· 149
　　第一节 旅游市场概述 ·· 150
　　第二节 世界旅游客流状况 ··· 155
　　第三节 中国旅游业与海外客源市场 ·· 159
　　第四节 旅游产品与旅游营销 ··· 165
　　本章小结 ··· 178
　　同步练习 ··· 178
　　实训项目 ··· 178
第七章　旅游对经济、社会文化和环境的影响 ····························· 181
　　学习目标 ··· 181
　　第一节 旅游业对经济的影响 ··· 182
　　第二节 旅游业对社会文化的影响 ··· 189
　　第三节 旅游业对环境的影响 ··· 198
　　本章小结 ··· 201
　　同步练习 ··· 202
　　实训项目 ··· 202
第八章　旅游业与其他产业融合发展 ·· 203
　　学习目标 ··· 203
　　第一节 旅游业与农业的融合发展 ··· 204
　　第二节 旅游业与工业的融合发展 ··· 211
　　第三节 旅游业与其他服务业的融合发展 ·································· 218
　　本章小结 ··· 222
　　同步练习 ··· 222
　　实训项目 ··· 223

第九章　旅游业的可持续发展 ······ 225
学习目标 ······ 225
第一节　可持续发展的内涵 ······ 226
第二节　旅游业可持续发展 ······ 228
第三节　旅游业可持续发展支持系统与举措 ······ 233
本章小结 ······ 240
同步练习 ······ 240
实训项目 ······ 241
第十章　旅游文化 ······ 243
学习目标 ······ 243
第一节　旅游文化概述 ······ 244
第二节　旅游的文化属性及其功能 ······ 247
第三节　旅游文化及其产业 ······ 251
第四节　旅游文化的整合与创新 ······ 255
本章小结 ······ 261
同步练习 ······ 261
实训项目 ······ 262
第十一章　旅游组织 ······ 263
学习目标 ······ 263
第一节　旅游组织及其分类 ······ 264
第二节　国际旅游组织及其职能 ······ 265
第三节　我国的旅游组织及其职能 ······ 272
本章小结 ······ 276
同步练习 ······ 276
实训项目 ······ 277
第十二章　旅游新业态 ······ 279
学习目标 ······ 279
第一节　旅游新业态概述 ······ 281
第二节　智慧旅游 ······ 283
第三节　研学旅行 ······ 290
第四节　生态旅游 ······ 293
本章小结 ······ 299
同步练习 ······ 300
实训项目 ······ 300
主要参考文献 ······ 301

二维码视频资源目录

资源名称	页码
视频：旅游的基本属性	5
视频：主题公园	12
视频：范蠡三徙	38
视频：不文明旅游行为——乱刻乱画	85
视频：京津冀旅游区旅游资源	95
视频：公共园林	99
视频：园林与运河	103
视频：旅游资源受破坏的原因之自然衰败	110
视频：旅游资源受破坏的原因之人为破坏	111
视频：走进导游服务	128
视频：如何成立旅行社	129
视频：认识导游人员	129
视频：导游带团程序之参观游览服务1	130
视频：导游带团程序之参观游览服务2	130
视频：旅游市场定位策略	151
视频：旅游心理定价策略	166
视频：环境污染与保护	236
视频：奉茶礼仪	244
视频：园林建筑之铺地	245
视频：园林花窗	247
视频：借景手法在中国古典园林中的运用	258
视频：生态旅游	293

第一章　旅游学概述

【学习目标】

知识目标

- 理解旅游的含义。
- 理解旅游的特征和本质属性。
- 理解旅游活动的性质与类型。
- 掌握现代旅游活动的突出特点。
- 了解旅游学的研究对象和任务。

能力目标

- 能将旅游学的学习方法应用于本课程的学习中。

素养目标

- 培养透过现象抓住事物本质的哲学思维。
- 培养系统论方法意识。
- 树立热爱旅游业的职业理想。

【关键概念】

旅游的定义　艾斯特定义　旅游活动　旅游的本质
旅游学的研究对象　旅游学的学习和研究方法

【思维导图】

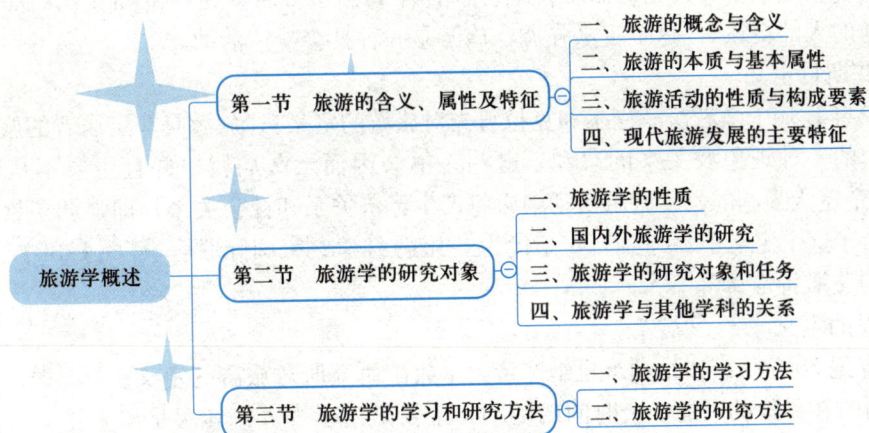

　　旅游是人类社会发展到一定阶段所产生的社会文化现象，是经济社会发展的产物。旅游学是研究人类旅游活动发生、发展的一般规律的科学，是社会科学中一门由多种学科理论和知识交叉的边缘性应用学科。"旅游学概论"是旅游专业的入门课程，要学好这门课程，需掌握正确的学习和研究方法。

第一节　旅游的含义、属性及特征

一、旅游的概念与含义

　　"旅游"作为一个科学概念，是随着旅游活动的出现及其在社会中的不断普及而引起人们的关注和研究而产生的。

　　中国是一个有着悠久历史的国家，有关旅游的词汇最早出现于《易经》中的"观国之光"一语，人们认为这便是"观光"即"旅游"一词的由来。在古代中国，由于经济的发展，出现了多种旅游形式，并出现了"商旅"一词，反映了商人们所进行的商务旅游活动。

　　在西方的发展史上也曾出现过"旅行"（travel）这一"旅游"（tourism）的同义语，两者的概念在 20 世纪 60 年代随着旅游的发展出现了同化现象。

　　有关旅游概念的科学研究，是在旅游成为一种普遍的社会现象、"旅游学"成为一门独立学科之后才出现的。人们从不同的角度对"旅游"进行了剖析和研究。

（一）在国际上比较有影响的旅游概念性定义

　　1. 交往定义

　　1927 年，德国的蒙根·罗德对旅游的定义：旅游从"狭义的理解是那些暂时离开自己的住地，为了满足生活和文化的需要，或各种各样的愿望，而作为经济和文化商品的消费者逗留在异地的人的交往。"这个定义强调：旅游是一种社会交往活动。

　　2. 艾斯特定义

　　1942 年，瑞士学者汉泽克尔和克拉普夫对旅游的定义："旅游是非定居者的旅行和暂时居留而引起的一种现象及关系的总和。这些人不会因而永久居留，并且主要不从事赚钱的活动。"这个定义强调的是：旅游活动中必将产生经济关系和社会关系，即强调了旅游的综合性内涵。由于这个定义于 20 世纪 70 年代为"旅游科学专家国际联合会"（IASET）所采用，因此称为"艾斯特定义"。

　　3. 目的定义

　　20 世纪 50 年代，奥地利维也纳经济大学旅游研究所对旅游的定义："首先，旅游可以理解为是暂时在异地的人的空余时间的活动，主要是出于修养；其次是出于受教育、开阔视野和交际的原因的旅行；最后是参加这样或那样的组织活动，以及改变有关的关系和作用。"这个定义强调的是，旅游的基本目的是消遣和增长知识。

　　4. 流动定义

　　1974 年，英国的伯卡特和梅特列克对旅游的定义："旅游发生于人们前往和逗留在各种旅游地的活动，是人们离开他平时居住和工作的地方，暂时前往一个旅游目的地运动和逗留在该地的各种活动。"这个定义强调了旅游的本质特征：异地性和暂时性。

5. 时间定义

1979 年，美国大西洋集团投资咨询有限公司的马丁·普雷博士在中国讲学时，对旅游的定义："旅游是为了消遣而进行旅行，在某一个国家逗留的时间至少超过 24 小时。"这个定义强调的是各个国家在进行国际旅游者统计时的统计标准之一：逗留的时间。

6. 相互关系定义

1980 年，美国密歇根大学的伯特·麦金托什和夏西肯特·格波特对旅游的定义："旅游可以定义为在吸引和接待旅游及其访问者的过程中，由于游客、旅游企业、东道主政府及东道主地区的居民的相互作用而产生的一切现象和关系的总和。"这个定义强调的是旅游引发的各种现象和关系，即旅游的综合性。

7. 世界旅游组织的技术性定义

1993 年，世界旅游组织（UNWTO）在关于旅游统计标准的一本科技手册中对旅游所下的定义是：旅游是指人们为了休闲、商务或其他目的离开他们的惯常环境，到某些地方并停留在那里，但连续不超过一年的活动。这个定义有三个要点：第一，规定了外出旅游的目的，包括休闲、娱乐、度假，探亲访友，商务、专业访问，健康、医疗，宗教、朝圣及其他；第二，离开其惯常环境到其他地方的旅行；第三，在外连续停留时间不超过一年。

基于不同的目的——理论研究的、统计的、立法和行政的、市场开拓的，人们对旅游所下的定义还有很多。

（二）本书对旅游的界定

在研究旅游概念的过程中，人们逐渐认识到，旅游是包含众多特征、很难准确给予定义的一个概念。但综合人们对旅游定义的不同表述，我们可以看到人们至少在以下三个方面已经取得共识。

（1）旅游是人们离开自己的定居地，去异地的活动。这一点反映了旅游活动的异地性。

（2）旅游是人们前往旅游目的地，并在那里作短暂停留的访问活动，这种短期停留有别于移民性的永久居留。这一点反映了旅游活动的暂时性。

（3）旅游是人们的旅行和暂时居留而引起的各种现象与关系的总和。它不仅包括旅游者的活动，而且涉及这些活动在客观上所产生的一些现象和关系。这一点反映了旅游现象的综合性。

参照世界上现有的较具有代表性的各种旅游定义，依据现代旅游发展的客观实际，本书将旅游定义为：旅游是人们以审美、娱乐和文化需要为目的的，离开常住地到异地的非定居性旅行和暂时停留过程中所进行的具有较高消费特征的社会、文化、生活的体验和活动。

二、旅游的本质与基本属性

（一）旅游的本质

旅游不是一种单纯的经济现象，它在本质上是一种文化体验活动，同时具有经济、文化和社会等多种属性，是一种综合性的社会现象。

1. 旅游是一种经济现象，更是一种文化现象

旅游是综合的，既是经济现象，也是文化现象，可以说旅游具有经济的外壳和文化的内

涵双重结构。在现代社会，旅游开始逐渐发展成为一种新型的生活方式，旅游的文化内涵非常突出。旅游的文化内涵具体体现在以下几个方面。

（1）旅游者本身就是在一定的文化背景下产生的。他们的思维方式、生活习惯都带有文化的烙印。怀着此种文化旅游动机的旅游者在感受异国、异族文化的同时，也把自身的文化传播到了这些地区。

（2）旅游资源是文化的载体。旅游资源本身是重要的文化载体，有些旅游资源甚至可以代表一种文化。例如，埃及的金字塔，其本身就是埃及的旅游象征。再如，中国的长城、故宫、曲阜都代表了不同特点的文化。

（3）旅游过程中的接待设施，如交通、食宿等，都蕴含了文化的内涵。

2. 旅游是人类社会经济发展的产物

在远古时期，人类生活在茹毛饮血的部落群体中，为生存所迫，人们随着部落从一个地方迁徙到另一个地方，但这只是一种旅行而已（在一些专业旅游学著作中，一般把以往人们的外出游历活动称为"旅行"，19世纪之后的活动才称为"旅游"）。随着三次社会大分工的出现，即畜牧业、手工业和商业从农业中分离出来（见图1-1），产品交换的数量和范围扩大，产生了专门从事商品交换的商人阶级，从而在人类历史上最先出现了经商旅行。虽然最初的经商旅行是个人出外谋生的活动，然而，它是一种社会的必然，是社会生产发展的需要。但是，由于人们经济水平有限，远行只限于少数上层人物，距离也比现在近得多，并且受到交通和自然条件的限制。

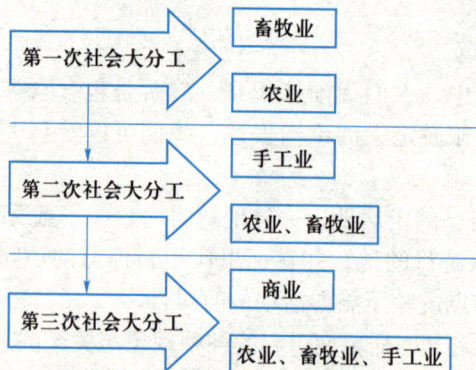

图1-1　三次社会大分工

第二次世界大战以后，国际政治形势呈现相对稳定的状态，世界经济的迅速恢复和发展，为旅游业的发展和繁荣创造了良好的条件。20世纪末21世纪初，旅游已呈现爆炸式增长。所以说，人类的旅游活动是以社会经济发展为基础的，是社会经济发展的必然产物。随着社会经济持续发展，未来社会的旅游将进一步深入地发展。

【拓展阅读1-1】

旅游断代史研究

刘德谦通过大量史料，证实了先秦旅游活动频仍，并对巡游、游畋、观光、游娱、托志、泻忧及伴随七种旅游类型进行了细致的探讨。

周思琴对魏晋时期旅游文化繁荣原因进行了研究，认为汉末至魏晋六朝虽是中国政治上最混乱、社会上最苦痛的时代，然而却是精神极自由、极解放、最富有智慧、最浓于热情的时代。其游人之多、游踪之广、游绩之丰，可谓中国旅游史上的一个高峰。

李松认为唐代知识分子的旅游生活丰富多彩，主要旅游形式有宴游、漫游、边塞游、宦游、隐游与闲游、考察游等。

刘菊湘主要从唐代旅游活动的主体——不同阶层旅游者的角度入手，对唐代旅游进行探讨。她认为普通百姓是出游人数最多的群体，而不是文人士大夫。

王福鑫对宋代的旅游者、旅游资源、旅游业及旅游的影响进行了具体分析，并总结了宋代旅游的特点，从学术和社会需要的双重背景，提出宋代旅游的研究问题，对于历史学科的建设和当代旅游业的发展具有积极意义；认为旅游史学从历史学和旅游学中分离出来是学科发展的必然趋势。

滕新才论述了明代中后期全国性的旅游热潮，认为当时旅游活动空前普及化、大众化，并对这种旅游热的形成与商品经济相联系，指出这与在新的社会环境下所形成的思维模式、生活方式密切相关。认为旅游促进了交通、旅舍、食店、茶馆、酒肆、戏院行业的发展，陶冶了旅游者的情操，丰富了旅游理论，形成了影响后世旅游事业的审美模式。

（资料来源：王欣，中国旅游史研究述评，三门峡职业技术学院学报，2015 年第 1 期）

3. 旅游形式将随着社会经济文化的发展日益丰富

旅游现象是动态的，是发展的，是与时俱进的。从旅游的发展可以看到，从原始社会到奴隶社会，再到封建社会，直到近现代，旅游的形式和种类越来越多。尤其是进入 21 世纪后，旅游进入持续、深入发展时期，旅游资源全面开发，旅游市场全面发展，旅游形式呈多元化发展，旅游产业不断扩大。旅游必将随着社会经济文化的发展日益丰富。

（二）旅游的基本属性

1. 旅游是一种休闲体验

从主观上讲，人们外出旅游具有重要的休闲诱因。旅游是一种短暂的休闲生活方式，旅游者在目的地停留期间，除了吃、喝、睡等满足生理需要的活动之外，所有其他活动，如观光、游览、美食、购物、娱乐等都具有鲜明的休闲性质。旅游既可以增长见识，又可以调节身心，是人们打发闲暇时间的一种积极手段。许多康体性质的旅游活动还有益于缓解人们的亚健康状态，在现代社会备受青睐。

视频：旅游的基本属性

从客观上讲，旅游活动多发生在闲暇时间。在我国，旅游活动具有非常鲜明的时间属性特点。周末双休日适合近程旅游休闲，清明节、"五一"劳动节、端午节、中秋节四个小长假适合近程和中程旅游休闲，而"十一"和春节两个旅游黄金周则适合远距离旅游休闲。当然，每个人的闲暇时间也有所不同，如教师的寒暑假及企事业单位员工的带薪年假。

旅游作为一种社会现象，不仅是经济活动而且是广泛意义上的文化活动。在旅游活动过程中，无论是欣赏园林景观艺术、考察人文古迹，还是感受风土人情，都需要旅游者有一定的文化修养；旅游资源主要体现的是该地特有的文化内涵；在旅游服务过程中则体现接待地人员特有的文化素质；旅游活动又使旅游者和接待地文化产生交流，促进了文化的传播。因此，旅游的文化性是无处不在的。党的二十大报告指出，坚持以文塑旅、以旅彰文，推进文化和旅游深度融合发展。

2. 旅游是一种高层次需要

按照马斯洛的需要层次论的解释，人的需要可分为生理需要、安全需要、社会需要、受尊重的需要和自我实现的需要 5 个层次。在旅游过程中，人们的社交、受尊重和自我实现这些高层次需要都可以得到体验。因此，旅游是一种高层次的精神消费活动。

旅游是一种高消费活动。当前，我国全面建成小康社会的奋斗目标已经实现，旅游是小康生活的重要内容。随着现代社会的发展，居民的可自由支配收入逐步提高，旅游购买能力也逐步提高，又由于现代生活方式和生活环境的转变，使人们外出旅游的愿望越来越强烈，因此，人们对这种体现高层次需要的高消费的旅游活动的参与也越来越多。

3. 旅游是一种以审美为特征的活动

旅游在根本上是一种主要以追求愉快和美好为目的的审美过程，是人类社会发展到一定的阶段时生活中不可缺少的活动。旅游审美活动的内容丰富多彩，除了秀丽的自然景观，还有文物古迹、园林建筑、戏剧、音乐、舞蹈、绘画、雕塑、风俗习惯等人文景观。它集自然美、艺术美、生活美之大成，融优美、崇高、喜悦、壮阔、秀丽、雄奇于一体，可满足旅游者不同层次的各种审美需求。旅游本身是一个创造美的行业，随着旅游业的发展，它必将带给人们更多、更新、更美的东西。

三、旅游活动的性质与构成要素

（一）旅游活动的性质

旅游活动是一种社会活动。现代旅游活动涉及现代社会生活的众多层面，并在不同层面上对其有所反映或表现，从而使旅游活动成为多种社会现象的综合体现。

（二）旅游活动的构成要素

1. 三要素说

旅游虽然是涉及众多方面的综合性社会活动，但按照三要素说，旅游活动主要由三要素组成，分别是旅游活动的主体、客体和媒介。在旅游活动的构成要素中，旅游者是旅游活动的主体，旅游资源是旅游活动的客体，旅游业是旅游活动的媒介。这三个要素相互依存、相互制约，紧密结合、共同发展。

2. 六要素说

旅游活动涉及面广，但一般认为旅游活动的核心内容主要体现为吃、住、行、游、购、娱，从而形成旅游活动的六要素说。饮食是旅游活动中的一个重要环节，它既是生理需求，又是旅游休闲的一种方式，具有享受的特点。基于旅游活动的异地性特点，住宿是旅游活动顺利进行的基本条件之一。交通是实现旅游者从客源地到目的地的重要环节。游览是旅游活动中最重要的内容，是旅游者期望的旅游活动的核心部分。购物是现代旅游活动的一项重要组成部分，甚至成为一些旅游者出游的重要动机。娱乐是指旅游者在旅游活动中所欣赏和参与的文娱活动，它可以丰富和充实旅游活动。吃、住、行、游、购、娱六要素是旅游活动的最基本的要素。

（三）旅游活动的类型

世界旅游正在向多元化迈进。参加旅游活动的人数越来越多，旅游活动的地域范围越来越大，旅游活动的类型多种多样。因此，从旅游业的经营角度出发，需要对人们的旅游活动进行必要的类型划分，以便根据需要去分析和认识不同类型旅游活动的特点，指导和促进旅游行业的发展。

旅游活动的类型多种多样，根据不同的标准，可以将旅游活动划分为以下类型。

（1）按旅行距离划分。按旅行距离，一般将旅游活动划分为远程旅游、中程旅游和近程旅游。

（2）按外出旅游的目的归属划分。按外出旅游的目的归属，一般将旅游活动划分为观光旅游、休闲旅游、商务旅游、会议旅游、探亲访友旅游和个人修学旅游等。

（3）按组织形式划分。按组织形式，一般将旅游活动划分为团体旅游和散客旅游。

（4）按旅游活动是否跨国划分。按旅游活动是否跨国，一般将旅游活动划分为国际旅游与国内旅游。

① 国际旅游，是指跨国开展的旅游活动，即一个国家的居民跨越国界到另一个或几个国家进行的旅游活动。国际旅游又分为两种情况，以我国为例，一种情况是其他国家或地区的居民前来我国旅游，称之为国际入境旅游或简称入境旅游；另一种情况则是我国的居民离开我国到境外其他国家或地区去旅游，称之为出境旅游或出国旅游。也就是说，国际旅游既包括国际来访的入境旅游，也包括本国居民的出国旅游。

按照在旅游目的国停留时间的长短，国际旅游活动又划分为过夜的国际旅游和不过夜的国际一日游。所谓国际一日游，通常是指来访旅游者不在旅游目的国停留过夜，而是当日离境的国际旅游活动。

② 国内旅游，是指人们在其居住国境内开展的旅游活动，通常是指一个国家的居民离开自己的长住地，到本国境内其他地方开展的旅游活动。需要注意的是，按照世界旅游组织的解释，并不属于所在国居民的长驻外国人在所在国境内进行的旅游活动亦属国内旅游。这里所谓的长驻，是指该外国人在所在国的连续驻留时间已达一年或更久。例如，在桂林留学一年以上的外国留学生去我国其他省份进行的旅游活动对我国而言应属于国内旅游。

和前述国际旅游活动的分类情况相类似，国内旅游活动也可根据是否在旅游目的地停留过夜，划分为过夜旅游和不过夜的一日游。

③ 国内旅游与国际旅游的差别。国内旅游活动与国际旅游活动之间最根本的差别在于是否跨国，除此之外，从目前的情况来看，两者还有以下具体的差别。

第一，从消费层次上看，国内旅游的消费水平一般较低，而国际旅游的消费水平通常较高。2017年，我国国内旅游的人均消费为人民币914元/人次，入境过夜旅游者在华人均消费为887美元/人次，国内出境旅游者人均消费为880美元/人次。

第二，从便利程度上看，国内旅游的开展一般很少存在语言障碍，也不需要办理什么手续，而出国旅游时大都会遇到语言障碍问题，而且必须办理各种规定的旅行手续，如出入境证件（护照与签证）、海关的报关与验关、卫生检疫、货币兑换手续等。

第三，从经济作用上看，国内旅游消费只是促使国内财富在地区间进行重新分配，并不直接带来国家财富总量的增加；而国际旅游则是国际旅游者将其在客源国的所得收入用于在旅游接待国消费，所以会直接造成国家之间的财富转移。

（四）旅游活动的特点

旅游是一项内容丰富、形式多样、涉及面广的综合性社会现象，具有消费性、地域性和季节性等特点。

1. 消费性

普遍认为之所以将旅游看作一种经济产业，是因为旅游活动本身的消费属性。人们不管是出行、住宿，还是购物、娱乐都要消费，需要交通部门提供交通，需要住宿部门提供住宿，需要餐饮部门提供饮食，需要娱乐行业提供娱乐项目和设施，需要保险公司提供保险，需要零售业提供旅游纪念品及当地的特色旅游商品。一个旅游者的消费行为会带来众多产业的联动，旅游的经济乘数效应非常大。

【拓展阅读 1-2】

旅行消费呈现新趋势

中国游客的旅行不再是简单的观光游览，而是希望有更丰富的体验和情感满足。同程研究院与腾讯营销洞察联合发布的《中国旅行消费趋势洞察白皮书（2023 年版）》（以下简称《白皮书》）指出，89%的中国消费者旅游出行意愿强烈，2023 年旅行消费呈现四种新趋势：小众独特、自在松弛、未知惊喜、深度在地。

1. 从"热门主流"到"小众独特"

《白皮书》指出，随着旅游经历的不断丰富，75%的游客在规划 2023 年旅行线路时，更倾向考虑以小众景点为主的路线，希望获得新体验。热门景点人潮汹涌，有的还存在同质化，而小众景点则较好地保持着原汁原味的风情。不少游客认为，旅游是结合自己的喜好，主动挖掘尚未熟知的目的地，获得更独特的体验。来自同程旅行的数据显示，2023 年"五一"假期小众目的地相关搜索热度环比上涨 172%。

想成为"个性独特"的小众目的地，除了满足人少这个前提外，景点也要与众不同、鲜有人知，做到"人无我有，人有我优"，这才会成为受欢迎的小众目的地。一次小众旅游，是游客深入挖掘目的地的独特经历，或游览独特的风景，或汲取独特的人文，或享受独特的美食，或体验独特的居住环境。

2. 从"刻意周全"到"自在松弛"

旅游的目的是什么？以往的旅游，观赏风景、品尝美食是驱动人们出游的最初想法。而现在，旅游更是一种情绪消费，远离居住地的旅游愈发成为人们舒缓心境、重获力量的重要目的。旅游赋予身心新能力、新视角、新体会。

"我心目中理想的毕业旅行是没有特别的安排，就是单纯在海边休息，看看海鸥、踩踩沙滩。每天可能安排一个景点，好好享受一下。"2023 年即将毕业的大学生怡涵说。为了在旅途中获得松弛感，大家偏爱的旅游主题也不同，有人喜欢在舒适的酒店度假，有人则用美食和拍照来放松心情。

3. 从"周密翔实"到"未知惊喜"

随着放松情绪成为重要的旅游关注因素，行程安排也表现得更为随性，不再一味追求面面俱到、不留遗憾。相较于追求去过多少景点，人们现在更在乎享受旅程本身，不对旅程设定预期。很多游客期望行程更有弹性，每天留些空白。即兴出游、边玩边临时决策的旅行方式更受欢迎。同程旅行平台上提前 7 天预订机票的人群占比从 2019 年的 68% 降低到 2023 年的 13%，同时，52% 的游客更愿意到达目的地后再预订住宿。

游客喜欢探索未知的乐趣，邂逅不一样的惊喜。游客郑维回忆说："我们去新西兰的时候，在西海岸遇见了当地渔民，他们带我们海钓，收获了一次偶然的体验。自那以后，我在旅游时就喜欢与当地人多交流，这样能有意想不到的体验。"

4. 从"到此一游"到"深度在地"

对比以往"到此一游"的旅游方式，现今一些游客更希望在旅游目的地抛开游客身份，沉浸体验当地生活。他们想体验当地特色交通，如租摩托车穿过大街小巷，搭乘长江索道俯视滚滚长江；想品尝当地美食，因此，烟火气十足的菜市场成为不少人的新选择；想参与当地的特色活动，制作民俗手工，参加体育运动……深度感受一方水土的魅力，留下独家记忆。

美食是体现地方文化的重要因素，也是构成一次快乐旅行的重要内容。游客更愿意花时间找寻当地人熟知的美味，或藏在街角，或隐于闹市。"我以前到潮汕，只要能吃到牛肉火锅、粿条、卤鹅就好，但现在我会在意这家店是不是当地人热衷的，我希望能品尝当地人平时吃到的美食，这次我就在一家菜市场里找到了特别地道的卤鹅。"游客一辰说。

（资料来源：人民日报海外版，2023 年 6 月）

2. 地域性

现代旅游活动在空间分布上呈现出不均衡的特点，这就是旅游活动的地域性特点。旅游者的活动范围往往集中在某些地区或国家，甚至相对集中于某些区域乃至某些景点。例如，在全世界的国际旅游活动总人次中，在欧洲地区旅游的人次最多，其次是美洲，最后是东亚及太平洋地区。旅游活动的地域性不仅反映在全世界国际旅游活动的地区分布上，具体到某个国家，旅游活动在该国各城市之间的分布情况也呈现出这一特点。需求较大的线路和旅游者数量比较集中的地区便形成了所谓的旅游热线和旅游热点。

3. 季节性

现代旅游活动在时间上也呈现出分布不均衡的特点，这就是旅游活动的季节性。气候条件的限制、闲暇时间的趋同性及民俗传统节日的短期聚集效应等，使旅游者出游在时间上有一定程度的集中性分布。以黄山旅游为例，每年的 4—5 月、7—8 月和 10 月为黄山旅游适宜季节，6 月、9 月和 11 月为一般季节，1—3 月和 12 月为不适宜季节。黄山观光者以国内旅游者为主，2 月份前后正值农历岁末年初，受传统习俗和生活习惯的影响，居民很少外出旅游，到山岳景区的就更少。每年的 4—5 月的春游、7—8 月的暑假旅游，尤其是"十一"长假和端午节、中秋节等小长假的假日旅游，往往形成黄山一年中的旅游客流高峰。这种旅游的季节性特点是受自然和社会双重因素影响的结果。

【拓展阅读1-3】

用反季旅游破解旅游季节性难题

在中国旅游未来研究会和华东师范大学商学院联合举办的"中国旅游未来发展——结构转型与服务创新"研讨会上，关于如何破解旅游季节性难题、避免旅游产业链上各环节"旺季拥挤，淡季萧条"的现象，成为与会专家学者热议的焦点。

"我国大部分旅游资源的适游期与现有假期制度下旅游者的闲暇时间相重叠，这对旅游季节性产生了双重的强化作用，使旺季更加拥挤，淡季更加萧条。"华东师范大学商学院院长冯学钢教授结合国家社科基金的初期成果，以黄金周为切入点，解析了我国旅游业目前存在的严重的季节性问题。对此问题，身为旅游业者的中国旅游未来研究会副会长、浙江国际旅游集团副董事长孟笑廷也深有体会。她用一组组2012年"十一"黄金周期间我国各旅游景点爆满的图片展现了解决旅游季节性难题的刻不容缓。

在冯学钢看来，"十一"黄金周综合征暴露出了旅游淡旺季供需错位、长假少而集中、缺乏容量预警机制、旅游者消费行为不成熟等与我国旅游产业健康发展不协调的四个问题。"因此，必须鼓励反季旅游，用多种手段破解旅游季节性难题。"冯学钢提出。

据冯学钢介绍，反季旅游的目的是打破旺季和淡季界限，以缓解季节性带来的不良影响。反季旅游不仅仅是淡季出游，而是改变人们的旅游观念，将淡季出游常态化，形成一种具有一定规模的出游现象。他表示："我们可以通过力推淡季带薪休假和建立淡季假期制度，来给予反季旅游以制度保证。同时，不断地创新旅游产品，推进'全时'旅游。"

（资料来源：张斌，中国旅游报，2012年11月14日）

四、现代旅游发展的主要特征

纵观全球及中国的近现代旅游发展历程，现代旅游具有以下几个主要特征。

（一）旅游活动的普及性

随着国际社会经济文化的发展，各国享有带薪假期职工的增多和带薪假期的延长，各种形式的旅游成为人们现代生活的必需和重要组成部分。例如，英国平均每年外出旅游达3次的人数占到全国总人口数量的一半，法国平均每年外出度假3次的人数占全国总人口数量的45%，瑞士半均每年外出度假3次的人数更是高达全国总人口数量的75%。世界旅游组织的统计数据表明，2023年一季度全球国际旅游人数达2.35亿人次，为2022年同期水平的两倍多。

中国改革开放以来，旅游业发展迅速，旅游人数每年均以10%~20%的比例增长。相较于过去少数人群的消费体验，旅游如今已经成为人们生活的刚性需求。小康社会的旅游梦想如今已融入寻常老百姓的日常生活中。文化和旅游部数据中心测算，2023年"五一"假期全国国内旅游出游合计2.74亿人次，同比增长70.83%。这说明旅游已从奢侈的享受逐渐演变成人们的基本需求，旅游活动越来越普及，越来越多的居民加入旅游活动中来。

【拓展阅读1-4】

国务院批准"5·19"为"中国旅游日"

2011年4月12日，原国家旅游局召开"中国旅游日"新闻发布会，确定自2011年起，每年5月19日为"中国旅游日"。

原国家旅游局相关负责人在发布会上说，设立"中国旅游日"是贯彻落实《国务院关于加快发展旅游业的意见》（国发〔2009〕41号）的具体要求，体现了党中央、国务院对旅游工作和旅游发展的高度重视；体现了社会各界对旅游促进经济发展、促进人类文明健康的广泛认同；体现了新时期人民群众对旅游生活的新期待，标志着我国旅游业正迈入一个更好地满足人民群众日益增长的旅游需求的新时代。

相关负责人表示，随着人民生活水平的不断提升，我国已进入大众化旅游时代，设立"中国旅游日"意义重大。一是有利于提高公民的旅游意识，更好地发挥旅游"寓教于游"的功能，促进公民提高文明素质；二是有利于通过旅游渠道，促进我国优秀文化的传承和发展；三是有利于社会各方面更加关注和重视旅游业发展，不断地优化旅游发展环境，积极促进旅游消费，推动旅游业发展成为战略性支柱产业，并带动第三产业发展，为国家经济战略性调整和转变发展方式服务。设立"中国旅游日"是与亿万群众息息相关的一件大事。

相关负责人介绍，设立"中国旅游日"工作从2009年12月4日正式启动以来，经历了征集方案、组织论证和提请审议3个阶段。其间，原国家旅游局共收到2010年全国人大代表、政协委员的建议和提案11份，各级党政机关和个人来函150份，通过新浪网公开征集的有效选票91.8万张。原国家旅游局多次召开专家咨询会，听取了文化、体育、民俗、旅游、休闲等方面专家的意见，听取了国家发展改革委员会、国家民族事务委员会、教育部、原文化部、体育总局5部门及全国总工会的意见。国务院法制办收到相关的材料后，又征求了17个部委和6个地方政府的意见。2011年4月10日，国务院以国函〔2011〕42号文件正式批复，同意自2011年起，每年的5月19日（《徐霞客游记》开篇日）为"中国旅游日"。

相关负责人说，将5月19日《徐霞客游记》的开篇日确定为"中国旅游日"，在文化内涵上与旅游联系密切。徐霞客是我国明代伟大的旅行家、地理学家、史学家、文学家。《徐霞客游记》既是系统考察祖国地貌地质的地理名著，又是描绘华夏风景资源的旅游巨著，在国内外具有深远影响。5月19日在时间上具有旅游的普适性，在认识上具有广泛共识。其时，全国大部分地区正值仲春和暮春，是旅游的黄金季节。无论是政府部门、人大代表、政协委员，还是专家学者、普通百姓，都对这个日期较为接受，在工作上有现实的基础。近年来，"徐霞客旅游带"节点城市组建了"中国旅游霞客联盟"，在5月19日开展各种纪念活动。

相关负责人指出，希望社会各界高度关注和支持这个全民参与、全民受益的宣传日、推广日和发展日，使人民群众能共同分享旅游业发展的成果，真正享受旅游带来的开心、快乐和健康，让旅游成为人民群众生活的重要选择，并在人的全面发展与和谐社会构建中发挥更加积极的作用。

　　2011 年开展首个"中国旅游日"活动以来，国家旅游管理部门和全国旅游行业广泛征集"中国旅游日"标志、口号，开展面向公众的宣传，研究制定促进"中国旅游日"活动常规化发展的措施。

（资料来源：中央政府门户网站）

（二）旅游增长的持续性

就整个世界范围来说，基于社会发展的持续性和经济发展的持续性，旅游活动的增长趋势具有持续性。

近年来，"五一"假期我国国内旅游人次和旅游收入相关统计数据表明，旅游行业复苏趋势明显，旅游行业具有广阔的消费市场和强劲的发展势头（见表1-1）。

表 1-1　2020—2023 年"五一"假期我国国内旅游人次和旅游收入统计表

年份	旅游人次/亿	增长率	旅游收入/亿元	增长率
2020	1.15	—	475.6	—
2021	2.3	119.7%	1 132.3	138.1%
2022	1.6	—	646.8	—
2023	2.74	70.8%	1 480.6	128.9%

世界旅游组织统计数据表明：2022 年全球国际旅游者抵达人数是 2021 年的两倍，达 9 亿人次，恢复到疫情前水平的 63%。全球各区域的国际旅游者都将有显著增长。其中，中东地区的旅游业复苏最为强劲，入境旅游者人数攀升至疫情前的 83%。欧洲在 2022 年迎来了 5.85 亿旅游者，达到了疫情前水平的近 80%。非洲和美洲都恢复了疫情前旅游者数量的 65%。2023 年，全球旅游业将迎来强劲复苏。

（三）旅游发展的政府主导性

很多国家和地区政府越来越重视旅游业的发展，积极参与到旅游政策制定、旅游发展规划、区域旅游形象塑造中来。政府重视国家旅游或区域旅游的发展，主要有以下几个方面的原因：旅游被誉为"永远的朝阳产业"，是绿色无烟可持续发展的产业，且未来发展前景广阔；旅游业是关联性非常强的产业，旅游行业自身的发展可以带动商贸、建筑等诸多行业的发展；旅游可以改善和提高一个国家或地区在世界或区域中的形象；旅游者的相互交流有利于促进区域间的文化交流；旅游的发展因为涉及土地、交通等众多环节，需要政府的政策扶持。

（四）旅游需求的多样性与个性化

现代旅游中旅游者需求的多样性和个性化趋势也越来越明显。近年来，传统的包价旅游和观光旅游已经远远不能满足现代旅游业的发展和旅游者的需求，发展较好的工作奖励旅游、康体旅游、生态旅游、探险旅游、蜜月旅行、主题公园游、会展旅游、农家乐等众多新兴旅游形式是旅游需求多样化和个性化的具体体现。随着信息技术的发展，新兴的自助游、自驾游逐步兴起。旅游者在旅游中追求更多的参

视频：主题
公园

与性，喜欢放松身心的旅游项目，喜欢呼吸新鲜的空气，喜欢观看特色的表演活动，希望能亲身体验旅游目的地人们的生活，更直接地感受异国的民族文化风情，通过参与和交流得到感情的慰藉与心灵的撞击。因此，现代旅游开发已转变为以旅游市场需求为导向，注重产品的休闲性、文化性、参与性和旅游地环境的美观与安全。

（五）旅游电子商务的广泛运用

现代旅游随着社会科技的发展而不断发展。人们在产生旅游需求的同时，旅游经营者在旅游经营和产品生产中也广泛运用了现代化的手段，旅游电子商务被广泛运用。旅游电子商务是指以网络为主体，以旅游信息库、电子化商务银行为基础，利用最先进的电子手段运作旅游业及其分销系统的商务体系。旅游电子商务为广大旅游业同行和旅游者提供了一个互联网的购买与销售平台。例如，人们在旅行之前通过携程旅行网预订机票和酒店，这就是旅游电子商务。

（六）文旅消费的数字化趋势

近年来，文旅产业边界正在不断延展，文旅消费的数字化趋势显著，一些互联网企业开始涉足文旅业。如腾讯文旅，作为腾讯公司服务文旅产业互联网的专业团队和品牌，从推出之时便聚焦智慧文旅，打造了"一部手机游云南""一键游广西""数字故宫""数字广交会""成都智慧绿道"等多个项目。

【拓展阅读1-5】

旅游电子商务深度参与乡村游升级

体验田园野趣、享受当地美食……近年来，不少乡村旅游目的地在旅游电子商务等外来力量的帮助下，产品及服务有了质的飞跃，扭转了人们对于乡村旅游交通不便、硬件不过关、服务意识薄弱等固有的印象。

在本地和周边旅游市场的带动下，乡村旅游迎来更多发展机遇。

"今年秋季旅游市场乡村化特点非常明显，乡村游成为主流。"携程旅行网相关负责人表示，"国庆假期之后，乡村景点门票订单占门票订单总量的四成以上，较去年同期提高了10%以上。其中，40%的乡村景点门票订单来自'90后'和'00后'，更多年轻人开始热衷到乡村打卡。"

乡村旅游如何保持热度？近年来，不少旅游企业也进行了探索。近日，同程旅行发布了"生态乡村"林渡暖村主题数字藏品，以数字化形式展现乡村美好图景。"生态乡村系列数字藏品，是同程旅行充分发挥数字、科技等自身优势，拓宽乡村旅游和乡村振兴发展路径的积极尝试。"同程旅行相关负责人介绍。

越来越多的旅游企业利用自身优势，输出规划、建设、运营、人才、技术等智慧力量，助推乡村旅游相关产业提质增效，让乡村旅游内容更加丰富，更符合旅游者的需求。

在林渡暖村项目的开发运营中，同程旅行借助"互联网+"，瞄准"一站式乡野度假目的地"的定位，对林渡暖村进行了全方位升级改造，并且以村庄为基础、平台共建为载体，打造了数字乡村系统。同时，开发了集线上导览、电子地图、购票、住宿、研学及惠农于一体的小程序，以数字乡村建设激发乡村振兴新动能。

　　"打开高德地图App进入'乡村旅游地图'专区，旅游者可以查看周边乡村游目的地，通过高清的实景图片了解真实的村容村貌，还能看到周边适游景区推荐，一键购票导航前往。"高德相关负责人介绍。

　　"在发展乡村旅游的过程中，能不能让客人住下来非常关键，所以，很多企业将切入点放在了乡村住宿方面，用大数据、服务、营销等赋能民宿产业。"有业者分析。

　　截至2022年7月，携程旅行网先后在安徽、河南、新疆、江西等多省份落地了9座携程度假农庄，并在陕西佛坪、福建永泰等地开启多家新农庄的建设。途牛旅行网也启动了"民宿+"方面的探索。

　　"每一家携程度假农庄，都是以携程一站式旅行服务平台为依托，进行线上和线下的多渠道分销。"携程旅行网相关负责人说，"此外，携程还开启了乡村振兴学园项目，依托自身优势，与当地民宿经营者分享科学管理经验，开展民宿人才孵化、旅游共富等培训活动，帮助民宿业主提升线上运营、特色活动策划等方面的能力。数据显示，通过提升服务标准和质量，农庄周边部分特色民宿的平均间夜价格提升了约30%。"

　　"目前，一些优质乡村目的地未能火起来的主要原因就是没有高端甚至是合格的住宿配套支持。在此背景下，一方面，乡村旅游需要在住宿业方面补齐短板，建设符合地域特色的高品质、高端化民宿和住宿产品；另一方面，在发展乡村旅游的同时，要注意品牌化的打造和提升，通过特色农产品的开发、特色农耕体验项目的打造，强化乡村旅游的品牌建设。"携程旅行网相关负责人介绍。

　　携程旅行网于2021年3月启动的乡村旅游振兴计划，以打造携程度假农庄、提升目的地住宿体验为核心，配套一系列产业升级、产品研发、人才培育、品牌定位等措施，促进乡村旅游高质量发展。按照规划，到2025年年底，携程旅行网将打造10家乡村度假农庄，规模化赋能100家联营度假农庄。

　　"乡村旅游发展仍有瓶颈需要突破。在旅游者消费体验升级的大趋势下，一方面，乡村旅游需要加紧构建自己的线上营销专业体系。在'旅游+产业'实践中，需要注意因地制宜，以当地旅游资源为出发点，充分挖掘当地特色自然资源、历史文化及特色体验，包装后选择合适的渠道进行推广。"马蜂窝相关负责人分析，"另一方面，专业人才作为旅游产业发展的重要引擎，也是乡村旅游发展不可或缺的一部分。尤其应该重视培养包含旅游电子商务运营师、民宿管家、研学旅行指导师、旅行主播、乡建设计师在内的新型人才。"

　　（资料来源：新浪网，2022年12月）

第二节　旅游学的研究对象

一、旅游学的性质

旅游学研究已有 100 多年的历史，经过不断地探索，人们对旅游活动、旅游业、旅游者等有了一定的认识，初步构建了旅游学的理论基础。

（一）旅游学属于社会科学

旅游学属于社会科学，原因在于：第一，科学划分为自然科学和社会科学两大类，哲学则是二者的概括和总结。旅游学的研究对象是旅游，而旅游是一种社会现象，是社会经济发展到一定阶段的产物。离开社会经济的发展，旅游就不可能产生和发展。所以，社会经济的发展既是旅游产生和发展的前提，又是其不断发展的基础。第二，从个体角度来说，旅游是人们到异地去进行休闲享乐性的消费活动。人们从一地到另一地的转移，要采取一定的形式，借助一定的交通工具。这是一种旅行，它属于社会行为。到异地进行休闲享乐性消费需要向有关方面购买消费品和服务，与它们发生经济联系，所以这种个人消费实际上是社会消费的一个组成部分。第三，旅游是一种以个人或家庭行为表现出来的社会经济文化活动。个人是家庭的元素，家庭是社会的细胞，个人或家庭进行的旅游活动在内容上与社会经济、文化领域和社会诸多方面有着密切的联系。因此，这种联系的学科自然属于社会科学范畴。

（二）旅游学是一门边缘学科

旅游学是一门具有多学科交叉性质的边缘学科，原因在于：第一，旅游的主体是人，但人们要进行旅游活动，除了主观意愿外，还需具备一定的经济条件和社会条件。这些经济条件、社会条件和人们主观出游动机的关系及对促成这些条件形成因素的分析，都需要运用经济学、社会学和心理学等相关学科的知识。第二，人们在旅游的过程中，与自然界和社会发生诸多关系，即旅游的主体会对自然界和社会的许多方面产生影响。反过来，自然界和社会也会对旅游的主体留下印记。旅游结束时，旅游主体会自觉或不自觉地对其旅游经历有所感受和反映，不管这些感受和反映的客观性如何，都会对其本人、他人和旅游目的地与经营者产生影响，研究旅游主体的感受及其影响同样需要运用有关学科的知识。

总之，从旅游的全过程看，旅游涉及多种学科的知识，除了社会科学中有关学科知识外，还需要自然科学的知识。因此，旅游学是一门多学科交叉的边缘学科。

（三）旅游学是一门应用性较强的学科

旅游学作为一门科学，是旅游实践经验的总结，它和旅游活动与旅游实际工作的联系更加密切，是一门应用性较强的学科，原因在于：第一，在旅游过程中，人们的吃、住、行、游、购、娱等方面的消费活动是日常社会生活的基本内容，以人们出游中这种日常消费活动及由此引起的各种社会关系为基础的旅游学的研究就更加贴近实际，更为具体，和旅游与旅游工作实际的联系也更为密切。第二，在旅游中，人们主要消费的是各种形式的服务。服务消费的特点是服务的供给者与消费者是面对面的，即服务的生产与消费是同时发生的，因而消费者对服务的期望和满意与否能较快地反映出来。以旅游服务的供给与需求为主要内容的旅游学就更具有针对性，更能适应旅游实际工作的需要。

综上所述，旅游学是社会科学中一门由多种学科理论和知识交叉的边缘性应用学科。

二、国内外旅游学的研究

（一）国外的研究

19 世纪末至 20 世纪初，伴随着经济的发展，西方国家的旅游业也以较快速度发展并引起了人们的关注和重视，一些学者和政府机构人士开始了对旅游的探索和研究。最早对旅游活动进行比较研究的是意大利、奥地利、德国、英国和美国的学者。1927 年，意大利罗马大学马里奥蒂教授出版了《旅游经济讲义》，是第一次对旅游经济进行系统研究的尝试，其内容不仅限于国际旅游，而且对本国的旅游状况、旅游统计、旅游代理商及旅游中的问题广泛地进行了研究。1933 年，英国人奥格威尔出版的《旅游活动》，运用数学统计方法研究了旅游者的流动规律，并从经济学的角度给"旅游者"下了定义。1935 年，德国学者吕克斯曼发表了《旅游业概论》，内容涉及旅游的经济和社会作用。同年，英国学者诺尔瓦勒的《旅游事业论》出版。总之，这一时期的研究侧重从经济的角度来认识旅游者的流动规律，认为旅游是一种经济现象，旅游活动是旅游业的经营活动。

第二次世界大战后，国际政治形势相对稳定。随着世界经济的恢复和发展，旅游业迅速发展起来。尤其是 20 世纪 60 年代后，各国政府对旅游业的经济作用更加重视。这一时期旅游学研究有两个特点：一是实践性更加鲜明。旅游学研究的一切理论、问题和观点都来源于旅游活动的实践，又反过来为旅游发展服务。二是多学科性倾向加强。旅游活动渗透到各个领域，各种学科都从其不同侧面研究旅游，并组成一个完整的旅游学科体系，包括旅游经济学、旅游市场学、旅游地理学、旅游心理学及饭店管理等。这一时期的主要代表是德国的克拉普特、意大利的特罗伊西、美国的伦德伯格和日本的前田勇一等。1954 年，克拉普特以形成旅游消费的动力和以旅游消费的过程为中心论题，写出了《旅游消费》一书。1955 年，特罗伊西出版了《旅游及旅游收入的经济理论》一书，对旅游经济概念、旅游收入及旅游经济效益进行论述。20 世纪 70 年代，加利福尼亚州立大学伦德伯格出版《旅游业》专著，对旅游业各个方面特别是经营管理方面作了比较完善的论述。1979 年，前田勇一教授主编的《观光概论》，对现代旅游的要素和特点、旅游资源的开发、旅游业的构成、旅游政策和旅游组织等方面作了全面的论述，具有现代旅游学的基本体系。

20 世纪 90 年代以后，旅游对发展中国家的影响尤其是社会文化方面的影响受到学者的关注，可持续旅游、生态旅游、社区参与旅游等逐渐成为旅游研究热点问题。

综上所述，国外旅游研究的发展可以划分为三个阶段。20 世纪 60 年代之前为第一阶段。这一阶段人们主要从经济学的角度去研究旅游的活动过程，因此，功利主义的倾向十分突出，学科的渗透性不强。20 世纪 60 年代中期至 80 年代末为第二阶段。这一阶段随着大众旅游和旅游业的迅速发展，旅游研究进入了全面发展阶段。现代旅游概念的形成及对旅游学体系的探讨都发生于这一时期。多学科渗透到旅游研究领域中，是这一时期的发展特点。在此期间，哲学、经济学、社会学、心理学、数学、地理学、环境科学、生态学、管理学、政治学、史学、文学、美学、规划学、建筑学等学科的理论、方法和概念，都为旅游学研究的发展作出了贡献。20 世纪 90 年代后为第三阶段。这一阶段西方旅游研究的重点开始向非经济领域倾斜，其目的是研究如何使旅游和旅游业能够持续、健康地发展下去。

总体看来，虽然西方学术界对旅游现象的研究如火如荼，但对旅游学是否是一门独立的学科至今仍存在较大的分歧，尚未形成一致的观点。主要原因在于，有相当一部分研究者一直视旅游为一项产业而非一门学科，认为旅游研究缺乏系统的理论支撑，研究视野过于广泛、分散，一些基本概念的认识存在多种不同理解、难以形成统一意见，等等。这使得西方的旅游研究长期存在重应用、轻理论的局限。国外旅游学相关研究所取得的积极成果，对我国研究旅游学有一定的启发作用。

（二）中国的研究

在我国，旅游学是一门新兴学科。改革开放之前，虽然我国也接待一些海外旅游者，但规模很小，而且没有把这种旅游活动建立在现代旅游业的基础上。所以，在 1978 年以前旅游科学理论的研究一直是一块空白。改革开放之后，为了适应我国旅游业发展的需要，旅游学科建设、旅游科学研究蓬勃发展起来。

在旅游学科建设上，1979 年，我国建立了第一所旅游大专院校——上海旅游高等专科学校。20 世纪 80 年代初期，一些高等院校先后开办了旅游学院或旅游系，有的高等学校还设立了旅游科研机构。原国家旅游局发布的《2016 年全国旅游教育培训统计》显示，2016 年，全国开设旅游管理类本科专业的普通高等院校 604 所，开设旅游管理类高职高专专业的普通高等院校 1 086 所，开设旅游类专业的中等职业学校 924 所。2016 年，全国旅游相关专业（方向）博士研究生在校 1 403 人，硕士研究生在校 4 481 人。本科旅游管理专业包括旅游管理、酒店管理、会展经济与管理、旅游管理与服务教育和旅游管理类专业 5 个专业，全国在校生 22.1 万人。高职旅游类专业包括旅游管理、导游、酒店管理与数字化运营、会展策划与管理、休闲服务与管理、智慧景区开发与管理、旅行社经营与管理等 13 个专业，全国共招生 11.6 万人。中职旅游类相关专业全国共招生 10.4 万人。

为了配合旅游教育的发展，旅游学科建设也步入了快车道，涌现出一大批致力于旅游教育和旅游科学研究的学者与专家，他们在借鉴国外旅游研究成果的基础上，结合我国旅游业的实际，编写了一批教材和专著，如多种版本的《旅游学概论》《旅游市场学》《旅游经济学》《旅游心理学》《旅游地理》《饭店管理》《旅行社管理》等，为我国旅游学科的建设作出了贡献。

1978 年，原国家旅游局最早成立了政策研究室，集中一些专家和实际工作者，潜心研究国际旅游市场的动向及其发展规律，结合中国旅游发展的实际，探讨具有中国特色的旅游业的方针政策。1981 年，编辑出版了《兴旺发达的世界旅游业》丛书，系统地介绍了 31 个国家发展旅游业的经验，为我国旅游业的发展提供了宝贵的资料。此外，为了扩大旅游研究成果的影响，更好地指导旅游实践，原国家旅游局、部分旅游院校和一些省份的旅游管理部门还创办了定期旅游刊物，如《中国旅游报》《旅游学刊》《旅游调研》《旅游论坛》《旅游管理》《旅游科学》《中外饭店》等，为旅游科学研究和传播提供了园地。进入 21 世纪以来，基于旅游业发展实践的旅游科学研究十分活跃，研究领域和范围不断扩大，研究成果不断涌现，有力地推动了旅游业的发展。2007 年，根据中央编办复字〔2007〕98 号文件，经原国家旅游局党组研究决定，成立中国旅游研究院，作为原国家旅游局直属的专业研究机构。中国旅游研究院以"促进中国旅游产业发展和国际交流的政府智库、业界智囊、学术高地"为建设宗旨，重点开展影响旅游业发展的基础理论、政策和重点、难点问题的研究，参与旅游发展规划的研究、编制和论证工作，承担对地方报审的旅游发展规划审查的相关技术支持工作，积极开展旅游领域的高层次人才培养、专业人才培训和国际国内学术交流工作。

　　总之，我国的旅游科学研究取得了重大的进展，大量的论文和专著涉及我国旅游业发展的各种问题，有力地指导了我国旅游实践。但综观 30 多年来的研究工作，也存在一些不足的方面，主要表现在旅游科学理论的研究欠缺，特别是对旅游这种多学科交叉性质的综合研究开展得不够。今后应拓展研究范围，改进研究方法，结合我国国情拓宽理论的深度和广度，这样才能使旅游学真正成为指导旅游发展的最具有活力的学科。

三、旅游学的研究对象和任务

　　旅游学作为一门新兴学科，与其他学科一样，有其特定的研究对象和任务。

（一）旅游学的研究对象

　　对于旅游学的研究对象的分析，能使我们深入了解旅游活动的本质和旅游学研究的重要性。很多学者都对旅游学的研究对象提出过自己的看法。

　　1. 旅游学是研究旅游现象的科学

　　在旅游学研究的早期阶段，很多学者认为旅游学的研究对象是旅游现象。而旅游现象的核心是旅游实践活动。旅游学研究的旅游现象包括旅游活动及其引发的后果、旅游活动的规律及由此产生的各种旅游现象的总和。

　　由于对旅游现象的性质认识不同，在旅游现象具体表述上出现了分歧，因此具体研究对象也就各有差异。有些学者把旅游现象当作经济现象来研究，有些学者把旅游现象看作多种社会关系和现象的总和加以研究。

　　2. 旅游学的研究对象是人

　　旅游学的研究对象是人——参与到旅游活动中的人，包括旅游者、旅游从业人员、旅游管理者、旅游目的地居民等。该观点把握住了旅游活动的要素，通过分析旅游者的行为和心理实现旅游业的稳步前进，通过研究旅游从业人员和旅游管理的行为实现旅游业的巩固，通过分析旅游目的地居民的态度实现旅游业的可持续发展。

　　旅游业的主体要素是人，但同时还包括旅游资源和旅游媒介等要素。人作为要素之一是非常重要的，但还是不能涵盖旅游资源和旅游业对旅游活动的影响。

　　3. 旅游学的研究对象是旅游资源

　　旅游资源才是真正的吸引力，才是旅游者向往的事物，才是旅游者出游的重要源头。该观点提高了旅游资源在众多要素中的位置。这源于 20 世纪 80 年代以来对于生态环境保护活动的兴起。对于旅游资源的开发和保护同样得到了重视，生态旅游、绿色旅游等概念被提了出来。

　　这种观点突出了旅游资源，但无法描述旅游的本质、产生和发展的历程。

　　因此，我们认为旅游学的研究对象是旅游现象的发生、发展及其本质，直接、具体的对象包括旅游者、旅游资源和旅游业。

（二）旅游学的研究任务

　　通过对旅游学研究对象的界定，我们可以清楚地得知旅游学的研究任务。

　　1. 认清旅游活动的本质，并解释旅游现象

　　随着时代的发展、旅游的发展，各种旅游形态层出不穷，如文化旅游、探险旅游、生态

旅游等。旅游学通过抓住旅游活动的本质，分析各种旅游现象出现的原因、规律及影响，进而对所发生的旅游现象进行解释和指导。

2. 认识旅游业的发展规律，指导旅游活动的开展

旅游学是一门实用性科学。在国内外旅游发展过程中，各种旅游实践曾出现过各种问题，如环境污染、产品重复、投资浪费等，实践发展需要学科理论的指导，旅游学是应运而生的一门学科。旅游学要研究旅游市场规律，旅游的经济、社会和文化影响，旅游各要素之间的矛盾，把握其发展规律，引导旅游者的旅游行为，指导旅游地开发和旅游管理，指导旅游活动的开展。

3. 构建学科理论框架，推动旅游业的发展

旅游学的研究必须不断地加深对旅游本质的认识，不断地分析旅游现象，不断地协调旅游各要素之间的矛盾，深入、系统地研究旅游者的需求和行为、旅游资源的保护与开发和旅游业各要素的协调配合，以期更好地推动旅游业的持续、健康发展。

四、旅游学与其他学科的关系

旅游学是一门综合性的边缘学科，其所涉及的领域很广，同时牵涉的学科也很复杂。与旅游学关系密切的主要有以下几门学科。

（一）经济学

旅游学研究的动力产生于旅游对经济的重要作用。由于旅游业在国民经济中的重要影响，促使人们对旅游的本质和社会属性进行研究。在研究旅游学时，经济学的思维和规律影响较大，并且形成了交叉学科——旅游经济学。旅游经济学是现代旅游学的重要组成部分，它从经济角度来研究旅游活动，揭示市场经济条件下旅游活动的规律，并形成了自己的一些研究方向，如由研究旅游经济指标的变化规律和统计方法而产生的旅游统计学，由研究旅游产品需求和供给及旅游产品的营销策略而产生的旅游市场营销学等。

（二）管理学

人是旅游活动的要素之一，涉及人的地方就必然有管理现象存在。随着旅游业的日益壮大，旅游者人数和旅游从业人员的数量均日益增加，为了更好地服务旅游者，规范旅游活动过程，就需要旅游管理学的指导。旅游管理学包括旅游企业管理和旅游行业管理。旅游企业管理包括旅游饭店管理、旅行社经营管理、旅游景区经营管理等。旅游行业管理包括旅游政策制定、旅游质量管理等。

（三）地理学

地理学是一门实用面非常广泛的学科，专门研究位置、环境、气候、自然风光等。地理学与旅游学的关系非常紧密。旅游学本身包含了很多地理内容，人、旅游资源、旅游业经营都有一定的地理位置。旅游客源地、旅游目的地、旅游流的流向等都与地理密切相关，因此，很多院校旅游专业都开设了"旅游资源学""旅游地理学"等课程，并且运用地理学的很多理论和观点来解释旅游现象。很多旅游活动的规律都与地理学息息相关。运用地理学的相关理论来研究旅游，可以阐明旅游区的最佳位置，解释什么样的旅游目的地更能吸引人们去旅行，指出旅游开发可能带来的环境问题。

第三节　旅游学的学习和研究方法

旅游作为社会实践,从19世纪中叶算起,已超过了一个半世纪。但是,由于社会现象相当复杂,虽然许多专家、学者倾注了不少心血进行研究,但作为一门学科,仍处于尚未成熟的阶段。即使在旅游业发达的西方国家,旅游学作为一门独立的学科在学术领域中也尚未得到完全的确立。它的知识领域不断扩大,学科体系在变化中发展。因此,旅游学不像其他成熟的学科,有一套现成的学习和研究方法可以借鉴。但是,正因为它是新的,所以也就有更大的创造余地。

一、旅游学的学习方法

(一)认真读书,学好基础理论

旅游活动是综合的社会经济现象,其产生和发展与社会经济发展有极密切的联系,需要从社会的经济关系出发,考察旅游的发展过程,分析旅游学各范畴的内在矛盾,透过复杂的旅游现象把握其发展的规律性。旅游学和其他学科一样,有其特定的基本范畴、规律和原理,只有认真读书,深刻领会基本范畴和基本原理,才能把握旅游学的科学体系。"旅游学概论"是高等院校旅游专业学生的基础理论课,它所阐明的基本范畴、基本原理和观点,对大学生打好专业基础,进而学习各门专业课程都是大有好处的。

(二)努力实践,锻炼和培养从事旅游活动的实际能力

旅游学是一门应用性、实践性很强的学科,只有理论,没有从事旅游业实践活动的能力是不行的。学习者要把学到的理论反复应用于实践,用实践中得来的经验丰富和充实书本理论,才能深刻领会和记住理论。学生利用一切机会,到旅游活动的实践中去,了解和认识旅游活动的实际情况,从中找出规律性的东西,到旅游业各部门去实习,掌握旅游管理和服务的技能与方法,成为一个真正懂得旅游的人。

二、旅游学的研究方法

在对旅游的研究过程中,专家、学者分别采用了不同的方法,取得了不同的进展,这些方法主要有以下几方面。

(一)理论与实际相结合的方法

理论来源于实践,但又有别于实践,它是以实践为基础,通过对其经验的总结、概括而形成的,然后再回到实践中进行检验,以验证它是否具有普遍的指导意义。在实践过程中,理论联系实际,主要体现在以下几种方法中。

1. 观察法

通过观察各种类型旅游者的日常旅游活动,了解他们的动机、需求和爱好,经过综合分析,找出市场变化的规律性。

2. 个案法

在一段时间内，通过对个体旅游者、旅游群体和旅游组织的连续调查和了解，研究其旅游活动的全过程。

3. 模式分析法

通过对旅游发展的常规道路（如欧美许多国家）和非常规道路（如西太平洋地区的许多国家）的成功经验的分析，寻找发展中国家旅游业发展的规律性。

4. 社会统计法

运用科学方法，考察各种旅游现象，收集旅游经济统计资料，分析旅游市场的变化规律。

（二）定性分析与定量分析相结合的方法

任何事物都有质和量的规定性。质是一种事物区别于其他事物的内在规定性，是由事物内部的特殊矛盾规定的。量是事物存在的规模和发展程度，是一种可以用数量表示的规定性。事物是质和量的辩证统一。对旅游这种社会现象的研究，也必须坚持质与量的统一观，将定性分析与定量分析结合起来。

定性分析是指对事物本质特征的分析。例如，一个人希望到某地去旅游，除了他本身的意愿之外，还要受到其闲暇时间和经济实力的限制。就是说，他要成为一个旅游者，必须具备旅游动机、余暇时间和可自由支配的收入这三个基本条件，它们共同决定了他是旅游者，或者不是旅游者，即将旅游者与非旅游者区别开来。

定量分析是研究量的变化对事物本质的影响。如旅游者选择到某地去旅游，而不是到其他地方去旅游，是由其余暇时间的长短和可自由支配的收入的多少决定的。如果在这两个条件上都比较充裕，他就可能选择到更远的地方，甚至到多个地方去旅游，即使到该地去，他在停留时间上也可能更长一些，或在消费水平上更高一些。可见，定量分析有助于在旅游学的研究中从动态上探索人们出游的特征与变化趋势，对指导旅游实际工作更具有现实意义。

（三）借鉴国外研究成果和我国旅游实际相结合的方法

国外的专家、学者对旅游的研究远比我国要早，虽然他们结合的是各国在各个时期的旅游发展情况，但已经取得许多成果，其中不少成果对世界各国具有普遍意义。因此，对于那些具有普遍意义的成果，可以进行借鉴，并在此基础上结合我国的旅游实际进行修正、补充和完善。

// 本 章 小 结 //

对旅游的含义，古往今来国际、国内有许多说法。本书认为，旅游是人们以审美、娱乐和文化需要为目的的，离开常住地到异地的非定居性旅行和暂时停留过程中所进行的具有较高消费特征的社会、文化生活的体验和活动。旅游是社会经济发展的产物，是现代人生活的一部分，是经济、文化、社会、政治等多种因素的综合现象。旅游活动涉及现代生活的众多层面，是多种现象的综合体现。从系统论角度看，旅游活动由主体（旅游者）、客体（旅游资源）和媒介（旅游业）三要素构成；从旅游的过程来看，旅游活动由吃、住、行、游、购、娱六要素构成。现代旅游活动具有普及性、持续性、政府主导性、旅游需求的多样性与个性化、旅游电子商务的广泛运用等显著特征。旅游学就是将旅游作为一种综合的社会现象，以世界范围为统一体，以旅游活动中的各种矛盾因素为研究对象，研究旅游的本质特点、社会作用、内外条件和发生发展活动规律的新兴学科。学习和研究旅游学应注意学习和研究的方法。

// 同 步 练 习 //

一、填空题

1. "观国之光"一语出自《_____》，这便是"观光"一词的由来。

2. 国家确定自 2011 年起，每年_____为"中国旅游日"。

二、单项选择题

1. 瑞士学者汉泽克尔和克拉普夫关于旅游的定义为(　　)所采用。

A. 旅游科学专家国际联合会(IASET)　　　　B. 世界旅游组织(UNWTO)

C. 世界旅游业理事会(WTTC)　　　　　　　D. 国际社会旅游局(IBST)

2. 1954 年，德国的克拉普特以形成旅游消费的动力和以旅游消费的过程为中心论题，写出了(　　)一书。

A.《旅游消费》　　　　　　　　　　　　　B.《旅游及旅游收入的经济理论》

C.《旅游活动》　　　　　　　　　　　　　D.《旅游业概论》

三、多项选择题

1. 现代旅游发展的主要特征有(　　　　)。

A. 旅游活动的普及性　　　　　　　　　　B. 旅游增长的持续性

C. 旅游发展的政府主导性　　　　　　　　D. 旅游需求的多样性与个性化

2. 旅游学的研究方法有(　　　　)。

A. 理论与实际相结合的方法

B. 定性分析与定量分析相结合的方法

C. 借鉴国外研究成果和我国旅游实际相结合的方法

D. 认真读书，学好理论

四、简述题

1. 怎样给旅游下定义？在旅游含义的不同表述中，人们已取得哪些共识？

2. 如何理解旅游的本质和社会属性？

3. 旅游学研究的对象和任务是什么？

4. 怎样学习和研究旅游学？

5. 现代旅游活动具有哪些显著特点？

6. 试述旅游季节性的成因。

// 实 训 项 目 //

结合本章学习内容，讨论应该怎样理解"旅游"的含义。

第二章　旅游的产生与发展

【学习目标】

知识目标

- 了解旅游产生的过程。
- 掌握工业革命对近代旅游发展的影响。
- 掌握世界现代旅游发展的原因及特点。
- 掌握我国现代旅游各个发展阶段的特点。

能力目标

- 能够正确认识旅游产生的基础条件。
- 能将近代的旅行社和现代的旅行社业务进行客观的比较。
- 能够根据现代旅游的发展原因分析当前的一些旅游现象。
- 能够客观分析当今中国旅游业的发展状况和发展趋势。

素养目标

- 培养敢为人先的开拓创新精神。
- 培养主动探究、积极进取的意识。
- 培养跨文化国际交流学习的意识。

【关键概念】

古代旅行　近代大众旅游　现代全球旅游
古代中国旅游　近代中国旅游　现代中国旅游

【思维导图】

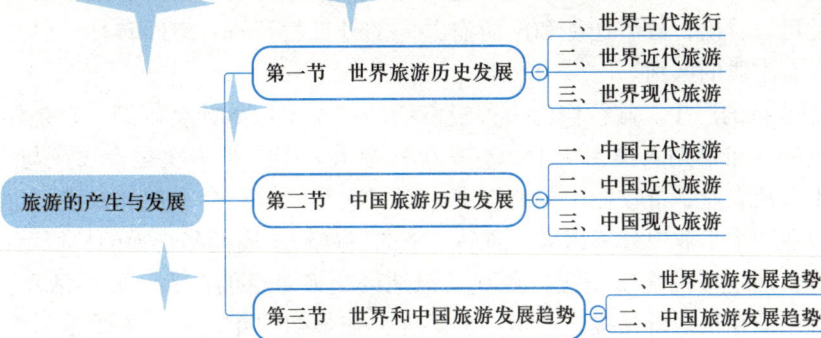

旅游是人类的一种社会活动，不是自古有之，它是人类社会经济发展到一定阶段的产物，会伴随着社会经济的发展而发展。从人类早期的生产活动到现代全球性的人类活动，旅游的发展大致经历了古代的旅行、近代大众旅游和现代全球性旅游三个发展阶段。研究人类旅游的产生和发展，可以发现旅游发展的内在规律，从而促进现代旅游业发展。

第一节　世界旅游历史发展

纵观世界旅游发展历程，根据各个时期旅游（行）活动的特点，参考人类社会发展的历史分期，可以将世界旅游发展分为三个时期：一是从原始社会末期至19世纪中叶的古代旅行时期；二是从19世纪中叶至第二次世界大战结束的近代旅游时期；三是第二次世界大战结束至今的现代旅游时期。

一、世界古代旅行——国际旅游的萌芽

（一）世界古代旅行的发展

1. 原始社会末期——人类旅行的起源时期

旅游的基本特征之一就是人们空间上的流动性。没有人口流动，旅游无从谈起。人口流动现象归纳起来可分为三种方式：迁徙、旅行和旅游。它们是在不同的历史条件下，出于不同的目的而产生的，具有本质的区别。

（1）原始社会的迁徙活动。在原始社会早期，生产工具落后，生产力低下，人类客观上缺乏旅行的物质基础，主观上也没有外出旅行的愿望。人们出于谋生的目的，或者出于自然原因（如气候、天灾等对生存环境的破坏），或者出于人为原因（如部落间的战争等）而被迫离开定居地，在新的定居点定居下来，不再回到原来的定居点的活动被称为迁徙。例如，非洲原始人类向亚洲、欧洲的迁徙；亚洲东北部的因纽特人、印第安人通过白令海峡向美洲大陆的迁移等。这些迁徙活动具有求生性和被迫性的特点，是为了最基本的生存需要，而不是消遣游玩。由此可以看出，虽然迁徙和旅游有共同的外部特征——空间转移，但迁徙不属于现代旅游，两者有本质的区别。

（2）人类旅行的产生。旅行作为一种经济活动产生于原始社会末期，它是伴随商业活动的兴起而产生的。在早期人类历史上，有三次社会大分工。第一次是畜牧业与农业的分离。第二次是手工业从农业、畜牧业中分离出来。第三次是原始社会末期和奴隶社会早期，商业从农业、畜牧业和手工业中分离出来。商品经济的发展使不同商品交换的地域范围不断扩大，人们需要了解其他地区的需求情况，要到其他地区交换自己的产品，旅行活动由此而产生。正如世界旅游组织在很多研究报告中指出的那样：在最初的年代中，主要是商人开创了旅行的道路。

旅行既不属于迁徙，又有别于旅游。

（3）旅行与迁徙的区别。第一，目的不同。迁徙通常是出于生存所迫，或者为了改善生活条件而进行的。而旅行是人们出于迁徙以外的任何目的，可以是经商、学习，也可以是旅

游,离开自己的常住地到异地作短暂停留的活动。第二,旅行在离开居住地后一般还要返回,而迁徙则不会返回了。

(4) 旅行和旅游的区别。

① 目的不同。单纯的旅游是指人们出于消遣性目的而暂时离家外出的活动。而旅行则是泛指人们出于任何目的,商务、求学、打工等,往来于不同地点间的空间转移活动。

② 离开时间不同。旅游的人们在完成目的地访问活动后,必须返回其原来的居住地,旅行则不一定。

③ 内容不同。旅行仅仅是为完成某个动机的一般空间流动过程,旅游则包含旅行和游览。有旅游必定有旅行,有旅行不一定有旅游;旅游者同时是旅行者,旅行者不一定是旅游者。

所以,人类的旅游行为虽然孕育于人类的迁徙和旅行行为中,但迁徙和旅行都不是人类纯粹意义上的旅游行为。

2. 奴隶社会时期——人类旅行的发展时期(原始社会末期至 476 年)

奴隶社会时期,政治、经济秩序相对稳定;社会各行业分工更加细密,商业更加发达;生产力水平提高,社会文明也大为进步,艺术、科学和宗教都得到了一定的发展,社会上的物质财富和文化生活大大丰富起来。这些都为旅行活动的发展提供了良好的条件。同时,道路状况的改善和交通工具的产生,马车、畜力的应用,为人们的出行节省了体力,节约了时间,对奴隶社会的商业旅行、宗教旅行、考察旅行等的兴起和发展起到了很大的推动作用。

奴隶制时代的旅行首先是在古埃及、古巴比伦、古印度、古中国等文明古国发展起来的,并在古希腊、古罗马时代达到全盛。

公元前 28 世纪,埃及进入古王国时代,大规模修建金字塔和神庙,吸引了无数人前来旅行、观赏。埃及每年都要举行几次宗教节日集会活动。其中,规模最大、最为隆重的是布巴斯提斯市(Bubastis)的阿尔铁米司祭,前往参加盛会的男女老幼,沿途唱歌、跳舞,表演节目,到达布巴斯提斯市后,参加正式的祭祀活动。

公元前 6 世纪,横跨欧、亚、非三洲的波斯帝国建立起来,在帝国境内修建了两条“御道”,其完善的旅行设施,极大地方便了来往的商旅,推动了境内的商业旅行活动。

公元前 5 世纪,古希腊奴隶制达到全盛时期。宗教旅行和商贸旅行在古希腊最为活跃,当时的提洛岛、特尔斐和奥林匹亚山是著名的宗教圣地。在古希腊雅典西南的奥林匹亚山有宙斯神庙(世界七大奇迹之一),每 4 年举行一次宙斯神大祭活动,同时举办大规模的运动会(今天的奥林匹克运动会即源于此)。此后,随着犹太教的创立,耶路撒冷成为圣城,朝拜者络绎不绝。

古罗马时代是世界古代旅行的全盛时期。公元 3 世纪的古罗马帝国幅员辽阔,政治统一,水陆交通非常发达,加上铸币的使用,以及希腊语和拉丁语的流行,大大方便了旅行者的旅行游览活动。当时奴隶主贵族、商人、学者、宗教人士的旅行游览十分频繁,除了商务旅行外,还开始出现以艺术鉴赏、疗养、游览古迹、建筑观赏、自然观光等为目的的各种闲暇性旅行游览活动。

3. 封建社会时期——旅行活动一度陷于沉寂,但也有所发展(476 年—16 世纪)

(1) 阿拉伯宗教旅行。

7 世纪初,穆罕默德创立伊斯兰教后,建立了阿拉伯国家,8 世纪中期形成地跨亚、非、欧三洲的大帝国。辽阔的地域、特殊的地理位置(欧亚之间)及宗教原因,促进了其旅行活动的发展。

创立于 7 世纪初的伊斯兰教，其创始人穆罕默德是著名的宗教家、思想家、政治家和军事家，生于阿拉伯半岛麦加城（今沙特阿拉伯境内），630 年，率领万人组成的穆斯林大军征服麦加，以麦地那为中心，统一阿拉伯半岛，建立政教合一的国家。伊斯兰教规定，只要条件允许，每个穆斯林一生必须到其宗教圣地麦加朝圣一次，这就形成了伊斯兰教教徒的长距离、大规模宗教旅行活动。

伊斯兰教的兴起，恰逢中国隋末唐初。为了鼓励追随者寻求友谊、增进知识，穆罕默德发出了一条有名的"圣训"："学问虽远在中国，亦当求之。"表达了这位伊斯兰教创始人对中国古老文明的向往和对中国人民的友好感情。随着伊斯兰教的广泛传播，穆斯林商人不断地东来中国，使经济贸易密切往来，政治外交和平发展，也促使了宗教旅行的发展。

（2）意大利商务旅行。

11 世纪，罗马教皇为了转移内部矛盾，发动 9 次十字军东征，从而控制了东西方贸易，商人为了谋利，开始了商务旅行。意大利旅行家马可·波罗，本为经商前往中国，经两河流域—伊朗高原—帕米尔到上都，在元朝为官 17 年，任职期间游遍中国，回到威尼斯，在威尼斯与热那亚战争中被俘，狱中口述在东方的见闻，称道东方富有，遍地黄金，成书《马可·波罗游记》，对以后开辟新航路的旅行产生了相当大的影响。

（3）开辟新航路探险旅游。

476 年，西罗马帝国灭亡后，欧洲经过一段时间的混战和动荡，逐渐进入封建社会。中世纪的欧洲是欧洲历史上最黑暗的时代。在政治上，民族纷争，国家林立，大小领主拥有对自己的土地的绝对管理权，相互间攻伐不断，始终没有安宁的环境。在经济上，封建庄园自给自足，社会缺少需求。在思想文化方面，罗马教会用宗教神学控制人们的思想。

11 世纪之后，欧洲城市开始兴起，西方封建领主对财富的追求，促进了远航探险热潮。14—16 世纪文艺复兴时期，西方资本主义开始萌芽，为了积累资本，寻找原料，抢占市场，西班牙和葡萄牙王室终于在 15 世纪出现开辟新航路的伟大的探险旅行活动。

达伽马受葡萄牙王室之命，沿西非海岸南下绕过非洲南端好望角到印度。

哥伦布受西班牙王室之命，据"地圆说"另寻他途，希望到达中国和印度。哥伦布横渡大西洋发现了加勒比海的岛屿，以为是到了印度，称当地土著居民为"印第安人"，发现了美洲新大陆。

麦哲伦奉命率西班牙船队穿越大西洋，沿巴西海岸南下，经南美洲麦哲伦海峡进入太平洋，最后到达菲律宾，实现了世界首次环球航行。

（二）世界古代旅行活动的特点

1. 旅行活动的兴衰与政治经济关系紧密

世界古代旅行活动的发展历史表明，当政治稳定、经济繁荣的时期，旅行活动就会兴旺。反过来，当政权动荡、经济衰退时期，旅行活动就会减少甚至消失。

2. 商务旅行是世界古代最主要的旅行活动

人类最早的旅行活动是经商旅行，商人拉开了人类旅行的大幕。纵观整个世界古代旅行发展史，尽管各种形式的旅行活动层出不穷，如帝王巡游、宗教旅行、公务考察旅行及教育旅行等，但商务旅行一直贯穿整个旅行的发展过程。

3. 消遣性旅游的参与者主要是统治阶级及其附庸阶层，对整个社会不具有普遍意义在整个古代社会中，具备进行消遣性旅行条件的人数十分有限，主要是统治阶级，如国王、贵族、高官等，他们仅是社会中极少的一部分人，他们的行为不具有普遍性。

4. 这个时期出现了大批旅行家及旅行专著

这个时期的旅行是处于不断上升中的，在这个过程中也出现了很多旅行家及旅行作品，成为旅行研究的重要史料及佐证。

二、世界近代旅游——国际旅游的形成

近代旅游是指工业革命到第二次世界大战这个时期从旅行到旅游的发展。就整个世界而言，到 19 世纪初期，旅行在很多方面都已开始具有了今天意义上的旅游的特点，"旅游"一词也于此时开始出现。专门经营旅游活动的旅行社开始问世并发展迅猛，极大地促进了旅游业的发展。

（一）工业革命对旅游的影响

近代旅游的兴起在很大程度上是与工业革命的影响分不开的。工业革命是指资本主义机器大工业代替工场手工业的过程，是社会经济发展的必然产物。它始于 18 世纪 60 年代，首先发生在英国，至 19 世纪 30 年代末在英国基本完成，使英国成为当时世界上最为发达的国家。法、德、美、日等国的工业革命也在 19 世纪内完成。工业革命大大地促进了生产力的发展，深刻地影响着生产关系的变革，对人类社会的各个方面产生了巨大的影响，并促进了旅游的兴起。具体表现在以下几个方面。

1. 工业革命加速了城市化进程

工业革命加速了城市化进程，并且使很多人的工作和生活地点从农村转移到工业城市。这个变化最终导致人们需要适时逃避快节奏的城市生活和拥挤嘈杂的环境压力，产生对返回自由、宁静的大自然环境中去的追求。大量的事实证明，城市居民外出旅游的人数大大高于乡村居民外出旅游的人数，时至今日仍然如此。因而这种工作和生活地点方面的变化对工业革命后的旅游发展是一种重要的刺激因素。

2. 工业革命改变了人们的工作性质

除了工作和生活地点的变化外，工业革命也改变了人们的工作性质。随着大量人口涌入城市，原先那种随农时变化而忙闲有致的多样性农业劳动开始为枯燥、重复的单一性大机器工业劳动所取代。这促使人们强烈要求假日，以便能从中获得喘息和调整的机会。

3. 工业革命带来了阶级关系的新变化

工业革命造就了工业资产阶级，从而使生产出来的财富不再只流向封建贵族和土地所有者，也流向了资产阶级。新兴的资产阶级拥有金钱，追求吃喝玩乐，喜爱游山玩水、外出度假、漫游世界，从而扩大了有财力外出旅游的人数。此外，工业革命还造就了出卖劳动力的工人阶级。随着生产力的提高和工人阶级的不懈斗争，资本家有可能增加工人的工资及给予他们带薪假日，使其有可能成为近代旅游活动的参与者。

4. 大规模的人员流动成为可能

工业革命促进了科技的进步，蒸汽技术在交通工具中得到应用，出现了蒸汽动力的轮船（18 世纪末）、火车（1814 年）等新式交通工具。这些新式交通工具极大地缩小了旅游的时间距离，降低了人们外出旅游的交通费用，扩大了人们外出的活动范围，为外出旅游创造了便利

条件，从而使大规模的人群流动成为可能。同时，电梯的发明、防火材料的日益完善，出现了楼层高、规模大、设备好而安全的新式旅馆，使大规模的旅游接待成为可能。

（二）托马斯·库克的活动与旅游业的发展

工业革命带来了社会经济的繁荣，更多的人有能力并有愿望旅游，然而外出旅游仍面临种种不便，如缺乏对旅游地的了解、语言障碍、食宿条件不能事先确定等。这就需要有人提供这方面的服务。英国人托马斯·库克（1808—1892）认识到了这些问题，并开始设立相应的组织机构来满足这种社会需要，从而使他成为旅游发展史上里程碑式的人物。

1841年7月5日，库克利用包租火车的方式组织了570人从莱斯特前往拉巴夫勒参加禁酒大会。严格地说，这次活动并非世界上第一次团体火车旅行，但这次活动却标志着近代旅游及旅游业的开端，因为这次火车包价旅游具有如下特点。

（1）这次活动具有广泛的群众性。参加者来自各行各业，他们为了戒酒而参加了这次活动，活动结束后便四散离去，这种情况和现代旅行社组织的旅行团的情况基本相同。

（2）托马斯·库克不仅发起、筹备和组织了这项活动，而且自始至终随团陪同照顾。这一点可以说是现代旅行社全程陪同的最早体现，具有重要意义。

（3）这次活动参加者的规模之大在当时是空前的，这是现代组团开展规模化旅游的雏形。

（4）这次活动为托马斯·库克旅行社的建立奠定了基础并提供了经验。

知识链接2-1

托马斯·库克简介

1808年11月22日，托马斯·库克出生于英格兰德比郡墨尔本镇。他自幼家境贫寒，3岁丧父，母亲改嫁。迫于生计，托马斯·库克10岁时不得不辍学从业。先在一家蔬菜花草店当帮工，每周的工钱仅为6便士。但该雇主死于酗酒，使托马斯·库克丢掉了饭碗。后又随姨父改做木工学徒，但不久其姨父同样因酗酒而去世。17岁时进入拉特兰郡的浸礼教会做诵经人。

1826年，库克成为一名巡回传教士，云游四方，散发浸礼教会的小册子，宣传教义。这使托马斯·库克游历了英格兰的许多地方，对旅游产生了兴趣。成年后的托马斯·库克成为一名印刷商人，积极参加禁酒活动。他毕生大部分时间从事与旅游相关的工作。1892年，托马斯·库克卒于英格兰萨里郡泰晤士河畔，享年84岁。

（资料来源：百度百科）

这次旅游活动的成功使托马斯·库克名声大振。在此后几年中，他又多次应邀组织旅游活动，但都是他尽义务的"业余活动"。1845年8月，托马斯·库克旅行社在莱斯特正式诞生，并第一次组织了为期一周、有350人参加的团体消遣性观光旅游，目的地是利物浦。此前，托马斯·库克做了大量准备工作，从路线考察、旅游点的确定、吃住安排，到《旅游手册》的印制，后来又推出旅游代用券（相当于现代的旅行支票）用于支付旅馆费用。

这次活动与以往的完全不同，充分表现出旅行社的业务特点：第一，这是一次营利性的商业旅游活动；第二，这是一次长途旅游；第三，托马斯·库克不仅自己充当导游、陪同，还雇用了地方导游；第四，编印出版了《利物浦之行手册》；第五，在活动过程中还进行路线考察和组织产品。

同年，托马斯·库克亲自率领有 30 个人参加的团队出国旅行，目的地是瑞士。1846 年，托马斯·库克组织了一个大型旅游团，去苏格兰旅行。1851 年，托马斯·库克组织数十万人参加在伦敦举办的第一届世界博览会。1855 年，托马斯·库克组织了从英国莱斯特前往法国巴黎参观第二届世界博览会的团体旅游。1856 年，托马斯·库克推出欧洲大陆游，从伦敦出发，途经安特卫普、布鲁塞尔、滑铁卢、科隆、莱茵河、美因茨、法兰克福、海德堡、巴登巴登、斯特拉斯堡，最终到达巴黎。为了扩大业务，托马斯·库克于 1863 年在瑞士成立了一个营业所，专门受理和经营赴瑞士旅游的团体业务。1865 年，托马斯·库克与儿子约翰·梅森·库克联合成立了托马斯父子公司。以后相继在美洲、非洲、亚洲设立分公司，成为当时世界上最大的旅游企业。此后，托马斯·库克还创造出一种代金券。旅游者持这种代金券可在与托马斯·库克旅行社有合同关系的交通运输公司和旅游接待企业中用于支付，并可在指定的银行兑换现金。这种代金券是旅行支票的雏形，实际上也可以称为最早的旅行支票。1872 年，托马斯·库克组织的环球旅游更使他的旅行社名声大噪。托马斯·库克的名字也成了旅游的代名词而在欧美地区尽人皆知。总之，托马斯·库克的活动说明了人们对旅游的需求已经成熟。托马斯·库克旅行社的问世标志着近代旅游业的诞生。

同时，许多类似的旅游组织在欧洲大陆纷纷成立。例如，1857 年，英国成立登山俱乐部；1885 年，成立帐篷俱乐部；1890 年，法国和德国也分别成立观光俱乐部。从 1850 年起，美国的运通公司兼营旅行代理业务，并于 1891 年发行了旅行支票，后来与英国的通济隆旅游公司、比利时的铁路卧车公司并称为 20 世纪初三大旅行代理业务公司。

（三）世界近代旅游发展的特征

1. 资本主义工业革命所带来的生产率的提高、财富的增加扩大了旅行和旅游的人数

当然，真正能参加旅游的毕竟限于少部分人：一是部分中等收入人群，他们要求到就近的山地风景区和海滨胜地做短暂的旅游；二是那些收入较高的人群，有比较多的金钱和时间到异国去旅游，如到地中海游览，或者欧洲人到北美去旅游；三是伴随着对外殖民侵略和扩张到国外的部分人。

2. 近代旅游产生于近代交通工具发明之后

陆地旅游除继续使用以马车为主的交通工具以外，铁路成了主要的旅游交通工具。铁路不仅能运送更多的人，而且可以让人花少量的钱到更远的地方去旅行。轮船的大型化和高速化，极大地便利了海上旅行。

3. 近代旅游开始成为一项经济活动

由托马斯·库克开始的旅行代理业逐渐确立其地位，成为旅游事业中的重要环节。旅行社进行团体包价旅游不仅可获得规模经济效益，而且能从多方获取其他经济利益，旅行和旅游这项古老的社会活动开始变成一项经济活动。

4. 旅游景点和旅游设施得到了迅速发展

紧靠城市的山地风景区和海滨，逐渐建设起具有先进娱乐设备和宜人环境的综合企业，那些原有的专供上层社会享受的游玩风景区、海滨浴场，变成了常年开放的旅游景点。

虽然近代旅行、旅游活动已有很大发展，但还未发展到能称之为独立的经济行业——旅游业从整个时代来看，只是一种局部地区个别人经营的旅游代理业。

三、世界现代旅游——国际旅游快速发展

现代旅游是指第二次世界大战以后的世界旅游发展。人类的旅游活动历史悠久，但在第二次世界大战以前，无论是旅游者的人数、参加的人群、旅程的距离还是旅游消费都受到较大局限。第二次世界大战以后，世界经济逐渐得到恢复，尤其是进入 20 世纪 60 年代，和平与发展逐渐成为时代主流。宏观环境的改善，为现代旅游的兴起和普及创造了前所未有的良好条件，并使其在半个多世纪里保持持续、蓬勃的发展。

（一）现代旅游迅速发展的原因

1. 第二次世界大战后世界人口迅速增加

在第二次世界大战结束后的初期，全世界人口约 25 亿。到 20 世纪 60 年代，已增加到 36 亿。在短短的 20 年中，世界人口增加了 44%。2022 年，世界人口已突破 76 亿。世界人口基数的扩大成为第二次世界大战后大众旅游人数增加的基础。

2. 第二次世界大战后世界经济迅速发展

第二次世界大战结束以后，世界各国都致力于经济的恢复和发展，世界范围内的紧张局势的缓和为世界经济的快速增长提供了必要的前提和保证，几乎所有国家战后的经济增长速度都大大超过了战前的增长速度。经济的发展必然导致人们收入增加和支付能力提高，这对旅游的迅速发展和普及起到了重要的刺激作用。

3. 交通运输工具的进步缩短了旅行的时间

第二次世界大战后，在铁路和轮船提高运载能力与速度的同时，汽车和飞机的发展尤为迅速。在欧美发达国家中，拥有小汽车的家庭比例不断增加，长途公共汽车运营网络也不断扩大和完善。由于汽车自由、方便、灵活，因此成为人们中、短途旅游的主要交通工具。与此同时，民航运输的发展也使人们有机会在较短的时间内做长距离旅行，进一步扩大了人们的旅行空间，促进了国际、洲际乃至环球旅游的发展。

4. 科技的进步导致闲暇时间增加

第二次世界大战后，科学技术广泛应用于生产，生产自动化程度大大提高，生产效率也迅速提高，人们不再像过去那样付出繁重的体力和劳动时间，使人们的带薪假期得以增加。20 世纪 60 年代以后，很多国家都在不同程度上规定了带薪假期制度。这种变化使人们的闲暇活动得以更多地开展，参加旅游活动的人数迅速增加，并且出游的距离和在外逗留的时间也大大延长。

5. 第二次世界大战后各国城市化进程普遍加快

第二次世界大战后，几乎在所有的经济发达国家中，农村人口都在不断下降。例如，到 20 世纪 70 年代初，美国的农村人口已下降到不足全国人口的 1%。在美国全国劳动力人口中，只有大约 5% 从事农业生产。在这些国家中，绝大多数人口聚居在城市，绝大多数劳动者都在从事单调乏味的重复性工作。这些都使城市居民，特别是劳动就业人员的身心承受着极大的压力。他们需要定期使自己紧张的体力和神经得到放松，从而更向往重返没有城市污染和工业污染的大自然，向往能使人耳目一新的异域环境。这种情况成为第二次世界大战后旅游度假迅速发展的重要社会心理原因之一。

6. 第二次世界大战后教育事业和信息技术不断发展

第二次世界大战后世界各国的教育事业不断发展，加之信息技术的进步，越来越多的人对自己的乡土和本国以外其他地区和国家的事物增加了了解，并因此产生兴趣。这种情况对于第二次世界大战后的旅游热无疑也有极其重要的影响。

影响第二次世界大战后旅游迅速发展的其他因素还有很多，上述因素只是从需求方面观察而归纳出来的主要推动因素。实际上，第二次世界大战后旅游的迅速发展是需求和供给两方面因素共同推动与促成的结果。如果从供给方面继续分析，那么至少还有两项重要因素推动了第二次世界大战后旅游的蓬勃发展：其一是廉价团体包价旅游的发展；其二是很多国家的政府为了发展本国的旅游业，特别是为了吸引和便利国际旅游者来访而采取的支持态度和鼓励措施。例如，支持和参与旅游资源的开发、放宽出入境限制、支持和组织旅游宣传等。

（二）现代旅游的特点

1. 旅游活动的大众性

所谓大众性，一是旅游阶层越来越广泛。旅游休闲由过去只有贵族、官僚、富商、巨贾等少数人才能享受的一种奢侈的游乐活动，变成普通劳动阶层也能参与的一种民众性的社会活动。旅游活动在世界各地各个阶层都普遍开展起来。二是参加旅游的人数越来越多，人们外出旅游的频率不断增加。这个特点在发达国家表现比较明显。早在 20 世纪 80 年代，美国国内旅游就已达近 12 亿人次，英国每年出国旅游的人次近乎达到全国人口的半数，英国每年平均外出旅游 3 到 4 次的人占全国总人口的 55%，在瑞士该比例更高，达 75%。在今天，这些数字则会更高。可见，旅游已经成为人们日常生活不可缺少的部分了。三是旅游作为一种激励员工的手段，已被企业或各种组织所广泛采用。目前，随着人们观念的改变，越来越多的企业将奖励员工出游的机会作为激励员工的一种重要手段，通过商务会议旅游、海外教育培训奖励对公司运营及业绩增长有功的人员。奖励旅游并非一般的员工旅游，而是企业的所有者提供一定的经费，委托专业旅游业者精心设计的"非比寻常"的旅游活动。奖励旅游目前已经成为高级旅游市场的重要组成部分，并且还在迅速扩大。四是社会补贴旅游日渐普及。对于社会低收入阶层，西方国家又创造了以各种社会补贴和奖励的方式，使其加入"社会补贴旅游"的行列。我国也出现了由单位出资、集体参与的"福利型旅游"方式，从各个方面通过各种不同的方式使大众性的现代旅游活动越来越深入人心和普及。

2. 地理上的集中性

随着现代科学技术的发展和交通运输工具的进步，世界各地之间的往来时间不断缩短，现代旅游活动已经普及到世界各地，现代旅游者也几乎是无处不至。但是，他们的旅游活动绝不是平均或大致平均地分布在地球表面的各个地方。恰恰相反，现代旅游的空间分布表现出明显的不平衡性。由于旅游资源的质量和地理分布存在空间差异，旅游业发展水平也存在地域差别，而旅游者的旅游动机和旅游行为空间差异性相对较小，从而导致旅游者的流量和流向往往表现出地域的集中性，即人们往往集中到某些地区、某些国家乃至某些线路和景点从事旅游活动。例如，在全世界的国际旅游活动总人次中，在欧洲地区旅游的人次最多，其次是美洲。这两个地区合到一起，每年接待的国际旅游者数量都占该年全世界国际旅游者总量的 80% 以上。相比之下，非洲、中东、南亚等地区的国际旅游接待量很小，三个地区的接待量合到一起，也占不到全球总量的 6%，并且这种分布格局自第二次世界大战结束以后一直没有太大的变化。就一个国家而言，旅游接待量在各地的分布往往也会呈现相对集中的特点。

31

正是由于旅游活动地区分布的不均衡，才有了旅游热点地区、温点地区和冷点地区之分。从来访旅游者在一个地区或一个城市中的活动情况看，同样也多是集中在某些区域乃至某些景点，而不是于各处平均分布。例如，伦敦是世界上著名的旅游城市，旅游景点众多，但80%以上的旅游者都集中在市内的特拉法格广场、威斯敏斯特大教堂、白金汉宫和伦敦塔这些景点。

旅游活动的地理集中性对于旅游企业的选址和经营来说无疑有其有利的一面，但是一个旅游目的地的来访旅游者的规模一旦超过该地的旅游承载能力或负荷能力的临界点，便会给该地带来较大的负面影响，甚至可能形成较为严重的环境问题和社会问题。如果不能加以解决或者措施不力，"人满为患"所造成的损失便会抵消甚至会超过当地发展旅游业所带来的收益。这些情况都与旅游活动的地理集中性有关。因此，了解和认识这个特点是发展旅游的国家和地区，特别是有关政府规划部门必须十分注意的问题。

3. 季节性

在旅游业经营中，人们把一年中旅游者来访人数（或某地人口中外出旅游的人数）明显较多的时期称为旺季，明显较少的时期称为淡季，其余时期则称为平季。其实，旅游活动数量在时间布局上的这种变化不仅存在于一年中的各季、各月及各周之间，而且在一周中的不同日期之间也同样可以见到。周末旅游人数较多便是明显的一例。在有些国家，特别是那些依赖自然旅游资源吸引外国旅游者来访的国家和地区，旅游接待量的季节性波动更大。在这些国家中，很多旅游企业都是季节性经营，因为每到旅游淡季，旅游者十分稀少，企业为了不致更多地亏损甚至不得不关门停业，从而造成设施设备的闲置、从业人员的季节性失业及其他方面的经济和社会问题。正因为如此，世界各国一直都在设法特别是通过旅游规划开发和市场营销工作去减小季节性的影响。

旅游季节性的形成有多方面的原因。在旅游目的地，当气候变化决定旅游吸引因素的时候，季节性就很明显。在旅游客源地，当人们是因为公务、会议及工商贸易为外出目的或者家庭及个人事务原因而出游时，季节性就相对较小。当人们以消遣为主要目的外出度假旅游时，季节性就比较明显。

4. 旅游新概念不断推出，旅游形式多样化

经济的发展、社会的进步，使人们的观念逐渐发生转变。人们以新的视野、新的思路来审视和认识旅游活动，而不再抱着传统观念不放。旅游作为经济与文化的互动，引发了旅游和商业设施的结合、旅游与保险的结合等一系列的旅游新概念。旅游的需求也越来越多样化。人们从传统的"景点+观光""景点+饭店"之类的自然风光旅游，逐渐转向度假性的休闲旅游。同时，特种旅游，诸如绿色旅游、生态旅游、探险旅游、工业旅游、农业旅游、森林旅游、修学旅游、寻根旅游、志愿者旅游、保健旅游、残疾人旅游也应运而生，成为时尚和潮流。

5. 旅游经营逐渐走向集团化

集团化经营可以说是战后现代旅游发展的方向。一些旅游企业，尤其是大型的旅游企业，为了适应旅游业高速发展的需要，也为了在旅游市场上加强竞争实力，不仅在行业内与其他企业实现联合，还组建跨行业、跨国界的企业，实行集团化的经营。在饭店业，出现了饭店连锁集团和饭店合作集团。在旅行社行业，则有世界著名的卡尔森和瓦根里特两家大旅游公司的洲际联合。值得关注的是，在20世纪90年代中后期，还出现了旅游企业和相关行业企业合并及合作经营的浪潮，而且这种合作联盟和合并趋势，目前有增无减。

第二节　中国旅游历史发展

中国是具有 5 000 多年历史的文明古国，也是世界上旅行游览活动兴起最早的国家之一。中华文化光辉灿烂，博大精深。研究中国旅游活动，科学地对其予以分类，对深入了解作为文化现象的中国古代的旅游活动，提高中华民族的认同感和自豪感，增强中华民族的吸引力和凝聚力，进行爱国主义教育，具有重要意义。

一、中国古代旅游

（一）中国古代旅游的发展

中国是世界文明古国，也是旅游发生最早的国家之一。在先秦古书中就有关于华夏先民在遥远古代的旅游传说，而有文字记载的旅游活动也可以追溯到公元前 2250 年以前。随着朝代的更迭，社会经济、政治和科技文化的发展变化，旅游活动也经历了兴衰起伏的发展变化过程。

在原始社会的前期，人类主要使用石块等简陋的生产工具，在自然分工的基础上，靠渔猎和采集为生。由于生产工具落后、生产力低下，人类的生存无时无刻不处在饥饿和自然灾难侵袭的威胁之中。到新石器时代，随着生产工具的改进，生产效率有了很大的提高。在这个时期，畜牧业和原始农业开始形成和发展，从而导致人类历史上的第一次社会大分工的出现，这是这个时期生产结构中具有革命性的变革。同时，在这个时期，人类还发明了制陶术和弓箭。但是，这些生产工具和生产技术的进步都未能改变当时人类社会生产的落后面貌。人们的劳动所获除供自己食用之外，几乎没有什么剩余物。人们的社会活动基本上也只限于在自己的氏族部落范围内进行。上述情况说明，到新石器时代中期为止，由于缺乏劳动剩余物，人类还不存在有意识的自愿外出旅行的需要。新石器时代晚期，金属工具开始问世。生产工具和生产技术的进步，导致生产效率的提高和劳动剩余物的出现。随着金属工具的推广和改良，农业和畜牧业有了较快的发展，手工业也逐渐发展起来。原始社会末期，手工纺织技术已发展到使用简单的织机。与此同时，冶金、建筑、运输和工具制造等方面也都有所发展。社会生产力的加速发展，促使手工业成为专门性的行业，并从家庭生产中分离出来，从而出现了人类历史上的第二次社会大分工，即手工业与农业和畜牧业的分离。它使劳动生产率进一步提高，使商品经济得到发展，并加速了私有制的形成。

虽然早在第一次社会大分工，即畜牧业和农业分工之后，游牧部落与农业部落间的产品交换现象便已开始萌发，但由于当时生产力低下，劳动剩余物甚少，这种交换实际上并不普及，而且这不多的交换也仅限于在相邻部落间进行。到第二次社会大分工之后，由于社会分工范围的扩大，特别是由于生产技术的进步和生产率的提高，使劳动剩余产品数量增多，从而使产品交换的范围和数量都得以扩大，很多产品的生产目的就是交换，交换本身也就成为一种重要的社会职能。随着商品生产和交换的发展，到原始社会瓦解和奴隶社会形成时期，开始出现专门从事商品交换的商人阶级，这便是所谓的第三次社会大分工，即商业从农业、牧畜业和手工业中分离出来。商品经济的发展使不同产品交换的地域范围不断扩大。人们需要了解其他地区的生产和需求情况，要到其他地区交换自己的产品或商品，因而便产生了旅行经商或外出交换产品的需要。所以，旅行最初实际上并不是消遣和度假活动，而是由人们扩大贸易、扩大对其他地区的了解和接触的需要所产生的一种活动。因而在最初的年代中，主要是商人开创了旅行的通路。

奴隶制社会是一个相当残酷的社会，但是，在当时的条件下是一个巨大的进步。它实现了社会生产各行业之间、体力劳动与脑力劳动之间更进一步的分工，从而使生产力的提高、交换的扩大、艺术和科学的创立等成为可能，使人类比在原始社会取得了更大的进步。在奴隶制鼎盛时期的商代，生产工具和生产技术的进步及新的社会分工使生产效率空前提高，从而也使商朝成为中国奴隶社会的经济繁荣时期。剩余劳动产品的增加和以交换为目的的商品生产的扩大，加之商人对生产和流通的促进，使商品经济得到很大的发展。夏代发明的舟车到了商代更加普及和先进，牛、马等大牲畜也普遍用于交通运输，使商代商人的足迹东北到渤海沿岸乃至朝鲜半岛，东南达今日的浙江，西南达到了今日的安徽、湖北乃至四川，西北达到了今日的陕西、甘肃、宁夏乃至新疆。到春秋战国时期，商业活动有了更大的发展，出现了许多大商人，他们负货贩运，周游天下。当然，在奴隶制社会，促使人们外出旅行的主要原因是产品交换和经商贸易，但这并不意味着当时没有以消遣为目的的旅行。在中国奴隶制社会中，以消遣为目的的旅行主要表现为奴隶主阶级的享乐旅行。当时，生产力的发展所带来的劳动剩余物被奴隶主及其家庭生活享用，其中包括供其外出巡视和游历时享用的部分，但这种享乐旅行仅限于以天子为代表的少数奴隶主。

旅行与交通是密不可分的。中国封建社会时期的交通情况在一定程度上可反映当时的旅行发展情况。水路交通在中国有着悠久的历史，早在春秋时代便有水运的记载。随着汉朝漕运政策的实施，以后的历代封建王朝也大都将漕运纳入国家的重要政策，从而使水路交通运输成为中国封建时期重要的交通方式。其中，隋代在发展水路交通上的贡献最大。隋文帝时期首先开凿山阳渎，打通淮水连通长江的水路。到隋炀帝时期，又相继开凿了通济渠(由黄河连接汴、泗两河以通淮水)、邗沟(即山阳渎，以通长江)、永济渠(通至黄河以北的涿郡)和江南河(由镇江经苏州至杭州，以连通长江与钱塘江)，从而构成华北与江南的运河网。由此，水路交通日盛。唐朝建都长安，在水路运输上也利用隋代所开的运河，江南物资多经长江、邗沟、淮水、汴河、黄河，溯洛水而至洛阳，由洛阳再溯黄河上行，经渭水直抵长安。宋朝建都开封后，则利用汴河的漕运，运输荆南、两浙、江南物资和荆湖南北"六路粮米"。元、明、清三朝均建都北京，为了弥补内河漕运的不足，遂又发展海运。由江苏太仓起，过长江口北上，绕山东半岛至天津，然后再经通州(通惠河)至北京。封建社会水路交通的发展虽由国家发展漕运所致，但客观上也便利了人们利用水路旅行往来。

在中国封建社会中，陆路交通建设也有很大的发展。首先是秦朝"驰道"和"直道"的建设。"驰道"以咸阳为中心，"东穷燕齐，南极吴楚，江湖之上，濒海之观毕至。道广五十步，三丈而树，厚筑其外，隐以金椎，树以青松"(《汉书·贾山传》)。"直道"从咸阳北的云阳至九原郡(今包头西南)，全长700多千米。此外，秦朝还在西南边疆地区修筑了"五尺道"，在今日的湖南、江西、广东、广西之间修筑了"新道"，形成了以咸阳为中心四通八达的道路网。秦以后历代的道路建设也不断有新的发展，这一点可以从历代驿站制度的发展中得到反映。驿站是历代政府沿陆路和水路所设立的馆舍机构，其目的在于传送官方文书和国家物资及招待公务往来人员，供给宿舍、车马、船轿、人夫、米粮及饲料等。其名称因时代而有所不同，史书中见到的有置、邮、驿、亭、站、军台、赤台、水驿、递运所等名称，可统称为驿。早在《周礼》和先秦典籍中，便有传、置、邮、驿的记载，但那时驿站的设置并不普遍。秦统一之后，随着历朝道路的建设，驿站制度不断发展。以唐朝的驿制为例，当时每隔15千米设一驿。据《新唐书·百官志》记载，唐朝设驿站计1 639所。照此推算，仅设有驿站的道路里程便达近25 000千米。随着以后朝代疆域的扩大，道路的通达范围也不断发展。

（二）中国古代旅游的形式

古代的中国旅游在不同的时期有不同的形式和内容，这主要是由当时的社会背景决定的。概括一下古代社会人们的旅行游览活动，主要有以下几种基本形式。

1. 帝王巡游

自古以来，中国各朝代帝王为了加强中央集权制的统治，颂扬自己的功绩，炫耀武力，震慑群臣和百姓，同时也为了满足自己游览享乐的欲望，大都兴师动众地到各地巡狩、巡幸、巡游。很多人把西周时期的周穆王视为帝王巡游的第一人，传说他曾宣称：天下诸侯各国要遍布王辇之车辙和御骑之蹄印。此外，秦始皇五次巡游监察四方，汉武帝周行天下巡察天地，隋炀帝修运河下扬州，康熙、乾隆下江南等，都是史学家公认的巡游活动。

2. 政治旅行

政治旅行是指具有某种政治动机而进行的旅行活动。它起始于奴隶制行将崩溃、封建制逐渐形成的春秋战国时期。代表不同阶级、阶层的思想家、理论家从各自的阶级利益出发，著书立说，争鸣论战，或带领门徒周游各国，宣传自己的政见，以求得到重用。虽然当时士族阶层的游说活动主要是为名利忙碌，但长期的旅行实践也必然从中获得审美感受，加强了对旅游理论的思考，并对后代产生了深远的影响。孔子、孟子、苏秦便是其代表人物。

3. 士人漫游

士人漫游主要是指文人学士为了各种目的而进行旅行游览活动。士人漫游起始于先秦，各个时期的士人漫游的目的又各有侧重，其形式和内容也有相应的变化。如先秦时期的士人漫游主要是从政，故游说之士较多。魏晋南北朝主要是政治上不得志而追求适意娱情，消遣排忧，故多走上寄情山水、啸傲风月的漫游道路。唐以后因科举制度调动了中下层知识分子从政的热情，因此，"宦游"（为谋取官职而进行的旅游）和"游学"（考察旅游）十分盛行。陶渊明、李白、杜甫、柳宗元、欧阳修、陆游、苏轼等，便是其中杰出的代表人物。

4. 学术考察旅行

学术考察旅行主要是指一些专家、学者或矢志求学之士为了考证先贤遗著的正误或探索客观世界的奥秘，开创一门新学科而进行的治学与旅游相结合的实践活动，它是中国文化的优良传统之一。许多矢志求学之士，崇尚实学或深知"尽信书则不如无书"的道理，或为了获得"读万卷书"所无法获得的知识信息，都热衷于"行万里路"，以补"读万卷书"之不足。他们通过长期艰苦的实地考察旅行，在取得学术和科学上的伟大成就的同时，也成为著名的旅行家。司马迁、李时珍、徐霞客、顾炎武便是其中杰出的代表人物。

知识链接 2-2

徐霞客生平简介

徐霞客(1587年1月5日—1641年3月8日,即万历十五年十一月二十七日—崇祯十四年正月二十七日),生于江苏江阴马镇南旸岐,名弘祖,字振之,号霞客,是明代著名的地理学家和旅行家。

徐霞客一生足迹遍布现在的河北、山东、河南、江苏、安徽、浙江、福建、山西、陕西、江西、湖南、湖北、广东、广西、云南、贵州16个省区,所到之处,探幽寻秘,并记录了观察到的人文、地理、动植物等状况。

徐霞客尤其对石灰岩地貌(喀斯特地貌、岩溶地貌)进行了深刻的研究并加以详细记录,包括溶洞分布,石钟乳、石笋、溶沟、石芽、石梁成因等,是举世第一人。同时对长江源头做了考察,纠正了古代文献对"岷山导江"的错误论断。

明崇祯十三年(1640),徐霞客在云南腾越(今腾冲)游历时得病,双足不能行走,由当地知府用轿子送返江苏江阴,去世前托其外甥季梦良(字会明)整理原稿。季梦良、王忠纫将游记手稿编辑成书。他第二年去世后,清军进攻江阴时,季梦良帮助守城,全家被杀,游记手稿大部分被焚于兵火,季会明、徐李寄收集残存的抄本编辑成《徐霞客游记》,清初吴江人潘耒为《徐霞客游记》作序。1980年,褚绍唐、吴应寿又对此书进行整理、校点。其内容包括他所到之处的地理、地貌、地质、水文、气候、植物、农业、矿业、手工业、交通运输、名胜古迹、风土人情,仍然具有很高的科学和文学价值。

(资料来源:百度百科)

5. 外交旅行

外交旅行是为了达到某种政治目的,肩负国家使命而进行的一种旅行。先秦时期的外交旅行突出地表现为各诸侯的外交活动和说士的游说。吴国季札北上"观周乐"就是这种旅行的代表。另一个著名的外交家是西汉时期的张骞,他两次出使西域,到达大宛、康居、月氏、大夏、安息等国,并把各国使节带回汉朝,汉武帝连年派很多使官去这些国家,打开了中国通往西域的道路,中国丝绸从这条道路源源不断地运往西方,因而称这条路为"丝绸之路"。此外,三国时期的朱应、康泰,唐代的杜环,元代的汪大渊,明代的郑和,都是中国古代外交旅行的杰出代表。

6. 宗教旅行

宗教旅行是以朝拜、寻仙、取经、求法、布道为目的的一种古老的旅游活动形式,至今仍然有很大的吸引力。但古代中国的国际性宗教旅游,主要是佛教徒以朝拜、学佛、传法为目的的旅行活动,从魏晋盛行到唐代形成高潮,并出现了法显、玄奘、鉴真等著名的宗教旅行家。

知识链接 2-3

鉴真六次东渡

鉴真(688—763)，唐朝僧人，江苏扬州江阳县人，律宗南山宗传人，日本佛教律宗开山祖师，著名医学家。

出生及受戒

唐武后垂拱四年(688)，鉴真出生于扬州，俗姓淳于。702 年，鉴真入扬州大云寺为沙弥；706 年，受菩萨戒；709 年，随道岸禅师入长安，在实际寺荆州弘景律师门下受具足戒，跟随他学习南山律宗。在长安期间，鉴真勤学好问，不拘泥于门派之见，广览群书，遍访高僧，除佛经之外，在建筑、绘画、医学方面，都具有了一定的造诣。715 年，他回到扬州大明寺修行。733 年，成为当地佛教领袖、大明寺方丈，受其传戒者前后有 4 万余人。时人誉其"江淮之间，独为化主"。

六次东渡

742 年，日本留学僧荣睿、普照到达扬州，恳请鉴真东渡日本传授"真正的"佛教，为日本信徒授戒。当时，大明寺众僧"默然无应"，唯有鉴真表示"是为法事也，何惜身命"。遂决意东渡。

第一次东渡：742 年冬，鉴真及弟子 21 人，连同 4 名日本僧人，到扬州附近的东河既济寺造船，准备东渡。后被诬告勾结海盗，第一次东渡就此夭折。

第二次东渡：744 年 1 月，做了周密筹备后，鉴真等 17 名僧人，连同雇佣的"镂铸写绣师修文镌碑等工手"85 人，共 100 余人再次出发，因遭遇风浪再次失败，第二次东渡遂结束。

第三次东渡：越州僧人得知鉴真等人准备再次东渡，为挽留鉴真，他们向官府控告日本僧人潜藏中国，目的是"引诱"鉴真去日本。于是官府将日本僧人荣睿投入大牢，遣送杭州。荣睿途中装病，伪称"病死"，方能逃离。第三次东渡就此作罢。

第四次东渡：江浙一带既然不便出海，鉴真于是决定从福州买船出海，率 30 余人从阿育王寺出发。刚走到温州，便被截住，原来鉴真留在大明寺的弟子灵佑担心师父安危，苦求扬州官府阻拦，淮南采访使遂派人将鉴真一行截回扬州。第四次东渡不了了之。

第五次东渡：748 年，荣睿、普照再次来到大明寺恳请鉴真东渡。鉴真即率僧人 14 人和工匠、水手等共 35 人，从崇福寺出发，再次东行。为等顺风，出长江后鉴真一行在舟山群岛一带停留了数月，直到 11 月才能出海。在东海上，该船遭到强大北风吹袭，连续漂流 14 天才看到陆地，16 天后方能上岸，发现已经漂流到了振州(今海南三亚)，入大云寺安顿。鉴真在海南停留一年，为当地带去了许多中原文化和医药知识，时至今日，三亚仍有"晒经坡""大小洞天"等鉴真遗迹。

之后，鉴真北返，经过万安州(今海南万宁)、崖州(今海南海口)、雷州、梧州到达始安郡(今广西桂林)，在始安开元寺住了一年，又被迎去广州讲法，途经端州(今广东肇庆)时，荣睿病死该地龙兴寺。在广州，鉴真动心前往天竺，被慰留。入夏之后，鉴真继续动身，经韶州时，普照辞去，临别之时，鉴真发誓"不至日本国，本愿不遂"。此时，鉴真由于水土不服，加之旅途劳顿，又为庸医所误，导致双目失明。过了大庾岭，鉴真大弟子祥彦又在吉州(今江西吉安)坐化，鉴真十分悲痛。接下来鉴真又经过了庐山、江州(今江西九江)、润州江宁县(今江苏南京),回到了扬州。第五次东渡结束。

第六次东渡:由于鉴真的游历遍于半个中国,因此名声大噪。753年,日本遣唐使藤原清河、吉备真备、晁衡(即日本人阿倍仲麻吕)等人来到扬州,再次恳请鉴真和他们一道东渡。当时唐玄宗崇信道教,意欲派道士去日本,因此不许鉴真出海。鉴真便秘密乘船至苏州黄泗浦,转搭遣唐使大船。随行人众24人,其中僧尼17人。11月16日,船队扬帆出海,此时,普照也于余姚赶来。11月21日,鉴真所乘舟与晁衡所乘舟失散。12月6日,剩余两舟一舟触礁。12月20日,抵达日本萨摩。第六次东渡终于成功。

(资料来源:百度百科)

7. 商务旅行

商务旅行主要是以经商为目的的旅行,旅行者主要是商人。在中国古代,商与贾两字联用,以区别不同的商业活动。东汉经济学家郑玄认为:"商"指往来各地做买卖,"贾"指设肆售货。"商旅"则是指为做买卖而往返各地的商业旅行活动。"商路"指商旅所经路线。中国古代有许多著名的"商路"。春秋战国时期商业发展,出现了陶朱公(范蠡)、吕不韦等有名的大商人,他们负货贩运,周游天下。

视频:范蠡三徙

8. 节庆旅游

在中国古代各族人民的生活习俗和喜庆佳节中,都有具备浓郁的民族特点和地方特色的旅行或游览活动。在人民群众的生活习俗中,春节庙会、元宵灯市、清明踏青、重阳登高、中秋赏月等,都是中国亿万群众沿袭数千年带有旅游活动的喜庆佳节。中国各个少数民族的传统节日,更多是伴随旅游内容的载歌载舞的群众性活动,如蒙古族的那达慕大会、藏族的雪顿节、彝族的火把节、白族的三月街、傣族的泼水节等,都是各族人民群众为欢庆节日举行的健康、愉快、生动活泼、丰富多彩的游览和娱乐活动。

(三)中国古代旅游的特点

(1)旅行的发展与国家的政治经济状况有着直接的关系。在政治安定、生产力发展、经济繁荣的统一时期,旅行活动便会发展。反之,则会停滞甚至倒退。

(2)旅游和旅行随生产力的发展向多样化发展,商务旅行占据主导地位。

(3)消遣性质的旅行和旅游的参加者多为帝王、官僚、封建贵族、地主等统治阶级及附庸阶层人士。他们人数不多,而广大劳动群众客观上缺乏参加旅游活动的能力。

(4)旅游和旅行的条件很差,人们也缺乏主动旅游的意识。

二、中国近代旅游

(一)中国近代旅游业的崛起

近代中国的旅游是指1840年鸦片战争以后到中华人民共和国诞生前这段时期的旅游。1840年以后,帝国主义用坚船利炮打开了中国闭关锁国的大门,西方的商人、传教士、学者和一些冒险家,纷纷到中国来,有的还在中国的名胜地区,如北戴河海滨、庐山等地,建造房舍作为居住区,中国几乎成了外国冒险家的乐园。所以,这个时期外国人来华的旅行和旅游,与帝国主义的殖民侵略活动是密不可分的。与此同时,中国人出国旅行的人数也大大增加,其中有的是出国考察游历的旅行者,有的是出国求学的留学生等。其中许多人的共同目的是到外国寻找救国救民的真理。虽然旅行和旅游在我国自古有之，而作为一项经济事业的旅游业，只是 20 世纪 20 年代才开始出现。1923 年 8 月 15 日，上海商业储蓄银行旅行部正式宣告成立。经过苦心经营，业务有了明显发展。由于银行总行国外部已不能总揽银行业务和旅行社业务，于是在 1924 年 1 月，旅行部脱离国外部独立对外开展业务。当年春天，即组织了第一批国内旅游团，从上海赴杭州游览，因人数众多，由铁路局开专列运送。不久又组成第一个赴日本旅游的"观樱团"。从 1923 年 8 月起的 5 年内，上海商业储蓄银行在 11 家外埠分行开设了旅行部分部，其间还先后与 20 家中外铁路公司、23 家中外航运公司建立业务联系。上海商业储蓄银行旅行部开创了中国旅游发展史上的四个第一：办理第一艘旅美学生专轮，举办国内第一个游览团，组织第一个国外游览团，发行中国第一张旅行支票。旅行部以诚挚的态度和良好的服务赢得了旅游者的好评与信任。1927 年 6 月 1 日，旅行部从上海商业储蓄银行独立出来，正式领取了营业执照，成立了中国旅行社，这是我国第一家旅行社。1928 年至 1938 年，是中国旅行社获得大发展的 10 年。中国旅行社在全国各地设立了 58 个分支社或办事处，另在纽约、伦敦、新加坡、加尔各答、河内、仰光、马尼拉、中国香港等地设立了办事处，建立了办事机构。从 1931 年中国旅行社建立第一家招待所旅馆，至 1938 年共建招待所、饭店 21 家，同时与国际上的多家旅行社建立了业务往来。1927 年，中国旅行社创办了我国第一本旅游行业的专业杂志——《旅行杂志》。该杂志为季刊，其宗旨是："供社会之参，对于国内外交通之状况、商业之情形及民情风俗，悉加调查而载录之……冀由此引起国人对于旅行上之观感，以推求其益之普及。"杂志自一问世，即深受读者欢迎，销路十分看好。创刊号不到一个月即售完，故从 1929 年第三季度起，改季刊为月刊。该刊物一直出版到 1954 年。从 1933 年 11 月起，中国旅行社又在上海发行《行旅便览》月刊，内容以报道舟车路线、船期、时刻、票价为主，免费向旅游者赠送。其中 5 种英文小册子，还是埃德加·斯诺亲自为旅行社编写的。为了配合客运和游览业务，中国旅行社还在 1931 年到 1937 年出版了中外游记和导游等书籍 20 多种。除中国旅行社外，当时还产生了"铁路游历经理处""公路旅游服务社""浙江名胜导游团""中国汽车旅行社""国际旅游协会""友声旅行团""精武体育会旅行部""萍踪旅行团""现代旅行社"等一批旅游组织和旅行社。现代旅馆、饭店和交通客运也有了惊人的发展。20 世纪 20 年代至 30 年代，上海、北平、天津、汉口等大城市，宁波、汕头、青岛、大连等港口商业城市，长沙、郑州、南京、张家口等交通枢纽城市，掀起了一股建造现代饭店的热潮，仅上海就有中西旅馆、饭店 300 多家，如维多利亚饭店、圣乔治饭店、远东饭店、爵禄饭店、金门饭店、大中华旅馆、东亚旅社等，如果加上地方交通旅馆，全国共有 1 057 家。20 世纪 30 年代，上海在中国沿海航运业的枢纽地位和中国海运中心、东亚交通中心地位已经确立。1930 年至 1937 年，全国新建铁路2 400多千米，正在建筑的有 1 000 千米。国有公路从 1927 年的 129 170 千米增长到 1936 年 6 月的974 000千米。20 世纪 30 年代，民用航空已有中国航空公司、欧亚航空公司、西南航空公司 3 家，开辟了 10 条航线。远洋航运企业有轮船招商局、中国邮船公司、中华航业公司等，通航于欧洲、美洲、亚洲、大洋洲之间。通信设施也有显著发展。以中国旅行社为首的一批旅行社的诞生、现代饭店业的兴起和交通客运的迅速发展，标志着中国旅行业作为一个新兴的行业产生了。

（二）中国近代旅游的特点

1. 近代中国旅游活动局部存在，未形成产业

近代中国旅游活动局部存在，但未形成产业，原因在于以下几方面。

（1）与帝国主义的殖民侵略活动紧密联系，西方的商人、传教士、学者和一些冒险家来到中国，在一些通商口岸和风景名胜地区巧取豪夺，建造房舍，供其经商、传教、游览和休憩之用。

（2）旧中国政府与西方列强建立外交关系，向西方各国派驻使节，不少外交官员考察异域，游历甚为广泛。

（3）不少人出国出卖劳动力，其中也有一些人在谋生之余顺道游览观赏。

（4）为了学习西方的科技知识，不少青少年漂洋过海出国留学，尤其是 19 世纪 70 年代洋务运动时期，出现"留学热潮"，得以游学欧美。

2. 近代中国旅游发展所依赖的基本载体形成

（1）旅行社。中外联系加强，来华旅行的外国人和出国旅行的中国人人数都大大增加。西方来华旅游大多与帝国主义殖民侵略活动联系在一起，中国人出国旅行大多和洋务留学联系在一起。由此产生了专门为旅行服务的机构和组织。1923 年 8 月，中国第一家旅行社的前身——上海商业储蓄银行旅行部成立，1927 年 6 月更名为中国旅行社。

（2）交通。铁路是近代旅游的主要交通工具，中国从 1876 年起铁路建设有胶济铁路、滇越铁路、广九铁路、中东铁路。近代中国的内河航运、远洋航运、公路运输和民用航空为旅游和旅游业的发展提供了一定的条件。

（3）旅游住宿。近代旅馆从清代末期开始发展，有外资经营的西式旅馆、民族资本经营的中西式旅馆、铁路沿线的招商旅馆及公寓等。

西式旅馆是指清末英、美、法等外国资本侵入中国后，按照西方建筑、设备、装修、经营方式等建造并经营的旅馆。西式旅馆大多建于帝国主义列强在中国的租借地或势力范围之内，其中上海最多，如法国卢夫勒式的皇宫饭店、德国恺撒式的德华饭店、美国斯塔特勒式的美国饭店、英国皇家式的维多利亚饭店等。

中西式旅馆是中国民族资本向旅馆业投资兴建的半中半西风格的新式旅馆。中西式旅馆既接受了西方旅馆的某些影响，又继承了中国的历史传统，其建筑形式多为庭园式或园林式，如北京 1912 年的长安春饭店、1918 年的东方饭店、1922 年的中央饭店，天津 1923 年的国民饭店，以及当时上海的中央饭店、大中华饭店、扬子饭店、国际饭店等。

招商客栈是指在民国时期随铁路兴建而发展起来的旅馆。据有关部门统计，1934 年重要铁路线上见于记载的旅馆和客栈有 1 000 多家，主要接待过往旅行者和客商。

会馆和公寓在中国出现较早，汉代京师已有外地同郡人的邸舍。公寓与旅馆相似，不同之处是接待对象以居住较长时间的旅客为主，房租收取也多以月计。

三、中国现代旅游（1949 年以后）

中国现代旅游是指中华人民共和国成立以来的旅游。新中国旅游事业的发展，大体经过了初创、开拓、停滞和发展 4 个阶段。

（一）初创时期（1949—1955 年）

这个时期，我国旅游业发展的主要任务是增进我国与各国人民的相互了解和友谊，宣传我国的社会主义。新中国旅游业首先经营的是国际旅游业务。新中国成立后成立的第一家旅行社是厦门的华侨服务社。厦门成立华侨服务社后，广东省的深圳、拱北、广州、汕头等十几个城市都建立起华侨服务社。1957 年 4 月 22 日，华侨旅行服务社总社在北京成立。从此，新中国旅游业从早期的公费接待少量观光团，发展到组织华侨、港澳同胞自费回国或回内地观光、旅游、探亲。侨乡探亲旅游是初创阶段的主要旅游形式。1954年4月15日，新中国第一家面对外国人的旅行社——中国国际旅行社在北京诞生。自1954年日内瓦会议后，特别是1955年万隆会议的召开，使中国的国际地位得到空前提高，国际影响日益扩大，与中国建立外交关系的国家的数量明显增加。1954年以后，该社开始接待外国自费旅游者。

（二）开拓时期（1956—1966年）

1. 华侨旅行服务总社的建立

1957年3月，华侨服务社专业会议在北京召开，对各地华侨服务社成立以来的工作进行了总结，并决定建立全国华侨旅行服务总社。同年4月22日，在将全国华侨服务社统一为华侨旅行服务社的基础上，正式成立了华侨旅行服务总社。

2. 国际旅游业务的新拓展

20世纪50年代中期，国际旅行社积极采取各种措施，组织各国自费旅游者旅华。到60年代中期，客源构成发生了明显的变化，由50年代末60年代初苏联、东欧国家旅游者占到国际旅行社接待国际旅行者总数的90%以上，转为西方国家的旅游者占到该社接待外国旅游者总数的85%以上。

3. 中国旅行游览事业管理局的诞生

国内外形势的发展和国际合作、交往的拓宽，使国际旅行社的业务已无法跟上发展的步伐，党中央决定将建立国家旅游行政机构摆到议事日程上。1964年6月5日，国务院决定成立中国旅行游览事业管理局（简称旅游局）。经由全国人大常委会1964年7月22日正式批准，旅游局作为国务院的直属机构，负责全国旅游事业的管理。旅游局成立后，国际旅行社总社以接待为主，旅游局则负责管理全国的旅游事业，制订发展规划、年度计划和进行统筹安排等。从此，我国的旅游事业开始进入了正常发展的轨道，并于1965年接待了12 877名旅游者，创造了新中国成立后10年来的最高纪录。

（三）停滞时期（1967—1977年）

1966年5月开始的10年"文革"时期，正是现代旅游业作为国民经济主要部门在工业发达国家得以确立的时代。而刚刚起步的新中国旅游事业却受到了严重干扰和破坏，处于历史上的萧条、停滞阶段。"文革"时期，旅游业遭受破坏，入境旅游者骤减，华侨旅行服务总社被迫撤销，各地旅游行政机构停止正常工作。

（四）发展时期（1978年以后）

"文革"结束后，我国旅游事业逐渐得以恢复，尤其是改革开放以后，旅游事业进入了一个全面大发展的时期，取得了巨大成就。具体表现在以下几个方面。

1. 从中央到地方建立起了一套旅游管理体制

1978年，中国旅行游览事业管理局改为中国旅行游览事业管理总局，各省、直辖市、自治区相应建立省、直辖市、自治区旅游局。1981年4月7日，国务院成立旅游工作领导小组，同年制订了我国旅游业发展的五年计划。1982年8月23日，中国旅行游览事业管理总局改为中华人民共和国国家旅游局，以加强对全国旅游业的统一领导，更有效地贯彻党中央和国务院有关发展旅游业的一系列方针政策。其间，许多县、市也陆续成立了旅游局。2018年，国家旅游局与文化部合并，组建文化和旅游部。

2. 经营体制多元化使竞争机制增强

从 20 世纪 80 年代开始，旅游业和国内其他行业一样，经营体制由原来的国家独家经营逐渐转向多元化经营，出现了以国有旅游企业为主导，集体企业、中外合资企业、中外合作经营企业、独资企业、私有企业等多种形式并存的竞争态势。在资金筹集方面，实行国家、地方、部门、集体、个人一起上的方针，极大地调动了各个方面的积极性，同时加快了旅游业的发展步伐。

3. 实行政企分开

新中国成立以来，旅游行业一直扮演着政府部门外事接待工作的角色。从 1979 年开始，明确将实行企业化定为旅游体制改革的核心。1979 年 10 月，中国国际旅行社等真正成为名副其实的国有企业单位。旅游业实现了从事业型向企业经营型的转变。

4. 推行现代企业制度

20 世纪 80 年代后期，在我国旅游行业中集团化组织开始萌芽。跨入 90 年代，随着改革的不断深化，旅游企业集团又朝公司化方向迈进。一部分国有企业实行股份制试点，建立了大公司；一部分旅游企业集团获得国有资产管理局授予的国有资产管理权；一批饭店管理公司开始建立。江苏、云南等旅游部门直属企业及一些其他部门的旅游企业先后建立了公司化的旅游企业集团。中国国际旅行社总社还被列为全国 100 个现代企业制度试点单位之一。

5. 实行股份制

1993 年 6 月 7 日，上海新锦江成为我国第一家在上海证券交易所挂牌上市的旅游企业。这种通过发行股票上市的办法，使这些旅游企业获得了一个重要契机，从而使企业实现了发展的飞跃。同时，企业突破了原有的传统融资渠道，进入一个资本大市场，利用社会力量发展企业，发展旅游业，取得了意想不到的效果。旅游企业的改制上市，加快了全行业建立现代企业制度的步伐，对全行业企业制度创新具有重要意义和促进作用。

6. 产业规模不断扩大，形成全国旅游市场网络

自改革开放至今，旅游供给全面增长，旅游生产力得到全面快速发展，基础配套设施明显改善。旅行社方面，由 20 世纪 80 年代三大旅行社——中国国际旅行社、中国旅行社、中国青年旅行社三足鼎立的局面，到 2022 年全国纳入统计范围的旅行社共有 47 069 家。旅游资源方面，1978 年以来，国家每年拨出专款对风景名胜区进行开发建设、整修和保护，并投资新建了一批新的旅游区和旅游点。2012 年，全国 A 级旅游景区有 6 042 家，到 2021 年增加到 14 332 家，增长了 1.37 倍。酒店方面，自 20 世纪 80 年代采取多种渠道集资，改建、扩建和兴建了一大批现代化酒店。2022 年，全国共有星级饭店 7 337 家，其中，五星级酒店 783 家、四星级酒店 2 285 家、三星级酒店 3 487 家、二星级酒店 768 家、一星级酒店 14 家；客房总数 111.41 万间/套，床位总数 204.67 万张。

7. 三大市场全面发展，市场前景越来越广阔

国内旅游自 20 世纪 80 年代中期开始升温，90 年代走上快车道，近几年已发展成为广大城乡居民重要的消费领域和国家扩大内需的重要力量。入境旅游也持续快速发展。邓小平提出的到 20 世纪末我国旅游外汇收入要达到 100 亿美元的宏伟目标，实际上在 1996 年就提前实现了。我国出境旅游也经历了一个从无到有、从"出境探亲游"到"公民自费出国游"的发展过程。

旅游业发展到今天，国内旅游市场持续高速增长，入境旅游市场稳步进入缓慢回升通道，出境旅游市场平稳发展。2019 年，国内旅游人数达 60.06 亿人次，比 2018 年同期增长 8.4%；

入境旅游人数达 14 531 万人次，比 2018 年同期增长 2.9%；出境旅游人数达 15 463 万人次，比 2018 年同期增长 3.3%，入境旅游者中，亚洲旅游者占比 76.3%，以观光休闲为目的的旅游者占 33.5%。按入境旅游人数排序，我国主要客源市场前 17 位国家如下：缅甸、越南、韩国、日本、美国、俄罗斯、蒙古、马来西亚、菲律宾、新加坡、印度、加拿大、泰国、澳大利亚、印度尼西亚、德国、英国（其中，缅甸、越南、俄罗斯、蒙古、印度含边民旅华人数）。

8. 产业地位不断突破，经济拉动作用更加突出

2009 年，国发 41 号文件《关于加快发展旅游业的意见》提出，要把旅游业培育成国民经济的战略性支柱产业和人民群众更加满意的现代服务业。国民经济的战略性支柱产业定位了旅游业的经济属性。人民群众更加满意的现代服务业定位了旅游业的综合属性，突出了民生属性。2019 年，全年实现旅游总收入 6.63 万亿元，同比增长 11.1%，旅游业对 GDP 的综合贡献为 10.94 万亿元，占 GDP 总量的 11.05%。旅游直接就业 2 825 万人，旅游直接和间接就业 7 987 万人，占全国就业总人口的 10.31%。

9. 国际地位不断提高，国际合作日益活跃和频繁

我国的入境接待人数和旅游创汇居世界前列。国内旅游已成为世界上最大的市场。出境旅游经过几年的发展，就成为各国瞩目的市场焦点。特别是亚洲金融危机期间和 2008 年爆发的国际金融危机以来，许多国家的旅游业遭到沉重打击，我国旅游业却一枝独秀，继续保持了较快增长。这充分显示了我国旅游业的实力，大大提高了我国旅游业的国际地位。同时，我国还十分注重进一步发展多边和双边旅游合作与交流，积极参加世界旅游组织和地区性旅游组织的各项活动，与主要客源国及周边国家和地区的交流不断扩展与深化。目前，中国公民出境旅游目的地已达 150 个。2018 年出境旅游 14 972 万人次，成为世界第一大出境旅游消费国。

第三节　世界和中国旅游发展趋势

一、世界旅游发展趋势

随着人民生活水平的提高、工作时间时数的减少、余暇时间的增多、交通运输手段的革命、旅游资源的深度开发、旅游服务设施的不断完善、国际交往的日益频繁，世界旅游业将出现快速发展的局面，国际旅游市场也将发生明显的变化。旅游业将继续保持世界上最大的产业的地位。欧洲仍将是最受欢迎的旅游地，但不会是加速增长，所占市场份额将有所减少。亚太地区仍将是发展最快的地区，在世界旅游市场仍将占据第二位，而且占比将会有较大的提高，国际旅游区域的重心将向亚太地区转向。中国内地、中国香港、意大利、英国、墨西哥、俄罗斯、捷克将成为世界十大旅游目的地。德国、日本、美国、中国内地、英国、法国、荷兰、加拿大、俄罗斯、意大利将成为世界十大客源产生地。

（一）世界旅游发展现状

1. 旅游业成为全球经济发展的支柱产业之一

20 世纪 60 年代以来，全球旅游经济增速总体高于全球经济增速，旅游业逐渐发展成为全

球最大的新兴产业，甚至已经超过石油和汽车工业，成为世界第一大产业。20世纪90年代开始，国际旅游收入在世界出口收入中所占比重达到8%以上，超过石油、汽车、机电等出口收入，旅游产业正式确立了世界第一大产业的地位并保持至今。到2020年，全球旅游产业收入增至16万亿美元，相当于全球GDP的10%；能够提供3亿个工作岗位，占全球就业总量的9.20%。2019年，全球旅游总人次（包括国内旅游人次和入境旅游人次）达到123.10亿人次，增速为4.6%，为全球人口规模的1.6倍，全球范围内参与旅游的群体不断扩大，旅游消费已然成为全球民众的重要生活方式；2019年，全球旅游总收入（包括国内旅游收入和入境旅游收入）达到5.8万亿美元，相当于全球GDP的6.7%。旅游业发展势头强劲，已经成为世界经济发展的支柱性产业。见图2-1和图2-2。

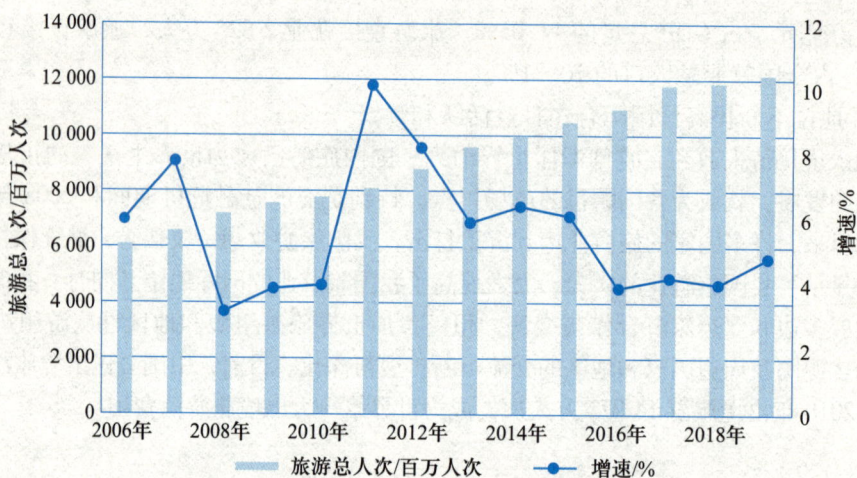

图2-1　2006—2019年全球旅游总人次及增速
资料来源：世界旅游城市联合会（WTCF），世界旅游经济趋势报告（2020）.

图2-2　2006—2019年全球旅游总收入增速与全球GDP增速
资料来源：世界旅游城市联合会（WTCF），世界旅游经济趋势报告（2020）.

2. 世界旅游市场呈现"三足鼎立"的新格局

欧洲和北美洲一直以来都是世界上最受欢迎的两大旅游目的地，是全球旅游市场的"双雄"。随着亚太地区旅游业的日益崛起，世界旅游格局发生变化，旅游重心加速向亚太转移。从 1990 年到 2015 年，亚太地区接待旅游者人次占全球的份额从 12% 增长到 23%，增速一度处于全球领先位置，成为继欧洲和北美洲之后的第三首选目的地，从而形成欧洲、北美洲、亚太"三足鼎立"的世界旅游市场新格局。图 2-3 为五大区域入境旅游收入增速比较（2006—2020），图 2-4 为五大区域入境旅游人次增速比较（2006—2020）。

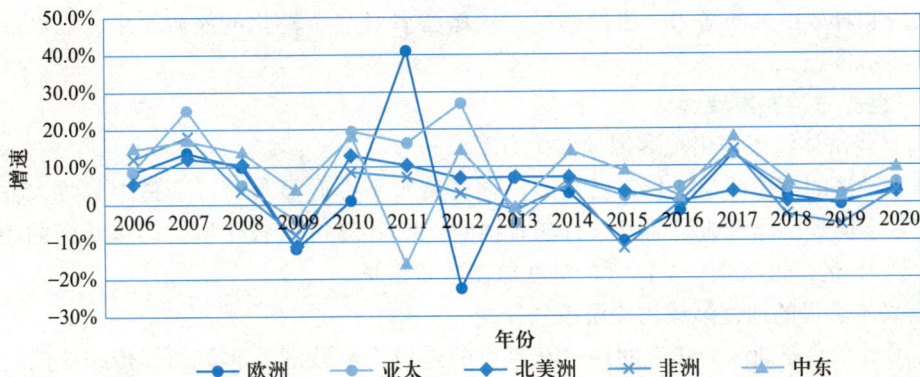

图 2-3　2006—2020 年五大区域入境旅游收入增速比较

资料来源：世界旅游城市联合会（WTCF），世界旅游经济趋势报告（2020）.

图 2-4　2006—2020 年五大区域入境旅游人次增速比较

资料来源：世界旅游城市联合会（WTCF），世界旅游经济趋势报告（2020）.

3. 全球"大众旅游消费"时代已经悄然而至

首先，经济的快速发展导致居民可自由支配收入不断增加，2018 年，全球有近 90 多个国家跻身中偏上收入国家行列。其次，随着各国休假制度的完善，全球居民闲暇时间日益增多。第三，国际交通运输条件的改善为旅游出游带来了极大的便利。三大要素的综合作用下，旅游活动不再是"少数富有者的特权"，而成为一种大众化的活动。据统计，2019 年，全球旅游总人次（包括国内旅游人次和入境旅游人次）达到 123.10 亿人次，增速为 4.6%，为全球人口规模的 1.6 倍，全球"大众旅游消费"时代已经到来。

4. 旅游跨领域、跨行业融合发展成为新常态

旅游业有着天然的融合属性，除了涉及传统的六要素之外，还能和农业、工业、文化、体育、互联网等产业紧密结合。风靡世界的法国葡萄酒庄园，德国鲁尔区的遗产探秘游，四年一度、规模盛大的奥运会，在线旅游预订、网上购物的普及等，无一不是旅游融合发展的典型例证。旅游跨领域、跨行业的融合发展可以增加传统产业的附加值，促进旅游业态推陈出新，展现和释放巨大的潜力，更能满足当代旅游者日趋个性化的旅游需求，已经成为一种旅游发展的新常态。

（二）世界旅游业发展趋势

1. 新兴经济体将成为出境客源地的生力军

受惠于经济的持续高速增长，新兴经济体消费水平提升显著，特别是中等收入群体迅速扩大，产生了巨大的出境旅游需求。有学者预测，到 2025 年，仅中国、印度两国的中产阶级就有望达到 18 亿，这将是一个巨大的潜在旅游消费市场。

2. 新兴旅游目的地逐渐成为旅游市场新宠

以中国、东南亚地区为代表的许多新兴目的地成为继欧洲、北美洲等传统热门目的地之外的新宠，世界旅游区域重心加速向亚太地区转移。预计全球范围内国际旅游者到访量从 2010 年到 2030 年，将以年均 3.3% 的速度持续增长，新兴目的地旅游者到访量将以年均 4.4% 的速度增长，是发达国家年均 2.2% 增速的两倍。预计到 2030 年，新兴旅游目的地市场份额将占据全球旅游市场的一半以上，达到 57%，成为全球最具活力的旅游热点地区。

3. 市场需求短距化和多元化趋势愈发明显

未来，旅游活动将以短距离旅游代替中长距离旅游的形式出现，更多的区域内部流动将取代区际流动。到 2030 年，区域内部旅游者将达到 14 亿人次，占国际旅游者总量的 78%，成为入境旅游的主要客源。据统计，以休闲、娱乐和家庭为目的出行旅游者数量将保持 3.3% 的年均增长速度，探亲、就医、宗教等其他目的的出行旅游者数量年均增长 3.5%，商务和工作目的的出行旅游者数量年均增长 3.1%，旅游市场需求多元化趋势愈发明显。

二、中国旅游发展趋势

（一）中国旅游发展现状

1. 国内旅游将持续增长，旅游产业规模不断壮大

首先，随着国民大众休度假需求的快速增长，未来国内旅游人数和人均旅游消费仍将继续增长。2019 年，国内旅游人数达到 60 亿人次，其中，城镇居民达 44.7 亿人次，增长 8.5%；农村居民 15.4 亿人次，增长 8%。国内旅游收入 5.72 万亿元，其中，城镇居民花费 4.75 万亿元，增长 11.5%；农村居民花费 0.97 万亿元，增长 12%。图 2-5 为 2012—2019 年中国居民人均可支配收入及增长率。

其次，产业规模日趋壮大。截至 2022 年，全国 5A 级景区 306 家，世界遗产 56 项，红色旅游经典景区 300 处。初步形成观光旅游和休闲度假旅游并重、旅游传统业态和新业态齐升

的新格局。

图 2-5　2012—2019 年中国居民人均可支配收入及增长率

2. 旅游综合贡献大，产业地位愈凸显

旅游业具有综合性强、关联度高、带动性强的优势，能够影响、带动和促进民航、铁路、公路、餐饮、住宿、商业、通信等 100 多个行业的发展。据统计，旅游业对中国 GDP 的综合贡献率从 2012 年的 9.41% 上升到 2019 年的 11.05%，呈逐年增长态势；2019 年，中国国内旅游人数 60.06 亿人次，比 2018 年同期增长 8.4%；入出境旅游总人数 3.0 亿人次，同比增长 3.1%；全年实现旅游总收入 6.63 万亿元，同比增长 11%。旅游业对 GDP 的综合贡献为 10.94 万亿元，占 GDP 总量的 11.05%。旅游直接就业 2 825 万人，旅游直接和间接就业 7 987 万人，占全国就业总人口的 10.31%，与世界平均水平持平；旅游业以其区别于其他产业的、对经济增长的巨大推力使其逐渐上升为国家战略性支柱产业，产业地位越加凸显。

3. 消费需求多样化，消费层级高端化

随着居民收入的不断提升，旅游者需求开始从传统的吃、住、行、游、购、娱向更多方面扩展，旅游消费结构不断升级，消费层次向高端化、品质化方向发展，自由行、度假休闲旅游备受关注和喜爱。截至 2022 年，我国现有国家级旅游度假区 63 家，旅游休闲示范城市 10 个，国家生态旅游示范区 112 个；专题旅游方面，现有中国邮轮旅游发展实验区 6 个，国家工业旅游示范基地 75 个，国家级旅游休闲街区 111 个，以满足旅游者日益增长的高端化、差异化消费需求。

(二) 中国旅游业发展趋势

1. 入境旅游市场基础更加稳固，出境旅游持续增长

2019 年，我国入境旅游人数 1.45 亿人次，比 2018 年同期增长 2.9%。其中，外国人 3 188 万人次，增长 4.4%；香港同胞 8 050 万人次，增长 1.4%；澳门同胞 2 679 万人次，增长 6.5%；台湾同胞 613 万人次，与 2018 年同期基本持平。国际旅游收入 1 313 亿美元，比 2018 年同期增长 3.3%。中国入境旅游市场规模与旅游消费稳步增长，入境客源市场日益多元，市场结构逐步优化，旅游主题形象更加鲜明，宣传推广体系逐步完善，旅游产品结构更趋合理，旅游服务质量稳步提升，各项便利化政策逐步完善，均有力促进了入境旅游市场的发展。全球经济整体复苏的势头也渐趋明朗，为中国入境旅游市场持续增长提供了有效的外部支撑。综合多项数据指标来看，

47

近年来中国人境旅游市场虽有起伏，但整体上已走出金融危机后的萧条期，当前正处于从全面恢复转向持续增长的新阶段。

2019 年，中国公民出境旅游人数达到 1.55 亿人次，比 2018 年同期增长 3.3%。出境旅游人数和旅游花费分别同比增长 9.8% 和 16.6%，出境旅游增速有所放缓，逐步进入理性增长时期。图 2-6 为 2006—2018 年中国出境旅游人数及增长率示意图。

图 2-6　2006—2018 年中国出境旅游人数及增长率示意图

2. 产业转型升级，旅游新业态不断涌现

随着旅游业进入个人游、自助游、自驾游为主的新阶段，传统的以抓点方式为特征的景点旅游模式，已经不能满足大旅游的发展需要，必须树立"大旅游、大产业"的发展理念，以"旅游+"为途径，构建旅游发展新格局。

近年来，随着信息化的发展和旅游产业转型升级，旅游新业态不断涌现，随着文旅融合的不断推进和供给侧改革的不断深化，一批参与感强、文化味浓的旅游新业态纷纷崛起。这些新业态，不断刷新人们出游体验，成为旅游市场发展新的增长点，主要包括智慧旅游、冰雪旅游、乡村旅游、红色旅游、康养旅游、研学旅行和定制旅游等。

3. 产品结构多元化，产品形态个性化

随着旅游者消费需求的多样化和个性化，专项型、度假型、参与式旅游产品将更受旅游市场的推崇和喜爱，其产品竞争力日益提升，将打破传统观光型旅游产品一枝独秀的格局，形成各种旅游产品百花齐放的多元化产品结构。然而，仅仅依靠多元化的产品结构并不能完全满足旅游者需求，必须更加强调和突出旅游产品的特色，那么，个性化的产品形态将成为未来旅游产品升级换代的必然趋势。

4. "旅游+"跨界融合

旅游业的综合性特征，决定了只有依托多个产业，才能向旅游者提供包括吃、住、行、游、购、娱等在内的旅游产品和服务。旅游是综合性产业，是拉动经济发展的重要动力。旅游正在与各个行业不断融合。"十四五"期间，旅游将与国民生活及乡村、健康、工业、体育、科技、研学等重点领域融合发展。

（1）康养融合。人民健康是民族昌盛和国家富强的重要标志。在党的二十大报告中，强调了要推进健康中国建设，为中国的康养产业发展描绘了具体的蓝图。养老服务业政策利好，

市场空间巨大。在健康中国战略与消费升级的大背景下，康养旅游只是刚刚起步，健康与养老相结合的康养小镇等迎来发展新蓝海。

（2）文旅融合。文化是一个国家、一个民族的灵魂。在居民对更高层次的精神文化生活需求下，文化将会进一步活态化、物态化、业态化。在革命老区、民族地区、边疆地区结合旅游扶贫政策后，文旅产业也大有可为。

（3）乡村+旅游。党的十九大正式提出实施乡村振兴战略，围绕"农村"的田园养生、田园综合体、乡村旅游、康养旅居等将是未来乡村旅游、生态旅游的一大发展趋势。

（4）科技+旅游。亚洲首家 VR 影视娱乐主题公园"高能视界 High-T"主题乐园首站落户于成都。VR 主题公园将影视娱乐内容及最高端的虚拟现实技术结合在一起，让"历史与未来穿越成为可能"，极大地拓展了旅游体验的时空。互联网+、大数据、云计算、物联网、虚拟现实（VR）、增强现实（AR）、混合现实（MR）、人工智能不断改变着旅游者的旅游体验，即将给中国旅游业带来前所未有的全新变革。

案例链接

山东发展旅游新业态，培育壮大新动能

以创新求突破，以融合促发展，山东创新推动"文旅+"新业态发展，推动旅游产业从观光为主的单一功能向观光、休闲、度假、体验综合功能转型，培优红色旅游、研学旅游、海洋旅游、工业旅游等融合业态，加快培育康养旅游、城市休闲旅游、乡村旅游、房车露营等新兴业态，推动旅游行业向现代化、智慧化、品质化、国际化转变。

1. 传承弘扬红色基因，塑强红色旅游新优势

五年来，持续优化建设红色旅游经典景区，共建成红色旅游景区（点）300 多个，三条线路入选全国"建党百年百条精品红色旅游线路"。精心打造五个版本的沉浸式红色旅游演艺产品——民族歌剧《沂蒙山》。该歌剧入选"2020 年全国舞台艺术优秀剧目网络展演"，成为第30 届上海白玉兰戏剧表演艺术奖唯一大满贯作品。位于革命老区的临沂市依托丰富的红色文化旅游资源，创新打造沂蒙精神纪念地，推出多种红色旅游产品，被授予"中国红色研学旅行目的地城市"。作为老牌红色景区，刘公岛景区创新推动"红色旅游+千里山海自驾旅游公路"融合业态，串联起威海市 90%的文旅资源，不仅带火了红色经济，还推动了威海红色旅游提档升级。

2. 创新推动文旅康养，培育康养旅游新高地

为推动文旅康养融合发展，联合省卫健委开展"山东省文旅康养融合发展示范区"创建工作，编制完成《文旅康养融合发展示范区评定标准》，率先推出全国首批 21 家资源丰富、要素完整、产业融合度高的文旅康养融合发展示范、试点县。创新开展文旅康养强县评定，确定济南市莱芜区、青岛市市南区、滕州市等 10 个县（市、区）为 2021 年度山东省文旅康养强县，并为每个县（市、区）提供 1 000 万元财政支持。

3. 培育壮大研学旅游产业，培树研学旅游新标杆

在研学游、亲子游等成为主流的当下，全省扎实推进研学旅游，精心打造研学旅游目的地和优质产品。曲阜入选中国研学旅游目的地，三孔景区入选全国研学旅游示范基地。泰山风景区、孟庙孟府景区、济南市天下第一泉景区、台儿庄古城等 6 家单位入选全国港澳青少

年游学基地，山东博物馆等28家单位被评为"全国中小学生研学实践教育基地"，总数均居全国第二。临沂市青少年示范性综合实践基地等2家单位被评为"全国中小学生研学实践教育营地"。成功打造180家省级中小学生研学基地。济宁大力整合研学旅游资源，创新推出文化圣地体验游、国学经典研学旅行、运河微山湖休闲游、儒乡生态休闲游四大主题线路产品和"拜圣习儒""走进水浒""圣地研学""运河访古""湖上泛舟""儒乡农耕"六大体验性游览活动，以及《金声玉振》等代表性研学旅游演艺精品。青岛组建胶东研学旅游产业联盟，建立研学旅游机构交流平台，发掘研学旅游资源，促进研学、教育和旅游的深度融合。

4. 倡导绿色低碳生活方式，培育休闲度假新模式

"五色的彩旗随风飘扬，白色帐篷扎在青青草地，小朋友追着泡泡跑闹……"德州乐陵市百枣园"嗨客"露舍营地吸引了众多以家庭为主的自驾团队，一派热闹景象。而这只是推动城市拓展旅游休闲功能，提升旅游者"微度假""微旅游"体验，倡导绿色低碳生活方式的生动缩影。每年春节全省组织开展旅游休闲街区主题节庆活动，暑期联合主流媒体发布景区露营地指南，推出"城市新视角——山东都市漫游"文化旅游体验产品。

（资料来源：山东文旅，2022年10月）

// 本章小结 //

本章从历史唯物主义角度阐述人类旅行和旅游活动的发展过程。通过对中国和世界的古代旅游、近代旅游、现代旅游发展进程的描述，总结出各阶段旅游发展的规律，揭示了人类旅行和旅游活动是社会经济发展的产物并随着社会经济的发展而发展这一最基本的旅游活动发展规律，由此来预测旅游业未来发展的趋势。

// 同步练习 //

一、填空题

1. _____、_____和_____并称为20世纪初三大旅行代理业务公司。

2. 1923年8月，中国第一家旅行社前身_____成立，1927年6月更名为_____。

二、单项选择题

1. （　　）年7月5日，库克利用包租火车的方式组织了570人从莱斯特前往拉巴夫勒参加禁酒大会，标志着近代旅游及旅游业的开端。

A. 1841　　　　　B. 1845　　　　　C. 1847　　　　　D. 1865

2. 春秋时代，孔子带领几十个随从弟子周游列国，这属于中国古代旅行形式中的（　　）。

A. 帝王巡游　　　B. 政治游说　　　C. 学术考察　　　D. 士人漫游

三、多项选择题

1. 世界现代旅游的特点包括（　　）。

A. 大众性　　　　B. 地理上的集中性　　C. 季节性　　　D. 形式多样性

2. 下列属于中国古代旅游形式的有（　　）。

A. 帝王巡游　　　B. 政治旅行　　　C. 士人漫游　　　D. 学术考察旅行

四、简述题

1. 分析世界近代旅游业产生的社会背景。

2. 简述托马斯·库克对人类旅游发展的贡献。

3. 说明世界近代旅游与现代旅游活动的异同。

4. 简述中国古代旅游活动的特点。

5. 分析中国现代旅游业腾飞的原因。

// 实 训 项 目 //

深入当地旅游行政管理部门或旅游企事业单位，了解当地旅游业的发展现状。

调查目的：了解旅游业的发展对于当地经济社会发展有哪些促进作用，遇到的主要问题有哪些。

调查工具：照相机、摄像机、录音笔、调查问卷等。

调查要求：分组调查。

调查报告：以小组为单位形成调查报告，字数 2 000 ~3 000 字。

第三章　旅游者

【学习目标】

知识目标

- 了解旅游者概念的发展历程。
- 掌握旅游动机和需要的关系。
- 了解旅游者的基本类型。
- 掌握旅游流的定义和特征。
- 熟悉和掌握旅游市场客流的规律及影响因素。
- 熟悉旅游者的权利和义务。
- 掌握提升文明旅游的途径。

能力目标

- 能准确解释关于旅游者的不同定义。
- 能分析旅游者在不同的旅游活动中表现出的不同旅游动机。
- 能解释不同的旅游活动中旅游者的需求特点。
- 能从宏观层次解释旅游客流的相关特性。
- 能明确旅游者的权利和义务。
- 能指出旅游者不文明的旅游行为，并提出相应的管理措施。

素养目标

- 养成严谨踏实的研究态度。
- 践行知行合一、学以致用。
- 树立文明旅游的意识。
- 培养遵纪守法、保护自己合法权利的意识。

【关键概念】

旅游者　可进入性　旅游动机
旅游流　权利和义务　文明旅游

【思维导图】

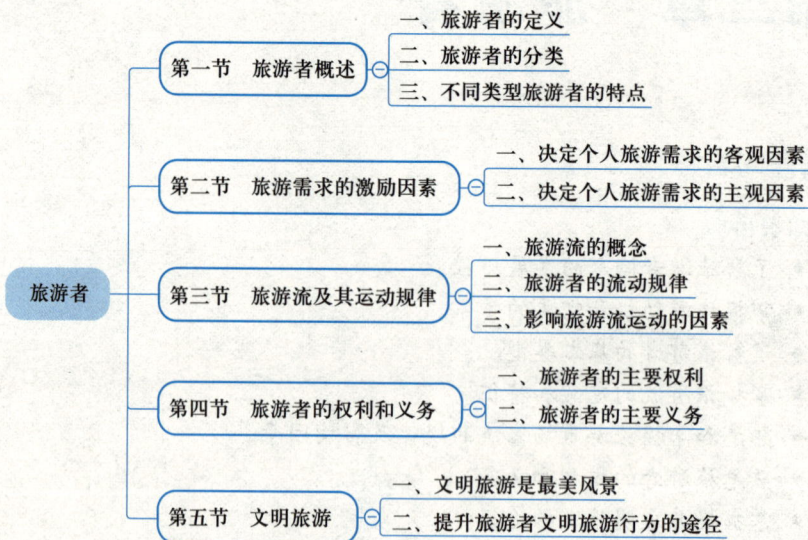

第一节　旅游者概述
　　一、旅游者的定义
　　二、旅游者的分类
　　三、不同类型旅游者的特点

第二节　旅游需求的激励因素
　　一、决定个人旅游需求的客观因素
　　二、决定个人旅游需求的主观因素

旅游者

第三节　旅游流及其运动规律
　　一、旅游流的概念
　　二、旅游者的流动规律
　　三、影响旅游流运动的因素

第四节　旅游者的权利和义务
　　一、旅游者的主要权利
　　二、旅游者的主要义务

第五节　文明旅游
　　一、文明旅游是最美风景
　　二、提升旅游者文明旅游行为的途径

　　构成旅游活动的三个基本要素是旅游的主体(旅游者)、旅游的客体(旅游资源)和旅游的媒介(旅游业)。三个要素相互紧密联系，构成一个完整的旅游整体。旅游本身是人的活动，而且旅游业的一切开发和接待服务工作无一不是针对和围绕旅游者的需要而提供的。换言之，没有旅游者便没有旅游活动，没有旅游活动便没有旅游市场，没有旅游市场便不会有旅游业的出现和生存。所以，旅游者是旅游活动的主体，是旅游活动得以开展的首要条件。因此，对旅游活动及旅游业的研究应该从旅游者开始。

第一节　旅游者概述

一、旅游者的定义

　　旅游是由人产生的行为，是人们离开其常住地的外出旅行及在目的地停留期间所从事的全部活动。由于这种活动规模的深化和扩大，才使旅游人群形成一个具有一定规模的市场，从而造就出无数的经营商机。

　　在研究旅游时最受人们关注的莫过于作为旅游活动主体的旅游者这个特殊群体了。归根结底，什么样的人才算旅游者？这个问题首先涉及旅游者的概念或定义。在现实生活中甚至在学术界，用以指代这个群体的名词可谓五花八门，如旅游者、游客、观光客、旅行者，甚至有些从接待角度给予的称呼也杂于其中，如宾客、旅客、顾客、住客等。简单地讲，旅游者就是离开常住地到异地旅行和访问的人。这仅仅是个概念性的定义，更是对旅游者本质属性的概括。但是，各国政府部门及旅游业界所关心的并不是旅游者的概念性定义，而是要准确了解旅游者的数量、规模、消费水平、消费结构及整个旅游业在国民经济中的地位、作用和影响等，以便为整个旅游行业的发展及旅游企业的经营进行更好的服务。因此，仅仅知道旅游者的概念性定义是远远不够的，必须深入研究怎样统计旅游者的数量，哪些人算是旅游者，哪些人不包括其中。这就涉及旅游者的技术性定义问题，即将一些量化或者可借以区别限定的标准纳入旅游者的定义，特别是在旅游者离开常住地多少距离以外和旅游者在外地旅游多长时间这两个关键问题上。但至今这两个关键问题尚无统一看法。这不仅妨碍了对于旅游行业一些性能指标的统计和研究工作的发展，同时也在一定程度上限制了旅游学作为一门独立学科的发展。

　　对于旅游者，一般将其分为国际旅游者和国内旅游者来进行不同的界定。目前，对国际旅游者的技术性定义，世界各国基本上达成了共识，以罗马会议和世界旅游组织对旅游者的解释为基准，对国际旅游者进行界定和统计。而对国内旅游者的定义，由于各国不同的发展国情和对旅游者的理解认识不同，导致在对国内旅游者进行技术性定义时，存在一些差异。

(一)　国际联盟统计专家委员会的定义

　　最早的国际旅游者的定义是 1937 年由国际联盟统计专家委员会提出的。根据当时的需要，曾对"外国旅游者"给出如下的界定标准和范围解释：外国旅游者"就是离开自己的居住国，到另一个国家访问至少 24 小时的人"。

1. 旅游者

国际联盟统计专家委员会确认下列几种人为旅游者。

（1）为了消遣、家庭事务及身体健康方面的目的而出国旅行的人。

（2）为出席会议或作为公务代表而出国旅行的人（包括科学、行政、外交、宗教、体育等会议或公务）。

（3）为工商业务原因而出国旅行的人。

（4）在海上巡游过程中登岸访问的人员，即使其停留时间不足24小时，亦视为旅游者（停留时间不足24小时者应分开作为一类，必要时可不管其常居何处）。

2. 非旅游者

国际联盟统计专家委员会规定下列几种人不属于旅游者。

（1）抵达某国就业任职，不管是否订有合同或者在该国从事营业活动者。

（2）到国外定居者。

（3）到国外学习，寄宿在学校的学生。

（4）边境地区居民中日常越境工作的人。

（5）临时过境而不停留的旅行者，即使在境内时间超过24小时也不算旅游者。

国际联盟统计专家委员会的这一定义对旅游统计、市场研究与推销及战后国际旅游业的发展起了重要作用，但显然有其不完善之处，如不适用国内旅游者、定义内涵过于宽泛等。

1950年，世界旅游组织的前身国际官方旅游宣传组织联盟接受国际联盟统计专家委员会的定义，但提出自己的部分修正意见：在国外寄宿于企业或学校的人应该包括在旅游者范围中。同时，还界定了一个新的旅游者类型，即短途国际旅游者，将它定义为在另一个国家访问不超过24小时的人。另外，还定义了过境旅行者，他们是路过一个国家但不做法律意义上的停留的人，不管他们在该国逗留多久。

（二）罗马会议的定义

随着第二次世界大战后现代旅游业的迅速发展，统一世界各国旅游统计口径的问题开始真正得到有关的国际组织和世界各国的重视。在国际官方旅游宣传组织联盟的积极推动下，联合国于1963年在罗马召开了一次国际旅游会议（简称罗马会议）。会议对旅游人次的统计范围做了新的规定，这就是人们俗称的关于界定旅游者的罗马会议的定义。

在以前的基础上，此次会议提出了游客、旅游者、短途旅游者三个概念。在"游客"这一总体概念下，又分为两类：一类是在目的地停留过夜的游客称为旅游者；另一类是在目的地不做过夜停留，而是当日往返的游客，称为短途旅游者。其具体解释如下。

游客是指除为获得有报酬的职业以外，基于任何原因到一个不是自己常住的国家访问的人。游客包括以下两类。

1.（过夜）旅游者

（过夜）旅游者，即到一个国家作短期访问至少逗留24小时的游客。其旅行目的可属下列之一。

（1）消遣（包括娱乐、度假、疗养保健、学习、宗教、体育活动等）。

（2）工商业务、家事、公务出使、出席会议。

2. 短途旅游者

短途旅游者（或一日游游客），即到一个国家作短暂访问，停留时间不超过24小时的游客

（包括海上巡游过程中的来访者）。

罗马会议还指出，这一定义不包括那些在法律意义上并未进入所在国的过境游客（如那些没有离开机场中转站的航空旅行者或其他类似情况的人）。

罗马会议结束后，联合国统计委员会于 1968 年正式确认和通过了这一定义。同年，国际官方旅游宣传组织联盟也通过了这一定义。1970 年，经济合作与发展组织旅游委员会采纳了这个定义。

此外，由于该定义中界定为游客的来访目的除了消遣性目的之外，还包括了以商务访问为代表的事务性目的，因此该定义的采纳还使旅游和旅行这两个含义原本不同的术语此后在旅游研究中朝着概念同化的方向大大迈进了一步。

如果说这个定义有什么不足之处，那就是它所界定的只是国际游客，而没有将国内旅游或国内游客考虑进去。

（三）联合国统计委员会的相关定义

1976 年，在联合国统计委员会召开的有世界旅游组织及其他国际组织代表参加的会议上，进一步明确了游客、旅游者和短途游览者的技术性定义。这些定义成为大多数国家在进行旅游者统计时所遵循的主要标准。具体内容如下。

国际游客是指到另一个国家并且其目的符合下列条件的人：出于娱乐、休闲、宗教、探亲、体育运动、会议或过境的目的而访问他国的人；中途停留在该国的外国轮船或飞机的乘客；逗留时间不到一年的外国商业或企业人员，包括安装设备的技术人员；国际团体雇佣的任职不超过一年或回国作短暂停留的侨民。

不属于国际游客的类型包括为移民或就业而进入目的地国家的人；以外交或军事人员身份访问目的地国家的人；上述人员的随从；避难者、流民或边境工作人员；逗留时间超过一年的人。

国际游客又分为国际旅游者和国际短途旅游者。国际旅游者是指在目的地国家的接待设施中度过至少一夜的游客。国际短途旅游者是指在目的地国家的接待设施中停留少于一夜的游客，包括那些居住在巡游船上上岸游览的乘客，他们在所停靠的港口地区进行多日访问，但每天回到船上住宿。但国际短途旅游者不包括那些正在过境途中的乘客，如降落于他国但未在法律意义上正式进入该国的飞机上的过境旅客。

（四）我国国家统计局对国际游客的界定

我国旅游业的发展于 1978 年开始步入正轨之后，根据我国旅游统计工作的需要，国家统计局和原国家旅游局也曾对应纳入我国旅游统计的人员范围做过一系列的界定和规定。目前，我国来华旅游人次统计方面，对有关概念使用的现行解释包括以下内容。

凡纳入我国旅游统计的来华旅游入境人员统称为（来华）海外游客（国际游客）。海外游客是指来我国大陆观光、度假、探亲访友、就医疗养、购物、参加会议或从事经济、文化体育、宗教活动的外国人、华侨、港澳台同胞。其中，外国人是指属于外国国籍的人，包括加入外国国籍的中国血统华人；华侨是指持有中国护照但侨居外国的中国同胞；港澳台同胞是指居住在我国香港特别行政区、澳门特别行政区和台湾省的同胞。为了便于界定，我国规定来华海外游客是指因上述原因或目的，离开其常住国（或常住地区）到我国大陆访问，连续停留时间不超过 12 个月，并且在我国大陆活动的主要目的不是通过所从事的活动获取报酬的人。

1. 海外游客

根据游客在我国停留时间不同，将海外游客划分为以下两类。

（1）海外旅游者，即在我国大陆旅游住宿设施内停留至少一夜的海外游客（过夜游客）。

（2）海外一日游游客，即未在我国大陆旅游住宿设施内过夜（而是当日往返）的海外游客（不过夜游客）。

2. 非海外游客

我国旅游统计中还规定，海外游客中不包括下列人员。

（1）应邀来华访问的政府部长以上官员及其随行人员。

（2）外国驻华使、领馆官员、外交人员及随行的家庭服务人员和受赡养者。

（3）在我国住期已达一年以上的外国专家、留学生、记者、商务机构人员等。

（4）乘坐国际航班过境，不需要通过护照检查进入我国口岸的中转旅客。

（5）边境地区（因日常工作和生活而出入境）往来的边民。

（6）回大陆定居的华侨、港澳台同胞。

（7）已在我国大陆定居的和原已出境又返回我国大陆定居的外国侨民。

（8）归国的我国出国人员。

从上述我国对海外游客的定义与罗马会议的定义比较中可以发现，这些定义及解释内容都大致相同，只是在各自的表述上及在某些个别方面的解释有所不同。例如，按照我国对海外旅游者的解释，实际上将在亲友家中过夜的来华旅游者排除于统计范围之外，不算国际游客，但按罗马会议的定义的解释这些人就应该算作国际游客。

目前，世界各国在对国际旅游者进行界定和统计时，往往都是以罗马会议的定义为基准的。由此看来，目前世界各国对国际旅游者的界定或定义原则上已经形成共识。

（五）国内游客的定义

但是，在旅游统计中如何界定国内游客的问题上，世界各国的做法还远远没有统一，这给国际的统计、分析都造成了一定的影响。现列举几个有代表性的关于国内旅游者的定义。

1. 世界旅游组织的定义

与对国际游客所做的划分近似，国内游客也被区分为过夜国内旅游者和不过夜国内旅游者。过夜国内旅游者是指在某一目的地旅行超过 24 小时而少于一年的人，其目的是休闲、度假、运动、商务、会议、学习、探亲访友、健康或宗教。不过夜国内旅游者是指基于以上任一目的并在目的地逗留不足 24 小时的人。

2. 加拿大和美国的定义

加拿大和美国是以出行距离为标准来区别是否属于国内旅游者的。

（1）加拿大对国内旅游者的定义是：旅游者是指离开其所居住地边界至少 50 英里①（80 多千米）以外的地方去旅行的人。

（2）美国对国内旅游者的定义是：旅游者是指为了出差、消遣、个人事务或者出于工作上下班之外的其他任何原因而离家外出旅行至少 50 英里的人，而不管其在外过夜还是当日返回。

由此可以看出，这些定义多数都不问逗留时间的长短。

---

① 1 英里＝1.609 344 千米。

3. 欧洲国家的定义

与加拿大和美国的风格不同，以英、法为代表的一些欧洲国家在判断是否属于国内旅游者时所采取的标准不是出于距离，而是在异地逗留的时间长度。

（1）英国对国内旅游者的定义是：基于上下班以外的任何原因，离开居住地外出旅行过夜至少一次的人。

（2）法国对国内旅游者的定义是：基于下列原因离开自己的主要居所，外出旅行超过 24 小时但未超过 4 个月的人。这些原因包括：① 消遣（周末度假或假期）；② 健康（温泉浴或海水浴治疗）；③ 出差或参加各种形式的会议（体育比赛、朝圣或讨论会等）；④ 商务旅行；⑤ 改变课堂教学的修学旅行。

下列人员不在国内旅游者之列：① 外出活动不超过 24 小时的人；② 为了就业或从事职业活动而前往某地的人员；③ 到某地定居的人；④ 在异地就学、住宿的在校学生及现役军人；⑤ 到医疗机构治疗或疗养的人；⑥ 在规定假期内，因家庭事务而探亲访友的人。

由上述几个定义可以看出，判断国内旅游者的标准还是从时间和空间这两个因素上着手的，而且国内旅游与国际旅游的根本区别在于是否跨越国界。

（六）我国国家统计局对国内旅游者的界定

在我国的国内旅游统计中，对纳入国内旅游统计范围的人员统称为国内游客。

国内游客是指任何因休闲、娱乐、观光、度假、探亲访友、就医疗养、购物、参加会议或从事经济、文化、体育、宗教活动而离开常住地到我国境内其他地方访问，连续停留时间不超过 6 个月，并且访问的主要目的不是通过所从事的活动获取报酬的人。在这个定义中，所谓常住地，是指在近一年的大部分时间内所居住的城镇（乡村），或者虽然在这个城镇（乡村）只居住了较短的时间，但在 12 个月内仍将返回这个城镇（乡村）。根据这个解释，国内游客中也应包括在我国境内住满一年之后，离开常住地到我国境内其他地方去旅游的外国人、华侨和港澳台同胞。

国内游客也分为两类，即国内旅游者和国内一日游游客。国内旅游者是指我国大陆居民离开常住地，在我国境内其他地方的旅游住宿设施停留至少一夜，最长不超过 6 个月的国内游客。国内一日游游客是指我国大陆居民离开常住地 10 千米以外，出游时间超过 6 小时但不足 24 小时，并未在我国境内其他地方的旅游住宿设施内过夜的国内游客。

我国在国内旅游统计中还规定，下列人员都不在国内游客统计之列：① 到各地巡视工作的部级以上领导；② 驻外地办事机构的临时工作人员；③ 调遣的武装人员；④ 到外地学习的学生；⑤ 到基层锻炼的干部；⑥ 到其他地区定居的人员；⑦ 无固定居住地的无业游民。

从以上我国在国内旅游统计方面所作的界定中可以看出，它与世界旅游组织的建议基本上是吻合的。但是，该定义对国内游客的界定比常人对国内游客的理解的范围要窄。常人理解只要外出到某个景点游玩，对该景点来说就是游客；市民在饭店住宿，对饭店来说就是游客。但根据此界定，这些人都被排除在游客统计范围之外。另外，国内旅游统计中并未将在亲友家中过夜的国内旅游者包括进去。由此不难推知，我国关于国内游客人次的统计数字难免会低于其实际的规模。

当然，上述列举的都是对旅游者技术性定义认识的不同，对于旅游者概念性定义，则并不存在大的认识差异。可以这样认为，无论是国际旅游者还是国内旅游者，都是出于就业和移民以外的任何原因，暂时离开常住地去异乡访问的人。

二、旅游者的分类

人们通常是按照各自研究问题的角度和分析目的，采用不同的方法和标准对旅游者进行分类。比较常见的分类标准有以下几种。

1. 按照地理范围划分

按照地理范围划分，主要包括国际旅游者（见图3-1）和国内旅游者。

图3-1　长城上的国际旅游者

2. 按照旅游者的组织形式划分

按照旅游者的组织形式划分，主要包括团体旅游者、散客旅游者和自助旅游者。

3. 按照计价方式划分

按照计价方式划分，主要包括包价旅游者、半包价旅游者和非包价旅游者。

4. 按照旅游费用的来源划分

按照旅游费用的来源划分，主要包括自费旅游者、公费旅游者和奖励旅游者。

5. 按照消费水平划分

按照消费水平划分，主要包括经济型旅游者、标准型旅游者和豪华型旅游者。

6. 按照旅游目的划分

按照旅游目的划分，主要包括观光型旅游者、娱乐消遣型旅游者、度假保健型旅游者、文化型旅游者、商务型旅游者、家庭事务型旅游者和购物型旅游者等。

此外，还可按照旅游交通方式标准、年龄性别标准等对旅游者的类型进行划分。在实际工作中，我们可以根据需要采取相应的标准对旅游者进行分类。

三、不同类型旅游者的特点

不同类型的旅游者，各自的需求特点也有明显的差异。在对旅游者类型的不同划分中，按旅游目的划分是目前最具有代表性和典型意义的一种划分方法，因为它是旅游动机的体现。下面主要讨论按照旅游目的划分的各种类型旅游者的特点。

（一）观光型旅游者的特点

观光型旅游者是指到异国他乡游览自然山水，鉴赏文物古迹，参观建设成就，领略风土人情，通过旅游达到美的享受，获得愉悦和休息，同时也丰富自己的生活经历和体验的旅游者。这是世界上最古老、最常见、最基本的旅游者类型，也是我国旅游接待中最主要的旅游者类型。

观光型旅游者主要有以下几方面的特点。

1. 旅游者外出旅游的季节性强

这是由两方面的原因决定的：一方面，旅游目的地的地理位置、气候条件及旅游资源的特点存在着季节上的差异，导致各个旅游景点在不同的季节吸引力不同；另一方面，从旅游需求方面看，旅游者外出旅游主要是利用带薪假期和节假日，而世界各国带薪假期和节假日都相对集中，这也在客观上形成了旅游的淡旺季。

2. 旅游者在旅游目的地的选择上自由度较大

旅游者在选择旅游目的地时，既要看旅游景点的知名度和吸引力的大小，又要看旅游产品的质量，同时还要考虑旅游活动过程中的安全等因素。如果旅游目的地的旅游产品质量下降，或者社会出现不稳定因素，旅游者就会改变计划而选择另一个旅游目的地。

3. 旅游者兴趣构成具有广泛性和多样性

旅游者以异域他乡作为观光对象，寻求扩大自身的旅游经历，所以包含着广泛的兴趣和爱好。除了观光游览各地的风景名胜、人文古迹之外，还希望通过旅游考察社会、了解风土人情、寻求知识、结交朋友、增进友谊，以获得愉快及有益的休息。因此，不同年龄、不同职业、不同兴趣爱好的旅游者集合在一起，组成浩浩荡荡的观光大军。这是其他类型的旅游所不能比拟的。

4. 旅游者对旅游产品的价格较为敏感，在旅游活动过程中花费不多

由于观光型旅游者外出大多是自费旅游，一般来说，对价格较为敏感。如果旅游目的地或航空公司提高价格，旅游者就会选择其他的旅游目的地或者改乘其他的交通工具。此外，观光型旅游者外出最主要的目的是观光、游览，因此，除了在吃、住、行、游等方面有一定的开销外，在其他方面的花费比较少。

5. 重游率低

观光型旅游者寻求的是对新的异地风光的追求和体验，故"旧地重游"的回头客较少。

知识链接 3-1

我国入境外国游客的构成如表 3-1 所示。

表 3-1　我国入境外国游客的构成（2010—2019 年）　　　　（单位：万人次）

指标	2019 年	2018 年	2017 年	2016 年	2015 年	2014 年	2013 年	2012 年	2011 年	2010 年
总计	4 911.36	4 795.11	4 294.30	3 148.38	2 598.54	2 636.08	2 629.03	2 719.16	2 711.20	2 612.69
男性	2 881.29	2 859.71	2 607.98	1 982.04	1 681.19	1 709.51	1 702.07	1 737.76	1 745.41	1 678.9
女性	2 030.07	1 935.39	1 686.32	1 166.33	917.35	926.57	926.96	981.4	965.79	933.81
14 岁及以下	184.92	161.18	134.75	114.73	101.43	103.92	107.89	111.79	111.94	109.44

续表

指标	2019 年	2018 年	2017 年	2016 年	2015 年	2014 年	2013 年	2012 年	2011 年	2010 年
15 至 24 岁	686.20	656.71	568.82	303.32	205.03	204.78	206.65	215.87	212.44	203.09
25 至 44 岁	2 439.71	2 394.69	2 143.34	1 473.56	1 184.25	1 210.24	1 209.16	1 229.72	1 227.62	1 171.3
45 至 64 岁	1 365.75	1 363.24	1 256.03	1 078.39	949.76	961	950.54	988.7	992.28	965.2
65 岁及以上	234.77	219.28	191.36	178.37	158.07	156.13	154.78	173.07	166.92	163.65
会议/商务	628.47	614.70	569.68	579.74	537.66	539.57	619.4	628.02	632.64	619.67
观光休闲	1 740.31	1 608.57	1 593.04	1 051.15	824.88	892.99	1 012.3	1 162.9	1 221.82	1 238.2
探亲访友	143.17	132.24	110.28	96.19	79.75	60.33	19.91	10.77	10.99	9.1
服务员工	714.01	744.86	633.91	471.75	349.69	328.54	319.53	286.47	269.39	246.27
其他	1 685.40	1 694.74	1 387.4	949.55	806.56	814.66	657.89	630.99	576.35	499.44

注：本表中入境外国游客含边民入境人数。

（资料来源：国家统计局官网——中国统计年鉴，2023 年 6 月）

（二）娱乐消遣型旅游者的特点

娱乐消遣型旅游者主要是为了改换环境，调剂生活，以娱乐、消遣求得精神松弛和愉悦，除此之外，并不要求达到某种专门目的，而且不受文化教育程度的限制，故而男女皆可，老少咸宜。

娱乐消遣型旅游者具备以下特点。

1. 在全部外出旅游人数中所占比例最大

不难设想，由我国旅游部门接待的来华旅游者绝大多数都是娱乐消遣型旅游者，而其他部门（包括中央各部委、群众团体及其他企业事业单位）接待的来访者则大都为差旅型旅游者。从历年中国旅游统计年鉴公布的数字可看出，在全国有组织接待的旅游者中，前者所占比重远远大于后者。就整个世界旅游情况来看，娱乐消遣型旅游者在全部旅游者中所占比重更大。

2. 外出旅游的季节性很强

除退休者外，所有在职人员几乎都是利用带薪假期外出旅游的。此外，旅游目的地的气候条件也是助长娱乐消遣型旅游者季节性来访的重要因素。

3. 选择自由度较大

娱乐消遣型旅游者在对旅游目的地和旅行方式的选择及对出发时间的选择方面，拥有较大程度的自由。例如，遇到天气变化、不安全因素、产品质量、价格等问题时，旅游者都可以临时改变计划，取消旅游或者改去他处。正因为其选择自由度大，因而娱乐消遣型旅游者也是各旅游目的地及各旅游行业中的同类企业竞争最激烈的市场部分。

4. 在旅游目的地的停留时间一般较长

例如，娱乐消遣型旅游者来华旅游时很少只参观游览一个城市，总要去各地走走。即使主要逗留于某一旅游胜地，由于消遣度假的原因，停留时间仍会较长。

5. 大都对价格较为敏感

娱乐消遣型旅游者多是自费旅游，对价格比较敏感，注重货真价实、物有所值。所以一个旅游目的地的旅游服务质量和旅游产品的定价一旦出现问题，都会自动将顾客推给自己的竞争对手。

（三）度假保健型旅游者的特点

度假保健型旅游者主要指的是通过参加一些有益于身体和心理健康方面的旅游活动，以达到避寒避暑、消除疲劳、寻求幽雅清静的环境、增进身体和心理健康、治疗某些慢性疾病等目的而外出旅游的旅游者。其项目的具体形式主要是医疗旅游、森林旅游、避暑旅游、温泉旅游、体育保健旅游等。

度假保健型旅游者具备以下特点。

（1）旅游者喜欢去环境宜人的地方，即气候温和、阳光充足、空气清新、水质好和远离噪声的地方。

（2）医疗保健型旅游的主要参与者是经济发达国家的一些旅游者及发展中国家的一些收入较高者，其中以中高档消费水平的中老年人居多，而且多以家庭为单位出游。

（3）旅游者在一地的逗留时间长。日消费水平有两种情况：纯粹以度假为目的的日消费水平高；以保健为主要目的的日消费水平低，相当数量的是经济型旅游者。

（四）文化型旅游者的特点

文化型旅游者是指为追求精神文化需要的满足而外出旅行游览的人。这种类型的旅游者外出的主要目的是通过旅游观察社会、体验民俗、了解异地文化，以丰富自己的文化知识，提高文化修养，开拓思路与视野。随着社会的发展和进步，人们的文化素质不断提高，因而在旅游活动中对文化知识的了解要求越来越高，开辟专门的文化知识专题旅游正符合这一旅游经济类型的客观需求，它成为提高旅游层次的重要标志之一。文化型旅游具体包括了历史文化旅游、民俗文化旅游、区域文化旅游、宗教文化旅游等。

文化型旅游者一般具有以下几个特点。

1. 具有较高的文化修养

文化型旅游者求知欲望强，乐意接受新知识。通过旅游活动，学习各方面知识，拓宽视野，拓展思路，提高专业学术水平。

2. 具有某种专长或某种特殊的兴趣

文化型旅游者期望在旅行中能与同行切磋交流，相互启发，解决自己在研究中碰到的问题。

3. 对旅游线路的科学性比较敏感

旅游者对活动日程安排要求周密，因此，在项目组织设计上，一定要将内在联系的自然、人文景观所蕴藏的历史科学价值及文化艺术素材有机地连贯组织起来，形成一个明确的主题，并且希望导游的水平高，能用科学术语解释所遇到的问题。

案例链接

2023年"五一"假期安徽博物院成热门打卡地

2023年"五一"假期，安徽博物院总参观人数达10万余人次，相比2019年同期增长

251%。其中，江苏、河南、浙江、湖北等省外观众达 2.2 万余人次，占比逾 22%，且年轻人成为看展新主力。

假日期间，安徽博物院推出了各类主题展览，展厅人流如织，如"安徽文明史陈列""安徽文房四宝""徽州古建筑""江淮撷珍""安徽古生物陈列"等地域特色专题展览格外聚集人气，成为观众了解安徽历史文化的一扇窗口。"安博智时空"展厅更是成为亲子家庭的首选，沉浸式体验依旧火爆，不少观众在"记·艺——黄绍京的艺术人生""烽火江淮——安徽革命史陈列"展厅流连忘返。同时，为了应对观众人流量激增，安徽博物院多管齐下、优化升级运营管理和服务质量，假期共开展活动 8 场次，提供免费讲解 135 批次，安全巡查检查 30 次，开展安全教育 10 次，启动应急处置预案 6 次，让观众们"游有所获、学有所成"，筑牢安全防线，守护场馆平安。安徽博物院文创空间人气火爆，铸造盲盒等吸睛十足，线下文创销售相比 2019 年同期增长 1 740%。

（资料来源：文化和旅游部政府门户网站，2023 年 5 月）

（五）商务型旅游者的特点

商务型旅游者是以商务等为主要目的而外出的旅游者。旅游地一般都选择在旅游胜地或风景文化名城，以便在完成商务的同时进行观光游览活动。具体包括 4 种，即商务旅游者、会议旅游者、展览旅游者和奖励旅游者。

随着和平与发展成为当今世界的主流，各国、各地区之间在政治、经济、科技、文化等方面开展的合作越来越多，人员交往日益频繁，这必然导致国际、各地区间有关人员相互往来数量日益增加。商务旅游现已成为世界旅游市场的一个重要的目标市场。

会展业自然成为当今世界都市旅游业的重要组成部分。因此，各国旅游部门非常重视会展旅游业的发展。有些国家或地区旅游管理部门还专门成立了会展旅游管理部门。例如，中国香港为了促进会展旅游业的发展，专门组建了会议局。

商务型旅游者的特点主要表现在以下几个方面。

1. 消费水平高，对价格不太敏感

一方面，商务型旅游者一般具有一定的身份、地位，其本身收入较高；另一方面，这些人外出主要是为了参加商务活动。因此，这种类型的旅游者不论是在基本旅游消费方面还是在非基本旅游消费方面都具有很强的支付能力。例如，为了旅行便利，他们宁可多花钱，也不会去购买附有限制条件的廉价机票。为了舒适和方便，同时也为了展示本公司的形象，他们通常都选择高档住宿设施，等等。

2. 对旅游服务方面要求较高

商务型旅游者注重舒适、方便、快捷。除此之外，有些旅游者还有特殊要求，如通信效率等，其目的是提高工作效率。

3. 人数相对较少，但出行次数频繁

商务型旅游者不受季节性影响，只要是工作需要，就会随时出行。

4. 选择的自由度低

商务型旅游者在目的地的选择上没有多大自由，甚至根本就没有选择余地。正因为如此，各目的地的旅游接待单位在这个市场部分的经营上基本不存在竞争。

（六）家庭事务型旅游者的特点

家庭事务型旅游者是指以探亲访友、出席婚礼、参加开业典礼等涉及处理个人家庭事务为目的而外出的旅游者。这类旅游者与前几种类型的旅游者相比，具有以下 3 个特点。

1. 外出的季节性较弱

由于家庭事务型旅游者外出的目的涉及处理个人家庭事务，因此，在出游的时间上一般是利用带薪假期和传统的节假日，有时是根据家庭事务的时间来确定出游时间，所以，外出的季节性较弱。同时，在目的地的选择上没有自由度。在这方面类似于公务型旅游者。

2. 对价格较为敏感

由于该类旅游者主要是自费，因此大多对价格比较敏感。他们所追求的是物美价廉的服务。如果某一类交通工具提高价格，他们可能会改乘其他交通工具。

3. 影响旅游统计的准确性

家庭事务型旅游者在旅游过程中通常不借住目的地提供的住宿及其他服务设施，这不但影响到旅游统计的准确性，也使许多旅游经营者认为这类旅游者对旅游目的地的经济价值不大。但是，对交通经营者来讲则是一个非常重要的市场。

（七）购物型旅游者的特点

购物型旅游者是指以到异地都市购物为主要目的的旅游者。这类旅游者的出现和形成，是社会经济发展、交通发达、人民生活水平不断提高的结果。

旅游购物作为"无限"花费，在旅游产品的构成要素中可挖掘的经济效益的潜力最大，因此，世界上许多旅游业发达国家和地区都十分重视发展旅游购物。据统计，每年进入享有"购物天堂"美誉的中国香港特别行政区的国际旅游者中有 60% 左右的人是为了购物，其购物费用占全部旅游费用支出的 60% 左右。人口仅 8 万多人（2023 年）的"袖珍之国"安道尔，因没有关税，物价低廉，故吸引了大量的旅游者，每年接待的旅游者接近 300 万人。

购物型旅游者具有以下特点。

1. 关注范围大

购物型旅游者不但关注目的地商品的丰富程度、特色品种和低廉价格，还关注对购物的社会支持环境，如是否有便利的交通、进出境手续是否简便等，也关心目的地是否有优美的景致，以使自己在满足购物欲望的同时，也能进行观光游览活动。

2. 经济支付能力强

购物型旅游者多来自经济发达或较发达的国家，具有一定的经济支付能力，他们在关心旅游目的地商品价格的同时，对旅游产品本身的价格却不太敏感。

3. 季节、时间的限制性不强

购物型旅游者全年都可进行购物旅游活动。

4. 消费水平高

购物型旅游者对目的地经济的发展贡献较大。

对主要旅游者类型及其特点的分析，有助于我们在旅游开发和经营过程中有的放矢，对症下药，设计各种富有针对性的旅游产品。但我们也要注意，在现实生活中旅游者的出游目的往往是复合的，多种需要和需求相互重叠、相互渗透，有时很难将其归入某一种类型，这就要求我们在实际旅游业务操作过程中，灵活应用理论，不要死搬教条。

第二节　旅游需求的激励因素

旅游需求可分为个人需求和市场需求两个层面。由于本章的主题是旅游者，因此，这里对旅游需求的探讨仅限于个人旅游需求。

一、决定个人旅游需求的客观因素

影响旅游需求的因素很多。就旅游需求产生的条件来看，这些影响至少可以划分为两个部分：一是旅游者个人方面即需求方面的影响因素；二是旅游目的地方面即供给方面的影响因素。正如有些学者指出的那样，如果没有具有吸引力的旅游目的地，如果这些目的地不能提供必要的食宿及娱乐条件，则旅游需求不可能首先产生。

从需求方面来看，一个人能否产生旅游需求或者能否成为旅游者取决于多种条件或因素的影响。旅游活动发展历史证明，国际性大众旅游的兴起是与世界各国首先是西欧和北美国家国民收入水平的提高和带薪假期的增加分不开的。因此，收入水平和以带薪假期为代表的闲暇时间是影响一个人能否成为旅游者的最重要的客观因素，也是实现旅游活动的两个最主要的决定条件。

（一）足够的、可自由支配的收入

旅游是人们的一种享受型需要，导致旅游消费不是一般的维持人的生命延续而必需的生存性消费，而是在其基本物质资料得到满足后，追求更高的精神上的享受需要而产生的消费。因此，一个人要成为旅游者，必须在其物质资料得到满足后还有剩余的货币，才可能产生旅游动机。同时，旅游虽然是一种消费活动，但又不是一般的消费活动，它是一项时时处处需要消费的活动。吃、住、行、游、购、娱时时刻刻充斥在旅游者的旅游活动中，所有这些都要消耗一定的物质资料和劳动。为此，旅游者必须付出一定的代价——支付货币。因此，旅游者必须具备一定的经济实力，这是满足个人旅游需求的坚实的物质基础。一个人的收入水平，或者说是其家庭的收入水平和富裕程度，往往决定着他能否实现旅游及其旅游消费水平的高低。所以，家庭收入达到一定的水平乃是一个人实现旅游活动的前提之一，也是实现旅游活动的重要物质基础。实践证明，国际性大众旅游的兴起与各国的国民收入的提高及家庭收入的增加是分不开的。国际上有这样的经验统计：当一个国家的人均国民生产总值达到800~1 000美元时，居民将普遍产生国内旅游动机；当达到4 000~10 000美元时，将产生邻国旅游动机；当超过10 000美元时，将产生全球旅游动机。

收入水平决定因素的重要性不仅在于一个家庭达到哪一种收入水平便可满足外出旅游的经济条件，而且还在于超过这一临界水平后，每增加一定比例的收入，旅游消费便会以更大的比例增加。据英国有关部门估计，旅游消费的这种收入弹性系数为1.5。国际官方旅游组织联盟则估计这一系数为1.88，也就是说，收入每增加1%，旅游消费便会增加1.88%。

此外，收入水平不仅影响着人们的旅游消费水平，而且会影响到人们的旅游消费构成。例如，家庭富有的旅游者会在吃、住、购、娱等方面花较多的钱，从而使交通费用在其全部

旅游消费中所占比例减小；而在经济条件次之的旅游者消费构成中，交通费用所占比例肯定较前者大。其原因在于，在吃、住、购、娱等方面的开支比较节约，相比之下，要想在交通费用方面少花钱则较为困难。

当然，一个人或其家庭的收入不可能都用于旅游。所以，影响一个人能否实现旅游活动的是其家庭收入水平，实际上是指其家庭的可支配收入，或者更确切一点说是其家庭的可自由支配收入水平。可支配收入和可自由支配收入是旅游研究中经常使用的术语。所谓可支配收入，是指个人或家庭的收入中扣除全部纳税后的收入部分。可自由支配收入，亦称为可随意支配收入，是指个人或家庭收入中扣除全部纳税和社会消费（如老年退休金和失业补贴的预支等）及日常生活必需消费部分（衣、食、住、行等）之后所余下的收入部分。只有这部分收入才是真正可用于旅游的。收入水平意味着支付能力，而可自由支配收入水平则决定着一个人的旅游支付能力。它影响着一个人能否成为旅游者，影响着旅游者的消费水平及其消费构成，并且还会影响到旅游者对旅游目的地及旅行方式的选择，等等。所以，可自由支配收入水平是决定个人旅游需求的最重要的经济因素。当然，这并不是说凡可自由支配收入达到一定的水平者都会外出旅游。事实上，即使在最重要的旅游客源国中，也总会有一些人其收入虽然相当高，但却不曾也不愿意外出旅游。因此，可自由支配收入水平只是经济条件方面的影响因素，而非个人旅游需求的唯一决定因素。

（二）足够的闲暇时间

旅游的一个显著特征是异地性，旅游者必须离开常住地去异地。这个特征客观上要求旅游者在具备一定的经济收入的同时，还必须有足够的闲暇时间。因此，闲暇时间是决定人们能否成为旅游者参加旅游活动的又一个重要客观条件。

实际上，闲暇时间的多少不仅决定着一个人能否外出旅游，而且会影响对旅游目的地的选择及在该地逗留时间的长短。何谓闲暇时间？这首先要从人生的时间构成谈起。在现代社会生活中，人生时间可由以下 5 个部分构成。

（1）法定的就业工作时间，如我国实行的工作日 8 小时工作制。

（2）必需的附加工作时间，如必要的加班加点、必要的第二职业等。

（3）用于满足生理需要的生活时间，如吃饭、睡觉、家务等。

（4）必需的社会活动时间，如出席必要的社交约会、学校召开的学生家长会等。

（5）闲暇时间，亦称为自由时间或者可随意支配的时间。

根据上述时间构成，可以将全部时间划分为两大类，即工作时间和非工作时间。同时亦可将人在这些不同时间内的活动划分为必需的限制性活动和自由或随意活动两大类。如果将这些时间和活动放在一起进行比较，其关系如表 3-2 所示。

表 3-2 人的时间和活动划分

时 间	限制性活动	自由活动
工作时间	法定就业劳动、附加劳动	工间休息
非工作时间	生理生存活动、必需的社会活动	休闲活动

表 3-2 说明，从事休闲活动的闲暇时间虽然属于非工作时间，但并不等于非工作，而只是其中的一部分。所以，闲暇时间并非人们通常所说的 8 小时以外的时间。

一般来说，人的时间可分成工作时间、生活时间和闲暇时间三个部分。工作时间是指人们为了维持生存外出工作以赚取货币的时间。生活时间是指为了满足人们的生理需要及处理日常琐事等花费的时间。闲暇时间就是除去日常工作、学习、生活及其他必需时间以外，可用以自由支配，从事消遣娱乐或自己乐于从事的任何其他事情的时间。

闲暇时间是人们非工作时间的一部分，在现代社会中，闲暇时间有四种类型，即每日余暇、每周余暇、公共假日和带薪假期。

每日余暇是每天在工作和生活之余的闲暇时间。这部分闲暇时间很零散，虽可用于娱乐和休息，如看电视、看电影、听音乐、闲谈或参加体育活动和文化活动等，但却很难用于旅游活动。

每周余暇通常指周末工休时间。目前，全世界绝大部分国家已实行5天工作制（我国自1995年开始实行），周末休息2天，这为人们周末旅游提供了必要的时间条件。由于时间短，一般只适合开展一些近距离的旅游活动。

公共假日就是人们通常所说的节假日。各国公共假日的数量不一，大都与各国民族传统节日的多少有关。我国的公共假日于2007年12月7日予以重新修订，在原来元旦、春节、国庆节、"五一"劳动节的基础上，增加了清明节、端午节和中秋节3个传统节假日。西方国家中最典型的公共假日是圣诞节和复活节。由于节日期间多为全家团聚、共同活动的时间，所以连续2~4天的公共假日期间往往是家庭外出作短期旅游度假的高峰时间。

【拓展阅读3-1】
国务院关于修改《全国年节及纪念日放假办法》的决定（国务院令第644号）

（1949年12月23日政务院发布，根据1999年9月18日《国务院关于修改〈全国年节及纪念日放假办法〉的决定》第一次修订，根据2007年12月14日《国务院关于修改〈全国年节及纪念日放假办法〉的决定》第二次修订，根据2013年12月11日《国务院关于修改〈全国年节及纪念日放假办法〉的决定》第三次修订）

第一条 为统一全国年节及纪念日的假期，制定本办法。

第二条 全体公民放假的节日：

（一）新年，放假1天（1月1日）；

（二）春节，放假3天（农历正月初一、初二、初三）；

（三）清明节，放假1天（农历清明当日）；

（四）劳动节，放假1天（5月1日）；

（五）端午节，放假1天（农历端午当日）；

（六）中秋节，放假1天（农历中秋当日）；

（七）国庆节，放假3天（10月1日、2日、3日）。

第三条 部分公民放假的节日及纪念日：

（一）妇女节（3月8日），妇女放假半天；

（二）青年节（5月4日），14周岁以上的青年放假半天；

（三）儿童节（6月1日），不满14周岁的少年儿童放假1天；

（四）中国人民解放军建军纪念日（8月1日），现役军人放假半天。

第四条 少数民族习惯的节日，由各少数民族聚居地区的地方人民政府，按照各该民族习惯，规定放假日期。

　　第五条　二七纪念日、五卅纪念日、七七抗战纪念日、九三抗战胜利纪念日、九一八纪念日、教师节、护士节、记者节、植树节等其他节日、纪念日，均不放假。

　　第六条　全体公民放假的假日，如果适逢星期六、星期日，应当在工作日补假。部分公民放假的假日，如果适逢星期六、星期日，则不补假。

　　第七条　本办法自公布之日起施行。

（资料来源：中央政府门户网站，2013年12月）

　　带薪假期，目前经济发达的工业化国家中大都规定对就业员工实行带薪休假制度。法国是第一个以立法形式规定就业员工享有带薪假期的国家。它在1936年宣布劳动者每年可享有带薪假期至少6天。由于带薪假期时间长而且集中，因此，是人们外出旅游的最佳时机。

　　闲暇时间的上述分布情况说明，闲暇时间并非全都可以用于旅游。较长距离的旅游只能利用时间较长而且比较集中的闲暇时间。欧美地区的旅游者来华旅游大都利用带薪假期便是这个道理。当然，这里谈闲暇时间所针对的是在职人员。至于其他人员，特别是退休人士的闲暇时间问题，则应另当别论。

　　总之，旅游需要有时间，对于在职人员来说，需要有足够长而且比较集中的闲暇时间才有可能实现外出旅游。虽然并非所有的闲暇时间都可用于旅游，但从旅游需求理论概括而言，闲暇时间乃是实现个人旅游需求不可缺少的重要条件。

（三）其他客观因素

　　足够的可自由支配收入和足够的闲暇时间是实现旅游活动的两个基本条件，但这并不是说一个人只要具备了这两项条件便能成为旅游者。实际上，一个人能否成为旅游者要受到许多社会经济因素及个人因素的影响和制约。就需求方面而言，旅游倾向与某些社会经济因素和个人因素之间存在着下述关系（见表3-3）。

表3-3　旅游倾向和社会经济因素、个人因素的关系

社会经济因素和个人因素	对旅游倾向的影响
收入	积极影响
家庭户主的学历	积极影响
家庭户主的职业	积极影响（就职业的社会地位而言）
带薪假期	积极影响
户主的年龄	消极影响
生命周期	消极影响（就婴幼儿拖累而言）

　　总体概括起来主要有旅游目的地的社会条件、可进入性及旅游者的身体状况和家庭的人口结构等。

　　1. 旅游目的地的社会条件

　　旅游目的地的社会条件主要是指一个国家的政治经济制度、社会政治环境及社会治安等方面。政治稳定性是激发旅游需求、促使旅游需求不断增加的重要因素。作为旅游者往往都有一个共同的心理追求，即追求安全、舒适的旅游环境，他们愿意选择社会环境安定、政治

观点相近的国家作为旅游目的地。不稳定的政治环境，往往使旅游者承担各种风险，从而造成旅游者的心理压力而使旅游需求下降。因此，旅游接待国的政局稳定，则对该国旅游产品的需求量就多；反之，则对该国旅游产品的需求量就少。

2. 可进入性

可进入性是旅游产品构成中的基本因素之一，它不仅是联结旅游产品各组成部分的中心线索，而且是旅游产品能够组合起来的前提条件，具体表现为进入旅游目的地的难易程度和时效标准。可进入性具体包括旅游客源地与旅游目的地之间的时空距离，旅游目的地内部的道路交通状况及国际旅游中的旅游入关签证、服务效率，通信的方便条件，当地社会的承受能力等。其中，交通起着至关重要的作用。一个没有良好的交通条件的旅游目的地是不可能吸引大量旅游者的。随着现代科学技术的不断发展，交通运输取得了突飞猛进的发展，有效地解决了旅游客源地和目的地之间的时空矛盾，使旅游者在旅行过程中更加舒适和安全。

3. 旅游者的身体状况和家庭的人口结构

一个人的身体状况是其能否成为旅游者的客观因素。外出旅游客观上要求旅游者必须具备健康的身体，否则难以成行。从世界旅游发展趋势看，青壮年外出旅游的比例最大。老年人出游比例相对较低，主要原因在于年纪偏大，体力不支，同时在此年龄段老年人都带有不同程度的某种疾病，给出游带来诸多不便。随着时代的发展，体育康娱旅游在全球范围内已经成为时尚。在中国，2012 年旅游活动主题被定为"中国欢乐健康游"。瑞士旅游部门在对国民的旅游情况进行调查后发现，在本国旅游的，为身体健康及恢复体力的占 26%，为从事某项体育活动的占 29%，这些人多数为青年或中年人。此外，家庭人口结构也是旅游者形成的一个条件。调查表明，拥有 4 岁以下婴幼儿的家庭外出旅游的可能性很小。

二、决定个人旅游需求的主观因素

一个人要想成为旅游者，实现旅游活动，必须具备足够的可自由支配收入和足够的闲暇时间及其他一些客观因素，但是仅有这些条件，人们不一定会外出旅游，还必须在主观上有出游的愿望，这是人进行旅游的内在驱动力，是人的主观因素。这里所说的主观因素便是旅游动机。

（一）旅游动机与需要

1. 需要层次理论

心理学上普遍认为，人的行为是由动机支配的，动机又是由需要引起的。所谓需要就是客观刺激通过人体感官作用于大脑所引起的某些缺乏状态。那么，何谓动机呢？通俗地讲，动机就是激励人们行动的主观因素。凡是引起个体去从事某项活动，并使活动指向一定的目标以满足个体某种需要的愿望或意愿，都叫这种活动的动机。简言之，旅游动机是指促发一个人有意于旅游及到何处去、作何种旅游的内在驱动力。

心理学还认为，需要是人的积极性的基础和根源，动机是推动人们活动的直接原因。表明动机是需要的表现形式。一个人的行为动机总是为满足自己的某种需要而产生的。当人的需要具有某种特定的目标时，需要才转化为动机。换言之，有什么样的需要，便会有什么样的动机表现出来。

那么，旅游动机的产生是为了满足什么样的需要呢？人们很难对这个问题做出全面一致的回答。因为人的需要是多种多样的，而且作为个体的人与人的情况也不尽相同。人到底有多少种需要，迄今为止心理学家们也难以取得一致的看法。关于需要的学说，目前最有影响的是美国心理学家马斯洛在 1943 年提出的著名的需要层次理论。这个著名的理论提出了人有5 个层次的需要。

（1）生理需要。即衣、食、住、行等人类生存最基本的需要。这是最低层次的需要。

（2）安全需要。即避免生理和心理方面受到伤害所需要的保护和照顾的需要，如免于受伤害、免于受剥夺、免于失业等。

（3）社会需要。即希望被社会所接受，使其在精神上有所归属，诸如友谊、爱情、归属等方面的需要。

（4）尊重需要。即想通过自己的才华与成就获得他人的尊重，比如要求他人给予尊敬、赞美、赏识和承认地位的需要。

（5）自我实现需要。即出于对人生的看法，需要实现自己的理想。这是最高层次的需要。

这些需要之间的层次关系如图 3-2 所示。

马斯洛认为上述需要的 5 个层次是逐个上升的，当低一级的需要获得相对满足以后，追求高一级的需要就成为继续奋进的动力。在某一个时刻，可能存在好几类需要，但各类需要的强度不是均等的。5 类需要的关系如图 3-3 所示。

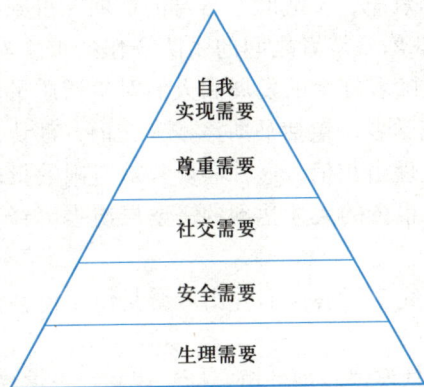

图 3-2　需求层次

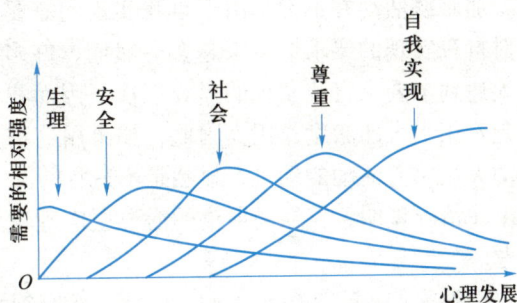

图 3-3　5 类需要的关系

2. 需要层次对旅游的影响

马斯洛的需要层次理论是研究旅游动机的基础，对于旅游业各部门在接待旅游者工作中注意他们的上述需要和提高服务质量无疑是很有指导意义的。但是，从需求动机方面来看，在就外出旅游做出决定时，旅游者到底是为了满足上述哪一层次的需要呢？一般可以认为，一个人不太可能会用外出旅游来满足较低 3 个层次的需要。原因有以下几方面。

（1）一个人或其家庭的经济收入达到一定的水平后才能旅游。因而凡在经济上有能力外出的旅游者，其温饱等基本问题早已得到解决，所以不可能为满足生理需要而旅游。反之，为满足基本生存需要而"希望"外出旅游者也不会有足够的经济条件。即使其离开某地外出，也只能是出于移民或就业目的，不属于旅游的活动范畴。

（2）家中的安全感比待在其他任何地方都来得强烈，因此，为了安全需要而计划外出旅游的可能性也很小。同时，旅游者去相对陌生的旅游目的地旅游，由于对旅游环境不是很熟悉而缺乏安全感，才导致他们特别重视旅游期间的安全问题，但这显然不是促使其外出旅游的动机。

（3）社会需要的满足，只能在其通常生活和工作的社区内才能得到并且长期维持，因为只有在生活和工作的长期接触中，人们才能真正相互了解和产生感情，只有在这一基础上，才能使一个人的地位在群体中得到承认，才能获得真正的爱和友谊。因此，人们既不太可能在外地短暂旅游期间使自己爱的需要得到满足，也不太可能为了这种需要而外出旅游。当然，旅游确实有助于并且实际可带来人与人之间的交往和了解甚至感情融洽，但这只是旅游的客观影响。

事实证明，人们决定外出旅游与马斯洛的需要层次理论中两个较高层次的需要有联系。例如，受尊重的需要除了表现在别人心目中得到重视和赏识之外，还包括取得成就、独立自主、自信和取得支配地位等。受尊重的需要不仅和个体感到自己对这个世界有用的感觉有关，而且与有关的事物如衣物、汽车、教育、旅游和接待重要人物等能否增进自我形象有关。人们到一个知名度很高的旅游地去旅游，当然是会令人羡慕，他们到这个旅游目的地的动机可能很多，但其中之一却可能是为了满足尚未得到满足的尊重的需要的驱使。至于人们外出旅游是否出于自我实现的需要，目前仍在争论中。旅游是极富有象征性的活动，部分旅游者外出旅游就是体现自我价值、满足自我实现的愿望。目前，体育康娱旅游在全球范围蔚然成风，旅游者在旅游活动中克服种种困难，既锻炼了体力和意志，又战胜了自身的懦弱，得到了心智和体能的再造与升华。同时，在团体项目中还能锻炼旅游者之间的团队合作精神。当然，人们参加旅游活动并不都是由于自我实现的需要，但随着社会的发展和人们对生活质量的关注，对自我实现的要求会越来越多。然而，许多权威学者，包括马斯洛本人在内，都认为很少有人达到了要求自我实现的需要层次。因而我们有理由相信，这种需要只对有限数量的旅游者起着相当大的激励作用。因此，如果用这种只有很少的人才达到的需要层次去解释千军万马的大众旅游活动的动机，显然是不适宜的。

上述情况说明，仅靠马斯洛的需要层次理论难以完全回答人们外出旅游是出于何种需要的问题。

心理学家们一直在争论人们在生活的所有领域里是保持心理的单一性，还是追求多样性。对于这个问题的探讨，能帮助我们从另外一个角度来理解旅游者出游的基本原因。单一性理论认为，人们在期望出现某一件事情的过程中，不要再遇到意料之外的事情。根据多样性理论，在旅游环境中旅游者将游览他以前从未去过的旅游目的地。一个适应性良好的人，在自己的生活中需要单一性和多样性两者的结合。如果长期单一地生活，也就是说某个环境对他来说完全可以预见了，这种预见不会向他提出挑战，更不会对他有所刺激，感觉的单一容易使人厌倦。厌倦积累到一定的程度，就必须引进一些多样性，即用新奇和变化所带来的刺激来抵消由厌倦所造成的心理紧张。大众旅游的发展实践证明，绝大多数旅游者的旅游动机中都包含探新求异的需要或者说好奇心和探索的需要。如果长期生活在多样化的环境中，由于从该环境中感受刺激太多，使神经系统长期处于高度紧张状态，也需要一定程度的单一性来弥补，方能使其心理恢复平衡。否则会造成生理和心理较大的伤害，如神经衰弱和失眠等。于是，顺应旅游者的需要，医疗保健旅游和休闲度假旅游为人们所喜爱。因为随着环境的改变，人们不再受在家时的各种角色和行为的羁绊，加之新异事物给人带来的刺激，故而能有效地消除或减轻原有的紧张。随着旅游活动日渐普及，大量的、越来越多的人都已开始承认旅游是从喧哗和紧张的日常生活中解脱出来的一种手段。

旅游是生活多样化的源泉。人们把生活中的现实称为第一现实，而把旅游称为第二现实。旅游这种"出逃"方式只是一种暂时现象，是"精神放风"。旅游既能满足人的"出逃"需要，同时又不会对第一现实构成破坏，反而会增强人对现实的适应性，并且旅游自身的价值又为社会所推崇。所以人们的多样性需要其实就是人的最基本的旅游动机之一。

（二）旅游动机的类型

人们外出旅游的动机常常是多种多样的，究其根源，是因为人们的需要纷繁复杂。同时，旅游本身就是一种复杂的象征性行为，是一项综合性的社会活动，能同时包含人们众多不同的需要。由于人们需要不同，表现出各种不同的需求形式，导致旅游动机千变万化。例如，这类具体需要可能是为了开阔视野，是为了见识一下这个世界，是为了接触和了解异国他乡的人民，是为了探亲访友，是为了放松、游玩，是为了拜谒祖先的故土，是为了躲避令人生厌的事情，等等。而一旦这些需要被人们认识到，便会以动机的形式表现出来。据文化和旅游部数据显示，2019 年我国入境外国游客人数 4 911 万人次（含相邻国家边民旅华人次），其中，会议商务占 12.8%，观光休闲占 35.4%，探亲访友占 2.9%，服务员工占 14.5%，其他占 34.3%。

中外学者对于旅游动机的划分也是莫衷一是。实际上，如果进一步详细罗列一下人们的具体需要，恐怕还能提出更多种直接的旅游动机。其中，美国著名的旅游学教授罗伯特·W.麦金托什对旅游动机类型的划分广为旅游研究者所引用。麦金托什认为，人们的旅游动机可划分为以下 4 种基本类型。

1. 身体方面的动机

身体方面的动机主要包括度假休息，参加体育活动，海滩消遣、娱乐活动，以及其他直接与保健有关的活动。另外，还包括遵医嘱或建议做异地疗法、洗温泉、洗矿泉、做医疗检查等的疗养活动。这一类动机的特点是通过与身体有关的活动来消除紧张和不安。

2. 文化方面的动机

文化方面的动机是人们为了满足认识和了解自己的生活环境与知识范围以外的事物的需要而产生的动机。主要是为了了解和体验异国他乡的情况，包括了解其音乐、艺术、民俗、舞蹈、绘画及宗教等。这些动机表现出一种求知的欲望。

3. 交际方面的动机

交际方面的动机是人们为了进行社会交往，保持与社会的经常接触而产生的一种动机，包括在异地结识新的朋友，探亲访友，摆脱日常工作、家庭事务等动机。这些动机常常表现出对熟悉的东西的厌倦和反感，逃避现实和免除压力的欲望。

4. 地位和声望方面的动机

地位和声望方面的动机主要是关心个人成就和个人发展的需要，包括考察、交流、会议及满足个人的兴趣所进行的研究等。它的特点是在进行旅游活动的交往过程中搞好人际关系，满足其自尊、被承认、被注意、能实现其才能、取得成就和为人类作贡献的需要。

除上述 4 种类型外，我们还可以考虑再增加一种类型，即购物方面的动机。虽然一个人的旅游经历本质上是一种精神享受，但在人们外出旅游的动机中，有的的确也包含购物之类的动机。

实际上，人们外出旅游很少只是出于一个方面的动机。由于旅游是一种综合的象征性行为形式，可满足人们的多重需要，因此，对于一个人来说，外出旅游就会有多种动机，而并非出于某一方面的动机。

（三）影响旅游动机形成的因素

旅游动机的形成受到多重因素的影响，这些因素有来自人们自身的因素，也有来自外部的客观环境的因素。然而，对旅游动机首先产生影响的还是旅游者自己，即个人的个性因素起着决定性的作用。

1. 个性因素

所谓个性，是指个体在先天素质基础上，在一定的历史条件和社会实践中形成和发展起来的比较稳定的心理特征的综合，即一个人区别于他人的个人心理特征和行为特征。由于人们先天遗传的生理素质及其所处的客观社会环境不同，每个人都表现出各自不同的个性行为。心理学者把人们的个性因素进行分类，划分为不同的心理类型，并提出许多划分模式，借以研究不同的心理类型对旅游动机及旅游目的地选择的影响。其中较有代表性的是美国学者斯坦利·C. 帕洛格提出的心理类型模式。

帕洛格以数千名美国人为调查样本，对他们的个性心理特点进行了详细的研究，发现可划分为 5 种心理类型，如图 3-4 所示。

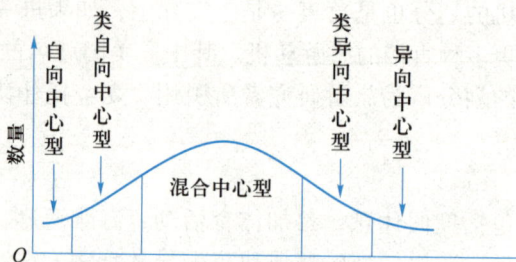

图 3-4　帕洛格的心理类型模式

这 5 种心理类型分别为自向中心型、类自向中心型、混合中心型、类异向中心型和异向中心型。心理类型属于自向中心型的人，其特点是谨小慎微、多忧多虑、不爱冒险，在行为上表现为喜安逸，好轻松，活动量小，喜欢熟悉的气氛和活动。与自向中心型相反，另一个极端的心理类型是异向中心型。属于这种心理类型的人其特点是性格开朗，兴趣广且多变，在行为上表现为喜新奇，好冒险，活动量大，不愿意随大流，喜欢与不同文化背景的人相处。除了这两个极端类型之外，还有很大一部分是两者的交叉部分，包括最中间的混合中心型，以及分别向两个极端类型进行过渡的类自向中心型和类异向中心型。

这个模型表明，属于混合中心型的人占绝大多数，而属于自向中心型和异向中心型这两个极端心理类型的人所占比例很小，即所谓中间大、两头小的正态分布。它还反映出，在这个心理类型连续系统上，越是靠近异向中心型者，外出旅游的可能性就越大。由于人们属于不同的心理类型，所以他们对旅游目的地、旅行方式等方面的选择也不可避免地会受到其所属心理类型的影响。自向中心型的旅游者在旅游活动中表现为选择自己所熟悉或旅游发展成熟的目的地，并且要求整个旅游过程被安排得井然有序，一切活动都是事先估计到的，比较适合团队包价旅游。而异向中心型的旅游者往往选择一些比较偏僻、不为人所知的地点去旅游，在旅游活动中只需要为其提供一些基本条件即可。他们往往是新旅游目的地的发现者和开拓者，是旅游者大军的先头部队。随着其他心理类型的旅游者陆续跟进，该旅游目的地也逐渐形成旅游热点。然而与此同时，异向中心型的旅游者亦逐渐失去对该目的地的兴趣，转而另寻其他地方去旅游。

2. 社会因素

旅游动机是在一定的社会环境中形成的，必然会受到社会环境中不同因素对它产生的影响。这些因素包括以下几方面。

（1）年龄、性别和受教育程度。年龄和性别使人不仅有其生理特点，而且也影响到人在社会和家庭中所担当的角色。从年龄来看，年轻人活泼好动，对社会上的新鲜事物具有浓厚的兴趣和好奇心，对社会和自然的探索要求强烈，因此，他们的旅游动机往往是求新、求异、求奇、求险，通过这样的旅游活动以达到心理上的满足。中年人在工作和事业上已有一定的基础，具有较丰富的社会生活经历，因此，他们的旅游动机主要是求名、求实。老年人常抱有怀旧的情感，对会见老相识、老朋友，对观看名胜古迹、故地重游比较感兴趣，因此，他们的旅游动机是出自访古寻幽、认祖归宗的心理动机。文化和旅游部统计数据显示，2019 年我国入境旅游者中，14 岁以下人数占 3.8%，15～24 岁占 14.0%，25～44 岁占 49.7%，45～64 岁占 27.8%，65 岁以上占 4.8%；而这其中，男性旅游者占 58.7%，女性旅游者占 41.3%。

受教育程度决定着一个人的知识水平的高低。一般而言，文化程度高的人，拥有一定的文化知识，对问题往往有自己独到的见解，因此，外出旅游时往往喜欢去富有挑战性的新地区，而且旅游活动中的文化内涵较深。相反，文化程度低的人，由于缺少文化知识，对外出旅游常会有顾忌，易产生不安全感，表现为外出旅游时去熟悉的地方，旅游活动的文化内涵浅，常常是走马观花式的旅游。

（2）社会文化。文化的范围无边无际，从某种意义上看，文化是一个社会"个性"的反映。一个人身处社会中，无时无刻不受到文化的影响，而且文化直接影响和制约人们的动机与行为。处于不同文化环境的人们在价值观念、信仰、态度等方面有较大的差别。有的民族崇尚勤劳、节俭，乡情浓厚，不愿意离开家乡去异地旅游，有的民族爱好四处周游、探险，欣赏异地的人文与自然景观，从而发现自己的价值，不同民族的人们有不同的生活观和价值取向。

（3）社会阶层。社会阶层是一种区分人们在社会上所扮演角色的等级系统。社会阶层对人们的旅游行为产生很大的影响。同一社会阶层的旅游者在价值观念、兴趣、爱好等方面有相似的心理趋势，不同的社会阶层则呈现出较大的差异。一般来说，阶层较高的人喜欢高雅温和类的产品，诸如有意义的活动，能显示身份地位的旅游项目、交通工具、客房及旅行社，以及较高档次的接待规格和水平等。相反，阶层较低的人则喜欢刺激性的产品，诸如激烈的活动项目和色泽鲜艳的产品外观等。

前面讨论了影响个人旅游需要的客观因素，即可自由支配收入水平、闲暇时间、身体状况和家庭人口结构；这里则集中讨论了影响个人旅游需要的主观因素即旅游动机。一个人只有同时具备了这些客观条件和主观条件才能成为旅游者，实现其旅游活动。从另一个角度讲，所有这些因素都可构成一个人能否实现旅游活动的障碍因素。只有这些障碍因素全部克服后，才能真正外出旅游。

第三节　旅游流及其运动规律

旅游流现象是现代大众旅游现象最外部化的特征，是现代旅游业发展所依赖的客观前提。与旅游流相伴的其他复杂现象，构成了旅游世界的丰富多彩的内容。

一、旅游流的概念

旅游流是指在一个区域内由于旅游需求的近似性而引起的旅游者集体性空间移位现象。其特征表现在 3 个维度上，即时间、流向和流量。

旅游流的时间特征是针对旅游流产生和消散过程中的持续时间而言的。一方面，旅游流在地域上持续的时间可能因各方面因素的影响而有较大的差异；另一方面，旅游流的形成和消散很可能表现出非常明显的规律性，观光旅游更是如此。旅游流的这种时间特征可能对旅游目的地的经营产生非常大的影响。

旅游流的流向特征是针对旅游流在持续运动过程中所经过的旅游路线而言的。它反映着旅游目的地与旅游客源地之间关联的方式和途径。

旅游流的流量特征是针对旅游流在单位时间内和一定的空间内形成的规模而言的。对于旅游目的地而言，持续、均衡、大规模的旅游流有着十分重要的意义。它决定了对旅游目的地基础设施、旅游设施和对社区经济、文化和环境施加影响的强度或潜力。

二、旅游者的流动规律

世界旅游发展的历史表明，旅游者在不同的国家和地区间的流动具有以下规律。

（一）近距离流动多，远距离流动少

在世界旅游市场中，国内旅游无论在旅游人次还是旅游收入上均超过国际旅游，这个事实本身就反映了这一规律。近年来，在国际旅游市场上，近距离旅游的人次约占全世界国际旅游人次总数的 80%。

旅游者将旅游活动集中在邻近国家和地区，主要是出于以下几个方面的考虑。

1. 省钱

近距离旅游的最大优点是经济。由于距离近，所以能够节约一笔数目可观的交通费用。

2. 省时

闲暇时间是旅游者外出旅游的必要条件之一，而很多人则由于工作忙，带薪假期有限，很难在旅游方面花费大量宝贵的时间。因此，邻近国家和地区就成了他们的首选目的地。

3. 方便

首先，相邻地区的生活习惯、文化传统接近，旅游障碍少，因此对于旅游者来说，在吃、住、行、游、购等方面可以获得很大的便利。其次，入境手续和交通较便利。邻近国家之间为了发展经济，往往互免签证，从而增加了这些国家的可进入性，为旅游者在这些国家之间

的旅游活动提供了便利。最后，在邻近国家之间，旅游者往往可以自己驾车旅行，既方便，又自由、省时，一天之内可以穿越好几个国家和地区，这也使近距离旅游人数不断地增加。

（二）流向风景名胜区

旅游者的普遍心理都是想通过旅游活动来满足追求美感的特殊兴趣。风景名胜地具有立体形象感染力，雄浑、险峻、幽深、壮阔等特征给人以美感。人们身临其境，极易把情与景、意与境融为一体，形成一种自然景观、人文景观和思想感情相互交融的艺术境界。风景名胜区对旅游者是一种很具有吸引力的旅游目的地，因此，旅游者总是从世界各地流向风景名胜区，这是旅游者最普遍的流动规律。

（三）从经济发达的国家和地区流向经济不发达的国家和地区

在经济发达的国家和地区，人们的平均收入水平比较高，从而为人们外出旅游提供了必要的经济条件。因此，发达国家和地区就自然而然地成为旅游输出国和地区。而在经济不发达的国家和地区，除基本的食宿需求以外，人们能够用于旅游活动的可自由支配的收入非常有限。所以，外出旅游很难成行。因此，这些国家和地区在世界旅游业中只能充当旅游接待国（或地区）的角色，凭借其美丽的自然旅游资源和悠久而又丰富多彩的文化资源吸引经济发达国家和地区的人们前来观光、游览，从而导致旅游者从经济发达的国家和地区流向经济不发达的国家和地区。另外，经济发达的国家和地区在其经济发展过程中，往往伴随严重的工业污染和生态环境的破坏，而经济不发达的国家和地区在这方面的问题则不太突出。因此，旅游者就从经济发达的国家和地区流向经济不发达的国家和地区，以摆脱嘈杂的环境，投身于大自然中，呼吸清新的空气。很多欧洲人去非洲旅游就是出于这种动机。

（四）从一个经济发达的国家和地区流向另一个经济发达的国家和地区

经济发达的国家和地区本身也有其独特的旅游资源吸引来自其他经济发达的国家和地区的旅游者前来观光、游览。除了美丽的自然景色以外，它们往往还有迷人的城市风光和独特的现代文化。这些在发展中国家和地区是很少见的。因此，也吸引着大量的观光客。另外，经济发达的国家和地区之间经济联系较为密切，商业往来频繁，因此，商务旅游者人数非常多，这就使旅游者在经济发达的国家和地区之间的流动成为现实。旅游者在欧洲各国之间及欧洲与北美洲之间的流动就属于这种类型。

（五）从严寒地区流向温暖地区及反方向的流动

气候差异是造成世界规模旅游客流的重要因素之一。在寒冷的冬季，人们为了避寒，往往要到温暖的国家和地区旅游。而在炎热的夏季，人们为了避暑，则又选择天气凉爽的国家和地区作为目的地。

世界的主要旅游客源地位于中纬度和较高纬度的地区，其气候偏冷而天气多变。欧洲和北美洲的主要旅游客流流向是自北而南，因为南部地区有比较温暖和比较稳定可靠的气候。在欧洲，旅游客流主要流向地中海；在北美洲则流向佛罗里达和加勒比海地区。最典型的例子是斯堪的纳维亚地区（北欧，北纬55°至北纬70°）的旅游者，在冬季到加那利群岛（非洲西北海岸外，北纬28°）进行包价度假旅游。冬季斯堪的纳维亚地区天气严寒，白昼相当短促而黑夜漫长。这种旅游一般每年要占离开斯堪的纳维亚地区出外旅游人数的 $1/4 \sim 1/3$。

（六）流向政治、经济、文化中心

一般而言，世界上的政治、经济、文化中心都是较大的发达城市，这些城市具有多功能的旅游职能，相应地，也建立了各种为旅游者服务的机构和设施，诸如旅游代理、海关、旅游饭店、娱乐、医疗保健、金融汇兑等。城市以其强大的经济活力、优越的物质生活、齐全的旅游娱乐设施等，对旅游者产生了巨大的吸引力，并能使旅游者在政治、经济、文化等多方面都获得满足，特别表现在旅游者向首都移动。

旅游者向首都移动有以下几方面的原因。

（1）一个国家的首都往往就是这个国家的政治、经济、文化中心，在经济发展水平、城市建筑和现代化程度等方面具有较高的水平，代表着该国家的政治、经济、文化等方面的总体发展水平。从某种意义上讲，一个国家的首都就是这个国家的缩影。旅游者希望通过首都这个窗口来了解这个国家。

（2）首都往往集中着大量能够吸引旅游者的人文旅游资源。

（3）作为经济中心，一个国家的首都每年都接待大批商务旅游者。

（4）作为政治中心，首都一般都具有较高的知名度，因此能够吸引大量国内外旅游者前来参观游览。

（5）首都是一个国家的象征，旅游者往往有这样的认识，即不到首都就等于没有去过这个国家。

知识链接 3-2

我国按国别划分的外国入境游客数据如表 3-4 所示。

表 3-4　我国按国别划分的外国入境游客数据（2009—2018 年）　（单位：万人次）

指标	2018 年	2017 年	2016 年	2015 年	2014 年	2013 年	2012 年	2011 年	2010 年	2009 年
总计	3 054.3	2 916.5	2 815.1	2 598.5	2 636	2 629	2 719.2	2 711.2	2 612.7	2 194
亚洲	1 912.1	1 818.5	1 788.2	1 659.5	1 633	1 606	1 662.2	1 662.3	1 617.9	1 378
朝鲜	16.52	22.98	21.04	18.83	18.4	20.7	18.06	15.23	11.64	10.56
印度	86.30	82.2	79.97	73.05	71	67.7	61.02	60.65	54.93	44.89
印度尼西亚	71.19	68.31	63.37	54.48	56.7	60.5	62.2	60.87	57.34	46.9
日本	269.14	268.3	258.99	249.8	271.8	287.8	351.82	365.82	373.12	331.8
马来西亚	129.15	123.3	116.54	107.6	113	120.7	123.55	124.51	124.52	105.9
蒙古	149.43	186.5	158.12	101.4	108.3	105	101.05	99.42	79.44	57.67
菲律宾	120.50	116.9	113.51	100.4	96.8	99.7	96.2	89.43	82.83	74.89
新加坡	97.84	94.12	92.46	90.53	97.1	96.7	102.77	106.3	100.37	88.95
韩国	419.35	386.4	477.53	444.4	418.2	396.9	406.99	418.54	407.64	319.8
泰国	83.34	77.67	75.35	64.15	61.3	65.2	64.76	60.8	63.55	54.18
非洲	67.41	62.91	58.88	58.02	59.7	55.3	52.49	48.88	46.36	40.12
欧洲	604.43	591.2	547.15	491.7	551.4	568.8	594.82	593.78	569.79	459.1
英国	60.82	59.18	59.5	57.96	60.5	62.5	61.84	59.57	57.5	52.88
德国	64.37	63.55	62.49	62.34	66.3	64.9	65.96	63.7	60.86	51.85

续表

指标	2018年	2017年	2016年	2015年	2014年	2013年	2012年	2011年	2010年	2009年
法国	49.96	49.47	50.38	48.69	51.7	53.4	52.48	49.31	51.27	42.48
意大利	27.81	28.05	26.73	24.61	25.3	25.1	25.2	23.5	22.92	19.14
荷兰	19.64	19.43	19.96	18.18	18	18.9	19.55	19.75	18.91	16.69
葡萄牙	5.63	5.64	5.5	5.34	5.2	4.9	4.86	4.7	4.77	4.36
瑞典	11.01	11.19	11.53	11.84	14.2	15.9	17.16	17.01	15.45	12.58
瑞士	7.40	7.23	7.26	7.27	8	8.1	8.28	7.53	7.43	6.26
俄罗斯	241.55	235.7	197.66	158.2	204.6	218.6	242.61	253.63	237.03	174.3
拉丁美洲	45.37	42.65	39.04	34.98	34.6	35.4	35.31	33.69	30.05	23.1
北美洲	333.48	311.9	299.09	276.6	276	277	282.64	286.42	269.49	226
加拿大	85.02	80.6	74.13	67.98	66.7	68.4	70.83	74.8	68.53	55.03
美国	248.46	231.3	224.96	208.6	209.3	208.5	211.81	211.61	200.96	171
大洋洲及太平洋岛屿	91.31	89.22	82.55	77.64	81	86.3	91.49	85.93	78.93	67.24
澳大利亚	75.22	73.43	67.51	63.73	67.2	72.3	77.43	72.62	66.13	56.15
新西兰	14.65	14.37	13.62	12.54	12.7	12.9	12.83	12.09	11.61	10.04
其他	0.22	0.22	0.22	0.21	0.18	0.22	0.19	0.19	0.21	0.22

（资料来源：国家统计局官网—中国统计年鉴，2023年6月）

三、影响旅游流运动的因素

从世界各国旅游发展的历史和现状来看，影响旅游流运动的因素有以下几方面。

（一）旅游目的地与旅游客源市场之间空间距离的远近

两国之间的距离越近，它们之间的旅游客流量就越大。国际旅游者的移动大多数是在附近国家之间发生的。在北美洲，到加拿大的国际旅游者，85%以上来自美国；到美国的旅游者，60%以上来自加拿大和墨西哥。在欧洲，到奥地利的国际旅游者，约65%来自与其邻近的德国、意大利、瑞士、斯洛文尼亚、匈牙利、捷克、斯洛伐克；到比利时的旅游者，55%以上来自邻近的荷兰、法国和德国；到意大利的旅游者，55%以上来自邻近的法国、瑞士、奥地利和斯洛文尼亚、克罗地亚等；到法国的旅游者，50%以上来自邻近的德国、比利时、西班牙、意大利和瑞士；到西班牙的旅游者，将近45%来自毗邻的法国和葡萄牙。这些都说明，通常在毗邻国家之间，由于距离较近，旅游客流强度较大。

随着旅游者旅行距离的增加，旅行费用和旅行时间也相应增加。在长距离旅行的不利之处与较远目的地的旅游资源吸引力二者之间，旅游者需要进行权衡取舍。这种"距离阻限作用"，促使旅游者首先选择更接近其本国、与远距离目的地类似的旅游目的地类型，而不选择距离远的目的地，尽管后者的特征或许更有吸引力。所以，各国、各地区都首先把周边地区作为主要的旅游客源地，市场促销的力度由近及远，这也是客源市场上不以人们的意志为转移的客观规律。

（二）政治、文化、贸易等的国际联系的密切程度

世界各国的政治形势，对国家间的旅游客流有很大的影响。一个国家长期政治稳定，对于旅游者和旅游业投资者而言，都更具有吸引力。国家间的政治冲突或合作，会妨碍或促进旅游客流的流向和强度。战争、恐怖主义活动及任何形式的不稳定，都能暂时或较长时间地直接妨碍国家间的旅游。对以往冲突的记忆和疑虑、较长时期的种族对立，也能妨碍国家间的旅游。国家之间的长期不和，使它们各自之间的旅游客流远不像所期望的那样大。一个国家的政治形象对国际旅游者有深远的影响。这种政治形象并不取决于那个国家政府自身的各种表白，而在于众多旅游者共同形成的印象。政治形象不佳的国家，很难吸引国际旅游者。

各国有关旅游的其他因素相同时，旅游客流可能首先在有共同文化联系的国家之间产生。共同文化联系主要是指共同的政治历史、共同的语言文字和共同的宗教信仰等。首先，有共同文化背景的国家，它们之间能产生旅游客流。其次，从一个国家到另一个国家有大量移民，就会在移民母国与移民国之间形成文化联系。移民总是希望能回母国去寻根或探亲访友，而移民母国的亲友也会去移民国探望他们。移民的后裔往往向往他们的祖先生活过的国家，希望去做探访旅游。自 1979 年以来，已经形成东南亚各国的新、老中国移民到中国的旅游客流。

跨国商务活动历来被列入旅游范畴，若两国之间贸易额较高，那么商务旅游必然也多。

（三）一个国家（地区）对其他国家旅游吸引力的大小

在气候旅游资源、景观旅游资源和历史旅游资源中，如果一个国家具有另一个国家所缺乏的旅游资源类型，那么旅游客流强度就会加大。旅游客源国缺乏某种具有吸引力的特定旅游资源类型，便会形成强大的旅游客流，流向旅游资源丰富的国家。

荷兰大部分地区的地面高度都位于海拔 200 米以下，很多地方的地面高度在海平面以下，因而被称为"低地国家"。荷兰的旅游者成群结队地涌向阿尔卑斯山所在国家，瑞士和奥地利成为他们很重要的旅游目的地，到这两个国家的人数仅次于到距离较近的法国的人数。一般每年荷兰的出国度假旅游者的 1/6 到阿尔卑斯山。在德国，与其面积相比海岸线长度相当有限，而且海岸线在气温偏低的北部。这就促使德国人产生一种强烈的欲望，希望到南方地中海国家的海岸去度假旅游。在英国，皇家的壮观仪式能强烈吸引缺乏这种历史传统或根本未曾有过君主制国家的旅游者。中国极其独特又十分丰富的文化、历史旅游资源，强烈地吸引着各国旅游者。近十几年来，自欧美到中国旅游的客流强度正在迅速增大。

（四）到某一个国家的旅游费用的高低（包括汇率影响在内）

相对费用反映在生活费用和货币兑换率上。如果两个国家在生活费用上存在很大差异，那么将会使旅游客流从生活费用高的国家向生活费用低的国家流动。

某个国家的货币购买力是该国经济实力和国民生活水平的反映。对包括旅游者在内的消费者而言，价格在不同的国家存在着巨大差异。如果某国消费品的价格高于本国，将妨碍旅游者到该国去旅游。而如果他们到消费品价格低于本国的国家去旅游，那么旅游者的金钱会有较高的价值。例如，泰国向中国市场的较低报价，对中国旅游者前往泰国旅游很有吸引力。

由于货币兑换率的变化和各国通货膨胀率不同，货币相对费用指数将随时间的变化而变

化。这种国家之间的价格相对变化，强烈地影响旅游客流的流向和强度，特别是在各国旅游目的地的旅游业强烈竞争情况下更是如此。这导致在某个时期，旅游者从一个国家的旅游目的地，转移到另一个国家与其类似而费用又比较低廉的旅游目的地。

（五）竞争或其他干涉的影响

竞争主要是处于同一个地区的国家(地区)为了争取更多的旅游者，竞相推出一系列吸引旅游者的措施。

其他干涉影响主要表现在，有些国家采取财政和法律上的措施，设置障碍阻止旅游，这可能对世界旅游格局产生深刻影响。有些国家所采取的财政和法律措施，包括对外汇的管制及对签发护照的限制，虽然不是十分严格，但对旅游仍会产生消极影响，妨碍某些国家间的旅行。另外，这些国家的政府出于其国民安全和政治目的考虑，也会阻止本国国民去某国旅游。例如，恐怖主义活动多针对美国公民，美国政府就劝告他们不要去那些安全系数相对不高，尤其是针对美国的一些国家。

（六）接待国的文化背景和国民素质

接待国的文化背景和国民素质主要是指旅游接待国(地区)开放后，对外来文化的容纳度，这又与接待国居民所受教育的程度有关。例如，中国香港面积不大，却能每年接待逾千万旅游者，旅游收入可与发达的旅游大国相提并论，成为举世瞩目的旅游大都市，其中最主要的原因就在于它所反映的文化内涵的广泛性，正如它的促销口号"万象之都"所反映的那样。像香港这样兼容东西方文化于一地，并通过景点、商店、餐馆、娱乐场所更进一步把东西方的文化特色淋漓尽致地表现出来的城市，在全世界也是绝无仅有的。正因为香港包容了世界文化，它也就必然成为全球旅游者乐于前往的目的地。

（七）旅游者对目的地的意向

旅游者对目的地的意向主要取决于接待国对其旅游产品的宣传水平和宣传力度。"酒香不怕巷子深"这句谚语只适用于特定的历史条件或某个特定的区域之内。旅游在空间距离上是大跨度的甚至是越国界、超洲际的，若不能目睹实景，又无形象宣传，连"酒香"都闻不到，何来客源！因此，世界上的旅游接待大国无一不是旅游宣传促销大国，否则，旅游者是不会不请自来的。我国在进入 21 世纪后相继举办了体育健身游、民间艺术游、烹饪王国游等，2013 年又举办了中国海洋旅游年，这些都是在宣传促销方面所做的积极而有效的努力。

知识链接 3-3

历年中国旅游日宣传主题如表 3-5 所示。

表 3-5　历年中国旅游日宣传主题

年份	宣传主题
2011	读万卷书，行万里路
2012	健康生活，欢乐旅游
2013	休闲惠民，美丽中国
2014	文明旅游，智慧旅游
2015	新常态，新旅游

续表

年份	宣传主题
2016	旅游促进发展　旅游促进扶贫　旅游促进和平
2017	旅游让生活更幸福
2018	全域旅游，美好生活
2019	文旅融合　美好生活
2020	—
2021	绿色发展，美好生活
2022	感悟中华文化　享受美好旅程
2023	美好中国，幸福旅程

（资料来源：百度百科—中国旅游日，2023 年 6 月）

第四节　旅游者的权利和义务

随着经济的发展和生活水平的不断提高，外出旅游已成为一个消费热点。明确旅游者在旅游活动中的权利和义务备受关注。2013 年 10 月 1 日施行的《中华人民共和国旅游法》对旅游者的权利和义务做了规定。旅游者只有了解自己的权利和义务，才能在旅游过程中知道如何保护自己的合法权益和遵守旅游法律、法规、规章及有关的规定，促使旅游者玩得顺利、玩得愉快，减少旅游投诉问题的出现，并形成良性循环，促进旅游业持续、健康发展。

一、旅游者的主要权利

（一）知悉真情权
旅游者有权知悉其购买的旅游产品和服务的真实情况。

旅游者有权就包价旅游合同中的行程安排、成团最低人数、服务项目的具体内容和标准、自由活动时间安排、旅行社责任减免信息，以及旅游者应当注意的旅游目的地相关法律、法规和风俗习惯、宗教禁忌，依照中国法律不宜参加的活动等内容，要求旅行社作详细说明，并有权要求旅行社在旅游行程开始前提供旅游行程单。

（二）拒绝强制交易权
旅游者有权自主选择旅游产品和服务，有权拒绝旅游经营者的强制交易行为。

旅行社未与旅游者协商一致或未经旅游者要求，指定购物场所、安排旅游者参加另行付费项目，以及旅行社的导游、领队强迫或者变相强迫旅游者购物、参加另行付费项目的，旅游者有权拒绝，也可以在旅游行程结束后 30 日内，要求旅行社为其办理退货并先行垫付退货货款，退还另行付费项目的费用。

（三）合同转让权
除旅行社有正当的拒绝理由外，旅游者有权在旅游行程开始前，将包价旅游合同中自身的权利义务转让给第三人，因此增加的费用由旅游者和第三人承担。

（四）合同解除权

包价旅游合同订立后，因未达到约定人数不能出团时，旅游者不同意组团社委托其他旅行社履行合同的，有权解除合同，并要求退还已收取的全部费用。

旅游行程结束前，旅游者解除合同的，组团社应当在扣除必要的费用后，将余款退还旅游者。

因不可抗力或者旅行社、履行辅助人已尽合理注意义务仍不能避免的事件，导致旅游合同不能继续履行的，旅行社和旅游者均可以解除合同。导致合同不能完全履行的，旅游者不同意旅行社变更合同的，有权解除合同。合同解除的，旅游者有权获得扣除组团社已向地接社或者履行辅助人支付且不可退还的费用后的余款。

（五）损害赔偿请求权

旅游者有权要求旅游经营者按照约定提供产品和服务。旅游者人身、财产受到损害的，有依法获得赔偿的权利。

景区、住宿经营者将其部分经营项目或者场地交由他人从事住宿、餐饮、购物、游览、娱乐、旅游交通等经营的，旅游者有权要求景区、住宿经营者对实际经营者给旅游者造成的损害承担连带责任。

旅行社具备履行条件，经旅游者要求仍拒绝履行合同，造成旅游者人身损害、滞留等严重后果的，旅游者还可以要求旅行社支付旅游费用 1 倍以上 3 倍以下的赔偿金。

（六）受尊重权

旅游者的人格尊严、民族风俗习惯和宗教信仰应当得到尊重。旅游者有权要求旅游经营者对其在经营活动中知悉的旅游者个人信息予以保密。

（七）安全保障权

旅游者有权要求旅游经营者保证其提供的商品和服务符合保障人身、财产安全的要求。旅游者有权要求为其提供服务的旅游经营者就正确使用相关设施设备的方法、必要的安全防范和应急措施、未向旅游者开放的经营服务场所和设施设备、不适宜参加相关活动的群体等事项，以明示的方式事先向其作出说明或者警示。

（八）救助请求权

旅游者在人身、财产安全遇有危险时，有权请求旅游经营者、当地政府和相关机构进行及时救助。中国出境旅游者在境外陷于困境时，有权请求我国驻当地机构在其职责范围内给予协助和保护。

（九）协助返程请求权

包价旅游合同在旅游行程中被解除的，旅游者有权要求旅行社协助旅游者返回出发地或者旅游者指定的合理地点，由于旅行社或者履行辅助人的原因导致合同解除的，旅游者有权要求旅行社承担返程费用。

（十）投诉举报权

旅游者发现旅游经营者有违法行为的，有权向相关主管部门举报。旅游者与旅游经营者发生纠纷的，有权向相关的主管部门或旅游投诉受理机构投诉、申请调解，也可以向人民法院提起诉讼。

二、旅游者的主要义务

（一）文明旅游义务

旅游者在旅游活动中应当遵守社会公共秩序和社会公德，尊重当地的风俗习惯、文化传统和宗教信仰，爱护旅游资源，保护生态环境，遵守旅游文明行为规范。

（二）不损害他人合法权益的义务

旅游者在旅游活动中或者在解决纠纷时，不得损害当地居民的合法权益，不得干扰他人的旅游活动，不得损害旅游经营者和旅游从业人员的合法权益。造成损害的，依法承担赔偿责任。

（三）个人健康信息告知义务

旅游者购买、接受旅游服务时，应当向旅游经营者如实告知与旅游活动相关的个人健康信息，审慎选择参加旅游行程或旅游项目。

（四）安全配合义务

旅游者应当遵守旅游活动中的安全警示规定，不得携带危害公共安全的物品。

旅游者对国家应对重大突发事件暂时限制旅游活动的措施及有关部门、机构或者旅游经营者采取的安全防范和应急处置措施，应当予以配合。违反安全警示规定，或者对国家应对重大突发事件暂时限制旅游活动的措施、安全防范和应急处置措施不予配合的，依法承担相应的责任。接受相关的组织或者机构的救助后，应当支付应由个人承担的费用。

（五）遵守出入境管理义务

出境旅游者不得在境外非法滞留，入境旅游者不得在境内非法滞留。随团出入境的旅游者不得擅自分团、脱团。

【拓展阅读 3-2】

《中华人民共和国旅游法》中关于旅游者权利和义务的规定

……

第二章　旅　游　者

第九条　旅游者有权自主选择旅游产品和服务，有权拒绝旅游经营者的强制交易行为。

旅游者有权知悉其购买的旅游产品和服务的真实情况。

旅游者有权要求旅游经营者按照约定提供产品和服务。

第十条　旅游者的人格尊严、民族风俗习惯和宗教信仰应当得到尊重。

第十一条　残疾人、老年人、未成年人等旅游者在旅游活动中依照法律、法规和有关规定享受便利和优惠。

第十二条　旅游者在人身、财产安全遇有危险时，有请求救助和保护的权利。

旅游者人身、财产受到侵害的，有依法获得赔偿的权利。

第十三条　旅游者在旅游活动中应当遵守社会公共秩序和社会公德，尊重当地的风俗习惯、文化传统和宗教信仰，爱护旅游资源，保护生态环境，遵守旅游文明行为规范。

第十四条　旅游者在旅游活动中或者在解决纠纷时，不得损害当地居民的合法权益，不得干扰他人的旅游活动，不得损害旅游经营者和旅游从业人员的合法权益。

第十五条　旅游者购买、接受旅游服务时，应当向旅游经营者如实告知与旅游活动相关的个人健康信息，遵守旅游活动中的安全警示规定。

旅游者对国家应对重大突发事件暂时限制旅游活动的措施以及有关部门、机构或者旅游经营者采取的安全防范和应急处置措施，应当予以配合。

旅游者违反安全警示规定，或者对国家应对重大突发事件暂时限制旅游活动的措施、安全防范和应急处置措施不予配合的，依法承担相应责任。

第十六条　出境旅游者不得在境外非法滞留，随团出境的旅游者不得擅自分团、脱团。

入境旅游者不得在境内非法滞留，随团入境的旅游者不得擅自分团、脱团。

……

（资料来源：节选自《中华人民共和国旅游法》）

第五节　文 明 旅 游

旅游活动是旅游者在不同的国家和地区之间的流动，它不仅是一种经济、社会和文化现象，而且是一项综合性的审美活动。

我国一直以来提倡公民文明旅游。《中华人民共和国旅游法》第五条指出，"国家倡导健康、文明、环保的旅游方式"；第十三条明确规定："旅游者在旅游活动中应当遵守社会公共秩序和社会公德，尊重当地的风俗习惯、文化传统和宗教信仰，爱护旅游资源，保护生态环境，遵守旅游文明行为规范。"中央文明委《关于进一步加强文明旅游工作的意见》，就认真学习贯彻习近平总书记关于文明旅游重要批示精神，进一步加强文明旅游工作，作出部署安排。多年来，通过文化和旅游部门统筹协调、创新推动，社会各界积极配合、广泛参与，文明旅游工作取得长足进步，旅游者文明素质持续提升，文明旅游理念也为更多人所接受。

一、文明旅游是最美风景

党的二十大报告指出，"统筹推动文明培育、文明实践、文明创建，推进城乡精神文明建设融合发展"。旅游者的文明行为是公民文明素质和社会文明程度的重要体现。旅游中的文明是一种品质，更是一种习惯。文明出游，不仅仅是个人行为，更应该是一种公共行为。近年来，文化和旅游部门深入研究、统筹协调、创新推动文明旅游工作，旅游者文明素质持续提升，文明旅游深入人心。文化和旅游部门深入开展文明旅游宣传和主题实践活动，创建培育"文明旅游　为中国加分"主题活动品牌，针对不同季节、不同对象、不同行为，推出"文明餐桌""理性消费""绿色出行"等系列活动；组织文明旅游志愿服务活动、开展文明旅游优秀案例征集展示活动、征集

视频：不文明旅游行为——乱刻乱画

发布"中国公民文明旅游公约",推动形成人人支持、人人参与文明旅游的社会风尚。"中国好导游、中国好游客"推选征集,寻找最美导游,文明游客、文明督导员优秀案例征集展示活动等一系列活动的开展有效引导旅游从业者和游客遵德守规、文明旅游。

在正面引导文明旅游的同时,对不文明行为惩戒力度也在不断加大。2015年,《游客不文明行为记录管理暂行办法》出台,旅游者不文明行为产生严重社会不良影响的、旅游从业者违反职业规范造成严重后果的都会被列入"黑名单"。文化和旅游部门应对不文明行为的监督惩戒体系基本成熟,对不文明旅游行为产生了较强的震慑,旅游者对文明旅游行为规范的认同感增强,文明旅游的社会主流价值更加强大。

我国不断加强的旅游行业精神文明建设,在推动旅游者文明素养提升方面,取得了显著成效。总体来看,我国文明出游群体不断壮大,不破坏花草树木、不在公众场合大声喧哗、不在公众场合吸烟等出游规范,正逐渐成为很多旅游者的自觉行为。当前,文化和旅游加速融合发展,文化在旅游中的分量更重。人们不仅想要看到最美的自然风景,也想感受最美的文化体验。实现这一愿景,需要每一个旅游者从小处着眼、从小事做起,以更高的标准践行文明旅游要求。只有形成人人支持、人人参与文明旅游的社会风尚,才能把旅游业建成精神文明窗口,让文明旅游成为旅途中的一道靓丽风景。

【拓展阅读3-3】

中国公民文明旅游公约发布

原国家旅游局主办、中青旅遨游网承办的"大家定的公约大家来遵守"中国公民文明旅游公约新闻发布会昨日在京举行,面向社会广泛征集的"中国公民文明旅游公约"正式发布。"重安全,讲礼仪;不喧哗,杜陋习;守良俗,明事理;爱环境,护古迹;文明行,最得体。"这10句30字短语成为来自民众的文明旅游新主张。至此,历时半年的"中国公民文明旅游公约大家定"有奖征集活动圆满结束。

原国家旅游局相关负责人表示,与2006年颁布的《中国公民国内旅游文明行为公约》相对照,新版公约是源自民间、扎根民间的大众文明旅游共识。用短短30字基本涵盖了2006年版公约涉及的维护环境卫生、遵守公共秩序等8方面内容,简洁生动、易于记诵。配合公约同时发布了10条文明旅游宣传语,宣传语采用当下流行的语言风格,将文明旅游与公民个体紧密相关,方便对公约进行大众化传播。

据了解,为做好新版公约的宣传推广,原国家旅游局设计制作了H5页面和公益海报,将通过报纸杂志、微信、微博、机场广告等进行全方位立体传播,积极引导大家熟记践行,在全社会再掀文明旅游热潮。

附:文明旅游十大宣传语

1. 没有安全,就没有诗和远方
2. 文明,是适可而止的举止
3. 公序良俗,让你拥抱差异多彩的世界
4. 想赢得尊重,先尊重别人
5. 爱惜万物,听一听历史和自然的声音
6. 别让一段旅行,丢了人生品行
7. 捍卫良知是一种勇气,释放善意是一种能力

8. 谦让，使你和环境更加和谐

9. 你若轻声细语，世界便云淡风轻

10. 走出家门，人人都是名片

（资料来源：新华网，2016 年 8 月）

二、提升旅游者文明旅游行为的途径

（一）做好文明旅游教育

文明是一种习惯，而习惯则要从小养成。公民素质的提高必须从教育入手，从学校、家庭抓起，把公德建设、文明建设作为重要的教育内容，从小学会自强、自爱、自律，养成自觉遵守社会道德和行为规范的习惯，从而使全社会公民的文明素质得以提高。在旅游的过程中，提醒广大旅游者爱护文物古迹，保护生态环境，爱惜公共设施，遵守公共秩序，杜绝餐饮浪费等，践行文明旅游行为规范，弘扬文明旅游新风尚。不断增强旅游者文明出游意识，让每位旅游者成为文明旅游的践行者和传播者。

（二）强化旅行社管理

加强旅行社管理是文明旅游建设的重要环节和内容，各组团旅行社要切实承担起教育引导旅游者的职责，做到"行前有说明，行中要督导"。旅行社在组团出游之前，要告知旅游者目的地的风俗习惯、礼仪规范、民族禁忌及行为方式等。告知方式要多样化和生动化，可包括旅行社出团说明会，举办文明礼仪培训，进行目的地法律法规和文化习俗、民族禁忌的专题讲座，播放专门的文明礼仪教育片等。要将"旅游者文明旅游承诺"作为旅游合同的附件一同签订，督导每位旅游者遵守法律，恪守公德，讲究礼仪，爱护环境，尊重旅游目的地的文化习俗。在旅游过程中，导游不仅要完成组织协调、解说等传统职责，帮助旅游者了解、欣赏景观，同时要注重自身文明形象，有意识地及时提醒和制止旅游者的不文明行为。旅游管理部门要建立相关的奖惩制度，对旅游行为做得好的旅行社、导游、领队典型要进行宣传、表彰和物质奖励。对不履行职责、造成不良影响的旅游企业和有关人员，要进行通报批评。对出现严重问题的旅行社和旅游从业人员要取消其从业资格。

（三）旅游景区采取有效措施

景区管理部门要重视旅游者的不文明旅游行为并对其进行引导和管理。

第一，景区应提供各种设施、设备以防止旅游者的不文明旅游行为的发生。如合理放置美观有趣的垃圾箱，使旅游者便于、乐于负责任地处理废弃物。设置必要的美观醒目的标牌，配置有亲和力的标志性说明文字及提醒文字，提示旅游者不要太放任自己。

第二，景区管理工作人员首先应以身作则，发挥示范作用，带头爱护环境。景区可组织工作人员与青年志愿者一起开展环保活动，这既可强化工作人员的环保意识，又能起到对公众的宣传作用。

第三，景区应制定比较完备的规章制度对可能出现的各种不文明行为进行制约，对于有损景区形象的行为加以劝阻或惩罚。

第四，旅游景区在旅游活动项目的安排中应有意识地增加与环境、景观保护有关的内容，使旅游者在生动有趣的活动中获得相关的知识，对旅游者进行生态知识、游览规范等的教育和引导，唤醒旅游者的生态责任意识。通过种种措施和手段在旅游景区内造就一种保护环境和景观、遵守游览规范的良好氛围，使旅游者时时意识到旅游景区对其文明行为的期待，从而能够约束自己的不文明旅游行为。

（四）相关部门加强引导和管理

与旅游业有关的部门，如政府环保部门、社会环保组织、旅游管理部门应充分利用报纸、广播、电视、网络、宣传栏等大众传媒及电视宣传片、文学创作、卡通、漫画、摄影、话剧、公益歌曲、公益广告等艺术形式，进行文明旅游宣传，提高公众的环保意识，让公众认识到旅游者的不文明旅游行为对旅游环境、景观的污染和破坏。同时，揭露不良陋习，生动活泼地曝光和鞭挞不文明行为，促进全体公民提高文明素质。对有令不行、有禁不止、多次犯规的旅游者要给予必要的处罚，有效地制止旅游者的不文明行为。

【拓展阅读 3-4】

做好文明旅游工作　助力社会文明建设

文明旅游工作是一项长期任务，近年来，我国文明旅游工作水平持续提升，文明旅游理念日渐深入人心。近日，文化和旅游部办公厅发布《关于做好 2023 年文明旅游工作的通知》，要求把工作做到实处、推向深处。全国"两会"期间，部分代表委员围绕做好文明旅游工作建言献策。

"旅游是为了获得愉悦的感受，文明可以给游客提供良好的参观和游乐氛围，让游客获得更好的旅游体验。"全国人大代表、云冈研究院院长杭侃介绍，云冈石窟制订了标准化的服务流程，景区旅游环境得到大幅度改善，游客的文明程度在不断提高。

"感到欣慰的是，如今的云冈游人如织，科研人员也纷至沓来。游客在云冈之旅中，能品读各民族交往、交流、交融的历史内涵，能感悟中华文化的博大精深。"杭侃说，"云冈石窟的文明守护靠的是大家。未来，我们将持续做好云冈石窟保护工作，发挥好云冈石窟作为世界遗产的价值，实现好文化遗产的传承。"

"我在故宫工作快 40 年了，亲身经历了陶瓷馆 4 次比较重大的展陈提升工作，每一次都让文物更好地呈现在游客面前。建议游客在参观前做一下功课，了解一下古陶瓷或者古玉器方面的知识，然后再到现场参观，这样可能会有更大的收获。参观时，要保持好良好的秩序，不要妨碍别人参观，也不要大声喧哗，遵守参观须知，文明参观。"全国政协委员、故宫博物院器物部主任吕成龙说，"安全是一切文物工作的基础。每次布展时，我们都会要求工作人员注重文物保护，做好文明旅游引导工作，让宣传文物保护、倡导文明旅游的理念自然而然地融入市民游客心中。"

"党的二十大报告指出，'统筹推动文明培育、文明实践、文明创建，推进城乡精神文明建设融合发展'。游客的文明行为是公民文明素质和社会文明程度的重要体现。近年来，全国上下持续加大文明旅游宣传力度，但是不文明旅游现象依然屡有发生，持续提升游客文明素质任重道远。"全国人大代表、福建省戏剧家协会副主席、福建省实验闽剧院院长周虹说。

周虹建议，一要建立相应的惩戒机制。近年来，很多地方建立了"黑名单"，出台了旅游不文明行为记录制度，对不文明行为出重拳，可构建"一处受罚，处处受限"的联合惩戒工作机制,从法律法规层面加强对不文明游客的约束和惩戒力度,提升公民文明旅游意识。二要加大宣传推广力度,寓文明引导于文化和旅游产品之中,以"润物无声"的方式引导游客提升文明旅游意识。近年来,福建省实验闽剧院深入景区、乡村开展文明旅游宣传,通过发放宣传页、有奖答题等形式吸引游客关注文明旅游信息,了解文明旅游知识。同时,还通过扮演闽剧经典人物形象宣传文明旅游,吸引市民游客关注,引导游客赏闽剧、增知识两不误。三要提升旅游从业人员文明旅游服务能力,强化文明旅游引导与管理,共同营造文明和谐、安全有序的旅游环境。

"一些游客的不文明行为既扰乱了景区正常秩序,又影响了其他游客的参观体验。"全国人大代表,湖北省黄冈市红安县黄麻起义和鄂豫皖苏区纪念园讲解员程星认为,宣传文明旅游理念是培育和践行社会主义核心价值观、助力精神文明建设的重要途径,对于促进和谐社会建设、形成良好社会风尚具有重要作用。"文明旅游宣传是一个长期过程,需要各方合力,让文明旅游理念深入人心。同时,践行文明旅游理念也需要人人参与,并发自内心认识到文明旅游的重要性。"

程星建议,一要加强文明旅游宣传教育,通过网络平台曝光游客不文明行为,加强警示教育。采取人民群众喜闻乐见的方式,推出卡通漫画、特色讲解等形式,向更多市民游客宣传文明旅游理念。二是营造良好氛围。建议将社会主义核心价值观体现到旅游行为规范中,并出台相应政策,对游客不文明行为进行监管,更好地提升文明旅游环境。同时,还可以通过设置文明旅游宣传标语牌、宣传画等,在潜移默化中宣传推广文明旅游理念。

(资料来源:文化和旅游部政府门户网站,2023年3月)

// 本 章 小 结 //

本章介绍了国内外旅游者的不同定义,分析了旅游者分类的部分标准和不同类型旅游者的消费需求特点,从主、客观两个方面详细地分析了成为旅游者所应具备的相关因素。从宏观角度分析了在地区间流动的旅游者的集合——旅游流的相关知识,包括概念、规律和影响规律的相关因素,以及当前国际旅游市场国际旅游流的发展变化趋势。介绍了旅游者的权利和义务及文明旅游的相关内容。

// 同 步 练 习 //

一、填空题

1. 闲暇时间是人们非工作时间的一部分,在现代社会中,它有4种类型,即每日余暇、每周余暇、_____和_____。

2. _____是第一个以立法形式规定就业员工享有带薪假期的国家。

二、单项选择题

1. 通常所说的旅游业三大支柱不包括(   )。

A. 旅行社   B. 旅游饭店   C. 旅游景区   D. 旅游交通

2. 马斯洛的需求层次理论中,最低层次的需求是(   )。

A. 生理需求   B. 安全需求   C. 社交需求   D. 自我实现需求

三、多项选择题

1. 娱乐消遣型旅游者的特点为(　　　　　)。

A. 所占比例大　　　B. 积极性高　　　　C. 选择自由度大　　　D. 停留时间长

2. 世界旅游发展的历史表明，旅游者在不同的国家和地区间的流动具有(　　　　　)的规律性。

A. 近距离流动多，远距离流动少

B. 流向风景名胜区

C. 从经济发达的国家和地区流动到经济不发达的国家和地区

D. 流向政治、经济、文化中心

四、简述题

1. 罗马会议中对旅游者的定义是什么？

2. 旅游者产生的条件有哪些？

3. 影响旅游流运动的因素有哪些？

4. 旅游者享有哪些权利？应该承担什么义务？

5. 提升旅游者文明行为的途径有哪些？

// 实 训 项 目 //

请实际参加一次旅游活动，观察旅游者都有哪些不文明行为。

调查目的：通过实地观察旅游者的不文明行为，进而提出相应的管理措施。

调查工具：相机、摄像机、录音笔、问卷调查表等。

调查要求：分组调查。

调查报告：以小组为单位形成调查报告，字数 2 000~3 000 字。

第四章　旅游资源

【学习目标】

知识目标

- 掌握旅游资源的概念、特征及分类。
- 掌握旅游资源评价的内容及方法。
- 掌握旅游资源开发的原则和内容。
- 理解旅游资源保护的方式和措施。

能力目标

- 能解释旅游资源开发与保护的关系。
- 能把资源评价理论应用于旅游开发中。
- 能在实际中运用旅游资源开发的原则。
- 能正确分析旅游资源被破坏的原因。

素养目标

- 培养发现美、欣赏美的审美意识。
- 树立绿水青山就是金山银山的生态文明观。
- 传承和弘扬红色精神。
- 增强文化自信。

【关键概念】

旅游资源　旅游资源的类型　旅游资源的特征
旅游资源评价　旅游资源开发　旅游资源保护

【思维导图】

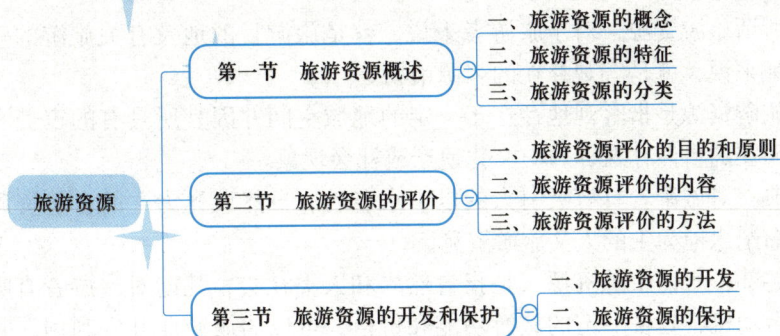

　　旅游资源是构成旅游活动的客体，是旅游业赖以生存的基础，是旅游活动得以开展的前提。如果没有旅游资源，发展旅游业就等于无米之炊。旅游资源是旅游目的地借以吸引旅游者的最重要的因素，一个国家或地区旅游事业的发展成功与否，主要取决于这个地区旅游资源的特色和丰富程度，取决于能否对当地的旅游资源恰当地评价和合理地开发，以及能否正确处理开发旅游资源与保护环境的关系。

第一节　旅游资源概述

一、旅游资源的概念

（一）对旅游资源概念的各种理解

　　旅游资源是一个发展的概念。随着科学技术的进步、社会生产力水平的提高和人类认识的深入，以及旅游经营者的不断开拓，旅游资源的内涵逐渐丰富，范围相应扩展。目前，关于旅游资源的界定，学术界尚未形成统一的认识。自 20 世纪 80 年代以来，我国许多专家学者从地理学、经济学和社会学等学科视角，就"什么是旅游资源"进行了各自不同观点的阐述，其中最具有代表性和影响力的归纳如下。

　　郭来喜：凡是能为人们提供旅游观赏、知识乐趣、度假疗养、娱乐休息、探险猎奇、考察研究及人民友好往来和消磨闲暇时间的客体与劳务，都可称为旅游资源。

　　陈传康、刘振礼：旅游资源是在现实条件下，能够吸引人们产生旅游动机并进行旅游活动的各种因素的总和。

　　李天元：凡是能够造就对旅游者具有吸引力环境的自然因素、社会因素或者其他任何因素，都可以构成旅游资源。

　　保继刚：旅游资源是指对旅游者具有吸引力的自然存在和历史文化遗产，以及直接用于旅游目的地的人工创造物。旅游资源既可以是有具体形态的物质实体，如风景、文物，也可以是不具有具体物质形态的文化因素。

　　杨振之：所谓旅游资源，对于旅游者来说，就是旅游目的地及有关旅游的一切服务和设施；对于旅游地来说，就是客观存在的客源市场。

　　谢彦君：旅游资源是指客观地存在于一定的地域空间并因其所具有的审美和愉悦价值而使旅游者为之向往的自然存在、历史文化遗产或社会现象。

　　地理学词典：对旅游者具有吸引力的以山水名胜、自然风光为主的自然资源和以历史古迹、文化、革命纪念地为主的人文旅游资源。

　　文化和旅游部：所谓旅游资源，是指自然界和人类社会，凡能对旅游者有吸引力、能激发旅游者的旅游动机，具备一定的旅游功能和价值，可以为旅游业开发利用，并能产生经济效益、社会效益和环境效益的事物和因素。

（二）如何界定旅游资源

　　到底应如何界定旅游资源呢？我们认为，把握并承认以下事实至为关键。

首先，旅游资源因可以向旅游者提供审美和愉悦的凭借而对旅游者具有某种吸引力，不具有这种吸引力的任何资源形式都不是也不会成为旅游资源。因为，从旅游的定义我们已经看出，旅游的本质就是旅游者对美和愉悦的追求。

其次，作为一种资源形态，旅游资源主要存在于一种潜在的待开发状态，同时也包括已开发但尚未耗竭其旅游价值的那一部分资源。旅游资源的存在形态因其被开发的程度而大体上表现为两种。一种是处于原始状态的旅游资源，虽具有旅游吸引力，但由于未经过人类的开发，尚不能成为多数旅游者的旅游对象。在这里我们要特别强调的是，旅游资源的开发并不是一个将非旅游资源的资源转变成旅游资源的过程，而是一个将潜在旅游资源转变成现实旅游资源的过程；不是一个创造和仿制过程，而是一个利用或深度利用的过程。另一种则是已经被开发利用的旅游资源，而且这些旅游资源被当作旅游产品的一部分——其实是最核心的一部分——而将其使用权转让出去。至于那些虽曾有过旅游价值或虽曾被开发利用过但目前已经丧失其价值并已被旅游者所抛弃的旅游资源，便不再是旅游资源了。

再次，旅游资源完全因其他目的而生成或存在，只是由于人们价值观的缘故而在一定的历史时期成为旅游资源。任何作为旅游资源的自然存在、历史文化遗产和社会现象，都不是造物主或人类出于满足旅游者需要的缘故而将它们生产出来并准备出卖，它们之所以成为旅游资源，完全是自然的无意识造化或人类因其他功利性目的而创造的成果，是先于旅游而客观地存在着的自然或人文因素。相对于旅游而言，它们是自在之物或独立之象，当人类的审美意识或旅游价值观不能接纳这些物象时，它们仍为原来的功用而存在。当人们的旅游意识垂青于它们时，它们遂成为旅游资源。当然，这里要肯定的事实是可以成为旅游资源的某种资源客观地有某种可供审美和愉悦的元素。

最后，旅游资源不管是以单体还是以复合体的形式存在，都依托于一定的地域空间，是绝对不能移动的。这一点既取决于旅游资源本身的内涵，也根源于作为前提的旅游这一概念所具有的特征。因为，在现实中发生的诸多似是而非的"旅游资源移动"，不外乎两种基本情况。一种是人们模拟旅游资源而在异地所做的开发，而旅游资源的本体在原地并未消失。因此，根本算不上是移动，仅仅是旅游产品在异地的创制与生产（以出卖为目的），并且这种产品与旅游资源本体相比在价值上一般都要大打折扣，这是由模仿的性质和能力所决定的（旅游资源常常依赖于一定的环境因素）。另一种是人们将原始旅游资源全盘迁往异地（即移向一些人所谓的客源地，至于一些小规模的搬迁不在此列），原地不再有原来的旅游资源本体（这通常仅对于不依赖于环境而存在的单体旅游资源适用），这种情况虽属于真正意义上的资源迁移而非产品生产，但旅游资源一经迁移，便不再是旅游资源了。因为这时已在根本上消灭了旅游和旅游者，人们不需离开常住地便可享受这些资源，于是，原来的旅游资源成了普通的休闲资源。只有当它有朝一日再构成一种对外地旅游者有吸引力的因素时，才重新成为旅游资源，而这时，对新的旅游者而言，它又是不可移动的。

（三）旅游资源概念的内涵

基于以上的几点认识，本书认为，旅游资源是指客观地存在于一定的地域空间并因其所具有的审美和愉悦价值而使旅游者向往的自然存在、历史文化遗产或社会现象。

按照这一定义，旅游资源既可以是有具体形态的物质单体或复合体，如风景、文物，也可以是不具有物质形态的社会文化因素，如民情风俗。正像保继刚等人对他们给出的定义所做的解释一样，笔者的这个定义也包括同样一些内容。

（1）旅游资源存在于旅游目的地，这就排除了从客源地到目的地的因素。

（2）"资源"的概念本身即含着"有用"性，因此，旅游资源应是对形成从客源地到目的地的客流起稳定作用的促进因素。

（3）旅游资源应该是直接用于欣赏、消遣等的因素，而不包括为了达到这些目的必须使用的纯粹接待因素。

（4）在不同的地方，旅游资源的构成不同，在一个地方纯粹属于接待的因素，在另一个地方却可能异化为旅游资源。

（5）旅游资源的本体是一种先于旅游而存在的物象，它可以按旅游的目的加以开发利用，但不能创制，脱离于这种本体而创制、仿造、移植的旅游对象物，不是旅游资源而是旅游产品。

（6）旅游资源可以成为旅游产品，在这种情况下一般构成旅游产品的核心成分，并应成为产品价值的主体和定价的主要依据。

二、旅游资源的特征

（一）美学上的观赏性

旅游资源具有美学特征，具有观赏性，能从生理上、心理上满足人们对美的追求。这是旅游资源和一般资源最主要的差别。尽管旅游动机因人而异，游览内容多种多样，但观赏活动几乎是所有旅游过程中最基本的，有时更是全部旅游活动的核心内容。毫无疑问，旅游资源的美学价值越高，观赏性越强，知名度越高，吸引力就越强。像我国的万里长城、秦始皇陵兵马俑、桂林山水，埃及的金字塔，古罗马的斗兽场、潘提翁神庙，法国的埃菲尔铁塔，日本的富士山，澳大利亚的大堡礁等，都因观赏性较强，成为世界著名的旅游资源，每年吸引着成千上万的旅游者参观游览。同时，由于旅游者性格、气质、审美能力、文化素质的高低，都会影响对同一旅游资源的评判，使旅游欣赏呈现多样性。

知识链接

大　堡　礁

大堡礁形成于中新世时期，距今已有2 500万年的历史。大堡礁堪称地球上最美的"装饰品"，像一颗闪着天蓝、靛蓝、蔚蓝和纯白色光芒的明珠，据说在月球上远望也清晰可见。

大堡礁是世界上最大、最长的珊瑚礁群，位于南半球，它纵贯于澳大利亚的东北沿海，北至托雷斯海峡，南到南回归线以南，绵延伸展共有2 011千米，最宽处161千米。有2 900多个大小珊瑚礁岛，自然景观非常特殊。大堡礁于1981年被列入世界自然遗产名录。

大堡礁的南端离海岸最远有241千米，北端最近处离海岸仅16千米。在落潮时，部分珊瑚礁露出水面形成珊瑚岛。风平浪静时，游船在此间通过，船下是连绵不断的、多彩的、多形的珊瑚景色，成为吸引世界各地旅游者来猎奇观赏的最佳海底奇观。

在大堡礁里，有350多种珊瑚，无论形状、大小、颜色都极不相同，有些非常微小，有的可宽达2米。珊瑚千姿百态，有扇形、半球形、鞭形、鹿角形、树木和花朵状的。珊瑚栖息的水域颜色从白、青到蓝靛，绚丽多彩，珊瑚也有淡粉红、深玫瑰红、鲜黄、蓝和绿色，异常鲜艳。

世界遗产委员会评价：大堡礁物种多样、景色迷人，有着世界上最大的珊瑚礁群，包括400多种珊瑚、1 500多种鱼类和4 000多种软体动物。大堡礁还是一处得天独厚的科学研究场所，因为这里栖息着多种濒临灭绝的动物，如儒艮（"美人鱼"）和巨星绿龟。

（资料来源：百度百科）

（二）空间上的地域性

旅游资源作为地域要素的重要组成部分，必然受地理环境的影响和制约。这种地域差异性使各个地区的自然和人文景观具有不同的特色和旅游魅力。例如，岩溶地貌景观大面积地存在于我国西南地区，而丹霞景观则主要分布于我国东南地区。我国除汉族分布全国各地外，其他各民族都有一定的相对集中分布区。如朝鲜族相对集中分布在吉林，维吾尔族相对集中分布在新疆，傣族分布在云南南部，等等。

视频：京津冀旅游区旅游资源

各民族的风土民情各不相同，也存在着明显的地区差别。因此，不论自然风光还是人文旅游资源，在空间分布上都存在着鲜明的区域性。所以，只有那些"人无我有，人有我优"的高质量的旅游资源，才会对旅游者产生强烈的诱惑力，它在很大程度上决定一个国家和地区的旅游业是否有成就。

（三）季节的变化性

旅游资源的季节变化性主要是由自然条件，特别是气候的季节性变化决定的，同时也受人为因素的影响。首先，有些自然风景只在特定的季节或时期出现。吉林的雾凇只在入冬时才能产生，黄山的云海和瀑布只在夏季多雨的时候才出现。其次，同样的自然景物在不同的季节里展现出不同的风姿。童话世界般的九寨沟，冬季是银装素裹，春夏是碧水青山，秋季是五彩斑斓。此外，一些人文景象或活动，如重大节庆、文化活动、体育活动、商贸活动和会议等也都是在特定的季节或时间里出现。比如巴西的狂欢节大都在每年2月份，苏格兰的爱丁堡国际艺术节在每年8月中旬举行，法国的戛纳电影节每年初夏举行，我国每年初夏的端午节赛龙舟（见图4-1），等等。旅游资源季节的变化性特征影响着旅游活动和旅游流的季节变化，从而形成了旅游业的淡季、旺季和平季的差异。

图4-1　端午节赛龙舟

（四）构景上的综合性

旅游资源往往由多种要素综合在一起组成，孤立的景物很难形成具有吸引力的旅游资源。一个地区的旅游资源要素种类越多，联系越紧密，综合性越强，地区整体景观效果就越好，综合开发利用的潜力也就越大。旅游地的形成是多种旅游吸引物聚集的结果，可能既有自然的，又有人文的；既有景观性的，又有文化性的；既有古代遗存的，又有现代兴建的；既有实物性的，又有体验性的。不同类型的旅游吸引物可以满足不同需求的旅游者。例如，南岳衡山自然景色十分秀丽，处处是茂林修竹，终年翠绿，有"南岳独秀"的美称，而且文明历史悠久，是著名的佛教圣地和道教名山，同时还被称为"中华寿岳"，因为"寿比南山"中的南山通常就被认为是衡山。

（五）吸引力的定向性

旅游资源的核心是其吸引力。由于旅游者个体和群体旅游需求的表现形式及旅游动机的多样性，旅游资源的吸引力在某种程度上是旅游者主观的反映。就某项具体的旅游资源而言，它可能对某些旅游者吸引力很大，而对另外一些旅游者则无多大的吸引力，甚至根本没有吸引力。浓郁的民风民俗、秀丽的自然山川，能够满足城市人寻求返璞归真、回归大自然的精神需求，对城市人有强烈的吸引力。农村人对此则司空见惯，他们会对现代化的高楼大厦情有独钟。因此，任何一种旅游资源的吸引力都有定向性，它只能吸引旅游市场的某一部分，而不可能对全部旅游市场都具有同样强度的吸引力。

因此，旅游资源的界定只能针对一定的旅游群体和一定的旅游者市场而言。在不同的时期，旅游资源的含义和吸引力的强弱与定向性是不同的。理想的旅游业，应根据不同的类型、不同的动机、不同的经济文化水平的旅游者，做多样性、多方案的安排。旅游者也可以按照自己的志趣、爱好和经济能力进行充分的选择。

（六）价值的不确定性和时代性

旅游资源的价值是难以用数字来计算的，而其他资源一般可以计算出它们的价值。例如，铁矿资源，可以根据它的地质储量、探明储量、可采储量及品位、开采条件等计算出它的价值。旅游资源价值的不确定性是由于其价值是随着人类的认识水平、审美需要、发现迟早、开发能力、宣传促销等众多因素的变化而变化的。在不同的时代、不同的社会经济条件下，旅游资源的含义是不相同的，同种旅游资源的价值也是不同的。今天人们特别钟爱的旅游资源，可能是过去熟视无睹的东西，明天也有可能变成淡然无味的东西。不同的人可以从不同的角度评估旅游资源的价值，不同的开发利用方式和开发利用的外部条件不同也会使同种旅游资源具有不同的价值。例如，一座风景秀丽的山地，可以用于观光，也可以用于休闲度假、健身登山或疗养，其经济价值显然是不同的。旅游资源的价值，只存在于一定的时间、开发条件、利用方式和旅游市场下，抽象的价值是很难确定的。

（七）利用的永续性和易损性

一般物质资源在利用时都首先发生了所有权的转移，可利用的时间较短，其价值也将随着利用时间和次数而逐渐降低，并较难重复利用，即使在低水平上重复利用，其价值也必然大为降低，且可重复利用的次数很少。而旅游资源恰恰相反，在开发得当、保护得力的情况下，一般都可长期反复利用。自然风光如此，历史文物更如此，即使古旧苍凉或仅剩下残垣断壁，反而历久弥新。因为"旅游就是买感受"，旅游者通常不能带走旅游资源，所带走的只是关于旅游资源的认识、印象和感受，因此，所有权不会改变。也正因为如此，旅游业才具有一次性投资，可以得到长期回报的特点。但是，旅游资源如果利用和保护不当，则很容易遭到破坏，一经破坏，也难以恢复。即使进行人工复原，毕竟不是原物，也丧失了原有的意义和吸引力。所以，在旅游资源开发过程中，一定要把旅游资源的保护列入议事日程。

三、旅游资源的分类

对旅游资源进行科学合理的分类，是认识、开发利用和保护旅游资源的客观需要。根据不同的标志，旅游资源可以划分为不同的类型。

（一）旅游资源的国家标准类型

经过多年的实践与理论探索，人们对旅游资源的类型划分、调查、评价的认识越来越深刻。根据《旅游资源分类、调查与评价》（GB/T 18972—2017）国家标准，旅游资源分为 8 大主类，23 个亚类和 110 个基本类型（见表4-1）。它是目前我国旅游资源分类系统中最系统、全面和最具有应用价值的分类。

表 4-1　旅游资源的分类

主类	亚类	基本类型
A 地文景观	AA 自然景观综合体	AAA 山丘型景观　AAB 台地型景观　AAC 沟谷型景观　AAD 滩地型景观
	AB 地质与构造形迹	ABA 断层景观　ABB 褶曲景观　ABC 地层剖面　ABD 生物化石点
	AC 地表形态	ACA 台丘状地景　ACB 峰柱状地景　ACC 龙岗状地景　ACD 沟壑与洞穴　ACE 奇特与象形山石　ACF 岩土圈灾变遗迹
	AD 自然标记与自然现象	ADA 奇异自然现象　ADB 自然标志地　ADC 垂直自然地带
B 水域景观	BA 河系	BAA 游憩河段　BAB 瀑布　BAC 古河道段落
	BB 湖沼	BBA 游憩湖区　BBB 潭池　BBC 湿地
	BC 地下水	BCA 泉　BCB 埋藏水体
	BD 冰雪地	BDA 积雪地　BDB 现代冰川
	BE 海面	BEA 游憩海域　BEB 涌潮与击浪现象　BEC 小型岛礁
C 生物景观	CA 植被景观	CAA 林地　CAB 独树与丛树　CAC 草地　CAD 花卉地
	CB 野生动物栖息地	CBA 水生动物栖息地　CBB 陆地动物栖息地　CBC 鸟类栖息地　CBD 蝶类栖息地
D 天象与气候景观	DA 天象景观	DAA 太空景象观赏地　DAB 地表光现象
	DB 天气与气候现象	DBA 云雾多发区　DBB 极端与特殊气候显示地　DBC 物候景象

续表

主类	亚类	基本类型
E 建筑与设施	EA 人文景观综合体	EAA 社会与商贸活动场所　EAB 军事遗址与古战场　EAC 教学科研实验场所　EAD 建设工程与生产地　EAE 文化活动场所　EAF 康体游乐休闲度假地　EAG 宗教与祭祀活动场所　EAH 交通运输场站　EAI 纪念地与纪念活动场所
	EB 实用建筑与核心设施	EBA 特色街区　EBB 特色屋舍　EBC 独立厅、室、馆　EBD 独立场所　EBE 桥梁　EBF 渠道、运河段落　EBG 堤坝段落　EBH 港口、渡口与码头　EBI 洞窟　EBJ 陵墓　EBK 景观农田　EBL 景观牧场　EBM 景观林场　EBN 景观养殖场　EBO 特色店铺　EBP 特色市场
	EC 景观与小品建筑	ECA 形象标志物　ECB 观景点　ECC 亭、台、楼、阁　ECD 书画作　ECE 雕塑　ECF 碑碣、碑林、经幡　ECG 牌坊牌楼、影壁　ECH 门廊、廊道　ECI 塔形建筑　ECJ 景观步道、甬路　ECK 花草坪　ECL 水井　ECM 喷泉　ECN 堆石
F 历史遗迹	FA 物质类文化遗存	FAA 建筑遗迹　FAB 可移动文物
	FB 非物质类文化遗存	FBA 民间文学艺术　FBB 地方习俗　FBC 传统服饰装饰　FBD 传统演艺　FBE 传统医药　FBF 传统体育赛事
G 旅游购物	GA 农业产品	GAA 种植业产品与制品　GAB 林业产品与制品　GAC 畜牧业产品与制品　GAD 水产品与制品　GAE 养殖业产品与制品
	GB 工业产品	GBA 日用工业品　GBB 旅游装备产品
	GC 手工艺品	GCA 文房用品　GCB 织品、染织　GCC 家具　GCD 陶瓷　GCE 金石雕刻、雕塑制品　GCF 金石器　GCG 纸艺与灯艺　GCH 画作
H 人文活动	HA 人事活动记录	HAA 地方人物　HAB 地方事件
	HB 岁时节令	HBA 宗教活动与庙会　HBB 农时节日　HBC 现代节庆
数量统计		
8 主类	23 亚类	110 基本类型

注：如果发现本分类没有包括的基本类型，则使用者可自行增加。增加的基本类型可归入相应的亚类，置于最后，最多可增加 2 个。编号方式为：增加第 1 个基本类型时，该亚类 2 位汉语拼音字母+Z；增加第 2 个基本类型时，该亚类 2 位汉语拼音字母+Y。

（二）旅游资源的其他划分类型

1. 按旅游资源的基本属性分类

（1）二分法。这是常见的分类法，一般将旅游资源分为自然旅游资源和人文旅游资源两大类，具体如下。

① 自然旅游资源：地表类、水体类、生物类、气象气候类、太空天象胜景类。

②人文旅游资源：历史类、民俗民情类、宗教类、休憩服务类、文化娱乐类、近现代人文景观类。

（2）三分法。我国学者魏向东综合有关分类方法，按旅游资源的基本属性将旅游资源分为自然旅游资源、人文旅游资源和社会旅游资源。

①自然旅游资源：地质旅游资源、地貌旅游资源、气象气候旅游资源、水文旅游资源、生物旅游资源、太空旅游资源。

②人文旅游资源：历史文化名城旅游资源（见图4-2）、古迹旅游资源、宗教文化旅游资源、交通旅游资源、建筑与园林旅游资源、文化艺术旅游资源。

视频：公共园林

图4-2　湖南凤凰古城

③社会旅游资源：民俗风情旅游资源、购物旅游资源、城市景观旅游资源、会议旅游资源、商务旅游资源、体育保健旅游资源、娱乐旅游资源。

2. 其他分类

（1）按旅游资源的功能分类。主要分为观光类旅游资源、度假类旅游资源、疗养类旅游资源、避暑类旅游资源、宗教朝觐类旅游资源、体育类旅游资源、科学考察类旅游资源、文化类旅游资源、娱乐设施类旅游资源、综合类旅游资源。

（2）按旅游资源的级别和管理分类。主要分为世界级旅游资源、国家级旅游资源、省级旅游资源、市（县）级旅游资源。

（3）按照旅游资源的利用现状分类。主要分为已开发利用的旅游资源、正在开发利用的旅游资源、未开发利用的旅游资源（也称为潜在的旅游资源）。

【拓展阅读4-1】

截至2023年，中国的世界遗产共有57处，具体名录如表4-2所示。

表4-2　中国的世界遗产

地域名称	批准时间	遗产种类
长城	1987.12	文化遗产
明清皇宫（北京故宫、沈阳故宫）	1987.12	文化遗产
陕西秦始皇陵及兵马俑	1987.12	文化遗产
甘肃敦煌莫高窟	1987.12	文化遗产

续表

地域名称	批准时间	遗产种类
北京周口店北京猿人遗址	1987.12	文化遗产
山东泰山	1987.12	文化与自然双重遗产
安徽黄山	1990.12	文化与自然双重遗产
湖南武陵源国家级名胜区	1992.12	自然遗产
四川九寨沟国家级名胜区	1992.12	自然遗产
四川黄龙国家级名胜区	1992.12	自然遗产
西藏布达拉宫	1994.12	文化遗产
河北承德避暑山庄及周围寺庙	1994.12	文化遗产
山东曲阜的孔庙、孔府及孔林	1994.12	文化遗产
湖北武当山古建筑群	1994.12	文化遗产
江西庐山风景名胜区	1996.12	文化景观
四川峨眉山—乐山风景名胜区	1996.12	文化与自然双重遗产
云南丽江古城	1997.12	文化遗产
山西平遥古城	1997.12	文化遗产
江苏苏州古典园林	1997.12	文化遗产
北京颐和园	1998.11	文化遗产
北京天坛	1998.11	文化遗产
重庆大足石刻	1999.12	文化遗产
福建武夷山	1999.12	文化与自然双重遗产
四川青城山和都江堰	2000.11	文化遗产
河南洛阳龙门石窟	2000.11	文化遗产
明清皇家陵寝：明显陵(湖北钟祥市)、明十三陵(北京)、明孝陵(江苏南京市)、清东陵(河北遵化市)、清西陵(河北易县)、盛京三陵	2000.11	文化遗产
安徽古村落：西递、宏村	2000.11	文化遗产
山西大同云冈石窟	2001.12	文化遗产
云南三江并流	2003.7	自然遗产
高句丽王城、王陵及贵族墓葬	2004.7	文化遗产

地域名称	批准时间	遗产种类
澳门历史城区	2005.7	文化遗产
四川大熊猫栖息地	2006.7	自然遗产
安阳殷墟	2006.7	文化遗产
中国南方喀斯特	2007.6	自然遗产
开平碉楼与村落	2007.6	文化遗产
福建土楼	2008.7	文化遗产
江西三清山	2008.7	自然遗产
山西五台山	2009.6	文化景观
登封"天地之中"历史建筑群	2010.7	文化遗产
中国丹霞	2010.8	自然遗产
杭州西湖	2011.6	文化景观
元上都遗址	2012.6	文化遗产
中国澄江化石地	2012.7	自然遗产
新疆天山	2013.6	自然遗产
红河哈尼梯田文化景观	2013.6	文化遗产
大运河（北京、天津、河北、山东、河南、安徽、江苏、浙江）	2014.6	文化遗产
丝绸之路：长安-天山廊道的路网（河南、陕西、甘肃、新疆）	2014.6	文化遗产
土司遗址（湖南、湖北、贵州）	2015.7	文化遗产
左江花山岩画文化景观	2016.7	文化遗产
湖北神农架	2016.7	自然遗产
鼓浪屿：历史国际社区	2017.7	文化遗产
青海可可西里	2017.7	自然遗产
梵净山	2018.7	自然遗产
黄（渤）海候鸟栖息地（第一期）	2019.7	自然遗产
良渚古城遗址	2019.7	文化遗产
宋元中国的世界海洋商贸中心	2021.7	文化遗产
普洱景迈山古茶林文化景观	2023.9	文化景观

（资料来源：百度百科——中国的世界遗产）

第二节　旅游资源的评价

一、旅游资源评价的目的和原则

旅游资源的评价是在旅游资源调查的基础上，对旅游资源的规模、质量、等级、开发前景及开发条件进行科学分析和可行性研究，为旅游资源的开发规划和管理决策提供科学依据。旅游资源的评价直接影响到区域旅游资源开发利用的程度和旅游地的前途与命运。因此，客观而科学地评价旅游资源是旅游区综合开发的重要环节。

（一）旅游资源评价的目的

1. 确定旅游资源的质量水平

通过对旅游资源的种类、组合、结构、功能和性质等的评价，确定旅游资源的质量水平，评估其在旅游地开发建设中的地位，以便为新旅游区的开发提供科学依据，也为已开发或部分开发的老旅游区提供改造、扩大的依据。

2. 确定旅游地性质（类型）

通过对旅游资源的规模水平鉴定，确定旅游地性质（类型），既为国家和地区进行分级规划和管理提供系列资料和判断标准，又可拟订未来旅游地的旅游资源结构和新旅游资源的开发计划。

3. 制定旅游发展规划

通过旅游资源及开发利用条件综合评价，为合理利用资源，发挥整体宏观效应提供经验，为确定不同旅游地的建设顺序、步骤和重点等准备条件，为制定旅游发展规划奠定基础。

（二）旅游资源评价的原则

旅游资源评价是一项重要而复杂的工作，由于旅游资源本身包罗万象，评价工作又涉及众多学科，因此难以有一个统一的评价标准。但在旅游资源评价中仍然必须遵循一定的原则，这些原则包括以下几方面。

1. 客观科学性原则

旅游资源是客观存在的事物，其价值表现、内涵、功能等也是客观存在的，因此，应实事求是地充分应用地学、美学、史学等多方面的知识和方法，对旅游资源的形成、本质、属性、价值等核心内容，作出科学的解释和评价。

2. 全面系统性原则

旅游资源是多种多样的，旅游资源的价值和功能也是多层次、多形式及多内容的，这就要求在评价旅游资源时，应综合衡量、全面完整地进行系统评价，准确反映旅游资源的整体价值。

3. 效益估算性原则

旅游资源调查和评价的目的是为其开发利用服务的，而开发利用的目的则是要取得一定的效益，因此在进行评价时，应充分考虑投入资金进行开发后的经济效益、社会效益和环境效益，以避免盲目开发导致的损失。

二、旅游资源评价的内容

旅游资源的评价内容十分丰富，既涉及旅游资源各个组成要素的评价，又涉及资源组合状况、适应范围、环境容量和开发条件等各个方面的评价。因此，很难建立一套比较完整的旅游资源评价内容体系。根据目前国内外旅游资源评价研究的进展情况，可以把旅游资源评价内容归纳为如下几个方面。

（一）旅游资源的系列要素评价

1. 旅游资源的密度

旅游资源的密度又称为旅游资源丰富度，是指在一定的地域旅游资源集中的程度。这种资源密度是度量一个区域旅游资源开发规模、丰富程度和可行性的重要指标之一，也是对旅游地进行开发建设的基本科学依据。

2. 旅游资源的容量

旅游资源的容量又称为旅游承载力，或称为旅游饱和度，是指在一定的时间条件下，一定的空间范围内的旅游活动容纳能力。换言之，旅游资源的容量就是满足旅游者的最低游览要求所能容纳的旅游者活动量。一般以容人量和容时量来度量。

3. 旅游资源的特质

旅游资源的特质又称为旅游资源的个性，是指旅游资源的特色。特色是衡量一个地区对旅游者吸引力大小的重要因素，是一个区域旅游开发的生命线，也是区域资源效应的内力。特别是别处没有或少见的旅游资源，往往构成这个地区的独创性吸引源。因此，对于旅游资源的特质在评价时必须予以极大的重视。

4. 旅游资源的价值和功能

旅游资源的价值主要包括艺术观赏价值、文化价值、科学价值、经济价值、美学价值等方面。旅游资源的功能一般是与它的价值相呼应的。艺术、美学价值高的旅游资源，其旅游功能主要表现在观光方面。文化价值和科学价值高的旅游资源，其旅游功能主要是科学考察和历史文化遗产保护等。此外，还有娱乐、休憩、健身、医疗、商务功能等。旅游资源的这些价值和功能，是关系着旅游地开发规模、程度和前景的重要衡量标志。

视频：园林与运河

5. 旅游资源的地域组合特点

不同类型旅游景点的布局和组合，是旅游地资源优势和特色的重要反映。旅游资源密度较大，相距甚近，又有多种类型资源的协调配合，并呈线形、闭环形或马蹄形旅游线排列，是一个风景区最佳的组合态势。

6. 旅游资源的性质

任何风景资源都有自己特定的性质，评价时必须加以确立和明示。因为旅游资源的性质将决定该资源的利用功能、开发方向，同时对区域开发规模、程度及旅游设施也有一定的影响。

（二）旅游资源开发条件评价

1. 区位条件

区位条件即旅游资源所在地区的地理位置和交通条件。地理位置是确定旅游资源开发规模、选择路线和利用方向的重要因素之一。一个旅游区景色再美，但交通不便、行程困难，也很难招徕旅游者。可见，位置和交通条件是评价旅游资源开发的首要因素。

2. 环境因素

旅游资源所处环境包括多种类型，如自然环境、社会环境、政治环境、投资环境等。这里所说的环境主要是指自然环境条件，如气候、植被、水等环境质量。在评价旅游资源的开发规模、水平时，必须对上述环境因素所带来的影响进行综合分析，包括土、气、水环境的质量分析，根据环境因素的作用机理和影响的范围、深度、速度，预测旅游环境的演化状况和后果。

3. 客源条件

客源数量是维持和提高旅游资源效应的重要因素。没有最低限度数量的旅游者，风景资源再好，也难以开发和利用。客源市场的调查包括多种内容，例如某项旅游资源所吸引的客源市场，吸引客源层次的特点，辐射距离和范围，旅游者在观赏本资源时所产生的反应，在季节上出现的变化，等等。总之，与上述问题相关联的所有客源市场问题，都是旅游资源评价的重要内容。

4. 地区经济发展水平

一个地区旅游资源的开发，必须有坚实的经济基础作为后盾。因为旅游地的建设需要一定的资金、物资、人力和科技素质。这些条件均与该地区的经济发展水平密切相关。评价旅游资源的开发规模，不能单纯地把出路寄托于外来投资上，更重要的是调查本地区的经济发展状况，如地区国民总收入、总消费水平、居民平均收入、主要经济部门的收入渠道等。

5. 建设施工条件

旅游资源的开发必须有一定的设施场地。这种场地主要用于建设游览、娱乐设施和接待、管理设施。这些设施要求不同的地质、地形、土地、供水等条件。旅游资源的开发与上述条件的难易、优劣有密切关系，因此也应列为开发条件系列评价的内容。

6. 旅游开发顺序

在对旅游资源系列要素和开发利用条件的评价完成后，应做一个总的开发顺序排列，即根据已经得出的各种量的指标，确定旅游资源开发的难易程度及不同类型之间的关联程度，决定各项旅游资源开发的先后顺序。

（三）旅游资源的效益评价

旅游资源的效益包括经济效益、社会效益和环境效益三方面。这是衡量一个地区旅游资源是否具备可开发性的重要指标。经济效益的评价集中反映在旅游资源的开发会给风景区附近地区带来何种直接或间接的效益，对当地经济发展有何影响上。社会效益的评价集中反映在旅游资源开发的社会文化意义和可能造成的影响上。环境效益的评价则集中反映在旅游资源的开发是否会造成资源的破坏和环境的恶化上。以上三项内容的评价应该说是相互关联、互为影响的，在评价过程中应综合考察、权衡利弊，从而得出科学的结论。

三、旅游资源评价的方法

旅游资源评价在国外已有近 40 年历史，在我国也有近 20 年的历史，评价方法主要分为定性评价和定量评价两种。在此，仅以定性评价方法为例作简单的介绍。

定性评价方法又称为经验法，一般是评价者在收集大量的旅游资源信息的基础上，凭经验通过主观来判定旅游资源的价值。一般采用民意测验法和专家评议法。例如，卢云亭先生采用"三三六评价法"，即"三大价值""三大效益"和"六个条件"。三大价值是指历史文化价值、艺术观赏价值和科学考察价值。三大效益是指经济效益、社会效益和环境效益。六个条件是指景区的地理位置和交通条件、景物或景类的地域组合条件、景区旅游容量条件、施工难易条件、投资能力条件、旅游客源市场条件。黄辉实先生提出评价旅游资源应从资源本身和资源所处环境来评价。从资源本身来评价，有美、特、奇、名、古、用等标准；从资源所处环境来评价，有气候、土地、污染、资源联系、可进入性、基础设施、社会经济环境等标准。

据俞孔坚和保继刚的介绍与总结，世界上对于自然风景质量的视觉美评估技术已比较成熟，目前比较公认的有 4 个学派。

1. 专家学派

专家学派认为，凡是符合形式美原则的风景（皆指自然风景，后同）就具有较高的风景质量。因此，对风景的分析基于其线条、形式、色彩、质地 4 个因素，强调多样性、奇特性、协调统一性等形式美原则在风景质量分级中的主要作用。风景评价工作由少数专业人员来完成。专家学派的风景质量评价方法，突出地表现为一系列的分类分级过程，其依据主要是形式美原则和有关的生态学原则。

2. 心理物理学派

心理物理学派把风景与风景审美理解为一种刺激—反应的关系，把心理物理学中的信号检测方法引入风景质量的评价中来。具体做法是通过测量公众对风景的审美态度，获得一个反映风景估量的量表，然后将该量表与风景的各组成成分之间确立起确定的数学关系。心理物理学派的风景估量事实上分为以下 4 个方面的工作。

（1）测量公众的平均审美态度，以照片或幻灯为工具，获得公众对所展示的风景的美感评价。

（2）确定构成所展示的风景的基本成分（自然风景要素）。

（3）建立风景估量与风景的基本成分（自然风景要素）之间的相关模型。

（4）将所建立的数量模型用于同类型风景的风景质量评估中。

心理物理学派的风景质量评估中最为成熟的风景类型是森林风景。

3. 心理学派

心理学派也称认知学派，侧重研究如何解释人对风景的审美过程，把（自然）风景作为人的生存空间、认知空间来研究，强调风景对人的认识作用在情感上的影响，试图用人的进化过程及功能需要来解释人对风景的审美过程。风景审美的认知学派理论已较为成熟，但由于其研究侧重点在于对人类风景审美过程的理论解释，到目前为止，仍难以在大规模的、要求有量化结果的自然风景评估中使用。

4. 现象学派

现象学派也称为经验学派，把人在风景审美评判中的主观作用提到了绝对高度，把人对风景的审美评判视为人的个性和其文化历史背景、志向与情趣的表现。现象学派的研究方法一般是考证文学艺术家们关于风景审美的文学、艺术作品，考察名人的日记等，以之来分析人与风景的相互作用及某种审美评判所产生的背景。另外，也通过心理测量、调查、访问等形式，记叙现代人对具体风景的感受和评价。现象学派的研究实用价值较小。

【拓展阅读4-2】

世界遗产评定准则

世界遗产是指被联合国教科文组织和世界遗产委员会确认的人类罕见的、目前无法替代的财富，是全人类公认的具有突出意义和普遍价值的文物古迹及自然景观。狭义的世界遗产包括世界文化遗产、世界自然遗产、世界文化与自然遗产和文化景观四类。

世界遗产的评定标准是联合国教科文组织依据《保护世界文化和自然遗产公约》，对申报遗产项目是否被列入《世界遗产名录》，成为世界遗产进行考核的标准。该标准和考核审批过程非常严格。

一、自然遗产

（一）《保护世界文化和自然遗产公约》规定，属于下列各类内容之一者，可列为自然遗产。

1. 从美学或科学角度看，具有突出、普遍价值的由地质和生物结构或这类结构群组成的自然面貌。

2. 从科学或保护角度看，具有突出、普遍价值的地质和自然地理结构以及明确划定的濒危动植物物种生态区。

3. 从科学、保护或自然美角度看，只有突出、普遍价值的天然名胜或明确划定的自然地带。

（二）提名列入《世界遗产名录》的自然遗产项目，必须符合下列4项中的1项或几项标准。

1. 构成代表地球演化史中重要阶段的突出例证。

2. 构成代表进行中的重要地质过程、生物演化过程以及人类与自然环境相互关系的突出例证。

3. 独特、稀有或绝妙的自然现象、地貌或具有罕见自然美的地带。

4. 尚存的珍稀或濒危动植物种的栖息地。

二、文化遗产

（一）《保护世界文化和自然遗产公约》规定，属于下列各类内容之一者，可列为文化遗产。

1. 文物：从历史、艺术或科学角度看，具有突出、普遍价值的建筑物、雕刻和绘画，具有考古意义的成分或结构，铭文、洞穴、住区及各类文物的综合体。

2. 建筑群：从历史、艺术或科学角度看，因其建筑的形式、同一性及其在景观中的地位，具有突出、普遍价值的单独或相互联系的建筑群。

3. 遗址：从历史、美学、人种学或人类学角度看，具有突出、普遍价值的人造工程或人与自然的共同杰作以及考古遗址地带。

（二）提名列入《世界遗产名录》的文化遗产项目，必须符合下列6项中的1项或几项标准。

1. 代表一种独特的艺术成就，一种创造性的天才杰作。

2. 能在一定时期内或世界某一文化区域内，对建筑艺术、纪念物艺术、城镇规划或景观设计方面的发展产生极大影响。

3. 能为一种已消逝的文明或文化传统提供一种独特的至少是特殊的见证。

4. 可作为一种建筑或建筑群或景观的杰出范例，展示出人类历史上一个或几个重要阶段。

5. 可作为传统的人类居住地或使用地的杰出范例，代表一种（或几种）文化，尤其在不可逆转之变化的影响下变得易于损坏。

6. 与具特殊普遍意义的事件或现行传统或思想或信仰或文学艺术作品有直接或实质的联系。只有在某些特殊情况下或该项标准与其他标准一起作用时，此款才能成为列入《世界遗产名录》的理由。

三、双重遗产

或译为文化遗产与自然遗产混合体，必须分别符合前文关于文化遗产和自然遗产的评定标准中的 1 项或几项。

四、文化景观

（一）文化景观这一概念是 1992 年 12 月在美国新墨西哥州圣菲召开的联合国教科文组织世界遗产委员会第 16 届会议时提出并纳入《世界遗产名录》中的。文化景观代表《保护世界文化和自然遗产公约》第一条所表述的"自然与人类的共同作品"。文化景观的选择应基于它们自身的突出、普遍的价值，其明确划定的地理—文化区域的代表性及其体现此类区域的基本而具有独特文化因素的能力。它通常体现持久的土地使用的现代化技术及保持或提高景观的自然价值，保护文化景观有助于保护生物多样性。文化景观可分为以下 3 个主要类型。

1. 由人类有意设计和建筑的景观。包括出于美学原因建造的园林和公园景观，它们经常（但并不总是）与宗教或其他纪念性建筑物或建筑群有联系。

2. 有机进化的景观。它产生于最初始的一种社会、经济、行政及宗教需要，并通过与周围自然环境的相联系或相适应而发展到目前的形式。它又包括两种次类别：一是残遗物（或化石）景观，代表一种过去某段时间已经完结的进化过程，不管是突发的或是渐进的。它们之所以具有突出、普遍价值，还在于显著特点依然体现在实物上。二是持续性景观，它在当今与传统生活方式相联系的社会中，保持一种积极的社会作用，而且其自身演变过程仍在进行之中，同时又展示了历史上其演变发展的物证。

3. 关联性文化景观。这类景观列入《世界遗产名录》，以与自然因素、强烈的宗教、艺术或文化相联系为特征，而不是以文化物证为特征。

（二）另外，列入《世界遗产名录》的文化古迹遗址、自然景观一旦受到某种严重威胁，经过世界遗产委员会调查和审议，可列入《濒危世界遗产名录》，以待采取紧急抢救措施。

（资料来源：百度百科）

第三节　旅游资源的开发和保护

一、旅游资源的开发

旅游资源的开发是人类通过向旅游资源追加物化劳动和活劳动而使之成为可以被旅游者所利用或享用的对象的技术经济过程。当这种开发的目的是商业性的时候，旅游资源由此而成为旅游产品。当这种开发出自非商业的目的时，旅游资源则由潜在形态转变为现实形态，可以供大众旅游者无偿享用。世界各国开发和利用旅游资源的情况，大体可分为 3 种类型。

（1）原有的资源基本不动，只是在附近兴建一些旅游服务设施。这种情况通常适合一些自然风景区。

（2）在原有资源的基础上，经过对其进行部分加工改造，然后向旅游者开放。

（3）完全靠人工建造旅游资源，如建立一个主题公园或游乐场、高尔夫球场等，像迪士尼乐园、欢乐谷等，就属于这种情况。

显而易见，在这里，旅游资源是被当作本身就对旅游者有旅游愉悦价值的客体来看待的，而不是必须借助于开发才赋予其旅游价值。开发的过程仅仅改变旅游资源的可接近性或可进入性，而不应从根本上改变该资源的旅游价值结构，甚至本末倒置。在现实的旅游资源开发实践中，正是由于缺乏这种认识，才出现一些不惜重金在旅游资源分布区内搞所谓的景观建设，其结果是画蛇添足、弄巧成拙，反而破坏了旅游资源。因此，在旅游资源开发过程中，一定要坚持正确的原则。

（一）旅游资源开发的原则

旅游资源开发是旅游开发的重要组成部分和核心，成功的旅游开发必须首先有成功的旅游资源开发，旅游资源开发的成败决定了整个旅游开发的质量。按照《中华人民共和国旅游法》的相关规定，国家鼓励各类市场主体在有效保护旅游资源的前提下，依法合理利用旅游资源，实现社会效益、经济效益和生态效益相统一的原则。旅游资源开发的原则就是指在旅游资源开发活动过程中必须遵循的指导思想，主要有以下几个方面。

1. 保护性原则

保护性原则就是要求旅游资源的开发建设和当地自然环境相适应，不能以牺牲生态环境为代价，应充分考虑资源的承载能力，避免建设性的破坏和破坏性的建设，注重环境保护和生态平衡。任何形式的开发都是对旅游资源一定程度上的破坏，而旅游资源一经破坏则难以在短期内恢复，有的甚至是无法挽救的。因此，要想进行可持续的开发利用，就必须以保护为前提。

2. 独特性原则

独特性原则是旅游资源开发的中心原则。求异是旅游者产生旅游动机的主要原因之一，富有个性的旅游景点能够对人们产生更大的旅游吸引力，能够在同等的条件下取得更好的经济效益和社会效益，所以在开发过程中要尽最大可能地突出旅游资源的特色，包括民族特色、地方特色等，努力反映当地文化。只有民族的旅游资源，才是世界的旅游吸引物。只有具有独特性，才能确保旅游资源的吸引力和竞争力。

3. 效益性原则

经济利益是旅游资源开发的目的之一。旅游资源开发要注重以市场为导向，以便获取经济效益。在进行旅游规划时，要充分研究经济上的可行性，研究投资的风险及预期的效益。要遵循市场发展的供求规律，确定开发的层次、规模和方向，力求投入最少，产出最多，以获得最高的经济效益。此外，开发的目的还包括促进当地经济和社会的发展，改善当地人民的生活质量。因此，在规划和建设过程中要特别强调经济效益、社会效益和生态环境效益的协调发展。

(二) 旅游资源开发的主要内容

旅游资源开发虽然包括对某一单项旅游资源开发，但更多的是对多项有关资源的综合开发乃至某一旅游点或旅游地的开发。因此，旅游资源开发实际上并非局限在对资源本身的开发上，而是在选定好旅游资源的基础上，为了开拓利用或更好地利用这些旅游资源而对与之有关的接待条件进行开发和建设，以便使旅游资源所在地成为一个有吸引力的旅游环境或接待空间。在这个意义上，旅游资源开发与旅游开发在内容上有很多类似之处。这些内容主要包括以下几方面。

1. 提高旅游地的可进入性

可进入性并非仅指旅游者可由外界抵达该旅游地点，而是要"进得来、出得去、散得开"，也就是说要使旅游者来得方便、在旅游地逗留期间活动方便及结束访问后离去方便。所以，可进入性是指旅游地与外界的交通联系及旅游地内部的交通运输的便利性和畅通性。因此，解决和提高可进入性的程度，不仅包括陆路、水路和空中通道的基础设施的建设，还必须包括各种交通运输工具的安排。

2. 建设和完善旅游基础设施

旅游基础设施包括以下几方面。

（1）一般公用事业设施，如供水系统、排污系统、供电系统、电信系统、道路系统等，以及与此有关的配套设施，如停车场、机场、火车站和汽车站、港口、码头、夜间照明设施等。

（2）满足现代社会生活所需要的基本设施或条件，如医院、银行、食品店、公园、治安管理机构等。对于少数需原始开发的旅游资源，建设上述基础设施的必要性是显而易见的，但在多数情况下，被开发地区在这方面都有一些原已存在的基础。然而，这些原有基础设施的数量或能力和布局大都是在决定发展旅游业之前根据当地人口的需求规模规划设计与建造的，随着外来旅游者大量涌入，很可能出现供应能力不足的问题，因此需要进一步增建和扩建。

3. 建设旅游上层设施

旅游上层设施是指那些虽然也可供当地居民使用，但主要供外来旅游者使用的服务设施。换言之，如果当地没有外来旅游者，这些设施便失去了存在的必要。这类设施主要包括宾馆、饭店、旅游问讯中心、旅游商店、某些娱乐场所等。由于这类设施主要供旅游者使用，因此必须根据旅游者的需要、生活标准和价值观念来设计建造，并据此提供相应的服务。

4. 景点或参观点的具体规划与设计

对景点或参观点要进行具体规划与设计，对旅游资源要进行必要的整修和管理。

5. 培训能够提供专业服务的人员

旅游服务质量的高低在一定程度上会起到增添或减少旅游资源吸引力的作用，因此要培训能够提供专业服务的人员。

（三）旅游资源开发的步骤

无论是一个单项的旅游资源还是一个地区旅游资源的开发，其开发过程一般要经过下列几个步骤。

1. 通过调查得出大致情况

通过对市场、资源、基础设施及社会经济结构和政策等方面的调查，得出关于市场来源、开发规模及将来主要形象的大致情况。

2. 草拟项目

草拟项目是拟订体现形象的具体项目及可选择的主要设施规划、提出布置的草图并作出成本估计、人才培养估计及资金筹措计划。

3. 作出设计

以草图为基础，通过抉择和进一步调查，确定分阶段实施规划、基础设施的细节及建筑物和景观或活动的明显特点。

4. 作出开发规划

最好有两项规划：一是最后的开发规划；二是财务规划。

视频：旅游资源受破坏的原因之自然衰败

二、旅游资源的保护

（一）旅游资源被破坏的原因

旅游资源是旅游业存在和发展的基础。从理论上讲，旅游资源作为一个国家或地区旅游业的基本资产，如果开发和利用得当，可以用之不尽，从而可造福于子孙后代。但是实际上，人们在旅游资源的开发、利用和管理等工作中，往往存在这样或那样的问题，从而很容易使旅游资源遭受破坏或损毁。这种破坏轻者会造成旅游资源质量下降，影响其原有的吸引力；重者则有可能导致这些旅游资源遭到损毁，危及该地旅游业的存在基础。这些并非危言耸听，而是已为世界各地发生的大量情况所证明了的事实。

旅游资源被破坏的原因可以归结为自然衰败和人为破坏两个方面。

1. 旅游资源的自然衰败

旅游资源的自然衰败主要为突发性灾害和自然风化。突发性灾害是指自然界中突然发生的灾害，如地震、洪水、火灾、泥石流、海啸、飓风、火山喷发等，会直接改变一个地区的面貌，毁掉部分或者全部的旅游资源。例如，世界七大奇迹之一的罗得岛太阳神巨像就毁于地震。自然风化是指在自然状况下，由于氧化、风蚀、侵蚀、流水切割等，导致旅游资源的形态和性质缓慢地改变。例如，秦始皇陵所在的骊山随着 2 000 年的风雨侵蚀，由最初的120 米高降为现在的 60 米左右。突发性灾害和自然风化对旅游资源的破坏虽然很严重，但是偶尔也会创造一些新的旅游资源，例如，长白山天池和五大连池景区就是由于火山喷发而形成的。而江南园林中最具有代表性的太湖石，是由于湖水长期的侵蚀、切割而形成"瘦、皱、漏、透、清、丑、顽、拙"等特点(见图4-3)。

除此以外，部分动物也能带来巨大的破坏。例如，温顺的鸽子是和平的象征，欧洲很多城市广场都放养了大量的鸽子，但鸽子除了为城市带来了生气之外，也带来了很多问题，因为鸽粪的酸性腐蚀作用特别强，对城市建筑特别是古建筑带来了巨大的破坏，并且鸽粪落在屋顶、屋檐、雕像上很难清理。此外，白蚁的破坏力也极强，我国自古就有"千里之堤，溃于蚁穴"之说，白蚁对我国很多的木质古建筑都有致命的破坏力。

图4-3　太湖石——扬州个园

2. 旅游资源的人为破坏

旅游资源的人为破坏是多方面的、严重的，大多超过了自然风化的破坏。按其破坏的根源可分为建设性破坏和旅游者带来的破坏。

(1) 建设性破坏。建设性破坏是指化工、农业生产、市镇建设和旅游资源开发建设中规划不当所引起的破坏，其破坏方式有：① 直接拆毁、占用文物古迹；② 工程建设对风景区自然美的破坏；③ 旅游区发展工业带来的污染破坏；④ 风景区内采石、开垦耕地引起的破坏；⑤ 旅游资源开发中规划不当造成的破坏。

(2) 旅游者带来的破坏。旅游资源是为旅游者服务的，但若规划不当，管理不善，旅游者也会给旅游资源带来破坏，具体表现在：① 旅游活动加速石刻、雕塑、壁画的损坏；② 旅游者踩踏带来的破坏；③ 旅游者素质低，直接破坏旅游资源(见图4-4)。

视频：旅游资源受破坏的原因之人为破坏

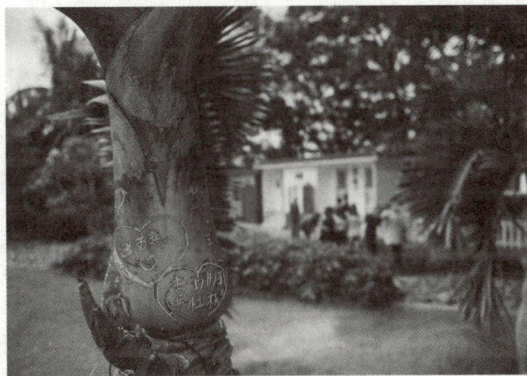

图4-4　三亚景区植物被旅游者刻字

案例链接 4-1

四川纳溪：美景美德同行　文明旅游走深走实

近日，在四川省泸州市纳溪区百花谷，琼花进入盛花期，一簇簇洁白的花团挂满枝头，老式复古的观光小火车穿梭其中。游客来来往往，或驻足拍照，或漫步观赏，秩序井然。

赏花不摘花，游客自觉文明出行。近年来，纳溪区在优化升级景区项目设施的同时，也把"文明旅游"统筹列入景区建设重点工作，持续开展形式多样的文明旅游宣传引导，加快旅游咨询服务中心和各类旅游标识标牌建设，深入推进景区服务人员的培训工作，全方位营造"文明旅游，绿色出行"的文化氛围。

"文明旅游，每一个人都是一道亮丽的风景线""一花一木皆是景，一言一行要文明""光盘行动，拒绝浪费""上下楼梯靠右行"……在纳溪，不管是景区沿途，还是酒店大厅、餐厅、包间等服务场所，文明宣传标语随处可见、一目了然。同时，各旅游场所内还穿梭着文明劝导员、志愿者忙碌的身影，他们一方面劝阻不文明的旅游行为，另一方面为有咨询、讲解等需求的游客提供帮助。

每当节假日前后，纳溪相关部门通过微信、政务网等新媒体平台，以文明游客先进事迹为抓手，集中开展线上文明旅游宣传工作。此外，还以麒麟温酒器为原型打造了"麒麟云哥"形象IP（知识产权），制作《麒麟云哥讲文明旅游》动画宣传片，内容生动有趣，游客喜闻乐见，获得了很好的反响。

"纳"里很美，"溪"望您来！这里的美，不仅仅指自然风光美，还指文明旅游的氛围美。"天府旅游名县"创建完成后，纳溪旅游品质不断提档升级，文明出行的理念不断深入人心，"遵守文明行为规范，共创文明景区"逐渐成为游客、旅游从业人员的默契，共同引领旅游新风尚。

纳溪区文化广播电视和旅游局相关负责人表示，未来将坚定文明旅游发展理念，持续巩固提升文明创建成果，继续推进文明旅游工作规范化、常态化、长效化，让文明旅游为风景添彩增色，为提升旅游体验加分，为景区高质量发展助力。

（资料来源：文化和旅游部政府门户网站，2023年4月）

（二）旅游资源的保护方式

世界各国在旅游资源的保护方面，所采用的方式大致有如下两类。

（1）运用法律手段，实行立法，加强法制。瑞士、日本、墨西哥、法国、埃及等国，在其所制定的旅游法规中，详细地规定了保护各种旅游资源的具体条款。瑞士森林法规定：每年种树数量要多于砍伐的数量；不论是谁，即使是自己私有的树也不能随便砍伐。埃及旅游法规定：除非旅游部长许可，任何人不得以任何方式利用、开发、占有或处置任何旅游区或其中一部分。

（2）根据旅游资源的观赏、历史、文化科学价值和环境质量、游览活动等条件，将其划分为不同的级别加以保护。《法国风景区和文物古迹保护法》规定，在国民教育部长领导下，设立一个"风景、景色和高级景物委员会"，负责对文物古迹和风景区的清理与划级工作。这个委员会根据文物古迹的艺术性、历史性、科学性和传奇性，将其划分为若干级别，分别登记入册。

（三）旅游资源的保护措施

根据旅游资源衰败的原因，应用持续发展理论和人与自然共生理论，对旅游资源采取相应的以防为主、以治为辅、防治结合的保护措施。虽然灾难性的自然变化不可避免，但可以采取措施，减弱自然风化的程度，延缓其过程。而人为破坏，则可以通过法律、政策、宣传和管理途径加以杜绝。至于已遭破坏的旅游资源，视其破坏轻重程度和恢复的难易程度，采取一定程度的维修和重建措施。

1. 减缓旅游资源自然风化的对策

旅游资源自然风化的起因是自然界由于大气中光、热、水环境的变化引起的，存在这一问题的主要是历史文物古迹。出露于地表的旅游资源要完全杜绝自然风化是不可能的，但在一定的范围内改变环境条件减缓其风化过程是完全可能的。如将裸露的风吹日晒下的旅游资源加罩或盖房予以保护。例如，乐山大佛曾建有 13 层的楼阁覆罩其上，既金碧辉煌，又保护了佛像，后毁于战火，类似的建筑应该恢复和建设。

2. 杜绝人为破坏旅游资源的对策

透过旅游资源人为破坏原因的表面看本质，旅游资源人为破坏的根源主要是广大民众保护旅游资源的意识不强，不少人不知道旅游资源的价值；法制不够健全；旅游资源保护理论研究不成熟；旅游资源开发和旅游管理不善；等等。只有解决根源上的问题，才能真正杜绝旅游资源的人为破坏。具体说来可采取以下措施。

（1）健全旅游资源法制管理体系。将保护旅游资源提高到法律的高度，并有相应的奖惩条文来保障条例实施，对景区的一些建设性破坏，或加强对旅游者的管理等方面都可以起到极为重要的作用，使旅游资源的保护工作有法可依。

（2）加强旅游资源保护的宣传教育。首先，要改变旅游从业者"旅游业是无烟工业"的错误思想，认识到无合理规划的旅游业对生态环境、社会环境的破坏相当严重。其次，要加强宣传，以增强旅游者的保护意识，逐步形成文明旅游、科学旅游、健康旅游的社会氛围。

（3）完善风景名胜区保护系统。我国建立的各级风景名胜区、各类自然保护区等，都可以从政策、理论、技术、管理等方面加强对旅游资源的保护。

（4）大力开展旅游资源保护的研究和人才培养。大力开展旅游资源保护的研究可以完善旅游资源保护的理论体系，对保护工作有巨大的指导作用。可以通过对在职人员进行培训和在相关院校中开展人才的培养等方式培养专业人才。

案例链接 4-2

文明旅游蔚然成风　绘就旅途最美风景

游客的文明行为是公民文明素质和社会文明程度的重要体现。十年来，文化和旅游部门深入研究、统筹协调、创新推动文明旅游工作，游客文明素质持续提升，文明旅游深入人心。

一、制度建设不断完善

"唱支山歌给党听，我把党来比母亲……"在江西铅山县，文明督导员刘雅舒带着游客唱起了歌；在四川峨眉山景区，"你那边游客多吗？管理秩序如何？"成为节假日无法团圆的"夫妻档"刘仕明、张晓微之间最常见的问候；在厦门市胡里山炮台景区，常年积极参与志愿活动的讲解员陈朝红细心地把服务做到游客的心坎上……

文明旅游体现着人们的道德素质和社会文明程度，事关公民切身利益，事关旅游行业发展，事关国家和民族形象。党的十八大以来，党中央、国务院高度重视文明旅游工作，文化和旅游主管部门不断建立健全文明旅游法规体系，研究出台《关于进一步加强旅游行业文明旅游工作的指导意见》，制定实施《旅行社行前说明服务规范》《导游领队引导文明旅游规范》等行业标准，积极开展文明旅游示范区、示范单位创建工作，切实推动文明旅游工作制度化、规范化、标准化发展，引导地方和旅游企业将文明旅游工作落实落细。

设立文明旅游监督员岗位，在客人办理入住时向其普及文明旅游规范；放置电子宣传海报、文明用餐台卡，循环播放文明旅游公益宣传片；举办"节俭养德""光盘行动"等活动，并推出半份菜、小份菜和打包服务……多年来，南京金陵饭店将文明旅游理念融入酒店产品、服务、场景之中。

2021年11月，第一批国家级文明旅游示范单位公布，北京颐和园、南京金陵饭店等47家单位入选。文化和旅游部市场管理司有关负责人表示，各示范单位发挥了示范引领作用，进一步夯实文明旅游工作的基层基础。

此外，文化和旅游主管部门还将制止餐饮浪费作为文明旅游工作的一项重要内容，制定《文化和旅游市场制止餐饮浪费行为专项行动方案》，要求各地将文明旅游工作与制止餐饮浪费和做好疫情防控工作同安排同部署。

各地也不断完善相关制度规范。2019年5月，《天津市文明行为促进条例》施行。2020年7月，《宁夏回族自治区文明旅游景区　文明旅行社　文明旅游饭店　文明员工管理办法》印发。文明旅游已经成为全国上下、社会各界的普遍共识。

"一系列文明旅游工作标准规范、制度化设计和重大决策的出台，对于杜绝餐饮浪费、倡导低碳消费等具有积极意义。"南开大学旅游与服务学院教授、博士生导师马晓龙说。

二、文明风尚加速形成

2014年9月，"为中国加分"文明旅游网络公益行动在北京启动；2017年2月，"为中国加分"文明旅游公益活动在厦门启动；2019年7月，"文明旅游为中国加分——百城千景在行动"系列活动在呼伦贝尔启动……

十年来，文化和旅游部门深入开展文明旅游宣传和主题实践活动，创建培育"文明旅游为中国加分"主题活动品牌，针对不同季节、不同对象、不同行为，推出"文明餐桌""理性消费""绿色出行"等系列活动；组织文明旅游志愿服务活动、开展文明旅游优秀案例征集展示活动、征集发布"中国公民文明旅游公约"，推动形成人人支持、人人参与文明旅游的社会风尚。"中国好导游、中国好游客"推选征集，寻找最美导游，文明游客、文明督导员优秀案例征集展示活动等一系列活动的开展有效引导旅游从业者和游客遵德守规、文明旅游。

作为行业标杆，特级导游在文明旅游工作中发挥着示范引领作用。全国特级导游张洋表示，自己将积极发挥示范带头作用，在社会上广泛传播正能量，开拓新阵地，坚守品质与匠心，打造"用心服务"的品牌，为文明旅游的提升作出更大贡献。

文化和旅游部还积极利用新媒体平台，做好文明旅游宣传。2017年，聘请央视主持人担任文明旅游形象大使，拍摄"每个人都是靓丽的风景线"公益广告；2019年，聚焦新中国成立70周年庆祝活动主题，组织开展"文化名人+短视频"活动……每逢春节、五一假期、中国旅游日、暑期、国庆假期等重要旅游时间节点，文化和旅游部门均会设计制作一批主题鲜明、生动有趣的电子海报、动漫、短视频等文明旅游宣传资料，通过全媒体平台开展宣传。

中国旅游研究院副研究员韩元军博士表示，十年来，文明旅游逐渐从主管部门倡导转变为大众的集体共识，游客主动践行文明旅游、宣传文明旅游、监督文明旅游成为一种社会风尚。

三、管理水平显著提高

十年来，在正面引导文明旅游的同时，对不文明行为惩戒力度也在不断加大。2015年，《游客不文明行为记录管理暂行办法》出台，游客不文明行为产生严重社会不良影响的、旅游从业者违反职业规范造成严重后果的都会被列入"黑名单"。

有章可循，更要严格落实。攀爬红军雕塑照相、违规徒步穿越自然保护区、踩踏黄龙景区钙化滩、在八达岭长城刻画城砖的游客均被列入旅游不文明行为记录"黑名单"并向社会公布，发挥了教育和震慑作用。

文化和旅游部门还推动地方在条例规章修订中增加旅游不文明行为约束惩戒等条款，提高"黑名单"制度的权威性和执行刚性。截至2022年，全国有27个地方文明促进条例将旅游不文明行为纳入管理范畴。

南开大学旅游与服务学院副院长杨德进说："十年来，文化和旅游部门应对不文明行为的监督惩戒体系基本成熟，对不文明旅游行为产生了较强的震慑，游客对文明旅游行为规范的认同感增强，文明旅游的社会主流价值更加强大。"

此外，文化和旅游部门还积极强化行业管理，将文明旅游工作融入行业培训、旅游安全、导游领队群体建设等工作之中，指导A级景区、在线旅游平台、行业协会等单位完善文明旅游引导服务，积极践行社会责任。

文化和旅游部市场管理司相关负责人表示，下一步，将坚持问题导向，加强协调配合，采取有效措施将文明旅游工作做细做实，为促进文化和旅游业高质量发展和推进社会文明提升工程发挥积极作用。

（资料来源：文化和旅游部政府门户网站，2022年10月）

3. 已破坏的旅游资源的恢复对策

绝大多数旅游资源一旦遭到破坏则难以恢复，但有的历史建筑的文化价值和旅游价值都相当高，虽然已经衰败，甚至不复存在，但仍可以采用治理、恢复措施重现其风采，即可以培修复原，整旧如故或仿古复修。要维护好自然生态平衡与协调发展，保持旅游资源长存于世、永具魅力，就必须正确处理好如下两方面的关系。

（1）保护与近期需要的关系。保护旅游资源是符合人类长远利益的大事，它不仅要求保护旅游资源本身，还要求保护其周围环境。但人们往往从近期利益和目标出发，为生产发展和生活所需而置保护要求于不顾，如侵占或污染土地，开山劈石殃及文化古迹和自然风光，肆意开垦毁坏林木，甚至进行破坏性建设。这些近期需要的做法往往会损害长远利益，从而给旅游业乃至社会的发展带来威胁。

（2）保护与开发的关系。保护与开发理应相辅相成，保护得好才具有开发利用价值，开发利用又推动保护工作。但在现实中两者往往会出现不一致的情况。如为了加强保护要限制人员数量和游览时间，对旅游活动方式也要慎重选择，这就与旅游者和旅游经营者的需要发生矛盾。这就需要我们在本末关系、整体部分关系中辩证地分析问题和处理问题，在旅游资源及其环境的良性循环基础上处理保护与开发的关系问题。

// 本 章 小 结 //

旅游资源是旅游活动的基础和前提。对旅游者来说，它是旅游活动的对象，是旅游活动的客体；对旅游接待国或地区来说，它是发展旅游业的凭借和依据，是旅游活动开展的客观前提。旅游资源具有观赏性、地域的固定性、季节的变化性、吸引力的定向性、价值的不确定性和时代性、开发的多样性、利用的永续性和易损性等特征。客观而科学地评价旅游资源是旅游区综合开发的重要环节。在对旅游资源进行开发时，要坚持正确的原则，处理好开发与保护的关系，避免破坏性开发。

// 同 步 练 习 //

一、填空题

1. 旅游活动的客体为＿＿＿＿＿＿＿＿。

2. 旅游资源评价的系列要素主要有旅游资源的密度、容量、特质、＿＿＿＿＿、＿＿＿＿＿和＿＿＿＿＿。

二、单项选择题

1. 旅游资源比其他资源更容易遭到破坏，无论是自然景观还是历史遗存，一旦遭到破坏将不可再生，无法恢复，这体现了旅游资源的（　　　）。

A. 综合性　　　　B. 易损性　　　　C. 不确定性　　　　D. 季节性

2. 突发性灾害是指自然界中突然发生的灾害。下列选项中，不属于突发性灾害的是（　　　）。

A. 风蚀　　　　B. 泥石流　　　　C. 海啸　　　　D. 地震

三、多项选择题

1. 我国学者魏向东综合有关分类方法，按旅游资源的基本属性将旅游资源分为（　　　）。

A. 自然旅游资源　B. 人文旅游资源　C. 社会旅游资源　　D. 现代旅游资源

2. 下列属于旅游资源开发主要步骤的是（　　　）。

A. 通过调查得出概念　　　　　　B. 作出草拟的项目

C. 作出最后的设计　　　　　　　D. 作出开发规划

四、简述题

1. 按照《旅游资源分类、调查与评价》（GB/T 18972—2003）可将旅游资源分为哪些类型？

2. 旅游资源具有哪些特征？

3. 简述旅游资源的开发原则。

4. 简述旅游资源开发的主要内容。

5. 简述旅游资源受破坏的原因和保护措施。

// 实 训 项 目 //

在教师的指导下，选择离学校较近的一个景区，对照表4-1，辨认旅游资源的主要类型，并考察旅游资源的开发与保护情况。

调查目的：通过实地观察，强化对旅游资源类型的认知，并加深对旅游资源开发与保护的理解。

调查工具：相机、摄像机、录音笔、问卷调查表等。

调查要求：分组调查。

调查报告：以小组为单位形成调查报告，字数2 000~3 000字。

第五章 旅游业

【学习目标】

知识目标

- 理解和掌握旅游业的概念和特点。
- 理解和掌握旅行社的性质、分类及设立条件。
- 理解和掌握旅游饭店的作用及分类。
- 理解和掌握旅游交通的概念、类型。
- 理解和掌握旅游商品的概念及种类。

能力目标

- 能准确划分旅游业的内部结构。
- 能正确认识和分析旅行社的作用。
- 能正确认识和分析旅游饭店的等级分类及作用。
- 能正确分析旅游交通类型各自的优缺点和我国旅游交通的现状。
- 能正确分析我国旅游商品的发展。

素养目标

- 培养发现美、欣赏美的意识。
- 培养对我国旅游行业崛起的自豪感。
- 培养友善、微笑、用心服务的意识和职业素养。
- 培养对旅游业的热爱。

【关键概念】

旅游业 旅游业的构成 旅行社
旅游饭店 旅游交通 旅游商品

【思维导图】

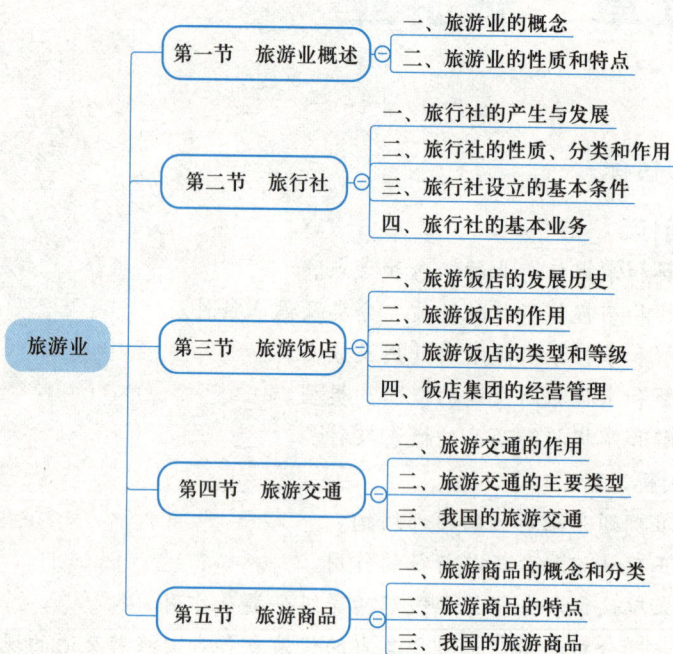

　　旅游业是一种综合性的产业，也是当今世界最大的产业，它是人类社会经济发展到一定阶段的产物。旅游业由旅行社、旅游饭店、旅游交通、旅游商品等旅游经营企业构成，这些企业互相依存，形成产业链条。

第一节　旅游业概述

　　欧美工业革命的兴起和完成，促使经济和社会结构发生了巨大的变革，也为近代旅游业的诞生创造了条件。20 世纪 50 年代以来，世界形势相对稳定，全球经济快速增长，各国人民交流日益频繁，这些有利因素都为现代旅游业的发展带来了前所未有的机遇。在世界范围内，旅游逐渐成为人们生活中不可缺少的重要内容，是人们最主要的生活方式和社会经济活动之一。

　　旅游业被称为朝阳产业，第二次世界大战以来，在世界范围内发展迅猛。1992 年，旅游业成为全球第一大产业，成为收入最高和最大的就业部门。特别是随着第三世界经济的发展、人们收入水平的提高、闲暇时间的增多及教育水平的提高，参加旅游的人数大大增加，21 世纪的旅游业有着更为广阔的发展空间。

　　自 1978 年改革开放以来，在我国各级政府的高度重视下，旅游业已经成为中国第三产业中最具有活力与潜力的新兴产业，在大多数地方还成为拉动当地经济发展的支柱产业、优势产业或先导产业，旅游业在国民经济中的地位不断得到巩固和提高。旅游业的发展伴随了改革开放的全过程，在每个关键的历史节点，旅游业都发挥了重大作用。在新发展阶段，扩大内需成为构建新发展格局的战略基点，旅游业作为国民经济战略性支柱产业的地位将更加凸显。党的二十大报告提出，"以中国式现代化全面推进中华民族伟大复兴"。中国式现代化是包括实现高质量发展、丰富人民精神世界、实现全体人民共同富裕、促进人与自然和谐共生及推动构建人类命运共同体等内容的完整体系。高质量发展的目的在于满足人民日益增长的美好生活需要，人人能够享受旅游生活自然是高质量发展的重要体现；旅游活动是大众化精神文化生活，旅游业是能够同时实现人们物质生活和精神生活共同富裕的重点领域。

　　文化和旅游部发布的 2023 年上半年国内旅游数据显示，2023 年上半年，国内旅游总人次 23.84 亿，比 2022 年同期增加 9.29 亿，同比增长 63.9%。其中，城镇居民国内旅游人次 18.59 亿，同比增长 70.4%；农村居民国内旅游人次 5.25 亿，同比增长 44.2%。分季度看：2023 年第一季度，国内旅游总人次 12.16 亿，同比增长 46.5%；2023 年第二季度，国内旅游总人次 11.68 亿，同比增长 86.9%。2023 年上半年，国内旅游收入（旅游总花费）2.30 万亿元，比 2022 年增加 1.12 万亿元，增长 95.9%。其中，城镇居民出游花费 1.98 万亿元，同比增长 108.9%；农村居民出游花费 0.32 万亿元，同比增长 41.5%。

一、旅游业的概念

　　旅游业是以旅游资源为凭借，以旅游设施为条件，向旅游者提供旅游活动所需的各种产品和服务的经济产业。旅游资源、旅游设施和旅游服务是旅游业的三大要素。其中，旅游资源是旅游业发展的前提条件，旅游设施是旅游业发展的重要保证，而旅游服务则是旅游产品的本质所在。

旅游业是一种综合性产业，涉及多行业、多部门，包括各种各样的企业和组织。在众多的企业和组织中，除了旅行社是纯粹服务于旅游业外，很难说其他哪一种企业是专为旅游活动而单独存在的。因此，旅游业的行业界定不如其他行业清晰、明确。但随着旅游业的发展，人们对旅游业本身的认识也在不断地深化。

有些学者把旅游业的定义分为狭义和广义两种。狭义的旅游业就是在旅游者和交通、住宿及其他有关单位中间，通过办理旅游签证、中间联络、代购代销，为旅游者导游、交涉、代办手续，利用自己的交通工具、住宿设施提供服务，从而取得报酬的行业，主要指旅行社。广义的旅游业是为国内外旅游者提供服务的一系列有关的行业，既包括直接旅游企业，如旅行社、饭店等，也包括间接旅游企业，同时，还包括各种旅游组织。旅游业的构成如图5-1所示。

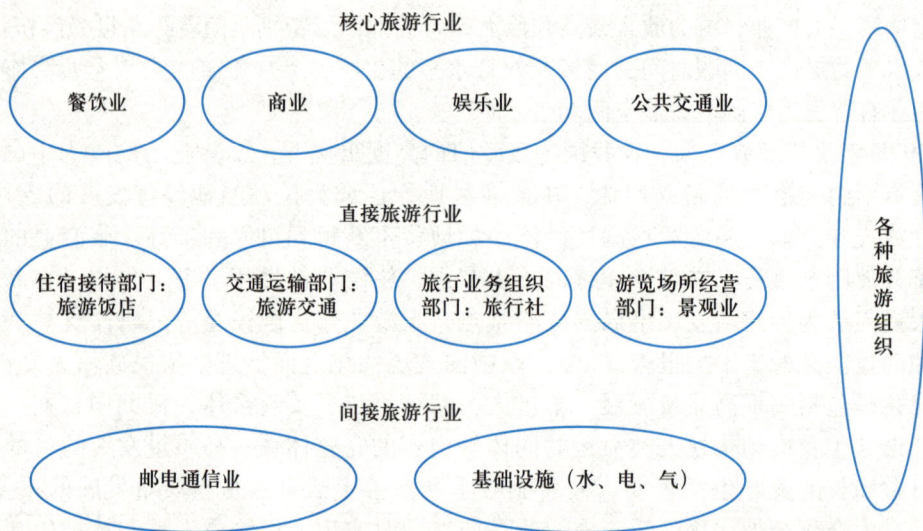

图 5-1 旅游业的构成

另外，从不同的角度、不同的出发点，对旅游业也有不同的理解。从旅游者的角度出发，旅游业就是直接或间接为旅游者提供各种服务的各行业的总称。就旅游经营者而言，旅游业就是以旅游者为中心，围绕旅游者而展开各种经营的行业。可见，旅游业是以为旅游者提供服务为核心，是由直接满足旅游者吃、住、行、游、购、娱等需求的企业组成，是一个企业群体，在旅游活动中起旅游供给的作用。当然，我们常见的旅游企业主要是旅行社、旅游交通公司、旅游饭店、旅游餐馆和旅游商店等。其中，旅行社、旅游饭店和旅游交通被认为是旅游业的三大支柱，在旅游业中居主导地位。

二、旅游业的性质和特点

（一）旅游业的性质

旅游业的性质主要表现在经济性、服务性和文化性 3 个方面。

1. 经济性

经济性是旅游业的根本性质。首先，世界上大多数国家已经把旅游业作为一项产业来发展。在有些国家和地区，旅游业已经成为其经济收入的重要来源，甚至成为支柱产业。我国于 1986 年将旅游业列入国民经济的组成部分，明确了旅游业的产业性质，旅游业被纳入社会经济发展的宏观计划。其次，旅游业的基础构成是各类旅游企业，企业的本质是为营利的目的而存在的。旅游活动是一种消费活动，旅游者在旅游过程中，不仅有吃、住、行等基本生活需要，更要求在心理上和精神上得到满足，而旅游企业正是通过向旅游者出售旅游产品和服务，从中获取经济效益。毋庸置疑，旅游企业的经营行为受商品交换规律的制约，受市场经济供求关系的支配。

2. 服务性

通常一个国家的产业分为三个层次，即第一产业、第二产业和第三产业。其中，第一产业包括农、林、牧、渔业；第二产业包括采矿、制造、建筑、电力、燃气及水的生产和供应业；第三产业是除第一产业、第二产业以外的其他行业，主要是指服务业，具体包括交通运输、仓储和邮政业，信息传输、计算机服务和软件业，批发和零售业，旅游、住宿和餐饮业，金融业，房地产业，租赁和商业服务业，科学研究、技术服务和地质勘察业，水利、环境和公共设施管理业，居民服务和其他服务业，教育、卫生、社会保障和福利业，文化、体育和娱乐业，公共管理和社会组织，国际组织等。旅游业是第三产业的重要组成部分，其所提供的产品从本质上讲是服务性产品。

旅游业所提供的各种服务可以分为以下几种情况。

（1）通过服务提供有形产品，如旅游商店出售的旅游商品。

（2）通过服务体现价值，服务价值物化或附加在有形产品中，如饭店里提供的美味佳肴等。

（3）纯粹服务，既不创造有形产品，也不物化或附加在有形产品中，其服务过程就是产品生产过程，如导游服务，我们称之为无形服务。

3. 文化性

旅游业还表现出强烈的文化属性。文化是人类在社会历史实践过程中所创造的物质财富和精神财富的总和。旅游者的旅游活动不仅是一种物质享受，更是一种异质文化的消费。不同的国家和地区有不同的文化，表现在风土人情、生活习俗、历史民族、饮食起居等各个方面，旅游者在旅游活动过程中自觉不自觉地要与这些异质文化发生联系，同时以自己表现出来的本国文化影响目的地居民。所以，从这个意义上讲，有人把旅游者称为"文化的使者"，旅游活动的过程即文化接触与交流的过程。旅游业的文化性要求旅游企业提供和开发的产品要有丰富的文化内涵，即强烈的地方特色和民族特色，使旅游者通过对旅游产品和服务的消费，深切感受到异域文化的魅力。同时，树立起旅游企业和旅游目的地鲜明的旅游形象，不断地吸引各方旅游者，扩大客源市场，产生良好的经济效益与社会效益。

（二）旅游业的特点

旅游业是国民经济中的一个服务行业，与第三产业的其他服务行业相比较，具有以下几个特点。

1. 综合性

旅游业是综合性很强的产业，其综合性特点能从以下几方面反映出来。

（1）旅游业要满足旅游者的多种需要，即包括从离家外出直至返回出发地期间在吃、住、行、游、购、娱各方面的需要。所以，旅游业所提供的旅游产品是多种成分、多种项目的综合体。如图5-2所示为外地旅游者在武当山上学太极。

图5-2　武当山上外地旅游者学太极

（2）旅游业的综合性表现为具有关联性。为了满足旅游者的多种需要，就要由多种不同类型的企业提供相应的商品和服务，这些不同类型的企业虽然分别属于若干相互独立的行业，但是为旅游者提供服务这一共同职能以及满足旅游者需要这一业务关系的纽带把它们综合成为有机整体，从而将国民经济中的其他行业和部门都联结在一起。

（3）旅游业的综合性表现为带动性。旅游业作为第三产业的重要组成部分，能向第一产业和第二产业产生辐射，在自身综合发展的同时，带动诸多行业的共同发展。一方面，旅游业首先使直接为旅游者服务的诸多行业得到发展，如交通运输、城市建设、饭店、旅行社、娱乐、商业服务等；另一方面，对与之相关的工农业、建筑、园林、邮电、信息、金融保险等几十个行业的发展起到直接或间接的带动作用。这种带动作用有力地促进了各产业的共同发展，从而合理配置资源，优化产业结构，促进整个国民经济全面发展。

（4）旅游的综合性还表现为依赖性。旅游业的发展需要以旅游资源为前提，以旅游设施为条件，以旅游服务为核心，总体来说以国民经济的综合发展水平为依托。对于旅游客源国，国民经济的发展水平决定了旅游者的数量、消费水平和消费频度。对于旅游接待国，国民经济的发展水平决定了旅游综合接待能力的强弱，在一定程度上影响着旅游服务的质量。

2. 敏感性

敏感性主要是指一个行业在发展过程中对内外部环境不利因素的抵御程度。总体来说，旅游业的敏感性是比较大的。这些不利因素可分为内部环境和外部环境两个方面。从旅游业的内部环境来看，旅游业是由许多企业、部门和环节组成的有机整体，存在一定的内在比例关系，任何一个相关行业的脱节，都会造成旅游经营活动难以正常运转。如一个地区的交通不顺畅，进不来、出不去、散不开，那么即使旅游资源再优美，旅游设施再优越，旅游服务再优秀，也只能无奈兴叹。所以，旅游业的发展必须消除内部瓶颈，统筹兼顾、协调发展。另外，从旅游业的外部环境来看，自然、政治、经济、社会因素的变故，如自然灾害、恶劣的气候、疾病的流行、经济的衰退、国家关系的变化、政治动乱乃至恐怖活动等都会对旅游业产生重大影响。如中东地区是三大宗教汇集之地，历史悠久、文化底蕴深厚、民风特异，旅游资源极其丰富，是世界各国旅游者向往的地方，但由于连年战争，使该地区的旅游业得不到应有的发展。

3. 季节性

旅游业的季节性是指旅游企业的经营在单位时间内接待人数的周期性变化，表现出明显的淡旺季。旅游业季节性的特点在很大程度上受到客观因素的影响和制约。

（1）自然因素的制约。春夏秋冬会导致旅游景观的气候性变化，形成一定规律的淡旺季。例如，黄山平时游人如织，但一进入冬季，只能封山休养；黄果树瀑布在春夏季节蔚为壮观；而哈尔滨的冰雕、吉林的雾凇只能在冬季出现。另外，季节气候还会影响到旅游者出游的舒适程度。所以，在中国大部分地区，通常在春秋形成旅游旺季，而冬夏游人大大减少，形成淡季。

（2）受节庆活动的影响。例如，内蒙古的那达慕大会、傣族的泼水节、广州的广交会、杭州的西博会等，在节日活动期间，当地旅游企业形成接待旺季，而其余时间为平季或淡季。

（3）客源地节假日时间也造成旅游业的淡旺季。例如，日本是中国最大的国外客源市场，日本政府规定每年春天和秋天有两次假日，导致以日本市场为主的旅游区在这两段时间就成为旅游旺季。我国的"五一"假期和国庆期间各旅游景点人满为患，各旅游企业开足马力，还是不能满足市场的要求，形成了旅游旺季。

旅游业的季节性特点给旅游企业的经营带来很大的困难。在旅游旺季，往往疲于应付，导致服务质量无法保证，旅游者满意度不高。中国国内旅游投诉主要发生在旅游旺季期间；而在旅游淡季，旅游企业又吃不饱，造成设施和人员大量闲置。因此，如何采取措施拉近淡旺季的差距，保证企业资源的合理和有效利用，是旅游业发展的重要课题。

4. 垄断与竞争性

旅游资源、旅游设施和旅游服务是现代旅游业的三要素。在各国各地区旅游业的优势比较中，有些自然景观和历史文化遗迹是某个地区所独有的，表现出旅游业的垄断性特点。例如，中国的万里长城、埃及的金字塔、印度的泰姬陵、柬埔寨的吴哥窟、美国的尼亚加拉大瀑布、澳大利亚的大堡礁等，都是人工无法复制和替代的。而其他的旅游景观、旅游设施和旅游服务，由于可以替代和复制，在面对相同的旅游市场时，就形成了旅游业的竞争性，如旅行社争夺同一批客源；旅游饭店通过提高服务质量吸引回头客等。

旅游业的垄断与竞争性特点，决定了一个国家在发展旅游业时，要注意保护其垄断资源，并在此基础上形成自己独有的旅游产品。同时，要不断地完善旅游设施，提高服务质量，注意市场开拓，保持旅游业的发展优势。

5. 国际与涉外性

旅游分为国内旅游、入境旅游和出境旅游 3 种形式。无论是本国居民到其他国家旅游，还是外国居民到本国来旅游，都赋予了旅游业国际性和涉外性的特点。

首先，相对于国际贸易中有形产品的进出口，旅游业被称为无形贸易，尤其是发展中国家，入境旅游业可成为其重要的外汇收入来源，并具有独特的创汇优势，形成旅游出口。

其次，在国际旅游中，旅游者往往会遇到不同语言、不同货币、不同生活方式、不同价值观念等相冲突的问题，同时需要办理签证、边检、出入关、货币兑换等一系列手续，这些都是旅游业涉外性与国际性的具体体现。

随着全球经济的一体化，现代旅游业更成为国际性产业。通过旅游业，各国各地区在政治、经济、文化上得以交流并相互影响。通过旅游业，不同国度、不同思想、不同信仰、不同文化的旅游者得以接触和交往。通过旅游业，改革开放中的中国在世界上的地位和形象得以树立、改善。

6. 劳动密集型

判断一个行业是否属于劳动密集型的标准并不是其雇用员工的多少，也不是投资总额与雇佣员工的比例大小，而是其工资成本占全部营业成本的比重高低。由于旅游业的产品是以提供劳务为主的旅游服务，与其他行业相比，设备投资和销售费用较低，工资成本在全部营业成本中占据了较大比重，所以旅游业被公认为劳动密集型产业。世界上很多国家都把发展旅游业作为扩大就业人口、缓解就业压力的重要途径。

第二节　旅　行　社

旅行社产生于 19 世纪 40 年代，随着近代尤其是现代旅游业的发展，旅行社的发展更为迅速，逐渐形成在旅游业中的"上游与核心"地位，是旅游业的三大支柱之一，担负着沟通和连接旅游者与旅游目的地的重要职能。

一、旅行社的产生与发展

（一）世界旅行社的产生与发展

旅游活动的历史非常悠久，而世界旅行社的产生仅是近百年来的事情。旅行社的产生是商品经济、科学技术及社会分工发展的直接结果，是旅游活动长期发展的必然产物。

18 世纪中叶发生在英国的工业革命对旅游业的发展产生了巨大作用：随着生产力的迅速发展和社会财富的急剧增加，产生了大量的中产阶层，他们具备了旅游的经济实力和条件；科技的进步变革了交通工具，提高了运输能力，使人们的旅游活动变得方便而快捷；工业的发展，使大量人口流向城市，都市化的生活方式使旅游成为一项经常性的活动。

1845 年，托马斯·库克在莱斯特正式成立了托马斯·库克旅行社，开始专门从事旅行代理业务，从而成为世界上第一位专职的旅行代理商，也标志着近代旅游业的诞生。托马斯·库克对于旅游业发展的贡献，不仅在于他开创了近代旅游业，而且还表现在他使旅游面向大众，薄利多销，推动了旅游的社会化，促进了旅游业的迅速发展。

在托马斯·库克之后，旅行社适应了人们不断增长的旅行需求，在世界各地迅速发展起来。旅行服务机构的出现，对旅游活动的开展起了巨大的推动作用。旅行社的产生从根本上改变了旅游活动的性质，标志着旅游活动进入了产品化时代，加快了旅游活动的大众化、社会化的发展进程。同时，导致了旅游产品购销方式的质变，即变消费者多次性购买为一次性购买，变旅游供应者的分散销售为集中性销售，促进了世界旅游业的发展。第二次世界大战以后，世界旅游业取得了前所未有的发展，远远高于同期世界经济的平均增长速度。

（二）中国旅行社的产生与发展

中国早期的旅行社是外国人在中国设立的旅游机构。1923 年，爱国人士陈光浦先生在上海商业储蓄银行设立旅行部。1927 年，该部独立并更名为中国旅行社，现为香港中国旅行社股份有限公司，是中国最早的旅行服务机构。新中国成立以后，为了加强和世界各国的交流与合作，成立了两大旅行社。一是 1954 年成立的中国国际旅行社总社（简称国旅）及其分社；二是 1949 年成立的华侨服务社（1974 年改名中国旅行社，简称中旅）总社及其分社。1978 年，中国开始实施对外开放政策，这一年来华旅游入境人数共 180 万人次，旅游创汇 2.6 亿美元。但在 1978 年改革开放以前，这些旅行社从成立之日起就一直从事以政治目的为主的对外接待工作，基本不具备企业的性质。1980 年，中国青年旅行社总社（简称青旅）在北京成立，与中国国际旅行社、中国旅行社并称为中国三大旅行社。三大旅行社从此开始了我国旅行社行业垄断的局面并且分工明确，根据文化和旅游部有关规定，中国国际旅行社主要接待外国来华旅游者，中国旅行社主要接待来华旅游的海外华人，而中国青年旅行社则以来华旅游的青年旅游者作为主要接待对象。1980 年，三大旅行社接待的来华旅游者占全国有组织接待人数的 80%。

1984 年，国务院就我国旅行社体制改革作出规定：打破三大旅行社的垄断，放开经营，下放国际外联权，并规定旅行社由行政事业单位改为企业性质。1985 年，《旅行社管理暂行条例》出台，标志国家开始对旅行社作为相对独立的行业进行管理，为旅行社的发展提供了有利条件，旅行社行业获得了比较大的发展。20 世纪 90 年代初，我国政府开始允许中国公民出国探亲和旅游，这是我国旅游业发展中的重大突破。对旅行社来说，这不仅意味着更为广阔的客源市场，同时也改变了我国旅行社在国际合作中的地位，为旅行社的进一步发展提供了更为广阔的天地。随着旅行社数量的增多，行业竞争变得激烈，行业利润率降低，中国旅行社行业由卖方市场进入了买方市场。1995 年，旅行社行业实行质量保证金制度。1996 年，国务院颁布了《旅行社管理条例》。1996—1999 年持续对旅游市场进行治理整顿。2000—2001 年又进行了出境旅游市场的整顿，使我国旅行社行业的接待质量上了一个新台阶，改变了无序竞争的局面，进入了一个有序的发展阶段。

进入 21 世纪，中国旅行社行业的企业数量大幅度增加，从业人员数量也同步增长，业务经营规模继续扩张，效益状况稳定。根据文化旅游部发布的《2022 年度全国旅行社统计调查报告》，截至 2022 年 12 月 31 日，全国旅行社总数为 45 162 家（按 2022 年第四季度旅行社数量计算），比 2021 年增长 6.43%。除西藏旅行社数量不变外，其余 31 个地区旅行社数量都有不同程度的增长，云南、海南、贵州、新疆、福建 5 个地区增幅均在 10% 以上，其中云南增幅最大，为 35.56%。广东、北京、江苏、浙江、山东 5 个地区的旅行社数量均超过 2 500 家，数量最多的广东为 3 754 家。此外，西藏、宁夏和新疆生产建设兵团的旅行社数量少于 500 家，分别为 310 家、206 家和 177 家。

旅行社为促进旅游业发展、满足人民群众的旅游需求及促进经济发展发挥了很重要的作用。但是，旅行社行业的经营体制、经营模式、经营行为发生了非常大的变化。特别是由于社会主义市场经济体制的不断完善、国家各项法律制度的不断健全以及国家对依法行政提出了更高的要求，《旅行社管理条例》的许多内容已明显不能适应新形势下的要求。主要表现在旅行社企业准入条件较高，以经营范围作为企业类别划分，审批权限过高，不适应中央关于加快发展服务业的要求。原有内容带有浓厚的"重审批、轻管理"的色彩，在企业的设立、审批方面作了极其细致的规定，但对企业的经营行为规范方面，或者是严重缺失，或者是缺乏针对性。旅行社组团业务的扩张，使经营网络化的要求更为迫切，分社、服务网点等新业态逐步显现，需要对这些新出现的分支机构的设立、经营行为作出规范。由于严重缺乏针对经营行为的法律规范，近年来，旅行社在经营活动中出现了诸多不正当竞争的行为，侵害旅游者、导游合法权益的问题突出，有的问题还相当严重，迫切需要建立、完善相应的对经营行为的要求，为整顿市场秩序、保护旅游者利益，提供充分、有力的法律依据。有鉴于此，2009 年 2 月 20 日，国务院公布了《旅行社条例》，于 2009 年 5 月 1 日起施行。《旅行社条例》对原《旅行社管理条例》进行了全面修改，进一步降低了旅游市场准入门槛，减轻了旅行社的经营负担，同时加大了对旅行社违法经营行为的打击力度，旨在为旅游者创造一个"开开心心旅游、明明白白消费"的出游环境。2013 年 10 月 1 日实施的《中华人民共和国旅游法》对旅行社经营进一步作了规定。2017 年 9 月，原国家旅游局发文《关于规范旅行社经营行为维护游客合法权益的通知》。

【拓展阅读 5-1】

关于修改《旅行社条例实施细则》和废止《出境旅游领队人员管理办法》的决定

为依法推进简政放权、放管结合、优化服务改革，根据《全国人民代表大会常务委员会关于修改〈中华人民共和国对外贸易法〉等十二部法律的决定》、《国务院关于修改部分行政法规的决定》（国务院令第 666 号）、《国务院关于印发注册资本登记制度改革方案的通知》（国发〔2014〕7 号）、《国务院关于取消和调整一批行政审批项目等事项的决定》（国发〔2014〕27 号）、《国务院关于促进旅游业改革发展的若干意见》（国发〔2014〕31 号）和《国务院关于取消和调整一批行政审批项目等事项的决定》（国发〔2014〕50 号），2016 年，原国家旅游局决定对《旅行社条例实施细则》部分条款进行修改，并废止《出境旅游领队人员管理办法》。

一、对《旅行社条例实施细则》作出修改

（一）将第六条中的"《条例》第六条第（一）项规定"和第七条中的"《条例》第六条第（二）项规定"修改为"旅行社"。

（二）将第八条第一款修改为："申请设立旅行社，经营国内旅游业务和入境旅游业务的，应当向省、自治区、直辖市旅游行政管理部门（简称省级旅游行政管理部门，下同）提交下列文件：（一）设立申请书。内容包括申请设立的旅行社的中英文名称及英文缩写，设立地址，企业形式、出资人、出资额和出资方式，申请人、受理申请部门的全称、申请书名称和申请的时间；（二）法定代表人履历表及身份证明；（三）企业章程；（四）经营场所的证明；（五）营业设施、设备的证明或者说明；（六）工商行政管理部门出具的《企业法人营业执照》。"

增加两款作为第二款、第三款："旅游行政管理部门应当根据《条例》第六条规定的最低注册资本限额要求，通过查看企业章程、在企业信用信息公示系统查询等方式，对旅行社认缴的出资额进行审查。""旅行社经营国内旅游业务和入境旅游业务的，《企业法人营业执照》的经营范围不得包括边境旅游业务、出境旅游业务；包括相关业务的，旅游行政管理部门应当告知申请人变更经营范围；申请人不予变更的，依法不予受理行政许可申请。"

（三）将第十条第一款修改为："旅行社申请出境旅游业务的，应当向国务院旅游行政主管部门提交经营旅行社业务满2年、且连续2年未因侵害旅游者合法权益受到行政机关罚款以上处罚的承诺书和经工商行政管理部门变更经营范围的《企业法人营业执照》。"

删去第十条第二款中的"旅行社持旅行社业务经营许可证向工商行政管理部门办理经营范围变更登记"。

（四）将第十四条修改为："旅行社在银行存入质量保证金的，应当设立独立账户，存期由旅行社确定，但不得少于1年。账户存期届满1个月前，旅行社应当办理续存手续或者提交银行担保。"

（五）删去第十九条第一款第（一）项、第二十条中的"《条例》第六条第（一）项、第（二）项及"和第二十三条第一款第（一）项。

（六）将第二十一条第二款修改为："设立社可以在其所在地的省、自治区、直辖市行政区划内设立服务网点；设立社在其所在地的省、自治区、直辖市行政区划外设立分社的，可以在该分社所在地设区的市的行政区划内设立服务网点。分社不得设立服务网点。"

（七）增加七条，作为第三十一条至第三十六条和第五十九条。

（八）将第四十七条（修改后为第五十三条）第一款中的"3月底"修改为"4月15日"。

（九）删去第五十九条（修改后为第六十六条）第一款。

此外，对相关条文顺序作相应调整。

二、废止《出境旅游领队人员管理办法》（原国家旅游局令第18号）

（资料来源：知网百科）

二、旅行社的性质、分类和作用

（一）旅行社的性质

旅行社是为人们旅行提供服务的专门机构，它在不同的国家和地区具有不尽相同的含义，不同国家和地区的法律对旅行社的性质也有不同的规定。在我国，《旅行社条例》规定："旅行社是指从事招徕、组织、接待旅游者等活动，为旅游者提供相关旅游服务，开展国内旅游业务、入境旅游业务或者出境旅游业务的企业法人。"其中的旅游业务是指为旅游者代办出、入境和签证手续，招徕、接待旅游者旅游，以及为旅游者安排食宿等有偿服务的经营活动。

（二）旅行社的分类

1. 国外旅行社的类型

在西方，对旅行社有三分法和二分法两种分类方法。三分法是人们按照业务范围将旅行社划分为旅游经营商、旅游批发商和旅游零售商三类。二分法是将旅行社分为批发旅游经营商和旅游零售商两类。

批发旅游经营商是指以组织和批发包价旅游产品为主要经营业务的旅行社，有的兼营旅游产品零售业务。旅游经营商在经营活动中，先与交通运输、饭店、旅游景点等旅游部门或企业签订协议，以批量购买的价格订购各种单项旅游产品。然后，在对旅游市场进行调查、预测和分析的基础上，将这些单项旅游产品包装、组合成包价旅游产品或其他旅游产品。再把这些旅游产品通过旅游代理商或者直接出售给旅游消费者。旅游经营商的规模一般都比较大，企业数量相对比较少。

旅游零售商是指那些从批发旅游经营商处批发旅游产品，再直接出售给旅游者的企业。旅游代理商的主要业务是充当旅游经营商的代理者，为旅游者提供旅游咨询和旅游接待服务，为旅游经营商招徕和组织旅游者。这类旅行社规模一般比较小，但数量比较多。

2. 我国旅行社的类型

长期以来，我国的旅行社按照经营的业务范围分为国际旅行社和国内旅行社两种类型。国际旅行社的经营范围包括入境旅游业务、出境旅游业务和国内旅游业务。国内旅行社的经营范围仅限于国内旅游业务。近年来，随着我国旅游市场的不断发展和完善，入境旅游人数大幅增加，现有国际旅行社的数量难以满足我国旅游市场的需要。随着从事国内旅游业务的旅行社业务水平不断提高，其已经具备了接待入境旅游的能力。为此，《旅行社条例》取消了旅行社类别划分，统一了从事国内旅游业务和入境旅游业务的准入条件，规定取得旅行社业务经营许可后，就既可以经营国内旅游业务也可以经营入境旅游业务。

（三）旅行社的作用

旅游业是一个综合性产业，旅行社在旅游业中犹如一个桥梁和纽带，把旅游过程中的吃、住、行、游、购、娱等环节联结了起来，其作用体现在以下几个方面。

1. 旅行社是旅游活动的组织者

旅游者在旅游活动中，需要各种旅游服务如交通、住宿、餐饮、游览、购物和娱乐等，而提供这些服务的部门和企业分属于不同的行业，相互之间联系比较松散。旅行社将这些服务和产品组合起来系统地提供给旅游者，使旅游者不再担心旅游过程中可能遇到的各种困难，使旅游活动得以顺利开展。现代大众旅游的迅速发展和旅行社的组织作用是分不开的，可见，旅行社不仅为旅游者组织旅游活动，还在旅游业各个组成部门之间起着组织和协调作用。

视频：走进导游服务

2. 旅行社是旅游产品的销售者

旅游活动是人们从客源地到旅游目的地的游览活动，旅游者在到达旅游目的地之前，一般对那里的旅游服务部门和企业知之甚少或完全不了解。各个旅游企业虽然也直接向旅游者出售自己的单项旅游产品，但大量的产品还是通过旅行社销售给旅游者。旅行社在旅游者和旅游企业之间充当媒介，拉近了供需方的距离，简化了旅游产品的交换关系。随着我国经济的迅速发展和人民生活水平的提高，国内旅游发展迅猛，其中国内远途旅游产品基本是通过旅行社销售的，而国外旅游者在我国的旅游也都是通过旅行社预订和购买才能顺利实现其旅游目的。

3. 旅行社是旅游资讯的提供者

旅行社在旅游业的各个企业中是最先和旅游者接触的，处于旅游市场需求信息的上游和前沿。一方面，旅行社不断地向旅游企业及时提供旅游市场信息，以便各旅游企业从旅游市场的需求出发，不断地调整产业结构，适应旅游者的需要；另一方面，旅行社与旅游业各部门和企业保持密切联系，把产品信息传递给客源市场，向旅游者提供各种咨询服务，帮助旅游者作出理想的选择。

三、旅行社设立的基本条件

根据《中华人民共和国旅游法》第二十八条规定：设立旅行社，招徕、组织、接待旅游者，为其提供旅游服务，应当具备下列条件，取得旅游主管部门的许可，依法办理工商登记。

视频：如何成立旅行社

（1）有固定的经营场所。

（2）有必要的营业设施。

（3）有符合规定的注册资本。

（4）有必要的经营管理人员和导游。

视频：认识导游人员

（5）法律、行政法规规定的其他条件。

《旅行社条例》规定，设立外商投资旅行社，由投资者向国务院旅游行政主管部门提出申请，并提交相关的证明文件。外商投资旅行社不得经营中国内地居民出国旅游业务及赴香港特别行政区、澳门特别行政区和台湾地区旅游的业务，但是国务院决定或者我国签署的自由贸易协定和内地与香港、澳门关于建立更紧密经贸关系的安排另有规定的除外。

四、旅行社的基本业务

《中华人民共和国旅游法》第二十九条规定了旅行社可以经营境内旅游、出境旅游、边境旅游、入境旅游和其他旅游业务。不同的旅行社在所属类型和经营规模上存在一定的差异，经营的具体业务可能也有区别，但是旅行社的基本业务是相同的。一般而言，旅行社的基本业务包括以下几个方面。

（一）设计业务

组合旅游产品，设计旅游线路是旅行社最基本的业务。旅行社首先应在充分掌握旅游市场需求的基础上，根据不同消费者的特点，结合自身实力及其他旅游产品供应企业的现状，巧妙组合旅游产品，精心设计旅游线路，使之对旅游者产生较大的吸引力。

（二）促销业务

促销业务是旅行社的重要业务之一。旅行社产品促销的目的在于通过各种有效的传播媒介，将有关旅游产品信息传递给客源市场或潜在的消费者，通过反复提示和诱导，加深他们对旅游产品的了解，引起其注意和兴趣，进而激发其消费欲望，最终促使购买行为的实现。

（三）销售业务

销售业务是指旅行社通过一定的销售渠道将旅游产品推向市场，从而出售给旅游中间商或最终消费者的过程。产品的销售状况直接关系到旅游企业的生存和发展，只有完成销售过程，旅游产品才能实现价值和使用价值，旅行社才会取得利润。

（四）采购业务

旅行社提供给旅游者的产品和服务，并不完全是旅行社自行生产的，大部分需要由其他相关企业和部门提供。也就是说，旅行社向其他旅游企业采购旅游产品后，经过重新组合加工，再转售给消费者。由此可见，采购业务作为旅行社的一项重要业务内容，直接关系到旅游产品的成本和质量。目前，旅行社采购的产品涉及交通服务、住宿服务、餐饮服务、景点游览、娱乐服务、保险产品等。

视频：导游带团程序之参观游览服务1

（五）接待业务

接待业务是旅行社的一项核心业务。它是指旅行社依据销售承诺，为已经预订旅游产品的消费者，提供到达本地后的旅游接待服务，包括为旅游者安排在当地停留期间的吃、住、行、游、购、娱等各项活动。旅游接待过程是旅行社的直接生产过程，而旅游者往往通过旅游接待服务水平来衡量旅游产品质量。因此，可以说接待服务水平的高低将直接影响旅行社产品质量的好坏，反映旅行社的管理水平的高低，进而影响旅行社的形象和声誉。

视频：导游带团程序之参观游览服务2

知识链接 5-1

在"互联网+旅游"模式下对比分析传统旅行社与 OTA 经营的优劣势

随着互联网技术的发展与不断普及，"互联网+旅游"成为一种新的流行趋势。

（一）传统旅行社

1. 传统旅行社的经营优势

第一，品牌形象经典且影响力大。传统旅行社有着悠久的发展历史，中国的第一家旅行社——中国旅行社，于 1949 年 11 月成立。中国旅行社总社是中国最大的旅行社之一，创写了中国旅游行业的多项第一：首家接待外国旅游者、首家接待台湾同胞、首家经营中国公民出境游。目前，中国旅行社旗下拥有遍及世界范围的 100 多家旅行社，品牌影响力大，辐射范围广。"CTS 中旅"商标荣获中国"驰名商标"称号，深受消费者的喜爱与信赖。

第二，资源优势。一些老牌的传统旅行社资源丰富，具体体现为与各大航空公司、酒店、景点等建立长期而又稳定的合作，经常可以拿到远低于市场价格的特价机票、特价酒店、特价景点门票等，以绝对的价格竞争优势在市场份额中占据很大比重。例如，春秋旅游凭借丰富的航空资源，又经过 30 多年的市场发展，目前已成为国内连锁经营最具规模的旅游批发商和包机批发商。

2. 传统旅行社的经营劣势

第一，旅行社之间的恶性竞争导致市场环境混乱，收益大幅下降。由于散客游逐渐成为流行趋势，团队旅游人数大幅减少，使得旅行社利润减少很多。为了吸引更多客源，增加旅行社营业收入，不同旅行社之间掀起了"价格战"。各种低价团、零付团费横空袭来，旅行社之间的恶性竞争导致旅游市场环境混乱，收益大幅下降，甚至很多旅行社出现亏损。

第二，缺乏创新意识。很多传统旅行社在经营过程中都存在缺乏创新意识这一特点，多年一成不变的旅游线路、老套的导游讲解词等，缺乏新意与吸引力。此外，随着信息化时代的到来，传统旅行社的发展跟不上时代发展潮流，做不到与时俱进，没有充分将互联网发展带来的资源优势融入企业发展背景中，没有进行相应有效的改革与转型。

（二）OTA（在线旅行社）

1. OTA 的经营优势

第一，经营成本低。OTA 不同于传统旅行社，可以进行无实体店铺经营，省去了房屋购置费用或房屋租赁费用及实体店铺日常经营所需耗费的成本，如实体店铺的装修费用、水电费用、办公用品费用等。利用无实体店铺经营的低成本优势在旅游供给和旅游需求方面开展中介服务。

第二，打破信息的不对称性。OTA 利用互联网信息全面、传播速度快等特点，充分将各项旅游资源进行整合，并为旅游者提供景点介绍、特价机票、特价酒店等信息，使旅游者在足不出户的情况下，就可以通过图片、视频、景区 VR（虚拟现实）全景图等方式全面了解不同旅游目的地。同时，OTA 可以通过对不同酒店、不同航空公司进行价格对比的方式，让旅游者对价格有一个更加直观而全面的了解，为他们提供更多的选择。此外，OTA 可以利用互联网大数据将年龄结构不同、消费水平与消费喜好等方面不同旅游者的旅游需求进行收集与整合，建立数据库，并进行详细分析，然后从多个角度对旅游者进行分类，从而为他们提供个性化服务等。例如，为旅游者制定专属旅游线路，为旅游者提供旅游攻略等。

2. OTA 的经营劣势

第一，OTA 经营体系不够正规，相关从业人员专业度不高。很多 OTA 企业都是由与互联网相关的其他行业转型创立的，很多经营者都是非旅游专业从业人员，对旅游业了解程度不够深入，对当前的旅游市场环境分析不够透彻。虽然能够利用互联网优势将大量的旅游信息进行整合，但打造的旅游产品种类相对较少且缺乏特色。

第二，人工成本费用高。OTA 在经营过程中，人工成本耗费很大。人工成本主要指的是人工客服这一职位工作人员。例如，据统计，携程旅行网员工构成体系中有 70% 的员工岗位是人工客服类。其数量庞大，需要支付大量的人工费用，大大增加了企业在经营过程中的成本。而传统旅行社在这方面与之相比有更多的优势。大多数传统旅行社日常经营一家门店只需 2~3 名员工即可为旅游者办理各项业务，有效节省了人工成本，降低了经营费用。

总之，传统旅行社虽然目前在尝试转型与改革，加入网上运营部分，但目前更多只是局限于网页浏览，能为旅游者提供的信息依然不够全面，网页功能不够丰富，而且传统旅行社的相关从业人员缺乏相应的线上运营所需的知识与技能。OTA 虽然提供的信息多、覆盖面广，但其旅游产品种类不够丰富，缺乏旅游特色，加之相关从业人员对旅游业专业知识及行业情况了解程度不够。双方发展虽然各有各的优势，但同时也都有所欠缺，如果未来传统旅行社与 OTA 进行合作，实现"线下传统旅行社+线上旅行社（OTA）"，相信两者都会有更大的发展前景，这或许会成为旅行社业的未来发展趋势。

（资料来源：百度文库）

第三节　旅 游 饭 店

旅游饭店是向旅游者提供住宿、餐饮、购物和娱乐等服务项目的企业，是旅游者外出旅游过程中的"临时的家"。旅游饭店和旅行社、旅游交通构成了旅游业的三大支柱。

一、旅游饭店的发展历史

饭店业因旅游活动应运而生。西方的饭店业始于古罗马时期的食宿设施，其发展进程经历了所谓的古代客栈时期、大饭店时期、商业饭店时期和第二次世界大战以后的新型饭店时期，至 20 世纪 60 年代，已经出现了不少在世界各地拥有上百家企业的大饭店公司，从而形成了庞大独立的饭店行业。

（一）古代客栈时期

客栈时期是饭店业发展历史中最漫长的阶段。在 19 世纪中叶以前，就世界范围而言，人们的出行主要是进行商务活动，出行的方式以徒步和乘坐马车为主。为了适应人们的这种需要，在一些大道沿线和主要城镇中出现了客栈。这些客栈，由于受当时社会经济发展水平、市场规模和需求层次的影响，主要是一些设施简陋、功能单一，仅供人们食宿的场所。

（二）大饭店时期

19 世纪后半叶，以英国为主的西方国家，先后完成了工业革命，出现了较现代化的交通工具，为富裕阶层外出旅游提供了便利，大大缩短了在途时间。这个时期的饭店规模较大，设施富丽堂皇，服务日趋规范和多样，但主要是为了满足王公贵族等上层社会的需求。1829 年，在波士顿落成的特里蒙特饭店被称为第一家现代化饭店，为整个新兴的饭店行业确定了明确的标准。这家饭店有 170 套客房，其规模在当时来说十分可观。它还是第一个建有前厅的饭店，客人不再在酒吧柜台上登记入住。餐厅设有 200 个座位，供应法式菜肴，服务人员训练有素。客房内房门可以加锁，备有脸盆、水罐和肥皂等。特里蒙特饭店就是以此闻名，成为饭店历史上的里程碑。另外，由英国人恺撒·里兹经营管理的伦敦萨伏依饭店可以说是当时豪华饭店的代表。此饭店配备了发电系统和自己的供水系统，部分房间有了浴室，这样的"硬件"设施为现代饭店发展创造了良好的开端。英文单词 ritzy 也由此而来，意即极其时髦、非常豪华、讲究排场。

（三）商业饭店时期

如果说大饭店时期满足的只是少数上层社会需求的话，那么 20 世纪初开始的资本主义商品经济把饭店的服务对象转向大众化的客人。美国是商业饭店的发源地，1908 年由被誉为"现代饭店之父"的斯塔特勒主持设计和管理的斯塔特勒饭店成为现代商业饭店的里程碑。饭店每间客房都带有独立卫生间，还设有通宵洗衣、自动冰水供应、消毒马桶坐圈和送报上门等服务，其"只用一个半美元就能租到带浴室的客房"的广告宣传，获得了大多数商业旅行者的青睐，使商业饭店很快打开市场。

斯塔特勒的主要功绩在于改变了过去饭店建设讲究豪华的做法，使饭店的实用性、舒适性和服务质量相结合。饭店开始注重成本，采取了薄利多销的经营方针。设施设备重视标准化、方便化、简朴化和实用性，以后又用计算机进行管理和控制，迎合了20世纪以后商业旅行的大众化。

（四）新型饭店时期

第二次世界大战之后，科技和社会经济迅速发展。飞机、汽车和火车成为人们远程出行的主要交通方式。人们出行不仅是为了公务，旅游度假已经成为社会普通阶层日常生活的组成部分，为了适应人们多样化的消费需求，新型的旅游饭店得以兴起。旅游饭店一般位于城市的中心、机场附近、高速公路沿线、旅游胜地等处，规模更大，服务更规范，类型更为多样，如商务饭店、会议饭店、度假饭店、汽车饭店等。饭店的设施设备更为现代化，饭店的功能除了提供住宿和饮食外，还可以提供会议、展览、购物、娱乐、商务等多种项目的服务，成为人们社交的重要场所。这个时期，首先出现在美国的饭店集团发展迅速，并逐步扩展到了世界其他地方，国际性饭店集团开始崛起，如假日酒店集团、希尔顿集团、喜来登酒店集团等，成为现代新型饭店时期的主要特征。

二、旅游饭店的作用

（一）旅游饭店是旅游业发展的重要基础设施

旅游饭店是向旅游者在游览活动中提供休息、住宿和餐饮服务为主的多功能场所。旅游资源是旅游业发展的前提条件，而旅游饭店则是旅游活动得以顺利进行的重要保证。一个国家和地区的饭店数量、规模和服务管理水平，反映了该国家和地区的经济发展水平、旅游业发展水平，标志着这里的旅游接待能力并影响旅游业的发展。因此，旅游饭店在旅游业中起着基础作用，是旅游业发展的重要基础设施。

（二）旅游饭店是旅游收入的重要来源

旅游饭店的经济作用主要体现在两个方面：一是接待入境旅游者形成收入，尤其是外汇收入；二是接待国内旅游者，起到货币回笼和调节地区差距的作用。

（三）旅游饭店提供社会就业机会

旅游饭店是一个劳动密集型的服务性行业，可以比其他部门提供更多的就业机会。另外，旅游饭店的发展不仅可以创造饭店内部的直接就业机会，而且会像农业、食品、养殖、建筑、水电等相关行业一样提供间接的就业机会。据估计，在中国每增加一间客房，可以创造1~2人的直接就业机会和2~5人的间接就业机会。

（四）旅游饭店提供社会文化活动场所

现代旅游饭店功能多样，除能提供基本的食宿之外，还附有会议室、多功能厅、咖啡厅、酒吧、健身房等。其环境气氛能为旅游者也为当地居民提供幽雅的社交场所。人们可以在这里举行会议、开展科学文化交流、商谈业务、进行健身娱乐等多项社会文化活动。

三、旅游饭店的类型和等级

旅游饭店的分类标准多种多样，一般可根据饭店特色、规模大小、等级档次等划分为不同的类型。

（一）根据饭店特色分类

根据旅游饭店的特色，一般将饭店划分为商务型饭店、度假型饭店、会议型饭店、公寓型饭店和其他特色饭店等类型。

1. 商务型饭店

商务型饭店主要用于接待从事经商和公务活动的旅游者，此外，还包括部分零散客人、观光旅游者和小型会议参加者。其所接待的商务旅游者经济条件比较好，文化水平比较高，讲究身份地位，对价格不敏感。商务型饭店一般坐落在市区交通便利和商业繁华的地方，与客人需求相适应，饭店外部装修豪华，内部富丽堂皇，设施设备齐全，服务项目较多。除一般的客房、餐饮能满足较高水平的需要外，饭店还能满足客人的多种商务方面的需要，配备如国际直拨电话、传真、互联网、洽谈室、会议室、商务中心、秘书服务、洗衣服务、各种娱乐设施等。

2. 度假型饭店

度假型饭店主要用于接待游乐、度假和疗养等类型的旅游者。度假型饭店大多建在海滨、温泉、海岛、森林等景区附近，风景优美，环境幽雅，气候宜人。此类饭店的特点是除了提供一般的餐饮、住宿设施外，娱乐服务项目比较丰富，如常建有康乐中心及游泳、潜水、划船、登山、攀岩、滑雪、骑马、高尔夫、网球等设施。由于旅游业的季节性，有些度假型饭店具有淡旺季的特点，旺季人满为患，淡季客源不足，这会给饭店带来经营管理上的困难。

3. 会议型饭店

会议型饭店主要用于接待各种会议团体，承接各种会议。会议型饭店一般设在政治、经济中心城市或交通便利的旅游胜地。这类饭店除了应该具备相应的住宿和餐饮设施外，每个楼层必须设置一个以上的会议厅或多功能厅以供开会、宴会、展览之用，以及配备如扩音、录放、投影等视听会议设备。如接待国际会议，还应配备同声翻译系统。会议型饭店的接待服务人员要有一定的会议接待经验，能够帮助会议组织者协调、处理各种会议事务。会议型饭店客人的消费水平相对高于度假型客人。

4. 公寓型饭店

公寓型饭店以接待家庭、商务机构为主。这些客人多半入住时间比较长，因此在客房的布局上往往采用家庭式，设有卧室、起居室、厨房、冰箱、贮藏室等。饭店通常备有专门的食品、饮料，向客人供应成品或半成品，饭店的环境家庭气氛较浓，客源相对比较稳定，房价具有便宜、实惠的特点。公寓型饭店在国外比较常见和流行，在我国还没有成为普遍的现象，主要是以商务机构的入住为主。

5. 其他特色饭店

除以上几类饭店以外，还有许多特色饭店，如海洋饭店、塔顶饭店、井底饭店、派对饭店等，这些饭店风格迥异，满足了客人各种各样的特殊需求，为整个饭店业增光添彩。

（二）根据规模大小分类

一般根据饭店客房数量的多少把饭店分为大型饭店、中型饭店和小型饭店。

1. 大型饭店

大型饭店的客房数量在 500 间以上，服务项目和设施设备齐全，消费价格较高。

2. 中型饭店

中型饭店的客房数量在 300~500 间，服务项目和设施设备较为齐全，消费价格适中。

3. 小型饭店

小型饭店的客房数量在 300 间以下，能提供一般的住宿和餐饮服务，属于经济型饭店，适合于大众旅游者消费。

当然，在国外也有其他的分法，即把 600 间客房以上的称为大型饭店；300~600 间客房的称为中型饭店；300 间客房以下的称为小型饭店。

(三) 根据等级档次分类

为了便于饭店营销机构进行推销和不同档次饭店的比较，保护饭店及客人的利益，国际性饭店组织和许多国家从 20 世纪 60 年代开始，主要根据饭店的建筑、装饰、设施设备、服务与管理水平、客人评价等情况对饭店进行分等论级。比较流行的分等制度和表示方式是星级制，一般划分为五级，用"☆"表示，星号越多，饭店的等级越高，最高级别为五星级。

我国的饭店星级评定制度始于 1986 年，随着旅游饭店业的发展，其间几经修改。1997年，我国颁布了《旅游涉外饭店星级的划分及评定》(GB/T 14308—1997)。2010 年，中华人民共和国国家标准《旅游饭店星级的划分与评定》(GB/T 14308—2010) 开始执行。

1. 一星级饭店

一星级饭店属于经济型饭店。要求布局基本合理，饭店内公共信息图形符号符合 LB/T 001—1995 标准，有采暖、制冷设备；有前厅和总服务台，18 小时在岗服务，提供接待、问讯、结账、留言、定时外币兑换、贵重物品保存、行李搬运、16 小时值班经理、英语服务等；20 间以上可供出租的客房，装修良好，至少 75% 的客房有卫生间；有专供客人使用的男女分设公共浴室，16 小时供应热水；客房、卫生间每天全面整理 1 次，及时更换床单和枕套；有中餐厅并提供早餐服务等。

2. 二星级饭店

二星级饭店属于低星级饭店。除一星级的要求外，前厅和总服务台 24 小时在岗服务，能接受客房和餐饮预订，有客人自行开启的贵重物品保险箱，有客人休息处，总机能用英语服务等；20 间以上可供出租的客房，有电话和彩色电视机，100% 的客房设有卫生间，18 小时供应热水，提供一般洗衣和送餐服务等；有中餐厅、咖啡厅(简易西餐厅)，提供酒吧服务等。公共区域有停车场，4 层以上楼房有客用电梯等。

3. 三星级饭店

三星级饭店属于中星级饭店。除二星级的要求外，饭店布局要有一定的特色，有计算机管理系统；前厅和总服务台提供一次性结账、信用卡、12 小时外币兑换、24 小时值班经理、18 小时大堂经理和店内寻人服务，有饭店和客人同时开启的贵重物品保险箱，有残疾人坡道、轮椅和专用厕位，总机人员能用 2 种外语服务等；40 间以上可供出租的客房，装修良好，有音响系统和闭路电视演播系统，有单人间、套间和残疾人房间，客房内设有微型酒吧，24 小时供应热水，提供叫醒、干洗、熨烫和擦鞋服务等；有适量的宴会单间和小宴会厅，有独立的封闭式酒吧；公共区域 3 层以上楼房有客用电梯，有小商场等。另外，在涉及客房、餐厅和酒吧、商务设施及服务、会议设施、公共及健康娱乐设施、安全设施方面的 79 个选择项目中至少选 11 项。

4. 四星级饭店

四星级饭店属于较高星级饭店。除三星级的要求外，饭店布局功能划分合理，装修采用高档材料并具有突出风格，有中央空调、背景音乐和计算机管理系统；前厅和总服务台 18 小时提供外币兑换服务；40 间以上可供出租的客房，70%客房的面积不小于 20 平方米，装修豪华，至少有 3 个开间的豪华套间等；公共区域有足够的高质量客用电梯，有商场、专门的商务中心和医务室等。另外，在涉及客房、餐厅及酒吧、商务设施及服务、会议设施、公共及健康娱乐设施、安全设施方面的 79 个选择项目中至少选择 28 项。

5. 五星级饭店

五星级饭店属于最高星级饭店。除四星级的要求外，饭店装修豪华，风格独特；总机人员能用 3 种以上外语服务；40 间以上可供出租的客房，至少有 5 个开间的豪华套间等。另外，在涉及客房、餐厅及酒吧、商务设施及服务、会议设施、公共及健康娱乐设施、安全设施方面的 79 个选择项目中至少选择 35 项。目前，在有些城市还出现了超五星级饭店，以表明这些饭店的设施设备和服务水平更好、更高。

知识链接 5-2

云南昆明《旅游民宿服务规范》于 2022 年 9 月 1 日起正式实施

经昆明市人民政府批准，昆明市场监管局于 2022 年 8 月 1 日发布《旅游民宿服务规范》地方标准，该标准于 2022 年 9 月 1 日起正式实施。

旅游民宿作为发展旅游产业转型升级的全新载体，丰富了旅游住宿产品的供给结构。自 2015 年以来，以知名旅游目的地为依托的旅游民宿呈井喷式增长，云南大理、丽江、昆明等主要旅游目的地的旅游民宿业在这一时期实现了迅猛发展。到 2020 年，昆明地区大小酒店和旅游民宿已达 9 000 余家，其中旅游目的地的旅游民宿占比达到 11%。

2019 年 7 月，文化和旅游部发布了《旅游民宿基本要求与评价》行业标准，为旅游民宿这一非标准住宿的规范化管理提供了方向性的引导，旅游民宿行业的体系化建设全面展开。同年 9 月，云南省文化和旅游厅发布了《云南省旅游民宿建设和管理规范》试行版，该规范以文件形式下发，主要体现行业管理部门对民宿的管理要求，对云南省旅游民宿的规范建设和管理起到了有效的推进作用。

此次发布的《旅游民宿服务规范》结合地方实际，符合地方旅游民宿发展特点，对引导、规范和促进昆明乃至云南旅游民宿业的标准化、规范化发展具有十分重要的作用。《旅游民宿服务规范》积极链接旅游诚信评价体系，结合消防、卫生、安全等必要条件，对服务规范、工作流程、人员要求、设施设备等方面提出可操作的规范化要求，在确保旅游民宿硬件设施达标的基础上，加强软件建设、提升顾客体验、强调品质化发展、改善旅游民宿服务质量，为昆明旅游民宿行业的高质量发展奠定坚实基础。《旅游民宿服务规范》作为一套相对完整的地方性规范，既是国家法规的具体细化与落实，又是对旅游民宿消费者诉求的积极回应。《旅游民宿服务规范》在传统标准的基础上，针对旅游民宿产品进行了个性化修订和细化，使其更适合旅游民宿的客观要求，体现了行业管理的先进性。《旅游民宿服务规范》是旅游民宿走向市场的"通行证"，是实现旅游民宿科学管理的基础。《旅游民宿服务规范》的实施，可以推动旅游民宿建立良好的经营秩序，实现旅游民宿的科学管理并提高管理效率。

（资料来源：文化和旅游部政府门户网站，2023 年 8 月）

四、饭店集团的经营管理

（一）饭店集团的概念及类型

饭店集团又称为饭店连锁或饭店联号，是指在一个国家或多个国家经营的，直接或间接控制两个以上的饭店，并以相同的店名、店徽，统一的管理程序、规章制度、操作规程和服务标准联合经营的饭店企业集团。饭店集团所属的饭店主要有4种类型。

（1）饭店集团直接投资或控股并且自行经营管理的饭店。

（2）饭店集团与饭店业主签订租赁合同，即公司对这类饭店只有经营权而无所有权，饭店集团根据租赁合同向业主支付租金。

（3）饭店集团代替经营管理的饭店，由饭店集团派出人员按统一的模式进行管理。我国许多饭店采用这种方式。

（4）成员饭店以特许经营权的方式进行经营管理，饭店的管理程序、服务标准必须符合饭店集团的统一要求，并交纳一定的品牌使用费。

（二）饭店集团的经营优势

饭店集团是第二次世界大战之后逐渐发展起来的饭店经营方式，在当今经济全球化的背景下，饭店集团化更是成为饭店业发展的方向和趋势。这主要因为饭店集团有其特有的经营优势。

1. 品牌的优势

品牌的竞争是当今饭店竞争的实质。饭店集团依靠其知名的品牌经营，为市场所熟悉和信任，引致客人对饭店品牌的忠诚，可以赢得市场，保持价格，获得美誉。品牌优势是饭店集团的最大优势所在。

2. 管理的优势

饭店集团化在其长期发展过程中形成的管理程序、规章制度、操作规程和服务标准有一整套模式，可以保证其服务和产品质量的稳定性，从而赢得市场。

3. 营销网络的优势

由于饭店集团所属的成员饭店都使用统一的名号、统一的管理模式和服务标准，因此便于树立独立的集团形象，为旅游者所分辨和认识。同时，一个成员饭店的营销宣传可以产生集团整体的效果。另外，饭店集团的全球网络预订系统使集团内各成员饭店之间可以相互输送客源，获得强大的营销网络优势。

4. 成本的优势

饭店集团的成本优势体现在两个方面。一是集团可以根据各成员饭店的分布情况，将某些大型设施设备集中起来为成员饭店服务。如建立食品加工和配送中心，这样与单体饭店自己配备相比，可以大大降低单位产品的成本。二是集团较大的物品采购数量使其与供应商讨价还价的能力加强，从而能够获得比较低的采购价格。

5. 人才的优势

饭店集团往往从战略的高度聘请和培训理论水平高、实践经验丰富的管理人才，随时为集团内饭店提供服务。有的饭店集团还设立自己的培训大学，具有比较完善的培训系统，专门培训所需的各类饭店人才，并经常对在职员工进行轮训，在此过程中不断地提高管理和技术水平。

6. 资本的优势

饭店集团借助规模经营的优势，一般具有良好的信用。对外，可以为成员饭店融资创造条件，从而有利于集团的扩张和加快饭店的更新改造。对内，可以及时调控成员饭店的资金空缺，对新建设的饭店或暂时资金运作有困难的饭店给予倾斜和扶持。

7. 风险扩散的优势

旅游业是一个对市场敏感的行业，有时导致饭店经营受外部影响比较大，饭店集团的各成员饭店分布比较分散，从而能降低和抵消市场风险，提高抗风险能力。

知识链接 5-3

洲际酒店集团

洲际酒店集团成立于 1777 年，是目前全球最大及网络分布最广的专业酒店管理集团，拥有洲际、皇冠假日、假日酒店等多个国际知名酒店品牌和超过 60 年的国际酒店管理经验。同时，洲际酒店集团也是世界上客房拥有量最大（高达 650 000 间）、跨国经营范围最广（分布将近 100 个国家），并且在中国接管酒店最多的超级酒店集团。包括中国大陆 25 个省、自治区、直辖市。

洲际酒店集团旗下的品牌有以下几个。

洲际酒店及度假村

1998 年 3 月，巴斯集团以 29 亿美元的价格从日本 Saison 集团手上收购了洲际酒店及度假酒店，这项交易使巴斯集团的酒店数目一下子增添了 187 家。

在满足国际商务旅游者及休闲旅游者的独特需求方面，洲际酒店已建立了一定的声誉，它亦善于将全球性的服务标准巧妙地与当地的传统相结合。多年来，洲际酒店远近驰名，一直是各国商人喜爱入住的酒店。此外，洲际酒店具有的独特文化特色及其在顶级酒店市场的地位，使集团的酒店品牌日趋多元化。

皇冠假日酒店

皇冠假日品牌的前身是由假日酒店于 1983 年衍生出来的酒店品牌，1994 年发展成为独立的酒店品牌，以突出其高品位、高消费的市场形象及以商务旅游者为主的特色。

皇冠酒店及度假酒店以合理的价格提供高档的酒店住宿设施。它专为满足今日精明的旅游者的需求而设，并以提供更优质的服务及设施来迎合那些追求物有所值的商务旅游者。超过 140 家皇冠酒店分布于全球 40 多个国家，每家皇冠酒店均提供先进的会议设施、专职负责会议的专业员工及完善的商业服务。同时，还配备设备齐全的健美中心、餐饮设施和多样化的休闲活动。

假日酒店

假日酒店以超值的价格为今日的商务及休闲旅游者提供可靠友善的服务及现代化的设施。无论在大小城镇、寂静的公路沿线还是在熙来攘往的机场附近，均可看到假日酒店的踪影，因为提供全面服务的假日酒店都是位于交通方便的地区。假日酒店在全球已开设了 1 600 多家酒店，不仅保持着全球最具规模的单一酒店品牌的地位，同时也是世界上最广为人知的酒店品牌之一。

快捷假日酒店

洲际酒店集团的前身六洲酒店集团于 1991 年推出快捷假日酒店，这一举动成为酒店业史上最成功的事件之一。该集团通过创造这一品牌，迅速地划分出一类中档酒店市场，这类酒店只提供有限的酒店服务而不包含餐饮设施。在不到 10 年的时间里，快捷假日酒店品牌在世界各地的酒店数目已增至 1 000 多家。

清新、简洁是快捷假日酒店的特色，它为商务及休闲旅游者提供的收费价格也极具竞争力。至于快捷假日酒店推出的 Guest Stay Smart SM 优惠计划，除可让客人免费享用包括新鲜水果、麦片及糕点在内的早餐外，还可免费使用当地电话服务（只限美国）。此外，客人还可在美国及加拿大的各家快捷假日酒店阅读一本曾获奖的酒店专有杂志 Navigator。快捷假日酒店以几乎每 3 天便开设一家新酒店的惊人速度继续扩张。

英迪格酒店

英迪格这一品牌创建于 2004 年，通过全新的理念向客人提供高档的入住体验。

（资料来源：百度百科）

（三）我国饭店集团的发展

近 20 年来，随着旅游业的蓬勃发展，饭店数量不断增多，规模不断扩大，饭店业的竞争也不断加剧，竞争的结果产生了饭店集团。饭店集团首先产生于美国，然后扩大到欧洲各地，最近在亚洲也得到了迅速发展。目前，全世界较大的饭店集团已达数百家，控制着全球客房的绝大多数，根据国际饭店与餐馆协会的统计，2000 年世界饭店管理集团排名前 10 位的为圣达特、六洲、马里奥特、雅高、精品国际、希尔顿、最佳西方国际、喜达屋、卡尔逊、凯悦。

1982 年，中国香港半岛集团正式管理北京建国饭店，这标志着国际饭店集团开始进入中国饭店市场。20 世纪 80 年代登陆中国市场的还有喜来登、希尔顿、雅高、香格里拉、新世界、凯悦、美丽华等十余家饭店管理集团。90 年代，国际饭店管理集团进入中国市场的步伐明显加快，这个时期是我国旅游业蓬勃发展的阶段，也是国际饭店集团关注中国市场，积极扩大市场份额的时期，形成了国际竞争的局面。

我国饭店集团的发展是和企业集团的发展同步的。20 世纪 80 年代初，国内就开始了企业集团的探索。1980 年 7 月，国务院颁布了《关于推动经济联合的暂行规定》，肯定了发展经济联合的重要意义，全国各地出现了一批各种形式的企业联合体。1984 年前后，上海相继成立了华亭、锦江、新亚、东湖 4 家以饭店、服务为主业的企业集团。1986 年，中央提出要建立我国的饭店集团。1987 年，我国相继成立了联谊饭店集团、华龙饭店集团和友谊饭店集团。为了促进中国饭店的集团化发展，原国家旅游局在 1988 年向国务院提交了"关于建立饭店管理公司及有关问题的请示"并获得批准，中国第一批饭店管理公司随之成立。1993 年，锦江国际管理公司成立，成为我国目前最大的一家饭店管理公司。20 世纪 90 年代以后，其他产业将富余的资金投入旅游业，形成了一些规模较大的饭店集团。另外，各个地区也组建了各自的旅游集团。

《2022 年度全国星级饭店统计调查报告》数据显示：2022 年度，7 337 家星级饭店的经营数据通过了省级文化和旅游行政部门的审核。其中，五星级饭店 783 家、四星级饭店 2 285 家、三星级饭店 3 487 家、二星级饭店 768 家、一星级饭店 14 家；客房总数 111.41 万间（套），床位总数 204.67 万张。

2022年，全国星级饭店平均房价由高到低的前十位地区依次为上海、北京、海南、广东、福建、天津、江苏、浙江、河北、山东；平均出租率由高到低前十位地区依次为湖南、浙江、海南、江苏、福建、重庆、湖北、江西、贵州、山东。

2022年，全国50个重点旅游城市星级饭店平均房价由高到低前十位地区依次为三亚、上海、北京、深圳、东莞、厦门、广州、珠海、青岛、南京。

第四节　旅　游　交　通

一、旅游交通的作用

旅游交通是指旅游者利用某种手段和途径，实现从旅游出发地到旅游目的地，再从旅游目的地回到旅游出发地，以及在旅游目的地所在区域的空间转移过程。

（一）旅游交通是旅游活动的必要条件

在旅游活动中，旅行是手段，游览是目的。要达到游览的目的，就需要解决旅游者空间位移的问题，借助于旅游交通，可以使旅游者解决旅游活动中的空间位移。旅游交通把客源地和旅游接待地联系了起来，在二者之间起桥梁和纽带的作用，使旅游者的旅游目的得以实现。

（二）旅游交通是旅游业发展的推动者

旅游交通对旅游业的发展起着巨大的推动作用，现代旅游业的产生和发展是和现代交通的发展紧密相连的。在古代，生产力水平低下，交通工具落后，人们步行或以畜力代步，出行受到很大的限制，活动范围有限。1825年，在英国出现了世界上第一条铁路，随后托马斯·库克于1841年组织了世界上第一个火车旅行团，从此才有了商业旅游。第二次世界大战后，现代交通快速发展，特别是大型喷气式客机的普及和更新换代，使旅游交通的运量、速度、安全性、舒适度都大大提高，为战后旅游业的发展奠定了基础和提供了可能。现代交通不仅缩短了旅游客源地与目的地之间的相对距离，同样也缩短了旅游景区（点）之间的距离，使旅游景区（点）形成网络，更便于人们游览。现代交通业为现代旅游业的发展提供了强大的推动力，反过来现代旅游业也为交通业的发展提供了市场需求。

（三）旅游交通收入是旅游业收入的重要组成部分

旅游业是一个涵盖了旅行社业、旅游交通业、住宿业、餐饮业、娱乐业、旅游产品制造业等系列产品的综合性产业。在旅游者的消费中，尤其是国际旅游，交通费用大约要占三分之一，成为旅游业收入的重要组成部分。

二、旅游交通的主要类型

根据交通工具、交通线路和地理环境不同，旅游交通可以划分为航空、铁路、公路、水路和特种旅游交通等基本类型。各种旅游交通类型由于运输方式不同，有各自的特点。

（一）航空

航空旅游交通是各种类型旅游交通中速度最快、距离最远的，乘坐时舒适、安全、省时。民用喷气式客机在 20 世纪五六十年代出现之后，发展非常迅速，到了 20 世纪 70 年代宽体客机又得以发展，使飞机的载客量大为增加，也更为舒适。但是航空旅游交通也有其不足之处：飞机的购置费用太高，能耗大，运量相对小，受气候条件的影响大。只适合远距离、点对点运送旅游者，不适合近距离和面状旅游之用。因此，航空旅游交通必须和其他交通相互配合，取长补短，共同完成旅游交通服务。

在现代旅游中，航空旅游交通分为定期航班服务和旅游包机服务。定期航班是民航公司按照对外公布的航班时刻表飞行的民航服务。旅游包机服务是一种不定期的航空包机服务业务，可以按旅行社的要求定时间、定航线，很受旅游者的欢迎。

（二）铁路

铁路旅游交通的优点是运量大、速度快、运价低、时间准、安全性高、受气候条件影响小等。铁路旅游交通在我国国内的长距离旅游交通中起着骨干作用。旅游者在乘坐火车时，可以在车厢内饱览铁路沿线的自然风光，开阔视野。铁路旅游交通的不足是灵活性差，建设周期长，一次性投入大等。

在我国，铁路旅游交通一直居于主要地位。近几年来，铁路部门几次进行提速，开通了假日专列。为了使旅游者的旅途生活舒适、省时，在一些主要的旅游线路增设了直达列车，以保证旅游者旅途的舒适和缩短到达目的地的时间。

（三）公路

公路旅游交通是最普遍的短途运输方式，乘坐汽车旅游有许多优点：第一，对自然条件适应性强，一般道路都可以行驶，随时停留，可以任意选择旅游点，把旅游活动扩大到面；第二，用途多，可以捎带简易的炊具、卧具，解决食宿。汽车旅游交通的局限性主要是运载量小、速度慢、运费高，受气候变化影响大，有时候安全性较差。

汽车旅游是世界旅游交通发展的大趋势之一。目前在西方经济发达国家，由于高速公路网的建立和家庭轿车的普及，乘坐汽车外出旅游的人占据绝大多数。在我国，随着高速公路的修建和轿车越来越多地进入家庭，汽车旅游也表现出强劲的发展势头。

（四）水路

水路旅游交通包括内河航运、沿海航运和远洋航运。水路旅游交通具有运载量大、能耗小、成本低、舒适等优点。大型的渡轮一次可以运载数百乃至上千名旅游者，远远超过了大型飞机的运载量。在各种旅游交通的价格中，乘坐轮船的价格是最为便宜的。旅游客轮被人们誉为"流动的旅馆"，旅游者在轮船上能够尽情地观赏湖光山色、两岸美景或日出日落。水路旅游交通不利的方面是行驶的速度慢，受季节、气候和水情的影响，准时性相对较差。

诞生于 20 世纪 60 年代后期、开始于北美的现代邮轮产业，40 年来每年以 8%～9% 的速度增长。目前，国际邮轮产业发展已比较成熟，到 2022 年，世界上共有 439 艘邮轮，其主要市场在北美和欧洲。进入 21 世纪以来，我国邮轮旅游快速发展。邮轮市场成为我国航运业、旅游业新的经济增长点。目前邮轮界已达成共识：中国是全球邮轮旅游业发展最快的新兴市场。图 5-3 所示为豪华邮轮。

图 5-3　豪华邮轮

（五）特种旅游交通

特种旅游交通主要是指旅游景区、景点的渡船、索道、缆车、轿子、滑竿、马匹、骆驼（见图 5-4）等形式的旅游交通方式。其优点是便于旅游者通过一些难行路段，可以辅助老弱病残完成旅游，由此还带有娱乐、观赏性质，可以提高旅游价值，能够招徕旅游者。不足之处是某些交通设施如索道、缆车等，有时会造成与风景名胜的不协调现象和对风景区的破坏。

图 5-4　骑骆驼漫游腾格里沙漠

案例链接 5-1

山东大力推动交通旅游融合发展

2023 年 3 月 21 日，山东省政府新闻办召开新闻发布会，介绍山东省交通旅游融合发展的情况。到 2025 年，山东省高速公路出口至 4A 级及以上旅游景区 30 分钟内通达，到 A 级及以上旅游景区 1 小时内通达。山东将着力打造个性化、多样化的交通旅游融合新业态、新产品，满足广大人民群众高品质、多元化、个性化的出行需求。

近期，山东省交通运输厅会同省文化和旅游厅等单位，联合开展旅游风景道调研，编制印发了全省旅游交通网主骨架布局规划，聚焦黄河、大运河、齐长城、黄渤海、沂蒙革命老区五大旅游资源富集区，谋划构建"外部交通快捷、内部交通顺畅、慢行交通丰富"的"快进慢游"旅游交通体系。统筹文旅资源和公路建设，构建串珠成线、连线成面的"慢游"旅游交通系统。以"行游一体、人在路上、路在画中"为体验目标，谋划推进东部"千里滨海"、西部"鲁风运河"、南部"红色沂蒙"、北部"黄河入海"、中部"长城寻迹"五大主题旅游公路，加快形成全省"东西南北中、一环游山东"的旅游公路总体布局。

此外，山东还将全面建设旅游公路网络，加速形成通用机场旅游网络，持续完善水上旅游设施网络，高标准建设交通旅游融合设施网络；着力提升高速公路服务区旅游服务功能、提升道路客运旅游服务水平、加强旅游客运水陆空联动、提供优质旅游出行信息服务，高水平提供交通旅游融合运输服务。

（资料来源：文化和旅游部政府门户网站，2023 年 3 月）

三、我国的旅游交通

近年来，随着国民经济发展与旅游业的繁荣，我国的民航、铁路、内河及海洋客运、公路交通事业得以迅速发展，已形成了以铁路交通为主的立体的旅游交通网络。众多国际航空公司提供了多条飞往中国大陆的航线，为海外旅游者来中国大陆旅游提供了交通保证与方便。各交通部门不断地完善服务体系，积极提高预备水平，尽可能帮助旅游者消除旅途中的枯燥与疲惫，使我国旅游交通的软硬条件都得到了很大发展。

近些年来，国家层面先后发布了一系列推进交通与旅游融合的政策，多形式、多业态、多目标交旅融合发展模式取得积极进展。

2017 年，交通运输部等 6 个部门联合印发《关于促进交通运输与旅游融合发展的若干意见》，提出构建"快进慢游"旅游交通网络，加速交通与旅游的融合发展。

2018 年，国务院办公厅印发《关于促进全域旅游发展的指导意见》，一方面，强调建设多模式交通导向的旅游线路与旅游营地，打造旅游风景道、铁路遗产等特色交通旅游产品，推动旅游与交通等融合发展；另一方面，强调构建畅达、便捷的交通网络，改善多模式交通条件，提升交通与旅游设施、旅游目的地的连接性。

2019 年印发的《交通强国建设纲要》，强调深化交旅融合新业态新模式发展，加强旅游资源富集区的交通建设，完善重要交通设施旅游服务功能，推动旅游专列、旅游风景道、旅游航道等交旅融合新业态的发展。

2021 年印发的《国家综合立体交通网规划纲要》，再次强调推进交旅融合发展的重要意义，提出发挥交通促进全域旅游发展的基础性作用，加强交通与重要旅游景区的产品衔接、线路衔接、服务衔接，形成交通带动旅游、旅游促进交通发展的良性互动格局。

2023 年，交通运输部、文化和旅游部联合发布《关于加快推进城乡道路客运与旅游融合发展有关工作的通知》，强调提升交通网络衔接效能与通达深度，发展"一站多点"模式，不断优化旅游目的地的交通集散体系。

交通运输部发布《2022年交通运输行业发展统计公报》显示，2022年，全国铁路营业里程15.5万千米，其中，高铁营业里程4.2万千米。全国公路里程535.48万千米，比2021年末增加7.41万千米。全国四级及以上等级公路里程516.25万千米，比2021年末增加10.06万千米，占公路里程比重为96.4%，提高了0.6个百分点。全国国道里程37.95万千米，省道里程39.36万千米。农村公路里程453.14万千米，其中，县道里程69.96万千米、乡道里程124.32万千米、村道里程258.86万千米。全国公路桥梁103.32万座、8 576.49万延米，比2021年末分别增加7.20万座、1 196.27万延米。

2022年，全国内河航道通航里程12.80万千米，比2021年末增加326千米。等级航道通航里程6.75万千米，占内河航道通航里程的比重为52.7%，其中，三级及以上航道通航里程1.48万千米，占内河航道通航里程的比重为11.6%。各水系内河航道通航里程分别为：长江水系64 818千米，珠江水系16 880千米，黄河水系3 533千米，黑龙江水系8 211千米，京杭运河1 423千米，闽江水系1 973千米，淮河水系17 610千米。

2022年，颁证民用航空运输机场254个，比2021年末增加6个，其中，定期航班通航机场253个，定期航班通航城市(或地区)249个。2022年全年旅客吞吐量达到100万人次以上的机场69个，其中达到1 000万人次及以上的机场18个。

总体而言，新中国成立以来，尤其是改革开放以来，我国交通基础设施、运输装备和运输总量规模迅速扩大，质量水平大幅提高，整体结构明显改善，一个颇具规模的现代交通运输系统已初步形成。

第五节　旅游商品

一、旅游商品的概念和分类

旅游商品是指旅游者在旅游过程中所购买的实物商品，包括各种工艺品、文物复制品、土特产品、文化艺术品、旅游纪念品、其他商品等。

旅游商品丰富繁杂，大体可以分为以下几类。

(一) 工艺美术品

工艺美术品是指经过装饰加工，具有传统工艺和地方特色的商品。我国的工艺美术品历史悠久、技艺精良，如景德镇的瓷器、北京的景泰蓝(见图5-5)、杭州的丝绸、宜兴的紫砂壶以及各地生产的牙雕、玉雕、石雕等。工艺美术品具有实用性和欣赏性的双重功能，品种繁多，并带有地方特色，很容易受到旅游者的喜爱。

(二) 土特产品

土特产品是指一个国家或地区旅游目的地当地出产的，具有浓厚地方特色的产品。包括各种名酒、名茶、名烟、中药材和其他农副产品等，既可馈赠亲友，又可自用和留作纪念。

（三）文化艺术品

文化艺术品主要包括文房四宝、文物古玩、金石字画等。这类商品传统特色浓，文化特征明显，纪念意义广泛，但价格较高，在我国的国际旅游经济活动中具有较强的创汇能力。

（四）旅游日用品

旅游日用品是指旅游者在旅游过程中购买的具有实用价值的生活日用品，如草帽、手杖、折伞、扇子、服装等。这类商品既有实用价值又有纪念意义，一方面，可以满足旅游者参观游览的实际需要，是旅游生活必需品；另一方面，这些商品的造型、商标和图案可以引起旅游者日后的愉快回忆，对旅游产品的宣传与促销也可起到辅助作用。

（五）旅游纪念品

旅游纪念品是指以旅游景点的文化古迹或自然风光为题材，利用当地特有的原材料制作，带有纪念性的各种各样的商品（见图5-6），如旅游纪念章、纪念图片等。这类商品品种极多，题材丰富，数量最大，销路最为广泛，深受旅游者的欢迎，在旅游商品中占有重要地位。

图5-5　景泰蓝

图5-6　无锡泥人

二、旅游商品的特点

旅游商品具有客观实用性和主观欣赏性的作用，这决定了其有实用性、艺术性、纪念性、礼品性的特点。

（一）实用性

实用性是指旅游商品不仅要有纪念、欣赏价值，而且应对旅游者具有实际使用的效能。要提高旅游商品的实用性，一是要搞好调查研究，了解旅游者的爱好与生活方式，根据旅游者的需求特点确定产品的发展目标；二是要努力提高产品质量。

（二）艺术性

艺术性是指旅游商品的整体设计要新颖奇特、美观别致，使产品具有艺术欣赏的价值。艺术性应体现在产品的设计、造型和包装中。以往，我国只重视工艺美术品的艺术性，而忽视了其他旅游商品的艺术性，这种做法使我国的旅游商品与旅游发达国家相比存在较大的差距。要达到旅游商品的艺术性，不仅要努力提高工艺水平，而且要把民族特色、地方特色、时代特色和人们的艺术欣赏习惯结合起来。

（三）纪念性

纪念性是指旅游商品应能显示出旅游者在旅游目的地参加旅游活动的标志与地方特征，便于旅游者带回去后仍能留下或引起美好的回忆。旅游商品的纪念性是区别于普通日用品的一个最显著的特点。因此，旅游商品的开发应能体现民族、民俗、地方的风格特征。

（四）礼品性

礼品性是指旅游商品不仅制作要精致，而且要注意其颜色、规格、包装，既便于旅游者携带，又能给人以华丽高贵的感觉，使之成为馈赠亲友的佳品。我国的旅游商品丰富多彩，富有特色，但普遍存在包装不够精美的问题，使其在国际市场缺乏竞争力。

三、我国的旅游商品

我国旅游商品的发展经历了一个由无到有、由种类单一到相对丰富的过程。当前，各地都已开始意识到发展旅游购物的重要性，开始重视旅游商品的设计，在加强宣传力度的同时，在制作、工艺、包装上较以前有所提高，初步形成了以旅游纪念品、土特产品、实用工艺品等为主体的旅游购物结构。

目前，海外旅游者在我国旅游购物的场所向多元化方向发展，从主要选择综合商场及旅游定点商店购物变为主要选择饭店商品部和免税店购物。其中，免税店作为国际旅游者重点集中的高档场所，在旅游购物业中起着举足轻重的作用。1980年，中国的第一批免税店相继出现在北京、广州、上海机场，经过20多年的发展，数量已达150多家，销售网络覆盖24个省、市、自治区的90多个开放城市和边境地区。2001—2002年上半年，各地纷纷举办各种旅游购物节，如第三届青岛旅游购物节、广东澄海金秋联谊暨旅游购物节等。2002年4月，由原国家旅游局主办、中国旅游协会承办的首届中国旅游纪念品设计大赛在南京举办。这些活动对提高我国旅游商品的设计生产水平，促进旅游商品的设计、生产与销售，提高旅游创汇中的旅游购物收藏人的比重，增强我国旅游商品的市场竞争力，都起到了积极的作用。

旅游商品是旅游业的重要组成部分，是延伸旅游产业链、扩大旅游消费、推动旅游业提质增效的有效途径。近年来，我国旅游商品开发水平不断提升，综合带动作用日益显现，在丰富旅游市场供给、拉动内需扩大消费等方面发挥了重要作用。但在发展实践中也存在政策缺失、市场乏力、产品同质、人才匮乏等问题。为此，我们要积极进行旅游商品的创新发展，使旅游商品成为继旅行社、旅游饭店、旅游交通之后旅游业的第四个支柱产业。

【拓展阅读5-2】

文化和旅游部实施旅游商品创意提升行动

2021年7月，文化和旅游部办公厅发布的《关于推进旅游商品创意提升工作的通知》明确，为更好推进文化和旅游融合发展，切实提升旅游商品开发水平，文化和旅游部决定组织实施旅游商品创意提升行动。

一是坚持文化为魂，挖掘文化内涵、提升商品价值。要把握正确导向，坚持守正创新；全面推进"创意下乡""创意进景区"工作，聚焦乡村旅游重点村镇、高等级旅游景区和度假区等创新开展活动；持续推进文化文物单位文化创意产品开发工作，发挥旅游市场优势作用，扩大文化和旅游消费。二是坚持市场导向，培育市场主体、丰富产品种类。要深入推进创意产品开发信息名录建设；探索创新多种开发经营模式，积极探索自主研发、合作开发、品牌授权等多种模式，引入竞争机制，吸引更多社会力量参与旅游商品开发经营；着力丰富旅游商品主题种类。三是坚持品牌引领，拓宽营销渠道、引导市场需求。要培育旅游商品精品品牌，发挥品牌对消费需求的引领作用；拓宽市场营销渠道，支持在公共区域设立专卖店、代售点，引导线上营销、互动营销，促进二次消费；搭建有效展示推介平台，做大做强中国义乌文化和旅游产品交易博览会，充分利用中国国际旅游交易会等展会平台。四是坚持示范带动，总结经验模式、加强政策扶持。要遴选典型示范案例，培育开发示范单位。五是坚持基础先行，夯实理论研究、提升人才建设。要扎实推进基础课题研究，逐步推进旅游商品消费调查、知识产权保护、质量追溯体系等基础课题研究；全面提升人才队伍建设，创新开展文化和旅游创意产品开发人才培训班，培养一批具备综合素质的复合型人才。

（资料来源：文化和旅游部政府门户网站，2021 年 7 月）

案例链接 5-2

全国 110 家博物馆最新文创品齐聚大连

近日，中国百家博物馆 2023 文创产品展览会在大连旅顺太阳沟启幕。展览会以"文博赋能　文创未来"为主题，来自全国 110 家博物馆的最新文创产品，通过实物展示、视频展播、数字化等形式，呈现文化资源、旅游资源与创意设计产品的有机融合。

展览结合历史建筑空间，按中国博物馆的地理分布，划分为华北、东北、西北、西南、华东、中南六大展厅。在 3 700 余件各博物馆开发的最新展品中，既有千里江山、马踏飞燕等网红 IP 文创产品，又有抗联马灯、丝路帆远方巾、越王勾践剑 U 盘等地域特色文创产品，也有瑞鹤图屏风、海晏河清香薰套装、编钟茶具、盛世莲花布艺台灯、流光青影花瓶夜灯、红楼梦框画等与日常生活紧密联系的文创产品，更有市场上销售持续火爆的各类考古盲盒。

此次展览会上，旅顺博物馆在长期深耕红楼梦系列文物藏品研究的基础上进行数字文博的先锋性尝试，搭建数字红楼梦文创展厅，通过科技+文化+艺术的实践，让观众在视觉和情感的双重冲击中，走进红楼梦的世界，沉浸式感受画家孙温、孙允谟的艺术构思能力和场景构建能力，品味大观园建成之初的恢宏气派和红楼意境的余韵悠长。

旅顺口区区政府相关负责人表示，近年来，旅顺坚持文旅兴区，正在全力创建国家首批文物保护利用示范区，加快构建以旅顺博物馆为核心的泛博物馆群，加紧制定旅游产业规划，打造高品质的全域旅游城区。旅顺口区将以此次展览会为契机，加强与博物馆界文创专家的交流合作，不断提升旅顺文化创意产业发展水平，围绕全域旅游城区建设，坚持以文塑旅、以旅彰文，持续推动文旅产业深度融合。

本次展览会是中国博物馆协会文创产品专业委员会成立十周年系列活动的重要组成部分。展览会期间，与会的 110 家博物馆还以"产业链视角下的博物馆文创"为题召开研讨会，共同探讨博物馆文创在坚定文化自信、创造美好生活、服务地方经济社会发展中的责任使命。

（资料来源：央广网，2023 年 7 月）

// 本 章 小 结 //

旅游业是以旅游市场为对象，有偿为旅游者的旅游活动创造便利条件，并提供所需商品和服务的所有行业和部门的综合性产业。旅游业主要由旅行社、旅游饭店、旅游交通、旅游购物等部分构成。旅游业具有综合性、敏感性、季节性、垄断性和竞争性、国际性和涉外性等特点。改革开放以来，特别是进入 21 世纪以来，我国旅游交通事业发展取得了巨大成就。

// 同 步 练 习 //

一、填空题

1. _____、_____和_____被认为是旅游业的三大支柱。

2. 旅游业的性质主要表现在_____、_____和_____3 个方面。

二、单项选择题

1. 爱国人士陈光浦先生在上海商业储蓄银行设立旅行部，后该部独立并更名为中国旅行社，现为香港中国旅行社股份有限公司，是中国最早的旅行服务机构，其最早成立于(   )。

A. 1911 年   B. 1923 年   C. 1927 年   D. 1949 年

2. 在我国，(   )旅游交通一直居于主要地位。

A. 航空   B. 公路   C. 铁路   D. 水路

三、多项选择题

1. 下列属于旅游商品的特点的有(   )。

A. 实用性   B. 艺术性   C. 纪念性   D. 礼品性

2. 下列属于饭店集团的经营优势的有(   )。

A. 品牌优势   B. 管理优势   C. 风险扩散优势   D. 营销优势

四、简述题

1. 如何理解旅游业的概念？

2. 旅游业有哪些基本性质？

3. 旅游业有哪些特点？如何理解这些特点？

4. 旅行社在旅游业中起着什么作用？

5. 我国旅行社是怎样分类的？其设立分别需要哪些条件？

6. 什么是饭店集团？饭店集团有哪些经营优势？

7. 旅游交通可以分为哪几类？各自有什么特点？

8. 我国旅游商品存在哪些问题？如何加以改进？

// 实 训 项 目 //

对本地区的旅游业基本情况进行调查。

调查目的：了解本地区旅游业各组成部分的发展情况和特点。

调查工具：照相机、摄像机、录音笔、统计年鉴等。

调查要求：分组调查。

调查报告：以小组为单位形成调查报告，阐述本地区旅游业各个组成部分的发展情况及特点，字数2 000~3 000 字。

第六章　旅游市场

【学习目标】

知识目标

- 理解和掌握旅游市场的基本概念。
- 认识旅游客源市场的重要性。
- 掌握国际旅游客源的分布格局和国际旅游客流规律。
- 了解我国旅游业的客源市场。
- 理解旅游产品与旅游营销的基本内涵。

能力目标

- 能分析国际旅游客源的分布格局和国际旅游客流规律。
- 能说明我国旅游业在国际市场竞争中存在的问题。
- 能分析我国旅游业的客源市场。
- 能运用旅游营销的基本理念分析问题。

素养目标

- 关注旅游市场，对旅游业未来发展充满信心。
- 培养爱岗敬业的意识。
- 树立旅游市场的竞争意识。

【关键概念】

旅游市场　旅游市场细分　旅游产品

旅游营销　旅游客源市场　旅游客流

【思维导图】

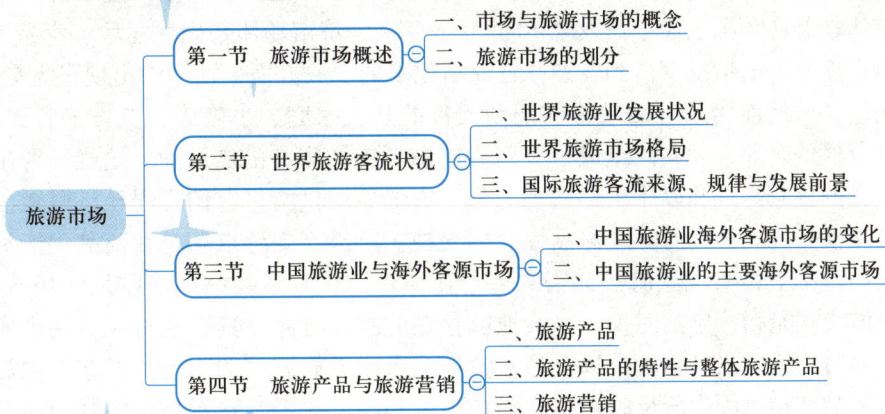

在一定的社会经济形态下，有社会分工和商品生产，就会有市场。市场随着商品经济的发展而发展。市场是联结消费者与经营者的一条纽带，是商品经营者和生产者活动的舞台，旅游市场也不例外。

旅游市场是市场经济发展的产物，是旅游业赖以生存和发展的条件，是旅游经济运行的基础和实现旅游供求平衡的重要保证。学习研究旅游市场，对于促进旅游业发展具有十分重要的意义。

第一节　旅游市场概述

一、市场与旅游市场的概念

市场是生产力发展到一定阶段的产物，是随着商品生产和交换的发展而发展的，"市场"这个概念在不同的时期和不同的场合具有不同的内涵。

最早的市场概念是指商品交换的场所，即具备买卖双方进行商品交换活动所需条件的地点，是从有形的"物"的角度描述市场的。这种说法至今在某些场合仍在使用，如集贸市场、超级市场等。不过，随着经济的发展，商品交换活动不再仅仅局限于同一时间、地点，由买卖双方直接完成了，其内容和形式都发生了深刻的变化。由于生产力水平的提高，特别是劳动分工的深化，交换活动日益渗透于整个现代经济，成为联系现代经济体系的纽带。因此，广义的市场概念是指以交换过程为纽带的现代经济体系中的经济关系的总和。这是从无形的"关系"角度对"市场"进行的描述。美国学者菲利普·科特勒在《营销管理》一书中将"市场"定义如下："一个市场是由那些具有特定的需要或欲望，而且愿意并能够通过交换来满足这种需要或欲望的全部潜在顾客所组成的。"从这个狭义的市场定义可以看出，市场学中关于市场的一般要领是建立在"消费主体"即"人"的基础上的。换言之，市场就是在一定的时间、一定的地点的条件下，对某种产品或劳务具有潜在购买欲望和购买力的消费主体集合。

与一般商品市场相比，旅游市场是社会分工进一步深化、商品生产发展到一定阶段的产物。旅游活动是在英国工业革命发生 70 年后、商品经济市场体系确立之后、商品生产和商品交换获得高度发展的情况下得到发展并且商品化了的。一方面，社会中出现了大量的旅游者；另一方面，一些从前为旅行活动提供便利条件的私人家庭、小旅店、骡马车店进一步扩大，形成了经营性的企业，并共同组成了专门为旅游者提供服务的旅游业。这样，便出现了以旅游者为一方的旅游需求和以旅游经营者为另一方的旅游供给，它们之间经济联系的主要形式就是进行交换——一种具有完全商品性质的交换。所以，旅游市场是在商品生产和商品交换充分发展的基础上，实现旅游产品需求者与旅游产品供给者之间经济联系的场所。所以说，狭义的旅游市场是指一定的时期内，某地区存在的对旅游商品具有支付能力的现实和潜在的购买者。简言之，狭义的旅游市场就是旅游需求市场或旅游客源市场。而广义的旅游市场则是指旅游产品交换过程中所反映的各种经济现象和经济关系，它不是仅限制为旅游产品交换的场所，而且还涉及一定范围内旅游产品交换中供求之间各种关系的总和。

二、旅游市场的划分

（一）旅游市场划分的概念和意义

旅游市场划分也称为旅游市场细分化。所谓旅游市场细分是指旅游企业根据旅游者群之间的不同需求把旅游市场划分为若干个分市场，从中选择自己的目标市场的方法。

和一般商品市场相似，旅游市场也同样存在着一个市场细分的问题。旅游经济要进一步发展壮大，就必须分析市场，研究中外旅游消费者的需求，细分市场，力推特色线路和特色旅游产品。旅游企业在设计产品、拓展市场时，也必须进行旅游市场的细分，充分满足旅游者消费多样化以及消费者的个性化需求，并通过科学的市场细分与旅游产品的开发创新，推动旅游经济的发展，实现旅游业可持续发展。

视频：旅游市场定位策略

实际上，潜在的旅游资源并不等于现实的旅游消费市场。从严格意义上讲，衡量旅游市场的大小并不是资源的丰厚与否，而是它所产生的现实的经济规模及其效益。在很多人的眼里，旅游常常是一个空间的或者说是地域性概念。例如，北京、上海、东京与伦敦等城市的名称成为旅游的代名词，"到此一游"是很多消费者的旅游观念。旅游企业进行旅游产品开发与组织旅游团队时，都自觉不自觉地以地域作为对象与目标。这种把地域与旅游捆绑在一起的做法，在认识与实践上都是不适宜的。从实践上看，把旅游的多样性与个性化需求压缩到单一的地域性观光，既难以满足旅游的多样性与消费者的个性化需求，更不能引导整个社会的旅游消费需求，开拓旅游市场。具体而言，在地域性观光旅游中，消费者的旅游消费指向或者说兴趣爱好存在很大差异：有喜欢上街购物的，有喜欢休闲度假的；有喜欢自然风光的，有喜欢人文景观的；有喜欢体育运动的；有喜欢探险猎奇的；等等。兴趣差异之大，不但旅游企业难以兼顾，而且消费者更无法尽兴。很多参加过地域性观光旅行团的消费者都有这种感觉。同时，由于以地域为旅游对象，旅游企业所安排的旅游项目常常固定不变，从而使消费者产生了不想再游的一次性旅游消费观念。其实，这种地域性观光消费只能是蜻蜓点水，难以体验各地丰富多彩的旅游生活。这种状况不尽快改变，不但消费者的旅游意愿会淡化，而且旅游市场也会逐渐萎缩。因此，应强化旅游市场的细分，充分发挥旅游资源丰富的优势，创新产品，提高旅游综合经济效益。

一般来讲，旅游市场细分的意义主要表现在以下3个方面。

1. 有助于选定目标市场

旅游目的地和旅游企业在对市场进行细分的基础上，便于分析各细分市场的需求特点和购买潜力，从而可以依据自己的旅游供给或经营实力有效地选定适合自己经营的目标市场，来增加销售量，扩大市场占有率。

2. 有助于设计旅游产品

市场的细分可以消除旅游市场的混沌状态，能够根据消费者自身条件与兴趣爱好不同，以及各地旅游资源的特点，来设计不同种类与档次的旅游产品。市场细分意味着旅游种类的增加与消费者选择余地的扩大，它可以适应旅游的多样性与消费者的个性化需求，从而激发消费者更大的旅游兴趣，进而增大市场容量，促进旅游经济的发展。

3. 有利于有针对性地开展促销

对于旅游目的地和旅游企业来说，开展促销工作毫无疑问是非常重要的，因为再好的旅游产品如果不为旅游消费者所知，也无异于该产品不存在。但是，无论是一个旅游目的地还是一个旅游企业，其营销经费都是有限的。因此，如何利用有限的促销预算获取最大的促销成效也就成了旅游经营工作中重要而现实的课题。此外，为不同的消费者提供不同的旅游产品，制定特定的市场营销策略，由于市场细分，市场面小，旅游企业就比较容易觉察和分析旅游者的反应，有利于企业根据新的情况及时采取有效的措施，可避免因盲目促销而造成的浪费，也有助于提高促销的成效。

（二）旅游市场的划分方法

旅游产品的市场是由其购买者或者有支付能力的需求者所构成的。在这些众多的购买者或需求者中，有些人往往具有某些相同的特点或共同之处。这些相同的特点或共同之处也就成为对旅游市场进行划分或细分的标准。

旅游市场的划分标准很多。李天元在其《旅游学概论》中将这些标准归纳为四大类，即地理因素、旅游消费者的特征（人口统计因素）、对产品及服务的需求和购买行为特点、旅游消费者的心理特点。由于其中具体的划分标准很多，不同的旅游目的地，特别是不同的旅游企业，应根据自己的情况和需要，选用对自己的经营工作具有实际意义的划分标准。此外，同一个旅游企业所采用的市场划分标准随着时间和市场条件的变化也可能发生变化。因此，对市场划分标准的选用应因时因地地加以修订。这里仅就最为常见的旅游市场划分方法介绍如下。

1. 以地理因素为标准进行划分

用作旅游市场划分标准的地理因素有若干种不同的表现形式。

世界旅游组织根据自己研究工作的需要，并根据世界各地旅游发展的情况和国际旅游客源的集中程度，将全世界国际旅游市场划分为六大市场，即欧洲市场、美洲市场、东亚及太平洋市场、非洲市场、中东市场、南亚市场。这是一种传统而重要的市场划分。世界旅游组织每年均按此划分口径公布每个区域市场的统计数字，这对于了解各地区旅游业发展情况，把握世界旅游市场的动态具有重要价值。它反映了当今世界旅游市场的基本格局。

从旅游输出国与旅游接待国之间的距离看，分为远程旅游市场和近程旅游市场或称为近邻国旅游市场。一般地说，远程旅游需要时间较长，旅游消费较高，旅游者多属于经济比较富裕、休假时间充裕、生活条件优越的人群。由于他们在一个国家或地区停留时间长，消费支出较高，就会给旅游目的地带来较高的旅游收入。随着交通工具日趋现代化，旅游空间距离和时间距离的相对缩短，远程旅游也有逐渐发展的趋势。近程旅游是指旅游客源国和目的国之间距离短，甚至相邻国家间的旅游活动。近程旅游由于旅途的时间短，旅途消费也相应减少。因此常被那些空闲时间短、收入水平较低的旅游者所采用，如欧洲各国之间的国际旅游活动，近年来除了地区相邻和交通方便外，国家之间制定了很多旅游政策，如国家之间互免签证、简化出入境手续，使旅游者消费与国内旅游相同的支出却能享受异国情调。因此，近邻国旅游市场是各旅游区旅游市场中最为活跃的国际旅游市场。

各国际旅游接待国则往往根据其国际旅游者来源的数量主次，按旅游者来源的国别或地区，将其划分和排列为不同的客源市场。这种划分有助于了解世界旅游客源的分布状况，从而促使人们进一步研究和发现某些地区和国家产生旅游者多，而另一些地区和国家产生旅游者少的原因。旅游接待国或地区则可根据这些情况，研究和分析自己的现实与潜在目标市场区域，为制定自己的旅游营销战略和决策提供信息基础。

2. 以旅游消费者的某些特征为标准进行划分

常用的这类标准有以下几方面。

（1）人口统计因素。

人口统计因素划分是根据旅游者的年龄、性别、家庭规模、婚姻状况、家庭生命周期、收入水平、职业、文化程度、民族、种族、宗教信仰、社会阶层等因素进行细分。

① 按年龄细分。根据旅游者的年龄结构，可将旅游市场细分为老年旅游市场、中年旅游市场、青年旅游市场、儿童旅游市场。

② 按性别划分。可细分为男性旅游市场和女性旅游市场。男性旅游者与女性旅游者对旅游服务和项目的需求表现出一定的差别，女性喜欢结伴出游，喜好购物，对价格较敏感。女性旅游者将成为旅游市场的重要客源目标。

③ 按照收入、职业、受教育程度细分。可自由支配收入是旅游的必要条件，从这一点来看，对于旅游者，收入在很大程度上决定其旅游活动的最终实现，同时也会影响其对于旅游目的地和消费水平的选择。职业对旅游需求的影响也较大，主要影响旅游时间和方式的选择。如教师、学生一般会利用寒暑假旅游，管理人员、技术人员、商务人员则多具有公务和商务旅游的需求。个人受教育程度对旅游的需求也有影响，受教育的程度越高，旅游需求的层次越高。

④ 按家庭结构细分。家庭是消费的基本单位，家庭结构、规模和总收入等状况都会直接影响旅游者的旅游需求。

⑤ 按社会阶层细分。各社会阶层的区别主要表现在各自具有不同的心理行为，也就是说，每个阶层的成员都具有类似的价值观、兴趣和行为，不同的阶层对旅游活动、旅游消费水平和档次的选择也有所不同。如上层旅游者是富有的阶层，他们希望获得他人的承认，希望旅游活动能反映出他们日常的生活水平，喜欢和具有同等社会与经济地位的人一起旅游。中层是旅游者中最广泛的阶层，是旅游市场中的主要客源组成。

（2）按旅游心理特征细分。

按旅游心理特征细分是指按消费者心理动机细分市场。此类划分的依据主要是消费者的性格、生活方式、旅游目的、购买时间等。

① 按旅游者的出游目的细分。按旅游者出游的主要目的，将旅游市场细分为以下 4 个部分。

a. 观光旅游市场。这类旅游者的旅游动机主要是了解异国他乡的历史、文化、风俗民情以及参观游览当地的自然景观。观光旅游市场是传统的旅游市场。

b. 会议、展览、商务旅游市场。这类旅游者的需求量受价格影响较小，消费水平高，目的地以大城市为主。

c. 休闲度假旅游市场。休闲度假旅游是当今旅游市场中的主流旅游活动方式，主要目的是休养身心。这个市场的旅游者停留时间长，重复旅游者占很大比例。

d. 探亲访友旅游市场。这类市场的旅游者的目的是探亲访友或寻根祭祖，受各种营销活动的影响不大。

此外，旅游形式和内容的多样化是当今旅游业的一大特点，除了以上传统旅游市场外，又出现了一些新兴的旅游市场，如满足旅游者健康需求的体育旅游市场、疗养保健旅游市场和狩猎旅游市场等；满足旅游者业务发展需求的修学旅游市场、学艺旅游市场等；满足旅游者享受需求的豪华（邮轮、火车、汽车）旅游市场、美食旅游市场等；满足旅游者寻求刺激心理需求的探险旅游市场、秘境旅游市场、惊险游艺旅游市场等。

②　按生活方式细分。按生活方式来细分旅游市场，主要根据人们的不同生活习惯、消费倾向，对周围事物的看法及人们所处生命周期来决定。由于人们生活方式不同，必然带来旅游需求的差异性。因此，把生活方式雷同的旅游者作为一个市场群体，有计划地提供符合该市场需求的旅游产品和服务，有针对性地满足其需求，从而可以扩大市场占有率。

③　按性格细分。性格也是影响旅游动机的重要因素之一。在划分市场时，按性格划分有助于我们根据旅游者的不同需求来开发新的旅游项目，如针对部分性格刚强、敢于冒险的旅游者，可以开发探险与猎奇旅游项目，以满足这部分旅游者的需要。

（3）　按旅游消费行为和方式细分。

按旅游消费行为和方式细分，即根据旅游者出游的时间、购买旅游产品的渠道及旅游方式来细分旅游市场。

①　按旅游购买方式划分，旅游市场分成团体和散客两种。购买方式是指旅游者购买旅游产品过程的组织形式和所通过的渠道形式，依此可分为团体旅游市场和散客旅游市场。团体旅游市场是指以组团形式参加旅游活动的旅游者群体。一般来说，旅游团人数在 15 人以上，大多数由旅行社组织接待。团体旅游的优点是节省旅游者时间、精力，并且比较安全。但是团体旅游缺乏个性化服务，不能满足旅游者个人的兴趣和爱好。散客旅游市场是指以非团队形式参加旅游活动的旅游者群体。散客旅游市场是目前旅游市场发展的一大趋势。但与团体旅游相比，散客旅游可能单项的支付价格较贵。

散客旅游市场是否发达已成为衡量一个国家或地区旅游业是否成熟与发达的重要标志。在现代旅游市场中，团队旅游市场的比例有下降的趋势，散客旅游市场迅速增长，散客旅游已发展成为世界旅游市场的主体，这个市场的旅游形式也日益复杂多样，包括独自旅游、结伴同游、家庭旅游、小组旅游、驾车旅游、徒步旅游等。

②　按购买时间和方式细分。由于旅游活动的时间性、季节性非常突出，按购买时机、频率、数量等可以分为淡季旅游市场、旺季旅游市场和平季旅游市场。还可分为寒暑假市场和节假日市场（如春节、元旦、双休日等）。

③　按旅游者消费水平划分。根据消费者的消费水平，一般可将旅游市场划分为高档旅游市场、标准旅游市场和经济旅游市场。高档旅游市场主要由社会上层组成，他们不太关心旅游产品和服务的价格。标准旅游市场主要由中产阶层组成，他们既关心旅游产品和服务的价格又关心旅游产品和服务的质量。经济旅游市场主要由低收入者组成，他们尤其关心旅游产品和服务的价格。针对这三类旅游市场，旅游产品的经营者可以设计生产出不同的旅游产品以满足不同市场的旅游需求。

以这类标准对旅游市场进行的划分是在已经确定了已有或潜在的市场地域的情况下，用于对该地客源市场的进一步细分。这主要是因为某个地理区域内的人口不太可能都成为某个旅游产品的忠实购买者，故而需要使用更为详细或具体的标准做深入细分。例如，《中国旅游统计年鉴》中除了使用地理因素对海外来华旅游市场进行划分之外，还分别按照来华旅游者的年龄、职业、性别以及入境旅行方式做了划分。

一般而言，站在旅游目的地的宏观角度去考虑旅游市场划分问题时，一般多使用地理因素标准。而对于具体的旅游企业来讲，则更宜采用以旅游者的某些特点为标准的方法去划分市场。

第二节 世界旅游客流状况

一、世界旅游业发展状况

现代旅游业的真正崛起，是在第二次世界大战以后。战争结束后，西方发达国家经历了一个持续稳定的发展和增长时期，国际环境的相对稳定、科技的高速发展、人们生活和消费观念的改变、交通运输业的发达、人们收入的大幅度提高、带薪休假的产生和兴起，使人们的旅游需求日益高涨，旅游业得到了蓬勃发展。1946年10月，国际官方旅游组织联合会在瑞士的日内瓦应运而生。到1950年，旅游观光事业已经成为世界上的一个新兴产业。这一年，全球国际旅游过夜人数达2 530万人次，国际旅游外汇收入达21亿美元。1958年，喷气式客机在世界上正式启用，经济型客舱也正式出现，从欧洲到北美洲的旅行时间由24小时缩短为8小时，为国际观光旅游的起飞奠定了基础。

从1950年开始，世界旅游业便以每年7.1%的速度增长。1960年，全球国际旅游人数达6 930万人次，是1950年的2.74倍，平均每年增长10.6%。国际旅游收入达69亿美元，是1950年的3.29倍，平均每年增长12.6%，远远高于当时世界经济的平均增长率。这种发展趋势，在以后30多年中继续巩固发展。到1990年，全球国际旅游人数达4.59亿人次，是1960年的6.63倍，平均每年增长6.5%。国际旅游收入达2 678亿美元，是1960年的38倍多，平均每年增长12.9%，亦远远高于这30多年中世界经济的平均增长率。加上比国际旅游外汇收入高出2~3倍的国内旅游收入，所以，到20世纪80年代和90年代，旅游业已经成为世界上最大的产业之一。根据世界旅游城市联合会和中国社会科学院旅游研究中心联合2023年5月发布的《世界旅游经济趋势报告（2023）》，2022年全球旅游总人次（含国内旅游人次和国际旅游人次）达到95.7亿人次，同比增长18.9%；全球旅游总人次恢复至2019年的66.1%。2022年全球旅游总收入（含国内旅游收入和国际旅游收入）达到4.6万亿美元，同比增长21.1%；全球旅游总收入恢复至2019年的79.6%。2022年全球旅游总收入恢复势头好于全球经济，因为2022年全球旅游总收入增速达到21.1%，比2021年的19.1%提高2个百分点，而2022年全球经济增速为3.2%，比2021年的6.0%下降2.8个百分点。

二、世界旅游市场格局

按照世界旅游组织的传统划分方法，世界旅游业划分为六大区：欧洲地区、美洲地区、东亚及太平洋（其中包括澳大利亚和东南亚在内）地区、非洲地区、南亚地区和中东地区。由于现代旅游业是在欧美发源的，北美及西欧国家发达的经济、便捷的交通、不断简化的入境手续，使欧美地区无论在入境旅游还是出境旅游方面，长期以来都高居世界榜首。1960年，欧洲接待的国际旅游者占世界总数的 72.6%，美洲接待的国际旅游者占全球总数的24.1%，两者相加，合计占当时全球总数的96.7%，可以说绝对垄断了当时的国际旅游市场。这一年，东亚及太平洋地区（包括中国内地、中国香港、中国澳门、中国台湾、泰国、马来西亚、新加坡、印度尼西亚、菲律宾、越南、老挝、柬埔寨、缅甸、文莱、日本、韩国、澳大利亚、新西兰、关岛）总共接待了国际旅游者 68 万人次，只占全球份额的1%。但在 1950—1998 年间旅游接待增长最快的地区是东亚及太平洋地区，该地区在 1950—1998 年间国际旅游接待人次的年均增长率为13.45%，其他年均增长速度高于全球平均水平的地区依次是南亚、中东和非洲。美洲和欧洲在此期间的增长率则低于全球年均增长率，不过，它们仍然保持全球的主导地位。1998 年，尽管这两个地区的国际旅游接待人次占全球国际旅游接待人次的近80%，但是，自1960 年以来，这两个地区所占份额（尤其是欧洲）却以每 10 年减少 5 个百分点的速度下降。迄今为止，旅游开发和发展最为成功的是东亚及太平洋地区，它们在过去几十年间发展迅速，其国际旅游接待人次的市场份额从 1960 年不起眼的 1%、1970 年的 3% 发展到 1998 年的 13.6%。而 2002 年的统计显示，世界旅游业的格局发生了根本性的变化，欧洲仍然稳坐第一位，但是东亚及太平洋地区的接待量第一次超过美洲而跃居世界第二位。现在国际旅游市场已由过去传统的"北美到西欧，欧洲到美洲"两大主流逐渐转移到欧洲、东亚及太平洋地区和美洲三足鼎立的市场格局。

从 2005 年世界旅游市场各大板块分析，欧洲因为集中了全球最多的工业化国家，经济较发达，旅游市场相对成熟，欧洲入境旅游者数量达到 4.42 亿人次，同比增长 4%，旅游者占世界整个旅游市场份额的一半以上，达到 54.6%，继续成为全球最大的旅游市场。东亚及太平洋地区主要国家经济近年来保持两位数的较高增长率，旅游市场十分繁荣，入境旅游者因此获得同步增长，旅游者总数达到 1.57 亿，同比增长 7.8%，占全球市场份额的 19.4%。随着东亚及太平洋地区各主要国家经济综合实力的迅速增强，该区域有望成为今后几年拉动世界旅游业增长的重要引擎。非洲与中东地区入境旅游者人数占世界旅游市场份额的 4.9%。世界旅游组织认为，中东与非洲地区的旅游业还有很大的上升空间。美洲地区入境旅游者达到 0.37 亿人次，同比增长 10%，占据世界市场份额的4.9%。美洲地区的增长点主要集中在中美洲与南美地区。从全球各大地区所占世界旅游市场份额变化的情况可以看出，经济越发达、经济增长率越高，那么旅游业的规模越大，发展水平也越高。

而到了 2007 年，欧洲仍然是世界最主要的旅游目的地，2007 年吸引了 4.8 亿旅游者，占全球入境旅游者总人数的 50% 以上。在欧洲国家中，旅游接待人数增长较快的是土耳其，占18%。尽管中东地区局势紧张，但 2007 年中东地区国际入境旅游者人数仍达到 4 600 万，其中沙特阿拉伯和埃及的增长速度最快。东亚及太平洋地区 2007 年吸引了 1.85 亿国际旅游者，增长速度最快的是马来西亚，达到 20%，中国的增长率为 10%。2007 年，非洲旅游业取得显著成绩。非洲的国际旅游者达到 4 400 万，北非的增长速度为 8%，撒哈拉以南的非洲也越来越成为国际旅游的目的地，南非由于在 2010 年举办世界杯足球赛而成为吸引国际旅游者的重要因素。美洲旅游业 2007 年的增长速度比 2006 年翻了一番，这是由于来自美国的旅游者人数保持稳定，同时欧元升值也为该地区带来了大量的欧洲旅游者。

2017 年全球旅游三足鼎立格局明显：欧洲份额缩小，美洲保持稳定，东亚及太平洋持续扩大。

2019—2022 年世界旅游发展格局加速重塑，具体如下。

（1）2022 年世界旅游恢复程度从高到低依次为中东、欧洲、美洲、非洲和亚太。

中东旅游恢复程度最高，旅游总人次和旅游总收入恢复至2019年的比例均超过九成。2022年，中东旅游总人次为2.6亿，同比增长29.2%；旅游总收入达到0.2万亿美元，同比增长26.9%；旅游总人次和总收入分别恢复至2019年的94.7%和93.7%。

欧洲旅游恢复程度次高，旅游总人次和旅游总收入恢复至2019年的比例约九成。2022年，欧洲旅游总人次为17.3亿，同比增长25.1%；欧洲旅游总收入达到1.6万亿美元，同比增长19.4%；旅游总人次和旅游总收入分别恢复至2019年的89.5%和92.1%。

美洲旅游恢复水平仅次于中东和欧洲，接近九成。2022年，美洲旅游总人次为18.9亿，同比增长18.1%；旅游总收入达到1.6万亿美元，同比增长21.8%；旅游总人次和旅游总收入分别恢复至2019年的88.8%和89.0%。

非洲旅游超高速增长，但旅游恢复水平有限。2022年，非洲旅游总人次为1.7亿，同比增长62.1%；旅游总收入达到0.09万亿美元，同比增长59.3%；旅游总人次和旅游总收入分别恢复至2019年的74.4%和80.9%。

亚太旅游增长最不乐观，恢复水平最低不足六成。2022年，亚太旅游总人次为55.3亿，同比增长16.1%；旅游总收入达到1.2万亿美元，同比增长19.5%；旅游总人次和旅游总收入分别恢复至2019年的55.6%和58.9%。

（2）2022年上述区域旅游总收入相当于GDP的比例恢复程度依次为中东、欧洲、美洲、非洲、亚太。

2022年，上述区域旅游总收入相当于GDP的比例与2019年的相对应比例相比，前者是后者的：中东约为90%、美洲为82.7%、欧洲为82.2%、非洲为75%、亚太为50%。

旅游业复苏依赖于全球性宏观经济走势。全球旅游业在不确定性环境下复苏将面临五个方面的特点。

① 全球经济陷入一系列发展困局之中，世界旅游业复苏的困难程度远大于经济稳定期，不同国家和地区将面对不同程度、不同类型的环境复杂性，展现出不同的应对能力，由此产生不一样的旅游发展格局。

② 旅游业的重点逐渐由数量转向质量，依赖于全球性的产业合作，也有赖于各国旅游业治理能力的进一步提升。

③ 旅游业复苏水平、通胀水平和劳动力短缺程度是短期内影响世界旅游业恢复质量的三组关键变量。

④ 中长期看，世界经济和旅游业的进一步发展，都将更依赖于全要素生产率的提升；其中，提高科技的行业渗透率、提高行业对知识人才的吸引力、形成更为智慧巧妙的旅游业政策和治理体系是重塑旅游业的增长模式、推动旅游业全要素生产率上升的关键路径。

⑤ 世界旅游格局将在创新中得以重塑。创新将是世界旅游业进一步发展的核心动力和重塑世界旅游新格局的主要力量，世界旅游业正在进入创新驱动的时代。

三、国际旅游客流来源、规律与发展前景

世界旅游组织曾经对世界主要地区国际旅游支出情况进行分析，结果表明，欧洲不但是世界上国际旅游的中心接待地区，而且也是最重要的国际旅游客源地。另外，美洲也是世界上国际旅游的重要客源地。在产生客源方面居第三位的是东亚及太平洋地区。中东地区各国虽然在经济

上较富，但由于人口基数小，加之居民的旅游传统问题，所以在客源市场中占有的比例不大。旅游业比较发达的国家是美国、西班牙、法国、意大利、德国、英国、日本、沙特阿拉伯、奥地利、荷兰、挪威、加拿大、瑞典、瑞士、科威特、澳大利亚、委内瑞拉、丹麦、比利时、墨西哥等国家。这些国家的国际旅游支出大约占世界国际旅游支出总额的78%。

通过对第二次世界大战以后国际旅游发展情况的基本分析，可以发现世界旅游客流有以下一些流动规律或倾向。

（一）近距离旅游占绝大比重

在全世界国际旅游中，近距离的出国旅游，特别是前往邻国的国际旅游，一直占据绝大比重。以旅游人次计算，这种近距离出国旅游约占全世界国际旅游人次的80%。以20世纪80年代上半期全世界国际旅游人次的分布情况为例，美洲出国旅游者中有70%是在美洲地区各旅游目的地旅游，前往美洲以外目的地的只有30%。在东亚及太平洋地区（包括东南亚国家在内），出国旅游人次总数的75%是在本地区内的旅游目的国游览，去区外目的地旅游的人次仅占25%。在欧洲的比例则分别为79%和21%。

造成这种情况的主要原因如下。

（1）前往邻国或近距离目的地的国际旅游费用较小，所需时间较短，有这种支付能力的人数量较大。

（2）入境手续和交通情况较为便利，如欧洲的旅游者在欧洲内陆旅游时很多人都是自己驾车出游。

（3）生活习惯或语言及文化传统比较相近，旅游过程中的障碍较少。并且随着各国家地区间交流和协作的加强，国家之间制定了很多有利的旅游政策，如国家之间互免签证，简化出入境手续，使旅游者消费更加方便。

这种近距离的国际旅游大多具有逗留期短和消费相对较低的特点。虽然按旅游人次计算，这种近距离的国际旅游人次占同期国际旅游总人次的80%，但是若以在旅游目的地的过夜次数（或逗留天数）和旅游消费额计算，则分别只占同期全部国际旅游夜次（或天数）和消费总额的约43%和37%。

（二）欧美是重要旅游地

在流动态势上，特别是就远程国际旅游而言，从20世纪50年代至今，欧美一直是世界上最重要的国际旅游客源地和目的地，并且这两个地区彼此互为重要客源目的地。无论是在旅游人次上，还是在消费额上，这两个地区一直都占据着统治地位。因此，它们之间的客流也是国际远程旅游中最主要的客流。

（三）亚太地区的崛起

随着亚太地区社会经济的不断发展，该地区在世界国际旅游中的位置（无论从客源产生量还是接待量看）迅速提高。目前已经形成欧洲、美洲和东亚及太平洋地区三足鼎立的格局。

虽然国际旅游业已经由快速增长走向缓慢增长，但世界旅游市场仍拥有相当大的发展潜力和广阔空间。

世界旅游组织曾对未来的国际旅游作了预测，他们认为，在未来几年里国际旅游业将保持良好的发展势头，2030年全球游客总数将达到18亿。2020—2030年，旅游业将以每年约3.3%的速度持续增长。东亚及太平洋地区也将成为世界第二大国际旅游目的地，中国将成为最大的国际旅游目的地国家，与此同时，中国也将成为第一大旅游客源国。

【拓展阅读】

世界旅游博览馆在杭州正式开馆

作为世界旅游联盟总部的重要组成部分，经过 3 年多建设的世界旅游博览馆 2023 年在浙江省杭州市萧山区湘湖压湖山岛正式开馆。

世界旅游博览馆是以旅游为主题的综合性博览馆，总建筑面积近 4 万平方米。博览馆的设计融合宋代美学之韵，赋予建筑独特唯美的弧形屋脊线，呼应周边自然山体轮廓。四水归堂的建筑风格、取自湘湖的黛瓦青砖、自成气韵的庭院展厅，传递着包容、精致和简约的理念。博览馆集展览、会议、餐饮等功能于一体，它将带动更多行业性国际会议、国际活动等落地萧山，为城市带来新的发展机遇。

世界旅游博览馆所在地湘湖位于萧山区西部，2023 年 2 月，世界旅游联盟总部在这里正式启用。作为由中国发起成立的全球性、综合性、非政府、非营利国际旅游组织，世界旅游联盟旨在推动全球旅游业的互联互通和共享共治，为全球旅游业可持续发展、包容性发展作出了积极贡献。

世界旅游博览馆开馆当日，中国美术学院中国画、书法、建筑、跨媒体艺术、雕塑与公共艺术 5 个学院毕业展同步开展，这也是世界旅游博览馆首次承接展陈。

（资料来源：文化和旅游部政府门户网站，2023 年 2 月）

第三节　中国旅游业与海外客源市场

一、中国旅游业海外客源市场的变化

（一）新中国成立初期海外客源市场的状况

新中国成立后的中国海外客源市场非常有限，而且随着国内、国际政治形势的变化而不断地发生变化。新中国成立初期，西方一些国家对中国实行遏制、封锁政策，西方国家来华人士甚少。当时我国接待的海外旅游者主要有三部分。一是为了扩大统一战线和贯彻侨务政策，接待了一些海外侨胞回国探亲和观光。二是在社会主义国家和资本主义国家两大阵营形成后，接待了大量来自社会主义阵营国家苏联和东欧国家人士，20 世纪 50 年代，这部分客源占很大比重。1957 年接待的国际旅游者中，来自苏联、蒙古、东欧各国的旅游者占总数的95%。三是 1955 年 4 月亚非会议（万隆会议）前后，中国与亚非地区很多国家的关系得到发展，这些国家的一些人士前来中国观光旅游。

从新中国建立至 20 世纪 70 年代后期，旅游业在缓慢发展，旅游接待的政治意义远远超出经济意义。这个时期，客观上缺乏旅游业大发展的国际、国内环境和条件，主观上也没有把旅游作为一个重要的经济产业部门加以重视。国内旅游市场还没有得到培育开发，国际旅游市场也只是被动接待，没有主动开发。主要客源国和旅游客源市场还很不稳定，与客源国之间的客源交换也非常有限。

（二）海外客源市场的现状与基本格局

改革开放 40 多年来，中国旅游业也在全方位向世界开放。中国与一些周边国家关系实现了正常化，与西方国家和广大的第三世界国家的关系获得进一步发展，这些都为大量国际旅游者来华观光访问提供了客观条件。从 20 世纪 80 年代至今，中国旅游海外客源市场逐步发展，并形成了较为稳定的基本格局，一些国家和地区作为中国旅游主要客源国（地区）的地位也较为稳定。

海外客源市场可以从旅游者的身份来分析，既可以从客源产生区域来划分，也可以按国家来排列。中国的香港、澳门和台湾地区在旅游学研究统计中，通常也被归入海外客源市场之内，这一是由于祖国还未完全统一，即使统一后还有"一国两制"方针政策的实施；二是通常港澳台同胞来内地旅游多支付外汇。所以我们对海外客源市场的分析，仍然沿用惯例，将港澳台地区和港澳台同胞归入海外客源市场。

从客源看，中国海外客源市场分为两个部分：一部分是香港同胞、澳门同胞、台湾同胞及华侨，另一部分是外国人（包括已加入外国国籍的海外华人）。近十多年来，港澳台同胞和华侨一直是中国海外客源市场的主体。2019 年，中国入境旅游人数 1.45 亿人次，比 2018 年同期增长 2.9%。其中，外国人 3 188 万人次，增长 4.4%；香港同胞 8 050 万人次，增长 1.4%；澳门同胞 2 679 万人次，增长 6.5%；台湾同胞 613 万人次，与 2018 年同期基本持平。

从区域看，根据入境旅游人数，中国海外客源市场分为亚洲市场、大洋洲市场、欧洲市场、北美市场。目前，中国海外客源市场主体为亚太地区，其次为欧洲和北美市场，这种格局自 1979 年一直延续至今。2019 年，中国累计接待的海外旅游者中，亚洲旅游者人数最多，占累计接待海外旅游者总人数的 75.9%；欧洲旅游者人数次之，占 13.2%；美洲旅游人数位列第三，占 7.7%；大洋洲和非洲分别占 1.9% 和 1.4%。

从国籍看，20 世纪 70 年代以前，客源国主要是日本、苏联及东欧国家。20 世纪 80 年代以后，随着中国改革开放的不断深入，中国海外客源市场打破了过去狭窄的地域分布格局，中国客源国数量剧增，遍布世界各大洲，其中日本、美国、俄罗斯、英国、法国、德国、菲律宾、泰国、马来西亚、新加坡成为中国十大稳定的客源市场。进入 20 世纪 90 年代，世界政治经济形势进一步发生变化，中国客源市场也发生了较大变化。2005 年列入前 20 位的客源国依次为：韩国、日本、俄罗斯、美国、马来西亚、新加坡、菲律宾、蒙古、泰国、英国、澳大利亚、德国、加拿大、印度尼西亚、法国、印度、哈萨克斯坦、意大利、荷兰、朝鲜。2019 年列入前 20 位的客源国分别为：缅甸、越南、韩国、俄罗斯、日本、美国、蒙古、马来西亚、菲律宾、新加坡、印度、泰国、加拿大、澳大利亚、印度尼西亚、德国、英国、朝鲜、法国、意大利。综合来看，入境客源市场结构已显露出优化趋势，"一带一路"沿线国家在入境旅游市场中的活跃度正持续上升。

从旅游目的看，外国旅游者来华旅游的主要目的是观光休闲、参加会议及从事商务活动。2019 年，中国累计接待的外国旅游者中，以观光休闲为目的的旅游者人数最多，占累计接待外国旅游者总人数的 35%；以会议/商务为目的占 13%；以探亲访友、服务员工和其他为目的的分别占 3%、14.7% 和 34.3%。

从性别看，2019 年，我国累计接待的外国旅游者中，男性旅游者占累计接待外国旅游者总人数的 58.7%，女性旅游者占累计接待外国旅游者总人数的 41.3%。

从年龄上看，中青年仍是中国海外旅游客源市场的主力军。2019 年，累计接待的外国旅游者中，25~44岁的旅游者人数最多，占累计接待外国旅游者人数的49.3%；45~64岁的次之，占28.1%；15~24岁的青少年旅游者占比13.9%；14岁以下的少年儿童和65岁以上的老人最少，各占累计接待外国旅游者人数的3.8%和4.9%。

从旅游者入境方式看，乘飞机仍是主要入境方式。2019年来华的外国旅游者中，乘船舶的占2.9%，乘飞机的占17.4%，乘火车的占2.6%，乘汽车的占21.2%，徒步的占55.8%。

从旅游者在华消费水平看，从高到低依次为外国人、香港同胞、台湾同胞、澳门同胞。

从职业看，入境旅游者的成分比较复杂，分布比较广泛，其中商人偏多，这也正说明前来从事商贸活动者较多，是中国经济快速发展的反映。

从入境旅游者停留时间看，与旅游业发达的国家相比，还较短。一般而言，我国入境旅游者人均停留6.1天，其中外国人、台湾同胞停留时间较长，香港同胞、澳门同胞停留时间较短。

从入境旅游月份来看，旅游者较多集中在8—11月，是旅游旺季，特别是10月份形成旅游高峰。而1月、2月、12月较少，是旅游淡季。

从入境旅游者的流向看，据对入境旅游者抽样调查资料显示，在入境旅游者中，只到中国"一日游旅游者"和以中国为最终目的地的旅游者居主导地位，80%的旅游者离境后直接返回各自的国家和地区。近程市场多数是只到中国旅游的"一日游旅游者"，占85%以上。欧美、大洋洲等远程市场，出境呈现多样性，超过30%的旅游者离境后前往其他国家旅游。

对国内8个入境旅游典型城市的调研结果显示，入境旅游者中首次到访中国的旅游者居大多数；网站论坛和亲友介绍是最主要的信息来源；旅游交通/天气等生活信息、旅游景区接待情况、旅游产品和服务介绍、特色文化娱乐活动等是入境旅游者最为关注的出行决策参考要素；文物古迹、山水风光、文化艺术、美食烹调是入境旅游者最为喜爱的旅游项目；入境旅游者的消费水平依然偏低，超过80%的入境旅游者消费集中在1 001美元到5 000美元之间。入境旅游者的消费评价整体较好，但仍有部分服务短板存在。

二、中国旅游业的主要海外客源市场

（一）客源市场分析

经过改革开放以来的发展，中国逐步形成了具有中国特色、符合旅游业持续发展需要的海外客源市场组合。

1. 持续增长且基数大的亚洲客源地

亚洲各国是中国最重要的海外客源市场，20世纪90年代中期以来，是亚洲各国来华旅游人数的快速增长时期。除1997年、1998年亚洲金融危机冲击外，其增长速度均在20%以上，并且形成了日本、韩国、东南亚五国及蒙古等主要客源国。尤其是日本，因为与中国隔海相望的地理位置、悠久的历史渊源和经济文化交流传统，使其一直是中国最大的客源国之一。进入20世纪90年代后，由于中韩两国建交，使来华旅游很快进入超常发展阶段，到2005年，韩国成为中国第一位的客源国。东南亚五国作为中国的近邻，也一直是中国传统稳定的客源国，特别是20世纪90年代以来，随着经济的发展，旅华市场进入快速发展时期。蒙古是随着中蒙边境贸易的兴旺而逐步发展起来的一个主要客源国，其旅游者多为边境旅游者。但由于受到1997年东南亚、东亚的金融危机影响，各国来华游客不同程度地出现了减少，受到

2003 年的"非典"和 2004 年的禽流感等因素的影响，各国来华旅游速度放慢，但是 2005 年中国旅游业全面振兴，进入高速发展时期。

2. 发展基本平稳的欧洲客源地

欧洲是中国仅次于亚洲的重要客源市场。作为东亚地区的重要旅游目的地，中国在欧洲旅游者的远程旅游中扮演着重要的角色。20 世纪 90 年代中期以来，欧洲各国来华旅游人数不断增加，1997 年中国香港回归，欧洲旅游者出现高速增长。其他年份欧洲旅游者平稳增长，其旅游人数占来华旅游者的比例达 20%以上。来华旅游人数由 1990 年的 44.63 万人次增加到 2005 年的 478.49 万人次和 2018 年的 599.37 万人次，并且形成了英、德、法、俄、意等主要客源国。

3. 持续平稳增长的美洲客源地

美洲，尤其是北美客源国是中国第三个重要的客源市场。美国和加拿大是中国在美洲的两个主要客源国，20 世纪 90 年代中期以来它们占据了美洲市场份额的 90%左右，来华旅游呈现平稳增长，人数由 1990 年的 28.08 万人次增加到 2005 年的 198.52 万人次，特别是美国一直是中国十大稳定的客源国之一。

4. 发展中的大洋洲与非洲客源地

对于中国海外客源市场而言，大洋洲与非洲国家属于发展中的客源市场。2005 年，非洲来华旅游人数为 23.80 万人次，大洋洲为 57.36 万人次。2012 年，澳大利亚来华旅游达 77.3 万人次，是大洋洲最重要的中国海外客源国，如表 6-1 所示。

表 6-1　2017 年中国主要客源国入境旅游情况

序　号	国　家	入境旅游人数占比/%
1	缅甸	22.05
2	越南	15.20
3	韩国	9
4	日本	6.2
5	俄罗斯	5.5
6	美国	5.4
7	蒙古	4.3
8	马来西亚	2.9
9	菲律宾	2.7
10	新加坡	2.2
11	印度	1.9
12	加拿大	1.9
13	泰国	1.8
14	澳大利亚	1.7
15	印度尼西亚	1.6
16	德国	1.5
17	英国	1.4
18	法国	1.1
19	意大利	0.7

（资料来源：中国旅游研究院）

知识链接 6-1

2018 年中国蝉联全球最大的出境旅游客源国

中国旅游研究院、携程旅游大数据联合实验室联合发布了《2018 年中国游客出境游大数据报告》，双方专家团队基于携程旅行网 3 亿会员、线下 7 000 多家门店，以及业内规模最大的跟团游、自由行订单数据，对出境游市场情况和游客预订消费行为进行了全面监测。

在过去的十年中，中国出境市场持续保持两位数，甚至 20% 以上的增长，成为全球最大的出境旅游客源国和旅游消费支出国。出境旅游已经从少数人的享受进入了大众的日常生活；不只是美丽风景，而且美好生活和时尚感正在引领旅游的未来；定制旅游将进入市场成熟期，个性化的需求会进一步凸显。

携程出境游研究专家表示，2018 年我国出境旅游进入了"消费升级"的阶段，旅游者增加支出购买更优质的旅游产品，从观光旅游转向深度体验，享受海外目的地生活环境和服务。2018 年，中国继续蝉联全球最大出境游客源国这一位置。

2018 年，居民对服务消费需求持续旺盛。随着旅游市场消费环境的日趋改善和旅游产品多样性的不断提高，旅游市场持续升温。在收入增长和旅游消费升级推动，以及签证、航班等便利因素影响下，我国出境旅游热度持续攀升。特别是二三线城市新增了大量国际航线和签证服务中心，出国越来越方便。

随着"一带一路"建设的不断推进，我国公民出境旅游目的地国家不断增加。数据显示，2018 年，有来自 200 多个国内主要城市的数百万游客，预订携程跟团游、自由行、定制游、邮轮、当地向导、当地玩乐等度假产品与业务，到达全球 157 个旅游目的地国家。我国大型旅游公司如携程等也在日本、新加坡、美国、欧洲等地布局投资，以服务中国游客。携程行网 2018 年预订数据显示，通过携程旅游平台在春节、五一、端午节、国庆节等节日期间报名出境跟团游、自由行、定制游、私家团、当地玩乐等产品的游客同比 2017 年增长超四成。

（资料来源：人民网，2019 年 3 月 15 日）

（二）客源国特征分析

总体而言，中国海外旅游客源国主要有以下 4 个方面的特征。

1. 客源地分布广泛，少数重要客源国居主要地位

中国海外客源国广泛分布于亚洲、欧洲、美洲、大洋洲、非洲各地，客源地的组成具有地域多样性。但从客源国所占来华旅游市场的份额来看，少数重要的客源国提供了大部分客源，居主导地位。具体表现为亚洲居多，欧洲与美洲次之。主要客源国客源输出量累计占外国客源总数的 70% 左右，其中前五大客源国占 50% 以上，且近年来这一比例仍不断上升，反映出主要客源国的作用越来越明显。

这种少数重要客源国居主导地位的格局，在一定的时期内还会有所强化，并维持相当长的一段时间。同时，重要客源国地域上的广泛性，又为中国防范区域性的危机或其他偶发事件影响旅游业提供了条件，易于促成东方不亮西方亮、此消彼长的局面，从而有利于中国旅游业健康平稳地发展。

163

2. 各大洲分布不均，亚洲客源市场扮演重要角色

近年来，在中国入境旅游客源市场上，亚洲国家始终扮演重要角色，比重超过 50%，呈快速上升趋势，而欧洲、美洲、大洋洲、非洲比重依次下降。同时，邻国市场如日本、韩国、俄罗斯、蒙古、东南亚各国为主要客源国。

中国地处东亚，发展亚洲客源市场具有优势。一方面，距离近，在旅游交通费用在旅游花费中占有较大比例的前提下，这种优势往往被强化；另一方面，有相近的文化传统及频繁的经济往来，国与国之间往来限制的放宽，手续的简化等。此外，日本、韩国及东南亚各国人口密集，在其经济快速发展的背景下，已成为世界上重要的客源输出国。特别是对于这些国家的大多数初访者来说，中国是一个较为理想的旅游目的地。因此，拓展亚洲客源市场，尤其是深层次拓展邻近国家客源市场，对于中国入境旅游业的发展，是一件事关全局、意义深远的事情。

3. 客源国构成与世界主要客源输出国基本相对应

从世界旅游市场的大背景来看，世界主要客源市场依次为欧洲、亚太地区、美洲、中东地区、南亚地区及非洲。从主要客源国看，主要为德国、日本、美国、英国、法国、荷兰、加拿大、俄罗斯、意大利等。而对于中国海外旅游市场而言，德国、日本、美国、英国、法国、加拿大、俄罗斯等国家已是主要的客源地，荷兰、意大利来华旅游也发展相当迅速。但由于这些客源国都是远程市场，其来华旅游受到一定的限制，因此日本、韩国、蒙古、新加坡、泰国等近程客源市场仍将是中国的主要客源地。显然，这种客源市场格局是符合世界旅游市场发展规律的，它将在相当长的时间内支持中国国际旅游业的持续发展。

4. 潜在客源地发展前景乐观

受经济发展水平、距离和国民旅游习惯等多种因素的影响，南亚、中东地区、南美洲、非洲国家来华旅游的人数很少，但是它们是中国潜在的客源国，在这些地区，近年来出国旅游市场发展较快，其迅速发展的势头已引起业内人士的关注。例如，中国近邻印度是一个特别值得注意的潜在市场，14 亿人口的背景和中产阶级的迅速崛起，使出国旅游需求迅速膨胀。据预测，这种膨胀速度在今后 10~20 年内仍有加快的趋势，而使印度成为重要的客源国之一。20 世纪 80 年代末，印度来华旅游人数为 1 万人次左右，1995 年达到 5.5 万人次，1999 年达到 8.43 万人次，2000 年达到 12.09 万人次，跃入中国前 20 位客源国之列。2007 年达到 46.25 万人次，比 2006 年增长 14.2%，2017 年达到 61.02 万人次，比 2016 年增长 0.6%，已跃为中国第 11 位客源国。

知识链接 6-2

2023 年上半年出境游洞察：最爱出境游十大城市，广东占半壁江山

支付宝发布的 2023 年上半年出境游洞察则显示，最爱出境游的仍是广东人——出境游人次全国 TOP10 城市中，广东独霸五席，其中，深圳居首，广州第三。

2023 年以来，全国哪里的人最爱出境游？支付宝惠出境平台最新趋势显示，2023 年 1—6 月，用户出境游人均消费额较 2019 年同比增长 24%，出境游人次排名前十的城市依次为：深圳、上海、广州、北京、杭州、佛山、东莞、珠海、成都、武汉。

该分析认为，广东省在该榜单占据五席，反映了受粤港澳数字互联互通等利好的影响，

大湾区内居民间的走动正日益频繁。

从热门目的地看，按交易额计，2023 年上半年前十大出境游目的地依次为：中国香港、中国澳门、日本、泰国、法国、韩国、澳大利亚、加拿大、英国、新加坡。中国游客从"观望"到"走出去"，再次成为拉动全球旅游业和线下消费的重要力量。

仅以泰国为例，据泰国国家旅游局 6 日公布的数据：2023 年元旦至今，泰国已接待 140 多万名中国游客。为给中国游客带来更流畅的境外消费和支付体验，泰国国家旅游局与支付宝建立战略合作伙伴关系，展开联合营销。

（资料来源：羊城晚报，2023 年 7 月）

第四节　旅游产品与旅游营销

一、旅游产品

（一）旅游产品的概念

旅游产品是一个内涵十分丰富的概念，不同的研究者从不同的角度给出了不同的定义。本书采用的是谢彦君在其《旅游学概论》中的定义：旅游产品是指为了满足旅游者审美和愉悦的需要而被生产或开发出来以供销售的物象与劳务的总和。

这个定义包括以下内涵。

（1）旅游产品是专门为出卖给旅游者而生产或开发出来的，是商品，所以，旅游产品与旅游商品同义。

（2）旅游产品的生产有两种方式：一种是依赖于旅游资源所做的开发，从而生产出一种资源依托型旅游产品；另一种是凭借拥有的人力、财力、物力资源而仿造或创造的旅游产品，从而生产出一种所谓的资源脱离型旅游产品。

（3）旅游产品主要供旅游者购买，在功能上具有可观赏性，在空间上具有地域性。

（4）旅游产品既可以有物质实体，也可以仅仅是某种现象。

（5）旅游产品都或多或少地含有人类的劳动投入，绝不能没有人类的劳动投入。

（6）各种媒介要素不是旅游产品，但它们可以构成旅游产品利益的附加组成部分。

简而言之，旅游产品具体是指旅游业者通过开发、利用旅游资源提供给旅游者的旅游吸引物与服务的组合。旅游吸引物是指旅游地吸引旅游者的旅游对象资源和旅游设施等因素。其中，通过开发利用的旅游对象资源是对旅游者首要的、核心的旅游吸引物，是刺激、产生旅游需求与旅游行为的客体根源。适宜的旅游基础设施也是重要的旅游吸引物，在具有类似旅游对象资源的区域旅游业竞争中，甚至成为决定性的旅游吸引物。而旅游业人力资源提供的旅游服务则是旅游产品中不可或缺的一部分，只有与凝结了一般人类劳动的相应服务结合才构成旅游产品。如果没有这种结合，旅游业中的劳动力也不能提供旅游服务。

（二）旅游产品的价值和定价

1. 旅游产品的价值

凝结了一般人类劳动的部分旅游对象资源、旅游设施与旅游服务组合成的旅游产品具有价值，这是传统经济理论所公认的。那么，没有人类劳动参与的构成旅游产品部分的自然旅游对象资源是否具有价值呢？当然，作为自然资源系统构成部分的自然旅游对象资源同样具有价值，这种价值首先取决于它的有用性，其价值的大小则取决于它的稀缺性和开发利用条件。同时，随着经济与人口的增长，污染物排放不断增加，资源不合理开发与生态环境的破坏日益严重。随着旅游业本身的迅速发展，许多旅游地旅游环境容量"过饱和"，这都造成了旅游地环境与旅游景观的污染、破坏，降低了旅游对象资源的价值，严重制约了旅游业的持续发展。树立正确的自然资源价值观，实行资源的有偿占有、使用制度，这对旅游环境保护与改善，对旅游对象资源的保护与更新，实现旅游业的持续发展，无疑具有重要意义。

2. 旅游产品的定价原则

（1）能反映旅游产品的价值。在市场经济条件下，价值规律的作用要求旅游产品的定价以价值为基础，要反映出价值量的高低，它和旅游产品的质量要求是一致的。旅游产品的质量主要表现在旅游对象资源的吸引力大小、旅游设施的完善程度和旅游服务水平的高低上。旅游者期望获得的是与价格相当的质量水平的旅游产品。以价值为基础确定的价格，只是旅游产品的基本价格，是旅游企业随市场环境变化而进行价格调整的依据。

（2）追求最大利润。旅游企业经营的最终目标是获取利润，而且是追求最大利润。旅游价格决定着旅游企业的获利水平。旅游价格对旅游企业的经营和发展是至关重要的，它不仅影响旅游企业的长期收益和资金回收，而且决定着企业短期的资金流动。但这并不意味着定高价，企业追求的应当是长期总利润的最大化。如果一味地追求短期最大利润，则可能因价高而失去客源，同时可能因价高利厚吸引竞争者接踵而至，最终失去扩大市场的机会。争取长期总利润的最大化是指企业的全部产品线的总利润最大化，这就要求企业全部产品线的各种旅游产品项目的价格总体最优，而不是每一种旅游产品都定高价。相反，旅游企业应当经常将少数几种产品的价格定得很低，吸引旅游者，以此带动其他旅游产品的销售，使其所经营的全部旅游产品总利润最大化。

（3）市场条件及环境。在完全竞争的市场条件下，价格完全由产品的供求关系决定。在现代市场经济中，供求关系虽然不是价格的唯一决定因素，但价格在很大程度上取决于旅游供求关系的变化。旅游产品的供给在某种程度上来说是不易变动的，而在国际旅游市场中旅游需求的波动非常大，特别是需求弹性也大，旅游产品的供求矛盾运动共同作用于价格。对供不应求的旅游产品，如某条旅游热线，产品价格就会较高；而需求不足的旅游产品，价格则较低。

（4）差别定价与旅游优惠价。旅游产品因购买者、地区、时间、质量等因素的差异，必然形成一定的旅游差价。

视频：旅游心理定价策略

旅游产品的销售，不完全是在生产者与消费者之间直接进行的，相当一部分是通过旅游中间商（以旅行社为主）进行的。而旅游中间商又有批发商与零售商之分，显然二者对旅游产品的定价应当是不同的。旅游饭店、航空公司、租车公司等旅游产品经营者对批量购买的旅行社和少量购买的散客定价也是不同的，对批量购买者会实行一定的数量折扣。同一旅游产品对不同的购买者定价可以不同，这是从旅游者潜在的需求特征和购买力的差异考虑的，如对国内旅游者和国外旅游者实行差别定价。

不同地区的旅游对象资源、旅游设施和服务水平，无论是在数量、质量还是特点上，都会有较大的差别，从而对旅游者产生不同的吸引力，导致了旅游需求上的差异，这种差异反映在旅游产品的价格上必然形成地区差别。

旅游活动随季节、节假日等时间因素的变化往往会出现淡季、旺季的波动，那么旅游产品的定价也应随之调整，以调节不同时间的旅游需求和提高企业效益。同类旅游产品的质量、价值不同，满足旅游者需求的程度就不同，因而应制定不同的价格，这和能反映旅游产品价值的定价原则要求是一致的。

旅游优惠价格是指在明码公布的旅游价格的基础上，给予旅游者一定比例的折扣或其他优惠条件的价格。旅游优惠价主要有 3 种：一是给予同行业者的优惠；二是根据旅游者购买数量的多少实行优惠；三是对老顾客和经常有业务往来的单位的优惠。旅游优惠价是旅游企业争取市场、应付竞争的有力手段，便于旅游企业和旅游者与客户保持长期良好的关系，这也是服务业市场营销取得成功的关键。旅游企业在经营过程中如果能恰当地运用旅游优惠价格这个营销工具，那么不仅能保持稳定的市场份额，稳定销售，而且能加强与客户的关系，获得有利于企业的口头宣传效果。

（5）与产品、分销和促销策略相协调。旅游产品定价必然与产品组合策略、分销渠道的选择和促销手段的运用相协调、相配合，才能为实现企业经营目标服务。

此外，旅游价格还受竞争状况、不同国家的币值和汇率、一个国家的通货膨胀情况及一个国家或地区政府政策等因素的影响。旅游企业在进行价格决策时，需要全面考虑，以适当的产品价格参与市场竞争，最终达到企业的经营目标。

二、旅游产品的特性与整体旅游产品

（一）旅游产品的特性

1. 综合性

旅游产品的综合性表现为它是由多种多样的旅游对象资源与旅游设施和多种多样的旅游服务构成的，其中不仅包含了劳动产品，而且包含非劳动的自然创造物，既有物质成分，又有社会精神成分，是一种组合型产品。旅游产品的综合性是由旅游活动的性质与要求决定的。旅游是一种综合性的社会、经济、文化活动，其主体是旅游者，旅游者的需要是多方面的，不同旅游者的需求是有差异的。在市场经济条件下，旅游业者经营旅游产品，是为了通过满足旅游者的多种需要而获取利润，因此，旅游产品包含的内容必然十分广泛。

旅游产品的综合性决定了生产或提供旅游产品的部门与行业众多，除包括旅游业中各部门与行业外，还涉及不少旅游部门外的其他部门与行业。旅游业在促进了自身发展的同时，通过扩散效应带动了关联产业的发展，而且还促进了人类活动、生产要素的空间集聚，形成了一定规模的旅游中心，推动了城市化进程，扩展了人类经济社会活动的空间，带动了区域经济社会的发展。

2. 时间上的不可储存性

旅游产品被生产出来的另一个原因，是生产者希望凭此获得更多的交换价值。与一般产品不同的是，旅游产品的交换价值体现为时间的累积。也就是说，旅游产品不能像一般商品那样被有效地储存起来，以备将来出售。随着时间的流逝，旅游产品如果没有实现对应时间上的交换价值，那么此期间为生产该种旅游产品所付出的人力、财力、物力资源就是一种浪费，并且损失的价值永远也得不到补偿，因为机会已经丧失，折旧已经发生，人力已经闲置，资金已经占用。认识到这一点，对旅游企业的经营管理人员有非常重要的意义。

3. 所有权的不可转让性

旅游企业在出卖旅游产品时，转让的仅仅是旅游产品在一定时间内的使用权，而不是像销售一般消费品那样同时转让所有权。旅游者在购买这种使用权的同时，不仅不能将旅游产品的基本部分带走，而且要承诺在使用期间保持旅游产品物质和非物质构成的完好无损。旅游产品的这个特点，往往造成旅游产品促销和销售的困难，因为消费者对购买某个旅游产品可能怀有较高的风险预期。事实上，许多以服务为主体成分的产品在销售时都多少面临着这样的问题，所以，如何使顾客克服消极的心理预期，促进销售，是服务企业共同面临的一个营销难题。目前，很多服务企业开始推行"会员制度"，以此巩固顾客与企业的关系。

4. 生产和消费的同步性

由于服务活动的完成需要生产者和消费者双方参与，因此旅游产品一般都是在旅游者来到生产地点的时候，旅游产品才开始产生生产效果。例如，旅游者在购买旅行社的产品之后，旅行社会派出导游和司机为旅游者服务，从加入团队的那一刻起，旅游者就开始了旅游消费。再如，旅游饭店餐饮部的工作人员，在顾客进入餐厅的那一刻起就开始了饭店旅游产品的生产，这里面既包括无形的服务，也包括有形的菜肴等物质产品。当旅游者所购买的旅游产品的使用期限终结时，与旅游产品消费过程同步而且统一的生产过程也便结束了。这个特性使旅游产品与一般消费品表现出巨大的差异，也给旅游产品的开发与管理带来了严峻的考验。

（二）整体旅游产品

随着科学技术的进步和生产力水平的提高，买方市场出现并不断发展，人们的消费需求日益多样化，出现了基于满足消费者整体需要的所谓"整体的产品"概念，它包含3个层次，即形体产品、实质产品和延伸产品。旅游产品具有一般产品的共同属性，也应包含这3个层次。

1. 形体产品

形体产品是指企业向市场提供的产品实体或服务的外观。旅游产品的形体产品层次表现为其出现于市场时的面貌。

首先，旅游对象资源和旅游设施作为旅游吸引物总具有一定的形态、特征。例如，人们通常所说的"黄山奇、华山险、雁荡秀、青城幽"就是从各山的形态、特征加以描述的（见图6-1）。

其次，以旅游对象资源和旅游设施为凭借提供给旅游者的服务，也具有一定的形态、特征和质量。例如，旅游从业人员的操作技能、衣着修饰、形态礼仪、语言表达、服务态度和精神风貌等。

此外，旅游产品是否需要品牌与包装？回答应该是肯定的。在消费者购买力日趋提高，旅游市场竞争日趋激烈的情况下，旅游企业为自己的旅游产品设计品牌，以区别于竞争者，实施名牌战略，对提高竞争能力与市场占有率已日显重要。不同旅游地和旅游企业的旅游产品总有各自的竞争优势与不足，因此，旅游产品的包装应是"掩瑕见玉""趋利避害"的包装。说到底，这种包装应是旅游产品或旅游企业进入市场时的一种形象策划与实施。

图 6-1　华山苍龙岭

2. 实质产品

实质产品是指通过形体产品提供给购买者的基本效用或利益。顾客购买某种产品并不是为了获得产品本身，而是为了得到形体产品提供的效用和利益，满足某种需要。形体产品不过是实质产品的实现形式，顾客购买产品不是因为它是什么，而是因为它有什么作用。因此，市场营销人员的根本任务在于向顾客推销产品的实际利益。旅游者购买旅游产品是为了得到它所提供的"观赏和享用"的实际利益，满足自己"旅游感受"和"旅游经历"的需要。它应是旅游产品的促销重点，特别是在激烈的市场竞争中与竞争者的旅游产品相比较时，更应如此。

3. 延伸产品

延伸产品是指顾客在购买产品时所能获得的形体产品以外的利益，即顾客需要的产品的延伸部分与更广泛的服务，包括提供信贷、产品知识介绍、技术培训、安装、运输、维护、修理以及售前售后的服务保证等。现代市场上，产品日益繁多，购买者希望得到产品效用的可靠保证，这是消费者需要深入发展的客观要求。消费者的需要形成了一个系统，企业也应提供相应的系统销售。旅游产品也存在延伸产品层次，它应包括融资、旅游产品知识介绍、咨询和培训，旅游产品的宣传、报道、旅游地环境保护与维护，售前售后的服务保证等。

三、旅游营销

旅游营销由旅游者、产品、推销、价格这 4 个主要部分组成，它是一个国家或地区的旅游业或旅游企业为了使自己的产品获得市场和保持市场，并确保将自己的全部产品推向这些市场的全部活动。具体地讲，包括市场调研、产品设计与开发、推销宣传、销售、营销工作的检查与评价等一系列周期性活动内容，其核心是市场。市场营销观念作为一种有意识的经营实践活动，是在一定的经营思想指导下进行的。它是企业营销活动的一种导向、一种哲学。市场营销观念不是固定不变的，它在一定的经济基础上产生和形成，并随着社会经济的发展和市场形势的变化而发展变化。市场营销观念正确与否对景区、企业经营的成败兴衰具有决定性意义，对企业营销管理的成败关系也很大。近年来，随着整个社会经济技术水平的提高，全球经济一体化的趋势加强，许多国家传统上具有的战略优势，包括自然资源、规模经济、资金与技术等重大战略影响因素的差距正在逐步缩小，加上市场信息系统不断完善，市场运作规范不断建立，旅游企业在产品、价格、分销及促销等营销操作层面上的竞争加剧。面对激烈的竞争，现代旅游企业如何经受严峻的挑战呢？

（一）以区域内市场作为重点，重新寻找市场目标

旅游目标市场的选择，是旅游业发展的关键，是决定整个营销成败的核心。在现代旅游市场发展过程中，已经出现了市场细分化的趋势。区域旅游将成为世界旅游的主流，并且这种格局在短期内不会改变，各国旅游业都将区域旅游客源作为自己国家旅游市场开发的主要目标。纵观亚洲主要旅游接待地20世纪90年代的市场开发计划，一个突出的特点是，各国和地区不约而同地重新调整市场营销策略，把重点目标放在区域内市场。日本、新加坡、中国台湾、马来西亚、泰国等地分别互为目标市场，中国也被新加坡、马来西亚、韩国列为将来重点开发的市场，新加坡、韩国已相继在中国开设了旅游办事处。在选择目标市场上，一些国家和地区又进一步进行市场细分，各有侧重，新加坡、中国香港更注重商务旅游、会议、奖励旅游。马来西亚、印度尼西亚下力气开发生态旅游、探险旅游等。

案例链接 6-1

辽宁与内蒙古携手打造休闲度假旅游目的地

2022年7月14日，辽宁省文化和旅游厅、内蒙古自治区文化和旅游厅在沈阳联合举办"内蒙古—辽宁文化旅游区域合作宣传推广活动"。活动旨在探索、丰富地区间产品供给，创新合作方式，尽快形成双向流动的旅游客流，助力蒙辽两地旅游业尽快恢复实现高质量发展。

辽宁省文化和旅游厅相关负责人表示，按照国务院提出的"把东北建设成世界知名的生态休闲旅游目的地"要求，未来，我们将立足扩大内需，促进区域合作，特别是进一步加强与内蒙古自治区文化和旅游部门合作。两省以此次为契机，开启"草原与大海相约"的区域旅游合作新篇章，搭建起两地景区互动、旅行商互助、自驾游互联、优势资源互补、旅游线路共推的合作平台，为两省文化和旅游融合发展创造新机遇，为两地游客打造新的旅游目的地。

内蒙古自治区文化和旅游厅相关负责人表示，希望以本次旅游推介会为契机，进一步推进蒙辽两地加深了解、增进友谊，在旅游线路开发、旅游市场开拓、区域旅游协作等方面加强合作与交流，为两地人民追求美好生活创造良好环境，提供更多产品和服务。

活动中，辽宁省文化和旅游厅与内蒙古自治区文化和旅游厅进行合作签约，呼伦贝尔市文旅局与沈阳市文旅局、兴安盟文旅局与大连市文旅局、通辽市文旅局与锦州市文旅局、满洲里市文旅局与鞍山市文旅局也分别进行了合作签约。

（资料来源：文化与旅游部政府门户网站）

（二）以新产品开发为营销先导，设计差异化产品

随着产品在市场营销中的实际作用日益突出，越来越多的目的地旅游主管部门将注意力转向旅游产品的开发与促销。企业要想在旅游市场上争得一席之地，只靠以前单一的以游为主的产品设计是不够的，旅游企业要同时生产许多产品以形成自己丰富的产品体系，满足不同阶层的人的不同需求。因此，优化产品组合，设计特色产品成为现代旅游营销者要予以重视的决策。旅游产品可以有很多创新的模式，如"旅游+培训""旅游+修学""旅游+爱情""旅游+研讨""旅游+探险"等。

当然，在产品设计上也不能胡乱组合，要考虑旅游消费者的需求、旅游企业的生产能力、旅游企业的目标市场、竞争企业的状况等因素。同时，要注意产品组合的广度、深度和关联度，并在产品投向市场时进行追踪反馈，根据产品销售率、市场占有率、企业利润率3个指标不断地对产品进行修正和改进。

旅游产品没有特色在于没有进入门槛，不能申请专利保护。任何新线路，不管多么有特色、有创意，只要一投向市场，马上就会有人以更便宜的价格跟进、模仿，甚至连广告都一字不漏地照搬了，这对旅游营销者来说确实是一个令人头疼的问题。因此，针对特定的消费人群设计出差异化的旅游产品，抢先制定游戏规则，并利用规模、资源、契约、企业实力等优势使别人无法模仿，这种营销战略应成为一种行之有效的营销方式。

（三）扩大促销主体和资金来源，加大促销力度

要特别加大国内外一级市场的促销力度，在市场促销中传播旅游目的地形象。建立评估各种促销方式的内部机制，及时调整促销方式。随着国际旅游市场竞争的日趋激烈，各国旅游界都加大了促销力度。例如，澳大利亚旅游委员会的促销经费在20世纪90年代翻了三番。从年投入3 000万澳元增长到1亿澳元。随着促销经费的增加，这些旅游目的地的促销规模、覆盖范围均相应加大，在国际旅游市场上越来越活跃。

当然，促销资金是促销工作中最大的问题。由政府出面进行促销以及由政府提供促销经费是一般旅游城市都会采用的方式，这种类型的促销一般比较稳定。政府定期到某些目的地进行促销，其促销的资金来源也比较稳定，因此，这类促销属于常规型的促销。其优点在于，政府促销的重点明确，长期对重点景区和城市的形象进行促销，效果比较显著，且由于促销资金稳定，有利于形成长期效应。但通常政府主导型的促销由于资金限制，对新景点和新线路的宣传不足。

联合促销包括企业与政府的联合、企业之间的联合以及当地政府与外地政府的联合。企业运作的促销方式一般较政府主导型的促销要灵活，形式也更多样，但企业资金有限，难以进行大规模的促销。企业与政府联合的方式，可以采用政府提出要求，提供资金，由企业进行具体操作。企业之间的联合可以是旅行社与酒店、景区的联合，宣传某条线路，或者是酒店之间联合进行接待会议旅游的宣传等。企业联合的目的在于增大促销的规模，节约促销的成本。

（四）采取高新技术进行市场营销

从世界范围来看，航空、旅游、饭店业市场销售历经了几次大的变革：第一次是1978年美国推出航空价格管制取消法案；第二次是计算机预订系统的兴起与普及；第三次是旅行社结账法的实行。目前，世界范围的航空和酒店计算机网络预订系统建设方兴未艾。几年前亚太地区几乎无人通过国际互联网进行营销，而今天国际互联网正成为传播信息和营销的主要手段。计算机网络预订方式的革命使旅游中间商首先感到生存危机。据统计，在接受调查的美国经常性出国观光者中，使用互联网服务的占32%，商务旅行者使用网络的占52%。亚洲的一些航空公司，如泰国、马来西亚的航空公司已经建立电子售票系统。在由手工操作到计算机操作的升级过程中，所有的旅游企业都有一个适应的亲身体验过程。当然，新技术的完善将迫使旅游企业改变其传统的经营方式来求得生存。

当前，区域性发展的竞争性日趋激烈，在经济方面主要体现为对人流、物流、资金、企业、人才的竞争。如何使一个城市、区域的知名度更大，吸引更多的人前来本地消费，以带旺人气是一个关键问题。实现这个目标，旅游营销是一个区域或城市很重要的手段之一。同时，旅游者的需求始终决定市场的变化，因此必须树立以满足顾客需求为中心的营销观念，要研究需求，顺应需求，满足需求。要在质和量的方面把握旅游者需求的重点。要做到这一点应该采取的战略对策主要有以下几方面。

1. 市场调研

（1）形成在主要客源市场做抽样调查的系统工程。调研工作是市场营销工作的基石，对制定营销战略影响极大。各地区都应该经常（至少每年一次）对到本地区的入境旅游者进行全面的调查。同时还应该到主要客源国，对未到过旅游目的地的居民进行调查，了解他们想来或不想来的原因，他们通过什么渠道了解旅游目的地，影响他们选择旅游目的地的因素是哪些，等等，以便有针对性地制定市场开发战略。每年选择一个或两个重点市场进行调查，争取在一定的时期内覆盖主要市场。然后，依次再对各主要市场做抽样调查，并再次提出相应的市场开发建议。如此这样每隔一段时间重复循环，形成系统工程。

（2）加强对细分市场的调研。要对客源市场进一步细分，这样有助于企业经营者分析和选准目标市场。通过对细分市场的调查研究，找出每个细分市场的特点，以此来指导经营者组织生产专项旅游产品。表6-2所示为桂林旅游促销中的市场细分与定位的现状和问题。

表6-2　桂林旅游促销中的市场细分与定位的现状和问题

旅游者市场	潜力	现阶段的情况	对现阶段的评估
日本、韩国及中国港澳台市场	一级目标市场	间断性的人员促销活动；互联网促销（日语）；电视、广播、报纸、杂志	在电视、广播、报纸上的促销活动针对性不强，只是一般性地提高旅游目的地的知名度和美誉度；没有长驻机构（中国港澳台）；近期内应加强促销
东南亚、西欧、北美市场	二级目标市场	偶发的人员促销活动；互联网促销（英文）	东南亚国家人员的英语水平较低，影响互联网促销效果；西欧、北美目标消费者的上网率较高，但网站信息量小，实用功能（如交通、门票的预订）较差
其他海外市场	机会市场	间断性的人员促销活动；互联网促销	促销活动无针对性，效果较差
广西本区及广东市场	一级目标市场	互联网促销；电视、广播、报纸、杂志促销；人员促销	与目标市场的重要性相比，促销的力度过小，且针对性不够，应该加强人员促销的力度
湖南、湖北、长江三角洲及北京市场	二级目标市场	互联网促销；电视、广播、报纸、杂志	促销活动无针对性，效果较差
一级市场、二级市场以外的其他市场	机会市场	间断性的人员促销活动	促销活动无针对性，效果较差

（3）注意新市场的调研。新市场是否会持续发展，能不能把它作为重点市场，怎样去满足它，这些都要进行调查，并提出调研报告。

（4）建立信息资料库。要将各主要客源国出境市场、主要竞争国市场及营销战略的数据、资料输入计算机，并与相关的部门、企业联网，做到信息共享，形成可随时更新、随时查阅并有可比性的系统。

2. 新产品开发

产品战略是未来旅游市场营销战略的重点，产品开发应该遵循适合世界旅游需求发展的原则，始终指向世界旅游市场的主体。具体策略如下。

（1）提高现有观光旅游产品的档次，加速观光旅游产品的更新。例如，在相当长的一段时间里，文化观光型旅游仍是来华旅游者的主体，这是我们永久的优势所在，但是不能在低水平上重复开发，要对老产品进行重新包装、完善和优化。第一，要尽快更新传统产品，对传统线路不断地增加新的内容，在观光产品中开发出具有深刻文化内涵的内容，并有一定的参与性活动。第二，不断地推出新的有吸引力的新线路。要不断地开发新景点、新活动。第三，不断地改进已具有一定的接待能力的线路的综合条件，尽快对确有吸引力但综合接待能力尚不完善的线路进行再完善。第四，积极开发度假、娱乐等对回头客有吸引力的项目。

（2）积极开拓主题旅游产品。如果把旅游产品局限在单一型观光旅游产品的范畴，会造成市场风险大，市场层面狭窄。因此，必须开发出丰富多彩的旅游产品，建立复合式、多重式产品结构。开发主题旅游产品是改变中国旅游总体结构，扩大来华客源的一个重要途径。例如，热带风光摄影旅游、特种动植物考察旅游、民族节日旅游、少数民族服饰考察旅游等，并且还应在会议、奖励、健身疗养、汽车、生态、滑雪旅游等方面下功夫。

（3）迅速推出散客产品，加速形成成熟的散客市场。近年来，各国的散客增长已超过团队占据主导地位，散客增多是大势所趋。大力发展散客业务并逐步实现产品标准化、办公自动化、全国网络化、预订国际化，只有这样才能适应日益增长的散客市场的需要。

散客产品有别于团体产品。团体购买组合完整的旅游产品；而散客则是分散购买产品的个别项目，再加以随意组合。因此，旅游企业应努力设计多种旅游产品供旅游者选择，在产品结构上，可以采取零星委托式、自选式、组合式、定制式等多种模式，由散客按其所需自由组合。例如，黑龙江的冰雪旅游可以开发出不同的专题旅游，如以冰灯游园会为中心，推出以冰雪艺术、冰雪娱乐、冰雪文化、冰雪体育、冰雪经贸为内容的哈尔滨冰雪节，旅游者可以不受团队旅游集合时间的限制，时间充裕，充分领略冰雪旅游的魅力（见图6-2）。以冰雪为专题也可以组织镜泊湖、桃山、亚布力等地各具特色的冰雪旅游项目。镜泊湖的冰瀑与桃山、亚布力的高山滑雪场具有不同于平地人工冰景的意韵，可以丰富冰雪旅游的内容，使旅游者有充分的选择余地。

传统的全包价旅游形式，随着旅游市场的开放和发展，已受到日益严峻的挑战。例如，我国全包价旅游的直观报价高于海外旅游商普遍实行的半包价旅游的报价，给海外旅游者以中国旅游高价位的错觉，从而影响了海外客源市场的开拓。散客旅游的支付方式是"现付现享，零付零享"，对价格变化的敏感度也高于团体。因此，散客市场的开发在价格策略上主要应发挥好价格杠杆的良性调节作用，采用灵活的定价方式。此外，一些过去只对团队的价格策略也可以经过改造而移植到散客市场上来。① 区别不同时间实行差价。如对散客，旅游淡

图 6-2 哈尔滨冰雪节

季、旺季实行浮动价，淡季客房优惠，连续住宿越多，价格越优惠。景点门票周末价高于平时等。② 区别不同空间实行差价。如旅游热点、温点、冷点实行不同的定价。③ 小包价团。主要是指旅游者预付部分费用，由组团社提供四项基本服务和选择性游览项目。四项基本服务是指接送、订房、早餐和交通票，选择性游览项目分一日游、半日游等。选择性项目单列，不计入综合包价中，旅游者可以根据需要自行处理。④ 一地成团。主要是指旅游者可以根据组团社提供的路线和游览项目，按指定的地点和日期，汇集成团队进行旅游，汇集前费用则由旅游者自理。⑤ 零星委托。主要是指提供给个人旅游者的单项服务，如代订客房、交通票、文娱节目、接送等。

3. 销售渠道

营销渠道的正确选择，也是营销战略的一个重要环节。

（1）开辟新的销售渠道。营销渠道不要太单一，要多种渠道并用，特别是要加强与一些专业团体的联系，开展一些适合其需要的旅游活动才能广招客源。例如，一些文化交流组织、宗教团体、同乡会、大集团公司及各种特殊兴趣爱好者俱乐部，都可能成为客源。

（2）发展专业旅行社。专业旅行社由于有行业背景，有自己的专项产品，可以利用各专业旅行社的优势开展与自己行业有关的特色旅游。如和教育有关的旅行社可以开展"教育修学游"。

（3）积极采用先进的技术手段促销。随着越来越多的人通过互联网预订酒店、机票、购物等，必将对旅游企业的业务产生重大影响，网络预订方式的革命使旅行商首先感到生存危机。所以，旅游行业必须提早做好准备，迎接现代技术对旅游营销所带来的挑战，如果不能适时地改变传统的销售手段和操作方式，那么被市场所淘汰将是不可避免的。

4. 促销

（1）广告促销。广告促销活动首要的任务是根据本企业旅游产品对旅游消费者的特殊优势，确定在市场竞争中的方位、地位，并依此设计广告内容。它建立在对旅游产品和旅游消费者两个方面分析研究的基础上。通过突出旅游产品的特点和优点，使目标顾客产生稳固的印象，刺激需求，促使旅游消费者购买或反复购买。而对旅游产品特点和优点的确立，又要建立在了解旅游消费者的基础上。因此，广告定位可分为针对旅游产品的定位和针对旅游消费者的定位两种类型。针对旅游产品的广告定位要求在广告中突出宣传旅游产品的特色和给旅游者带来的利益。较常用的方式有：① 功效定位。即在广告中突出宣传旅游产品的特殊价值、特异功能。② 品质定位。即在广告中突出宣传旅游产品的优良质量、良好服务。③ 价格定位。即企业旅游产品在质量、性能、用途等方面与竞争者相近时，广告中突出强调价廉的特点。④ 档次定位。即在广告中宣传旅游产品属于高档、中档、低档产品的哪个类型。针对旅游消费者的广告定位是在旅游企业进行市场细分和选定目标市场的基础上，在广告中宣传某旅游产品是为什么人生产的，购买该旅游产品的是哪一类旅游者等。

广告是通过传播媒体向潜在旅游者传递有关信息的，作为现代商务活动不可或缺的促销手段，其策划主要是选择广告媒体。

第一类广告媒体主要包括互联网、电视、广播、报纸、杂志等形式。由于广告费用普遍昂贵，因此在规划期内不提倡大规模广告宣传，而应多采取专题报道、专题片（文章）的形式。后者费用较低，而且信息量远大于前者（缺陷在于冲击力不强）。

第二类广告媒介主要包括招贴画、手册等宣传资料。可以通过与主要目标市场相关的飞机、火车、轮船等交通工具，星级宾馆、饭店发送宣传资料。也可以向主要目标市场的居民直接发送宣传资料等。这类广告媒介的优势在于成本低，覆盖面广，但不足之处是不够直观，仅凭书面的文字和照片不足以引起顾客的注意力，很难产生诱导、培养和创造新的消费要求的作用。

可供旅游企业选用的广告媒体很多。不同的广告媒体有不同的适用范围和优缺点，其影响范围、程度和效果各异，而企业又受经济条件、目标市场等制约，因此，正确选择广告媒体是保证广告成功的重要条件。企业选择广告媒体的基本原则是广、快、准、廉。根据旅游产品和旅游需求的特点，旅游企业选择的广告媒体以电视、报纸为主，以其他媒体为辅。根据旅游者目标市场的地域分布，所选媒体的传播范围应与其一致。根据媒体的影响程度、企业促销目标与广告费用预算，确定国家还是地方的不同级别的具体媒体。

（2）营业推广。营业推广主要是通过人员促销来实现的。人员促销是指旅游组织或企业派出人员直接与旅游者（包括现实的旅游者和潜在的旅游者）和旅游中间商接触、洽谈，或者把有关人士请进来宣传介绍旅游产品，以达到促进销售目的的活动，人员促销中商业联系是重点。人员促销成本高，目的性不强；人员促销受经费制约，促销活动不连续，信息的及时性差影响促销效果；缺少对人员促销方式的评估。尽管如此，作为直接与顾客交流的方式，也是一种较有成效的促销手段。

针对旅游消费者的营业推广方式主要有：① 向旅游消费者散发旅游宣传品。② 赠品销售，即通过向旅游者赠送能够传递企业及其旅游产品信息的小物品，如印有企业名称、地址、电话号码、企业口号、景点等的日历、招贴画、打火机、小毛巾、纪念卡、纪念币、小玩具等，以刺激旅游者的购买欲望。③ 有奖销售。即旅游者购买旅游产品后发给一定量的兑奖券，销售金额达到一定的数量时，公开抽奖，或购买一定货币量的旅游产品后，当场摸奖。④ 价格折扣。即对一次性购买旅游产品达到一定量的旅游者实行价格折扣。如某旅游地有许多旅游景点，若旅游者全部游览，可购买通票，在各景点门票标价的基础上给予一定比例的折扣。若选择性游览，则应按门票标价购买。另外，对与企业业务关系密切的长期顾客和不经旅游中间商的团体旅游者，也可实行价格折扣。⑤ 展销。即旅游企业联合或单独举办展销会，向旅游者宣传企业及其产品，增加销售机会。⑥ 服务促销。即根据整体旅游产品概念，向旅游者提供系统销售。

（五）绿色营销、健康理念与旅游业可持续发展相结合

随着生活水平及自身素质的双重提高，人们已不再满足于消费传统意义上的商品及服务，要求消费健康化、自然化，"绿色产品"更是成为人们的新宠。绿色旅游是近年来国际休闲旅游新的发展趋势，要求旅游营销应特别重视"绿色"概念，同时在营销策略上注重"绿色情怀"，重视"绿色包装"，提供"绿色服务"，做到天人合一，健康营销。为了实现旅游业的可持续发展，旅游企业和政府旅游机构在开展旅游活动的同时，必须不断改善旅游环境质量，树立环保观念，开展绿色营销，把企业、政府、旅游者和环境等方面的利益协调起来，实现旅游业持续发展。进行绿色营销，企业的出发点不仅仅是市场的消费需求，同时也将满足这种需求可能造成的环境后果作为企业营销的出发点，营销的重点是企业、市场与环境之间的关系，以达到企业利益、社会利益与环境利益的一致。

案例链接 6-2

VR 穿越古今文旅 IP 出圈——文化赋能为旅游消费市场高质量发展开启新引擎

"最高点日喀则，矗立喜马拉雅巅；最东边下大雪，大雪飘在漠河边；最西边忆狼烟，风在喀什转个圈；最南边碧海天，龙腾出海浪滔天……"一曲《山河图》唱遍祖国大好山河，激起无数人豪情奔赴"诗和远方"。2023 年，深圳国际会展中心参加第十九届中国（深圳）国际文化产业博览交易会，一样能足不出市，将风光绮旎的华夏大地、源远流长的五千年文明尽收眼底，重走丝绸之路、梦回千年敦煌，感受历史文脉的深厚底蕴、福泽绵长。

1. 业态升级文旅行业破圈

通过融合升级实现文化产业的业态创新和模式创新已经成为文旅行业的共同追求，此次文化产业博览交易会（以下简称文博会）上，直播文旅、非遗文旅、研学文旅、智能文旅、康养文旅等新型业态悉数亮相，为热爱旅游的观众提供了更多选择、更多新鲜。

文博会上，赵先生关注到烟台市天籁大峡谷康养项目，项目显示将在天籁大峡谷景区的基础上新建一个休闲康养中心，形成娱乐旅游、健康养生于一体的休闲度假村。赵先生期待地表示，"我就是山东人，跟随子女来到深圳，有机会还想和老伴儿回到山东，这个康养项目就很不错。"

在河北展区一角，磁州窑展会推介人赵钰鑫正在和两位同事调试网络，准备直播。赵钰鑫告诉记者，他们在文博会期间持续直播，而这也成为颇受欢迎的一种文旅创新。一方面，通过普及磁州窑知识、推介地方文化特色，促进销售；另一方面，也可以吸引更多的游人、学生来到河北，关注磁州窑这一非遗产品，体验磁州窑的制作过程，借助文旅、研学探究等方式，助推磁州窑项目的传承和发扬光大。

"中国广电黑龙江公司利用试听内容和信息化技术优势打造'VR 飞越龙江'平台，以黑龙江省'一城四线'为框架，建立 VR 动态实景内容库，覆盖 7 条主题旅游廊道的关键节点，是深度结合黑龙江省文旅领域特色的创意设计产品。"中国广电黑龙江网络股份有限公司推介人李继铎边介绍边为记者演示，用手机扫描大屏幕上的二维码，就可以观看某一风景全貌；如果采用触摸屏终端，还可以通过桌面交互，自选不同景区的风景，比如现场就有冰雪大世

界、太阳岛、龙江第一湾、镜泊湖等选项，每项下面还有子项目，游客可以移"指"换景，了解一个城市或者区域的特色街区、名胜古迹，非常直观。"它可以部署在文化机构、科技场馆和交通枢纽等公共场所，通过沉浸式体验起到文旅宣传、线上引流的积极作用，是独具一格的城市文旅封面。"

2. 现代表达点睛地域文化

文旅融合，就是知行合一的诗和远方。一个地方最吸引人之处，莫过于其独特的自然风光和独有的历史文化，文博会汇聚来自全国各地的展团，精彩纷呈，如同一幅文旅的地域特色长卷，展现出全国文旅发展全貌。

在宁夏展区内，一个名为《王陵秘境》的 VR 游戏让观众跃跃欲试。据介绍，这个项目里的场景根据西夏王陵景区实景制作而成，就连石像都是根据博物馆的石像复刻而成的。一位工作人员告诉记者，这不仅是一场游戏体验，也能让更多人了解西夏王陵的历史文化，是一场真实的历史"穿越"。

斯文江南，水墨如画。记者在浙江展区看到，一块有着大学问的数字"墙"，以虚拟现实引擎驱动的空间投影技术呈现了《光影万象·水墨江南》，其将数字、文化、历史与旅游融为一体，将静止的中国古代绘画转变成生动的画中世界，吸引着观众的目光。

吐鲁番博物馆工作人员哈丽丹忙着向观众推荐地方文创，在她穿着的特色民族服装上，图案全都出自博物馆文物。记者了解到，为了将吐鲁番的故事更好地向世人传颂，他们以丝绸之路艺术、吐鲁番出土文物为设计元素，辅以现代艺术设计理念，应用在多种实用性载体上。"酒香也怕巷子深，我们参加文博会，就是希望推广新疆文化，为我们的文旅增添新的活力。"哈丽丹开心地发出邀请，"暑假快到了，欢迎大家来新疆旅游，感受大美新疆。"

3. 创意服务赋能文旅发展

文旅开发离不开创意服务。名山大川、江河湖海、飞鸟走兽、人文历史、民间故事、非物质文化遗产等创意服务的"二次开发"，将为文旅中国的高质量发展持续赋能。

"可能许多人并没去过日本熊本县，但知道熊本熊。"深圳环球数码旗下环球互动娱乐总经理何祺表示，这就是 IP 的魔力。中华文明上下五千年是一座取之不竭的人文富矿，然而，从"富矿"到"宝石"还有一个采掘、加工、打磨的过程，这一过程就是文旅 IP"提取、孵化、打磨、应用"的全产业链。

在本届文博会上，深圳环球数码发布的国漫大电影《江豚·风时舞》，是环球数码与江西文旅牵手后结出的果实——这是全国首个以长江流域生态保护为主题的动画电影，同时也是全国首个围绕濒危物种长江江豚形象打造的地域文化 IP 电影。

江西文演集团相关负责人表示，在关注到"长江生态"问题的时候，便决定要围绕"立足当下，深耕本土"这个落脚点，来讲述长江江豚的故事，希望能以江西本土文化独有的生命力为载体，展现长江江豚生存现状，从而唤醒大众对濒危物种、生物多样性及保护长江流域生态重要性的认识，引导人与自然和谐共生的理念扎根。2018 年文博会上，江西文演与环球数码、湖口县委宣传部领导一拍即合，达成共识，5 年来，在三方的共同努力和推动下，在相关部门的帮助和支持下，完成了首部影片制作。以电影为媒介，为文旅中国赋能。"我们相信，《江豚·风时舞》的出现，会是大家结识长江江豚、了解江西文化的一个新窗口。"该负责人说。通过创意服务助力文旅中国高质量发展，这是"创意之都"深圳正在努力的方向。

（资料来源：深圳新闻网，2023 年 6 月）

// 本 章 小 结 //

本章阐述了旅游市场的概念以及对旅游市场进行划分的原因、意义和常用的划分标准，揭示了全球国际旅游客源和客流的地区分布格局、流动规律以及我国旅游业海外客源市场状况。当然，旅游市场本身就是一门独立的课程，旅游市场学是旅游学与市场学的交叉学科。而旅游市场营销作为了满足人们的旅游需求和欲望而进行的潜在交换活动是研究旅游市场不可缺少的内容，本章对这些内容进行了一定程度的阐释。

// 同 步 练 习 //

一、填空题

1. 所谓旅游市场细分是指_____
_____。

2. 旅游产品具有一般产品的共同属性，包含三个层次，即_____、_____和_____。

二、单项选择题

1. (　　)不但是世界上国际旅游的中心接待地区，而且是最重要的国际旅游客源地。

A. 欧洲　　　　　　　　　　B. 美洲

C. 南亚　　　　　　　　　　D. 东亚及太平洋地区

2. 我国旅游业的第一国际客源国是(　　)。

A. 美国　　　　　　　　　　B. 韩国

C. 日本　　　　　　　　　　D. 缅甸

三、多项选择题

1. 一般来讲，旅游市场细分的意义主要表现在(　　　　)。

A. 有助于选定目标市场　　　　B. 有助于设计旅游产品

C. 有利于有针对性地开展促销　D. 有助于提高市场占有率

2. 旅游产品定价原则主要有(　　　　)。

A. 能反映旅游产品的价值　　　B. 追求最大利润

C. 市场条件及环境　　　　　　D. 与产品策略、分销策略和促销策略相协调

四、简述题

1. 为什么要对旅游市场进行细分？其意义何在？

2. 简述划分旅游市场的常用标准。

3. 简述全球国际旅游客流的基本规律。

4. 在全球国际旅游人次总量中，近距离的国际旅游为什么会占较大比重？

5. 简述我国旅游业海外客源市场的基本现状。

6. 旅游产品有何特性？旅游产品定价要注意哪些方面的问题？

7. 旅游企业面对激烈的市场竞争，该如何应对？

// 实 训 项 目 //

"焦作现象"的思考

过去的焦作市因煤而立，因煤而兴。外界对焦作的印象大多以"煤城"定位，滞后的城市建设以及人们潜意识中由"煤城"联想到的是脏、乱、差，在很大程度上影响着焦作的对外形象和开发步伐。

自 2000 年起，在短短的 4 年多的时间里，焦作市以鲜为人知、丰富独特的旅游资源为依托，大力发展旅游业，不仅创造了惊人的发展速度，并且赢得了可喜的发展业绩。从景区"创 A"到城市"创优"，再到申

报云台山世界地质公园，一步一个脚印，一步一个台阶，从而最终实现了由"煤城"到"优秀旅游城市"，由"黑色印象"到"绿色主题"的成功转型。焦作的成功在业界称为"焦作现象"。

有人说焦作旅游业之所以能创造奇迹，是因为它有一个世界地质公园——云台山。那么，你认为这种说法对吗？为什么？

第七章 旅游对经济、社会文化和环境的影响

【学习目标】

知识目标

- 全面认识旅游业在国民经济中的地位和作用。
- 理解旅游对目的地经济的积极影响和消极影响。
- 认识旅游活动对目的地社会文化的影响。
- 了解旅游和目的地环境之间的相互作用。

能力目标

- 能解释旅游业经济作用的表现。
- 能说明旅游业社会影响的表现。
- 能解释旅游业文化影响的表现。

素养目标

- 树立绿水青山就是金山银山的生态文明思想。
- 树立辩证唯物主义世界观。
- 树立保护和弘扬中华优秀传统文化的意识。

【关键概念】

旅游目的地经济　旅游目的地文化
旅游目的地环境　旅游出口创汇
可持续发展　可持续旅游

【思维导图】

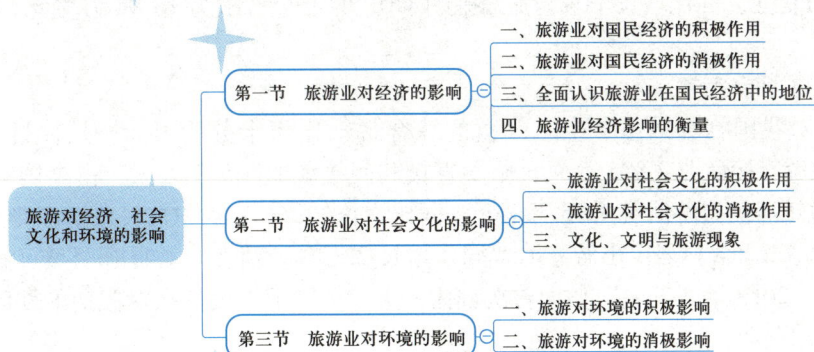

旅游业是经济社会文化发展到一定历史阶段的产物，旅游业的发展反过来对经济、社会文化和环境产生较大的影响。这些影响既有积极的一面，也有消极的一面。我们要发挥旅游业对于经济、社会文化和环境的积极作用，努力克服可能带来的消极影响。

第一节　旅游业对经济的影响

旅游既是一种社会文化现象，又是一种社会经济现象，各种类型的旅游活动几乎都伴有消费行为的发生。来访旅游者在旅游目的地的消费行为不仅为当地的旅游企业提供了直接的商业机会，而且通过其继发效应对当地经济中的其他方面产生直接或间接的影响，当然对旅游客源地的经济也会产生不同程度的影响。全面考察旅游与社会经济的关系，提高对旅游活动的认识，将对旅游业的快速、健康发展起到积极推动作用。

第二次世界大战以后，随着国际和平环境的来临、世界经济的日益繁荣和国际交往的不断扩大，作为第三产业的国际旅游业迅猛发展。根据世界旅游业理事会发表的年度报告，自1992年起，世界国际国内旅游收入超过了石油、汽车工业等产业而成为世界上规模最大的产业之一，不论从总收入、就业、增值、投资还是纳税等方面，旅游业的发展为世界和各国经济的发展都作出了重大的贡献。

一、旅游业对国民经济的积极作用

（一）对经济的拉动作用十分突出

旅游业资源消耗低、关联产业多、带动作用大。从我国旅游业的发展过程看，其对经济的拉动作用十分突出。

1. 拉动了经济增长

2019年，我国旅游经济继续保持高于GDP增速的较快增长势头。国内旅游市场和出境旅游市场稳步增长，入境旅游市场的基础更加稳固。2019年全年，国内旅游人数60.06亿人次，比2018年同期增长8.4%；入出境旅游总人数3.0亿人次，同比增长3.1%；全年实现旅游总收入6.63万亿元，同比增长11%。旅游业对GDP的综合贡献为10.94万亿元，占GDP总量的11.05%。

2. 促进了社会消费

旅游业对我国社会效益、生态效益的综合带动作用十分明显：一是促进了社会就业。2019年，旅游直接就业2 825万人，旅游直接和间接就业7 987万人，占全国就业总人口的10.31%。城镇居民旅游消费4.75万亿元，同比增长11.6%；农村居民旅游消费0.97万亿元，同比增长12.1%。农村居民出游总消费同比增长22.3%，消费能力提升明显。假日旅游消费成为新民俗，2019年"五一"假期首次调休4天，回应了人民群众对假期的期盼，文化和旅游市场繁荣超预期。

3. 促进了先进文化的传播

旅游业发展促进了中华传统文化的保护和传承，一些地方开展的红色旅游已经成为国民接受爱国主义教育和革命传统教育的大课堂。

4. 促进了生态文明建设

旅游增强了人民群众生态保护意识，生态旅游、低碳旅游正在成为旅游者的自觉行为。一些荒山、荒地、荒坡、沙漠、盐碱地、资源枯竭矿山等通过发展旅游业得到了综合利用。

5. 为外交事业作出了贡献

旅游业作为我国与世界各国交流的重要桥梁和纽带，增进了我国人民与世界各国人民的相互了解，促进了我国与其他国家的政治互信和经济共赢。

经过多年的发展，我国旅游业的总体规模已经不小，关键是优化结构、提高效益、节约资源、保护环境，要走质量型、效益型的旅游发展之路。

（二）增加外汇收入，平衡国际收支

旅游的这项功能是针对发展国际旅游产业，接待国际入境旅游而言的。一个国家拥有外汇的多少，标志着这个国家经济实力的大小和国际支付能力的强弱。接待国际入境旅游可以增加一个国家的外汇收入。外汇就是国际用于经济结算的支付手段，包括外币和以外币表示的支票、汇票、有价证券等票据。一个国家获得外汇收入主要有两条途径：一是对外贸易的外汇收入；二是非贸易的外汇收入。前者是指物质商品出口所带来的外汇收入，后者则指国际间有关保险、运输、旅游、利息、居民汇款、外交人员费用等方面带来的外汇收入。用接待国际入境旅游的方法增加外汇收入即旅游创汇，属于非贸易创汇。从创汇意义上说，接待国际入境旅游与向国外出口商品是一样的，因此，接待国际入境旅游也是一种出口，通常称为旅游出口。和传统的商品出口有所不同的是，旅游出口创汇不发生旅游产品的位移，旅游者与支付款项的流动方向相同，而传统的商品出口与支付款项的流动方向却是相反的，如图7-1所示。

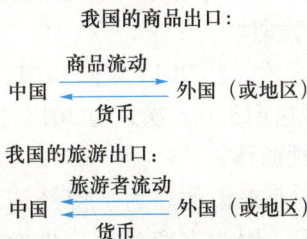

我国的商品出口：

商品流动
中国 ← → 外国（或地区）
货币

我国的旅游出口：

旅游者流动
中国 ← → 外国（或地区）
货币

图 7-1　我国的商品出口与旅游出口

像我国这类发展中国家进行现代化建设需要大量外汇，在国内物质产品并不充裕的情况下，仅靠压缩国内市场需求出口换汇有局限性，而发展旅游业在很大程度上是出口风景、出口劳务、出口商品，不必挤占国内紧缺物质产品而实现创汇，并且旅游业具有创汇能力强、换汇成本低、耗能少的特点。与传统的商品出口相比，旅游创汇具有如下优势。

1. 旅游出口是一种无形贸易，国际上称之为"无烟工业"

旅游业提供的是无形的服务产品，不必付出很多物质产品，而且旅游出口可以省掉商品外贸过程中所必不可少的运输费用、仓储费用、保险费用、有关税金等项开支以及与外贸进出口有关的各种繁杂的手续，只要旅游者来到旅游产品的生产地点进行消费，不需消耗很多能源即可创汇，可以使资金迅速周转、增值，符合像中国这样的发展中国家的经济增长方式。

根据国家统计局数据显示，2019 年我国国际旅游收入 1 313 亿美元。国际旅游者在我国旅游时，其外币需完全按照我国公布的外汇牌价兑换成人民币，因此，与传统的出口换汇的情况相比，旅游产品换汇率较高，换汇也要合算得多。

2. 创汇便利，资金回笼速度快，风险较小

旅游产品除了不必包装、保险和储运外，也不必长期等候对方付款和办理繁杂的进出口手续。在旅游出口中，买方（旅游者）往往要采用预付或现付的方式结算，因此，卖方即接待国能立即得到外汇，不像外贸商品出口从发货到结算支付往往要间隔很长时间。很显然，外汇结算支付时间的长短，不仅存在利息差额的问题，也会影响所得外汇的使用效益。

3. 就地创汇，不受对方国家或地区贸易保护的限制，也免受进口国关税壁垒的影响

在传统商品进口中，进口国往往会对进口商品实行配额限制，超过这一数额，便会提高进口商品的关税。此外，在对进口商品没有配额限制的情况下，为了控制商品进口量，进口国也会以调高进口关税为常用手段，这就是所谓的关税壁垒。关税壁垒是最古老的贸易壁垒，却也是最直接的限制工具，国家为了限制进口、保护国内产业常常会采用这一措施。而在旅游产品出口方面，通常不存在客源国实行类似的关税壁垒的问题。

世界上一些旅游发达的国家和地区，利用旅游的外汇收入来弥补贸易逆差，平衡国际收支，达到了良好的效果。国际收支是指一个国家或地区在一定的时期（通常为一年）与其他国家或地区经济往来的全部收支。在国际经济往来中，收入大于支出时，国际收支差额表现为顺差或剩余。反之，国际收支差额则出现逆差或赤字。造成国际收支失衡的原因是多种多样的，像一些发展中国家，一方面由于经济、技术发展滞后，物质商品出口量有限；另一方面为了发展经济又必须进口先进的技术和设备，国际收支出现赤字是难免的。因此，发展旅游创汇，弥补贸易逆差，平衡国际收支，对于发展中国家更有意义。2019 年，我国共接待入境旅游人数 1.45 亿人次，比 2018 年同期增长 2.9%。其中，外国人 3 188 万人次，比 2018 年同期增长 4.4%；香港同胞 8 050 万人次，比 2018 年同期增长 1.4%；澳门同胞 2 679 万人次，比 2018 年同期增长 6.5%；台湾同胞 613 万人次，与 2018 年同期基本持平。

（三）回笼货币，促进经济良性循环

这项功能是就发展国内旅游产业来说的。为了使经济社会正常运行，社会上流通的货币量必须与流通的商品量协调一致。因为在商品投放量增加不大的情况下，如果市场上流通的货币量过大，超过市场上商品价格的总和时，就会出现通货膨胀，产生货币贬值，引起社会问题。人们手中货币量的增加，意味着其购买力的扩大。当人们的购买力过大时，就势必对市场造成压力，致使物价不稳，扰乱市场秩序，即使人们将积蓄的钱存入银行而暂时不投入市场，由于这些钱可以自由存取，仍会对市场构成一种潜在的威胁。如果有效的商品供给不能增加，则这种存款的数量越大，其潜在的威胁也越严重。所以，国家投放货币后，都要设法将其回笼，有计划地投放和回笼货币是一个国家或地区经济社会正常运行的前提。回笼货币的途径有多种，例如，财政回笼，即通过征税回笼货币；信用回笼，即通过吸收存款、收回贷款、发放国债等回笼货币；商务回笼，即销售商品回笼货币；服务回笼，即服务收费回笼货币。其中，以服务收费回笼货币最为有益。发展旅游产业，刺激旅游消费，就属于服务收费回笼货币。在商品投放能力有限，难以满足市场需求的情况下，发展国内旅游产业，转移人们的购买趋向，鼓励消费旅游产品，既可加速货币回笼，

稳定货币流通量和商品供应量之间的比例，又能减轻市场压力，稳定物价，更能为国家建设积累资金。

（四）增加就业，保障社会稳定

就业是民生之本，在扩大就业的功能上，旅游对国民经济的贡献要超出其他的很多行业，也超出了旅游对国内生产总值的贡献。旅游产业可为劳动者提供更多的就业机会，这主要是因为以下几方面。

1. 能提供大量的直接就业机会

旅游业属于劳动密集型的产业，在旅游接待工作中，许多工作需靠员工手工操作，且需要直接面对旅游者提供富有人情味儿的服务，因此需要大量的劳动力。以饭店业为例，在低工资成本地区，如在亚洲和非洲，每增加一间客房，可为 1.2~2 人提供直接就业机会。

2. 就业层次较多，就业门槛较低

旅游业的就业岗位层次众多，一方面需要高素质的管理与技术人才，另一方面很多工作，尤其是旅游交通、旅游餐饮、旅游商品、旅游景区等行业的大多数工作并不需要很高的技术，对年龄要求也不十分苛刻，能为尚不具备技术专长的青年和下岗职工提供就业机会。当然，这并不是说旅游就业不需要知识和技术。为了保证旅游产品的质量，也需要对从业人员进行适当的教育和训练。但与技术程度要求较高的制造业等行业相比，旅游业就业门槛较低，只需短期培训即可很快胜任。据一些发达国家的统计，旅游业安排就业的平均成本要比其他经济部门低 36.3%。

3. 能给相关的行业提供就业机会

旅游业是个具有关联带动性的产业，不仅可以为本行业直接提供就业机会，也能够为其他行业提供就业机会。根据世界旅游组织专家的测算，发达国家旅游业每增加 3 万美元的收入，将增加 1 个直接就业机会和 2.5 个间接就业机会。对于旅游资源丰富的发展中国家，旅游业每增加 3 万美元的收入，将增加 2 个直接就业机会和 5 个间接就业机会。而旅游业每年增加 1 个直接就业人数，就可增加 5 个与之相关联的间接就业机会。

我国人口众多，就业问题始终是个需要关注的社会问题。由于第一产业和第二产业吸收就业人口的能力有限，解决就业问题的出路在于加速发展就业成本较低的劳动密集型产业。在这种情况下，发展旅游产业，解决就业问题，有其重要的现实意义。发展旅游业作为中国解决和实施再就业工程的一项措施是非常有效的。

（五）提高收入，缩小地区差异

旅游的发展有助于平衡国内各有关地区经济发展，缩小地区差异。如果说国际旅游可引起旅游客源国的财富向旅游目的国转移，在一定程度上使世界财富进行再分配，那么国内旅游则能把国内财富从旅游客源地向旅游目的地转移，使国内财富在地区间进行再分配。一般来说，经济较发达的地区外出旅游的人数较多，经济欠发达的地区外出旅游的人数较少。当经济欠发达的地区的旅游资源足以吸引经济发达地区的居民前往旅游时，这些旅游者在旅游目的地的旅游消费对当地的经济显然是一种外来的刺激。这种刺激不仅能促进当地旅游业的发展，而且由于旅游业的连带性，也能促进整个地区经济社会的发展。经济欠发达地区通过兴办旅游产业，促进经济社会发展。发展旅游业还为当地居民创造就业的机会，提高当地居民的收入。同时，促进当地市政、道路、建筑、供电、通信等基础设施的建设，提高当地居民的生活水平。"旅游搭台，经贸唱戏"，旅游业本身就是一个引入外资较多的产业，也是投资者乐于投资的产业，而且引来了资金，就可以开展多方面的经济交流和合作。总而言之，大力发展旅游业可以做到一业兴而百业旺，可以摆脱贫困、走向富裕，缩小经济欠发达地区与经济发达地区的差距。近年来，中国一些经济基础较差而旅游资源比较丰富的老、少、边、穷地区(即一些革命老区、少数民族地区、边远和贫困地区)就选择了走旅游脱贫致富之路，旅游业的发展给地方财政以更多增收的机会，创造更多的条件，使当地人民的平均收入水平有了较快的增长，也适度缩小了地区间的发展不平衡。

二、旅游业对国民经济的消极作用

当然，和任何事物一样，旅游的发展对一个国家的经济既有其积极方面的影响，也有其消极方面的影响。如果片面强调发展旅游业，又不量力而行，那么则有可能扩大发展旅游业所带来的副作用，甚至会导致得不偿失的结果。旅游经济有可能产生以下不利影响。

(一)　对物价水平的消极影响

就一般情况而言，由于外来旅游者的收入水平较高或者他们为了旅游而长期积蓄的缘故，旅游者的消费能力高于旅游目的地的居民，因此他们能够出高价购买食、宿、行以及以旅游纪念品为代表的各种旅游商品。在经常有大量旅游者来访的情况下，则难免会引起旅游目的地的物价上涨。这势必损害当地居民的经济利益，特别是在引起衣、食、住、行等生活必需品价格上涨的情况下更是会大大影响到当地居民的基本生活。比如在昆明世博会期间，昆明市客房价格上涨50%~80%，餐饮、旅游商品等行业的价格也有较大上升，在一定程度上影响了当地居民的日常消费，也阻碍了部分旅游者前来昆明旅游。

(二)　对当地经济结构的损害

在有些原先以农业为主的国家或地区，随着旅游业的兴起，大量的劳动力抛弃了农耕而从事旅游业。因为从个人收入来看，从事旅游服务的工资所得远远高于务农收入。在我国很多地区有过这样的例子。由于当地劳动力不足，从而造成了大片农田荒芜。这种产业结构不正常变化的结果是，一方面，旅游业的发展扩大了对农副产品的需求，另一方面，却是农副业产出能力下降。如果再加上前面提到的农副产品价格上涨的压力，很可能还会影响社会和经济的安定。

(三)　过度依赖旅游业有损社会稳定

一般来说，一个国家或地区可以通过发展旅游业来推动本国经济的增长，但不宜主要依靠旅游业来发展本国的经济，特别是对于像我国这样一个大国更是如此。这主要是因为以下几方面。

1. 作为现代旅游活动主要组成部分的消遣度假旅游有很大的季节性

尽管在旅游旺季时呈现出一派繁荣的景象，但到了淡季时不可避免地会出现劳动力和生产资料闲置或严重的失业问题，从而会给旅游接待国或地区带来严重的经济问题和社会问题。因此若接待国或地区过分依赖于旅游业，则不可能完全消除旅游季节性差异所带来的一系列问题。

2. 旅游需求是接待国或地区所不能控制的

旅游需求在很大程度上取决于客源地居民的收入水平、闲暇时间和有关旅游的流行时尚，而这些都是旅游接待国或地区所不能控制的。如果客源地出现经济不景气，其居民对外出旅游的需求势必会下降。在这种情况下，接待地区很难保住和扩大市场。此外，一旦客源地居民对某些旅游地的偏好发生转移，则会选择新的旅游目的地，从而使原接待地区的旅游业衰落，至少是相当长一段时间的萧条。从长远的观点来看，这些问题都难免发生。

3. 旅游需求还随时会受到接待国和地区各种政治、经济、社会乃至某些自然因素的影响

一旦这些非旅游业所能控制的因素发生不利变化，也会使旅游需求大幅度下降，旅游业乃至整个经济都将严重受挫，造成严重的经济和社会问题。受新冠疫情的影响，世界旅游业整体进入了一个缓慢发展的时期，我国的旅游经济也不可避免地受到影响。因此，任何一个大国的旅游业的发展都应适应经济发展的需要，不能盲目开发。

上述可能性的存在只是从国家和地区经济安全的角度说明了对旅游业的发展要加强宏观控制和总体规划的必要性。我国是社会主义市场经济国家，旅游业的发展也必须体现这一特点，对于应当和优先开发的地区应大力支持和扶植，对于不宜发展旅游业的地区则应加以限制甚至禁止。

三、全面认识旅游业在国民经济中的地位

随着收入水平的提高，旅游将成为城乡居民生活的基本内容和主要的消费需求，同时也对旅游业的发展提出了更高的要求。近年来，我国就加快旅游业发展做出了一系列重大部署，出台了一系列支持政策，推动了我国旅游业的快速发展。

(一) 将发展旅游业纳入国家战略体系

为了把发展旅游业作为促进我国经济平稳较快发展的战略举措之一，国务院先后出台了《国务院关于进一步加快旅游业发展的通知》(国发〔2001〕9号)和《国务院关于加快发展旅游业的意见》(国发〔2009〕41号)，提出要把旅游业培育成国民经济战略性支柱产业和人民群众更加满意的现代服务业。同时，发展旅游业也被纳入国民经济和社会发展五年规划，《国民经济和社会发展第十二个五年规划纲要》把旅游业确立为服务业发展的重点产业，将加快发展旅游业作为促进发展方式转变、推进经济结构调整的重要措施，并列出专门段落进行部署。党的二十大报告指出，坚持以文塑旅、以旅彰文，推进文化和旅游深度融合发展。这为旅游业的发展指明了发展方向。

(二) 优化旅游业发展环境

近年来，中央财政不断加大对旅游业的投入，用于旅游宣传促销、旅游景区服务设施开发补助和支持中西部地区旅游基础设施建设。在不断加大财政支持力度的同时，国家也出台了促进旅游发展的制度安排，如通过实行长假制度和落实职工带薪休假制度，促进居民旅游休闲消费，并加大了对旅游企业的支持力度。这些政策和措施，极大地推动了我国旅游业的快速发展。但也应当看到，目前旅游产品供给和需求的结构性矛盾在旅游业发展的过程中依然突出，观光旅游热点产品仍集中在少数知名旅游景区，新的旅游景区开发建设还有待进一步加强。休闲度假产品仍处于发展的初级阶段，数量和质量与人民群众急剧上升的需求存在较大差距。中西部部分旅游目的地交通不便、可进入性差的问题依然突出。旅游安全保障体系还不健全。为了早日把旅游业培育成国民经济的战略性支柱产业和人民群众更加满意的现代服务业，需要国家承担更多的责任，将旅游业放在国家整体战略与国民经济和社会发展总体布局中更加积极地予以支持，充分发挥旅游业在促进经济社会全面发展、经济结构调整和

扩大内需等方面的积极作用。

四、旅游业经济影响的衡量

（一）旅游乘数效应

乘数效应，即某行业的一笔投资或收入不仅能够增加本部门的收入，而且会在整个国民经济中起到连锁反应，最终会带来数倍于这笔投资款的国民收入的增加量。旅游乘数是用以测定单位旅游消费对旅游接待地区各种经济现象的影响程度的系数。旅游收入乘数效应是用以衡量旅游收入在国民经济领域中，通过初次分配和再分配的循环周转，给旅游目的地国家或地区的社会经济发展带来的增值效益和连带促进作用。旅游乘数效应包含直接影响阶段、间接影响阶段和诱导影响阶段。

旅游乘数效应的类型一般分为以下 4 种。

1. 营业收入乘数

营业收入乘数主要用以测定单位旅游消费对接待国经济活动的影响，反映了单位旅游消费额与由其所带来的接待国全部有关企业营业收入增长量之间的比例关系，即增加单位旅游营业收入额与由此导致其他产品营业总收入增加额之间的比例关系。

2. 产出乘数

产出乘数与营业收入乘数很相似，但测定的是单位旅游消费与由其带来的接待国全部有关企业经济产出水平增长程度之间的比例关系。它不仅考虑到企业营业总额增长情况，也考虑到企业有关库存情况的实际变化。

3. 收入乘数

收入乘数主要反映单位旅游消费与其所带来的接待国净收入变化量之间的比例关系。

4. 就业乘数

就业乘数是指增加单位旅游收入所创造的直接或间接就业人数之间的比例关系。它有两种表示法：一种表示某一待定数量的旅游消费所创造的就业人数；另一种是某一待定数量旅游消费所带来的直接就业人数与继发就业人数之和与直接就业人数之比。

此外，居民收入乘数和进口额乘数也经常用于旅游乘数效应的测算。居民收入乘数即增加单位旅游收入额与由此导致的该地区居民总收入增加额之间的比例关系。进口额乘数即每增加一个单位旅游收入最终可使目的地总进口额增加的比例关系。

世界旅游组织公布的资料显示，旅游业的经济乘数效应远远高于其他行业。旅游业每直接收入 1 元，相关行业收入就可增加 4.3 元。旅游业每增加一个直接就业人员，社会就能增加 5 个就业机会。

（二）旅游卫星账户

20 世纪 90 年代初，世界贸易组织和经济合作与发展组织就旅游业对社会经济的重要性做了大量的研究工作，着力解决了如何描述旅游经济及如何测评旅游对经济的影响等难题，这对后来卫星账户的设立起了重要的作用。

世界贸易组织、经济合作与发展组织、欧共体统计局和联合国统计司合作进行编制"旅游卫星账户：推荐方法框架"，统计委员会同意此框架，于 2000 年 3 月批准采纳。

"框架"遵守国民核算原则，设置了一系列全球标准和定义来测量旅游对 GDP、就业、资本投资、税收等的贡献，以及旅游业在国家收支平衡中的重要作用。各个国家以"框架"为基础，并根据本国的实际情况进行了一定的补充。

　　旅游卫星账户是在国民经济核算体系之外，按照国民经济核算体系的概念和分类要求，将所有由于旅游活动而产生的消费和产出部分分离出来进行单独核算的虚拟账户。

　　旅游卫星账户为政策制定者提供了对旅游部门的概览，以及与其他经济部门的比较。它通过旅游经济活动及旅游就业的可信数据、旅游业对该国国际收支平衡影响的数据，帮助各国依照一个共同的核算框架来测量旅游及相关的产品和服务，从而可以将旅游业与其他产业做一个可信的比较。旅游卫星账户是由联合国统计委员会批准的国际标准和测量旅游业总体经济水平及其对国民经济贡献的一个统计工具，也是世界各国政府部门、国际组织所广泛认可的衡量旅游活动规模和核算旅游业增加值的方法。

　　2001年，在原江苏省旅游局的主持下，开始了旅游卫星账户在中国具有划时代意义的实践。2003年9月，《江苏旅游卫星账户构成数据机构调查》方案正式形成，并通过审批。在进行为期一年的实践后江苏省旅游卫星账户于2004年9月通过评审。

　　江苏省的区域旅游卫星账户是中国第一个旅游卫星账户的实践，为中国提供了旅游卫星账户的成功示范，为国家旅游卫星账户和其他省级区域旅游卫星账户的开发提供了经验。

第二节　旅游业对社会文化的影响

　　在现代旅游活动发展的初期阶段，人们的关注目光主要投向旅游所带来的主导效益，即经济上的作用，而较少注意到旅游的整体效应，尤其是旅游的社会文化影响。实际上，旅游对目的地乃至全人类的社会文化也具有不可忽视的影响。旅游活动的开展之所以会对社会文化，特别是旅游目的地社会文化具有影响作用，主要是因为以下几方面。

　　第一，旅游是一种有效率的文化传播媒介。旅游是旅游者与旅游地居民之间交往的过程，在直接和间接的交往接触中，双方还会以有意或无意的"示范"行为相互影响。然而在不同的社会条件和文化背景下，双方互相影响的程度有很大差别。如果旅游者与目的地居民在价值观念、宗教信仰、文化程度等方面大致相同，双方的交流就顺畅而频繁。相反的情况则是由于旅游者传达的文化信息有违旅游目的地居民原有的信仰和态度，而可能遭到目的地居民的抵制，信息交流被阻塞，甚至导致双方水火不容。

　　第二，旅游正在成为影响旅游目的地文化的因素之一。虽然就单个旅游者而言，和旅游目的地居民之间的接触是短暂的，似乎不足以对当地的社会和文化产生实质性的影响，但随着成千上万的旅游者的不断来访，不可避免地将外来文化携带并散播到旅游目的地，那样必将对当地的传统生活方式和观念造成一定的冲击，从而影响到它的生活形态、社会构造等，由此又带来了环境的变化和人的变化，即引起了文化的变化。

　　和旅游的发展对目的地经济的影响一样，旅游活动所带来的社会接触和文化交流对目的地社会文化的影响既有其积极的一面，又有消极的一面。

一、旅游业对社会文化的积极作用

（一）加强了解，促进国际友好关系

旅游是民间外交的一种重要方式。发展国际旅游产业，对于加强民间了解，改善国际关系，增进友好交往，维护世界和平，有着积极作用和深远意义。

1. 发展国际旅游产业便于加强民间了解

旅游作为民间外交的一种方式，是不同国家或地区、不同民族、不同宗教和信仰、不同年龄和性别、不同阶层和职业的人们之间面对面的交往，具有广泛性和直接性。旅游者中大多数是平民百姓或者以非官方身份出现的人，与政府间往来纯属官方人士不同，其交往不受官方外交礼仪、规格等级的严格限制，也没有官方交往中的诸多顾忌，具有群众性和随意性。旅游交往，可采取听讲演、看影视、实地考察、参加会议等各种各样的形式，可接触旅游从业者、目的地国家或地区的居民、其他旅游群体或个体，可了解异国他乡的山川地貌、风土人情、生产方式、生活习俗、建设成就、文物古迹、民族传统、道德法律以及其他希望和可能了解到的东西，具有灵活性和机动性。

【拓展阅读 7-1】

"这里是非洲"旅游推介会在京举办

2023 年 6 月 18 日，"这里是非洲"非洲旅游推介会在全国农业展览馆举办。

本次推介会是落实中非合作论坛第八届部长级会议精神，兑现《中非合作论坛——达喀尔行动计划（2022—2024）》承诺的具体举措，由文化和旅游部国际交流与合作局主办、中国旅行社总社（北京）有限公司承办。推介会上，阿尔及利亚、埃塞俄比亚、喀麦隆、卢旺达、塞内加尔、南非、坦桑尼亚和津巴布韦等国代表进行了推介，展示了非洲的旅游资源与文化魅力。

文化和旅游部国际交流与合作局相关负责人表示，中国和非洲国家旅游资源丰富，都将旅游视为推动经济和社会发展的重要产业，当前又都面临重振旅游业的紧迫任务。外交部非洲司相关负责人表示，展望未来，中非合作前景广阔，中非旅游业的长足发展将给中非人民带来更多实实在在的好处。埃塞俄比亚驻华大使馆相关负责人表示，各国加强沟通才能重振旅游业，并使其继续积极促进社会经济发展。这次推介会是国际旅游交流与合作的重要平台，有助于旅游业的复苏和发展。

（资料来源：中国旅游报，2023 年 6 月）

2. 发展国际旅游产业可以改善国际关系

国家之间正式建交可能滞后，其民间的往来和交流却可以先行一步。这种民间的往来和交流可能是国际社会政府间外交的先导和前提。在这方面，旅游作为民间外交的一种方式是功不可没的。通过发展国际旅游产业，开展以跨国旅游为表现形式的民间交往和交流，可以加强国际社会民间的了解和认识，消除因不了解而产生的偏见和误会。随着旅游活动的增多和相互理解的加深，彼此之间势必产生情感和友谊。在这种基础上，缓和紧张局势、改善国

际关系，也就成了顺理成章、水到渠成的事了。

3. 发展国际旅游产业能够增进友好交往

旅游可使人们愉悦身心、焕发精神、陶冶情操、增长知识，满足追新、猎奇、求乐、求知、求健、求美等欲望和目的，因此是相互之间的友好交往的最理想的沟通方式。发展国际旅游产业对旅游客源国（客源地）与旅游接待国（接待地）的友好交往是个有力的促进，使二者都增加了了解别人、宣传自己的机会。目前，国际旅游者大多来自经济文化发达国家，它们通过与接待国（接待地）人民的直接交往，切身感受到异国他乡的魅力，认识到即使是发展中国家或地区也有很多值得学习和了解的东西。而后者则通过热情周到的服务和真诚待人的美德，给客人留下美好而难忘的印象，有效地宣传了自己，这不仅可增进双方的交往和友谊，而且能提高本国或本地在国际事务中的作用和地位。

4. 发展国际旅游产业能够维护世界和平

发展国际旅游产业对加强国际了解、改善国际关系、增进友好交往有利，这已被实践反复证明。发展旅游业能加深各国人民之间的友谊，使人类命运共同体意识和世界大同观念日益加深，使反对战争和维护和平成为人心所向、大势所趋。

（二）推进文化交流，推动文明发展

旅游有利于不同文化的交流，尤其对旅游目的地一方的对外文化交流能起促进作用。文化在传播的过程中，由于种种原因，向四方散播的速度并不均衡，导致了先进的文化难以抵达边远的落后地区。而大众旅游这种新型传播媒介将不同的文化传播到全球各地，因为旅游者是无所不至的，甚至地球的三极——南极、北极和世界屋脊珠穆朗玛峰也都留下了旅游者的足迹。中国的地震预报、针灸、武术、烹饪等成果，就是通过旅游走向世界的。在旅游越来越大众化的今天，不同地区文化的交流必然会推动人类文明的发展。当然，旅游与人类文明是相互促进、连带发展的，旅游业的繁荣可以说也是近百余年来现代文明发展的结果。发展旅游业，来自比较发达国家或地区的旅游者可以给不够发达国家或地区带来比较先进的管理经验、科学技术和文化知识。与此同时，比较发达国家或地区的旅游者也可在不够发达国家或地区学到长于自己的传统文化和伦理知识。当然，前者地区旅游者的先进思想和道德观念也能给后者地区的社会意识注入新的生机和活力。因此，国际旅游产业像一台播种机，把物质文明和精神文明的种子撒向世界各地，使之生根、开花并结出丰硕的果实。通过发展旅游业也可以更多地了解本国的历史和文化，目睹本国各地的自然名胜和建设成就，这些都会激发和提升人们的民族自尊心和自豪感，从而进一步增强爱国主义精神，增强一个民族的凝聚力。由此，我国提出了"旅游促进社会的发展与繁荣"的方针，一些旅游城市也提出了以"旅游业"为龙头带动全行业大发展的口号。可见，旅游是随着现代文明而发展，又推动着现代文明建设的社会活动。

（三）开阔视野，提高人们的生活质量

旅游是一种生活方式，它让人们走出家门，开阔了视野，也提升了人们的生活质量。在现代社会中，人们比过去任何时候都更为关注生活态度、生活质量之类的问题。美国经济学家丹尼尔·贝尔说过："现代人满足的源泉和社会理想行为的标准不再是工作劳动本身，而是他们的生活方式。现代人有权选择适意的生活。"由于旅游能适应人的某些深层需要，对这些需要的满足必将影响到人们的生活方式，因此很多人选择了旅游。世界旅游组织在1980年颁布的《马尼拉世界旅游宣言》中指出："国内和国际旅游及娱乐活动，如今已是各现代社会中国

内与国际生活的组成部分。"随着20世纪60年代以来大众旅游的出现，旅游确已成为大众休闲娱乐的一种良好方式。它体现了一种生活态度，也是对人的社会地位、声望和生命价值的肯定。随着我国经济水平的提高与休闲时间的增加，旅游休闲消费逐渐兴起，同时也得到了政府的认可和鼓励，成为整个社会所接受的新观念，旅游在我国广大的区域内正在形成一种大众的生活状态。

（四）促进民族文化的保护与发展

旅游是弘扬民族文化，建设富有民族特色的精神文明的有效途径。旅游景观中积淀着丰富的民族文化：大量的文物古迹直接展示出特定的历史文化；各种古建筑的结构形式、建造工艺、图案雕饰等，都反映着具有民族特色的文化内涵；作为旅游流动资源的民情风俗，有关景物的诗文与神话传说等旅游文学，承载着民族的性格、心理、精神和伦理道德等。随着旅游业的发展，旅游者对不同地区文化中的风俗习惯、民间艺术和历史遗迹有着浓厚的兴趣，因此旅游经营与管理者便对一切既具有文化价值又具有旅游价值的事物进行拯救、恢复与开发；传统的手工艺品因市场需求的扩大重新得到开发与发展；传统的民间艺术如音乐、舞蹈、戏曲、杂耍等重新受到重视和发掘；长期濒于湮灭的历史建筑重新得到保护和修缮；等等。拯救文化遗产的工作还得到了联合国教科文组织的支持。正是这些拯救活动给当地原有的民族文化遗产提供了一定的生存空间，并且随着旅游的开展而获得了新生，成为其他旅游接待国或地区所没有的独特文化资源。它们不仅受到旅游者的欢迎，而且使当地人民对自己的文化增添了新的自豪感。例如，一些在中国东北拍摄的影视作品中的旅游经营者正是利用独特的东北黑土地上的民族文化吸引了大批的旅游者前来旅游消费。

【拓展阅读7-2】

循着总书记的足迹 看文化建设和旅游发展新风貌

党的十八大以来，以习近平同志为核心的党中央高度重视文化和旅游工作。习近平总书记在各地考察调研时十分关心文化建设和旅游发展情况，提出了一系列新思想、新论断、新要求。

2021年4月，习近平总书记来到广西桂林象鼻山公园，远眺山水风貌，沿步道察看商业、邮政等服务设施。近两年，桂林市以打造世界级旅游城市为目标，不断推动文旅产业转型升级。目前，象鼻山公园已实现永久免费对游客开放。

河南省南阳市淅川县九重镇邹庄村是南水北调中线工程建设移民搬迁村。2021年5月，习近平总书记走进该村丹江绿色果蔬园基地，实地察看猕猴桃长势，详细了解移民就业、增收情况。近年来，邹庄村大力发展乡村旅游，生态观光、果蔬采摘、研学旅游吸引着众多游客。

2021年6月，习近平总书记来到位于青海省海北藏族自治州的青海湖仙女湾，沿木栈道步行察看。近年来，当地在保持仙女湾湿地原有自然风貌的基础上科学谋划旅游发展，成效显著。

2021年7月，在庆祝西藏和平解放70周年之际，习近平总书记来到拉萨。在布达拉宫广场，他询问布达拉宫保护管理等情况，亲切看望各族群众。近年来，拉萨持续推进文旅融合发展，布达拉宫、八廓街等吸引着八方来客。

2022年4月，习近平总书记来到海南三亚国际免税城，实地了解离岛免税政策落地实施等情况。他指出，要更好发挥消费对经济发展的基础性作用，依托国内超大规模市场优势，营造良好市场环境和法治环境，以诚信经营、优质服务吸引消费者，为建设中国特色自由贸易港作出更大贡献。如今，三亚"免税+旅游"发展成效显著，越来越多的游客前往三亚国际免税城旅游消费。

2022年6月，习近平总书记来到四川眉山三苏祠，了解三苏生平、主要文学成就和家训家风，以及三苏祠历史沿革、东坡文化研究传承等。当前，眉山市正大力传承"三苏"文脉、弘扬东坡文化，努力建设全球苏学研究高地、优秀传统文化教育基地、知名人文旅游胜地。

2022年8月，习近平总书记来到辽宁锦州东湖森林公园，考察当地加强生态环境修复情况。他强调，要坚持治山、治水、治城一体推进，科学合理规划城市的生产空间、生活空间、生态空间，多为老百姓建设休闲、健身、娱乐的公共场所。如今，东湖森林公园已成为市民游客生态观光、旅游休闲的好去处。

（资料来源：中国旅游报，2023年2月）

二、旅游业对社会文化的消极作用

（一）民族文化的变异

随着旅游活动的开展，旅游者不可避免地会将自己的生活方式带到旅游目的地。特别是在国际旅游方面，由于旅游者来自世界各地，他们具有不同的价值标准、道德观念和生活方式，因此这些东西无形之中也在传播和渗透，对目的地社会产生示范效应，使其社会文明与文化产生一定的变异。这些示范效应中，有些是积极的、有益的；而有些就会在旅游目的地的社会文化方面形成所谓的"旅游污染"，这些污染不像环境污染那样显而易见，它反映于社会的经济、文化、社会构成及思想意识等各个领域。因此，旅游者的生活方式对旅游目的地的负面影响是一个不容忽视的事实。其主要表现在以下几方面。

1. 社会道德水平的下降

大众化旅游显然对社会道德规范有所影响。当旅游客源地和旅游目的地双方社会文明程度相当，社会发展程度相当时，旅游活动为双方带来的多是良好的物质与精神的享受。但是，旅游也极有可能给旅游目的地带来不良的示范效应，引起当地社会道德水平的下降，使当地居民丧失原有的淳朴美德，不良社会现象增多。旅游并不会直接引起犯罪等行为，犯罪行为也不会只产生于旅游地，国外旅游者带来的文化及其生活方式对旅游地文化的冲击，可能影响当地部分居民去否定甚至抛弃自己的文化传统。特别是有些年轻人在自卑感的驱使下，开始对自己的传统生活方式感到不满，并不伦不类地模仿外来的不良文化继而发展到有意识地追求，甚至将外来的糟粕奉为楷模，从而影响社会秩序的安定。如我国西南某镇原本是一个昼不锁门、夜不闭户的小镇。旅游业的发展为当地带来经济效益的同时也使得当地居民精神生活却趋于空虚，从外界传入的一些从前没有的不良习气和风气也腐蚀着人们的传统道德观念，再加上旅游发展带来的贫富差距，使得当地居民产生了一些不良的道德行为，一个重要的表现就是社会治安状况逐年下降，小偷、小摸，甚至抢劫的现象增多。这些社会问题的出现反过来也会影响当地旅游的发展。

2. 旅游地文化的商品化和庸俗化

为了满足旅游者对旅游商品的需要，旅游经营与管理者便以商业需求为产品开发的原则大量地粗制滥造旅游商品，当地固有的民族文化也被不适当地包装在商品上并大量销售，艺术与文化的神圣性受到侵犯，使本地文化丧失原有意义和价值，并向着庸俗的轨道倾斜，令旅游者不能够真正汲取本地文化的精髓，也损害了当地文化的形象。比如，传统的民间习俗和庆典活动都是在传统特定的时间、传统特定的地点，按照传统规定的内容和方式举行的。但是，很多这种活动随着旅游业的开展逐渐被商品化和庸俗化，它们不再按照传统规定的时间和地点举行，为了接待旅游者，随时都会被搬上"舞台"。但为了节约时间，活动的内容往往被压缩，并且表演的节奏也明显加快。这些活动虽然被保留下来，但在很大程度上已经失去了传统上的意义和价值。所以旅游经营与管理者必须尊重旅游的文化价值，维护当地文化的形象与价值，将人文精神贯穿于旅游开发中，才能取得长远的效益。

【拓展阅读 7-3】

冯骥才：大肆开发古城和古村落旅游已构成对其文化的破坏

中国由于历史悠久、民族众多，形成了形态缤纷、风情各异的古城和古村落文化。但近年来，一些地方为了经济效益，大肆开发这些古城和古村落搞旅游。对此，冯骥才日前批评说，当今古城和古村落的旅游已构成对其文化的破坏。

冯骥才指出，现在的古城和古村落开发已成套路，首先是去找有资本的开发商，然后很多项目不经过专家论证也不向当地百姓公示，完全按照商业营利的需要制订方案，把古迹当景点，把遗产当卖点，把无法当景点和卖点的文化遗产甩到一边，然后是"腾笼换鸟"，迁走甚至迁空原住民，使古城失去活的记忆和生命。沿街全改成店铺，招引商贩，导致所有旅游景区营销的工艺品全都像从一个仓库里批发来的。最后是在街头屋角挂红灯笼、插彩旗，为了收入翻番，随心所欲地增加景点，甚至动手造假。

冯骥才批评说，套路化的旅游开发带来的必然是粗鄙化的旅游，同时使各地古城和古村落的文化遭到了彻底破坏。所谓"彻底"，是指原有的文化生命被瓦解，固有的文化魅力荡然无存，只有布景般的模样，没有真正的个性与气质。

一个地区的经济有兴衰，但唯有文化是永远攥在手中不变的王牌，是永恒的资源。这资源既是经济的，更是精神的。如果拿它换眼前几个小钱，失去的只能是一个地区最重要的东西——精神。地域精神、人文传统、乡土情感与亲和力，这些东西一旦失去，是多少钱也买不回来的。

（资料来源：新华网）

（二）对旅游者的伤害

旅游活动也给旅游者带来了负面影响。由于旅游是旅游者一个时期以来支付能力的一次集中展示，他们花钱大方，与当地居民之间有报酬的交往关系容易使他们产生物质和文化上的优越感，甚至言行傲慢，因此当地居民对这些旅游者就会产生抵触感，甚至做出伤害旅游者的言行。同时，旅游者停留时间的短暂和形同隔离的局面，使他们对当地文化只可能有一种表层认识。加上旅游机构追求的是商业利润，将当地文化当作商品来出售，旅游者体验到的往往是经过包装的、带有虚幻色彩的文化印象，在这样的背景下，他们未必能从旅游中获得更多的教益。

三、文化、文明与旅游现象

广义的文化包含了人的精神世界及人的物质世界中可以传承的带有共性的东西，是由符号、语言、价值观、规范体系、社会关系与社会组织及物质产品所体现的东西。而旅游的发展对这种意义上的文化要素确实有不可忽视的影响。从西方学者所做的研究来看，旅游发展对这些文化要素的影响主要体现在手工艺品、语言、艺术和传统、烹饪、艺术和音乐、建筑、宗教和服装以及休闲活动等方面。可以说，旅游对任何一种文化要素的影响，都呈现出积极和消极两个方面。就拿手工艺品来说，旅游者每到一地，购买纪念品是他们的一件重要的事情。从这一点来看，旅游可能成为促进当地文化传播发展的一个重要外部力量。但是，如果旅游者对该种文化的历史知之甚少，他就很可能难辨良莠。而那些商品的生产厂家，为了使产品销售出去以追求最大化利润，就有可能将一些与传统不协调的东西植入产品。对此我们很难说这是好事还是坏事。但有一点可以说是确定的，那就是由于出卖的功利性目的，"工艺品"的艺术价值和人文气息被大大降低和淡化了，因而只能叫"商品"而不能叫"工艺品"了。甚至我们还在不同的目的地看到很多似曾相识的"手工艺纪念品"。由此可见，旅游发展对于文化而言确实是一把双刃剑，要全面认识它，才能正确评价它。

实际上，旅游对目的地社会文化的各种影响并非都是无条件存在或必然产生的。就其积极的影响而言，国际旅游的开展未必肯定能使接待国通过旅游者的宣传而树立或改善自己在海外的形象。如果要实现这一点，很大程度上要取决于国际旅游者在接待国旅游期间是否实现了自己预期的愿望，取决于他们是否通过旅游产生或加深了对接待国的好感。如果他们在接待国旅游期间没有获得预期的满足，甚至发生不愉快的经历，那么他们带回其本国的非但不是对接待国的好感，甚至是牢骚、怨恨和批评。可想而知，如果这类情况达到一定的数量，接待国不但不能通过旅游者的宣传改进和提高自己在海外的形象，而且可能会产生相反的效果。

我们知道，就个人而言，旅游既有求知的意义，又可激发人的审美情感。中国人总是将旅行与增长知识联系在一起，因此就有"读万卷书，行万里路"的古训。但外出旅游也未必对所有的旅游者都能产生陶冶情操和增长知识的教育效果。世界旅游组织对青年旅游的研究曾指出，虽然青年旅游作为一种教育手段可起到开阔眼界、增长知识、了解世界、培养和增强良好的个人习惯与社会习惯的积极作用，但在现实生活中，如果计划不周或采取的形式有误，青年旅游同样可能导致反面的教育结果。所以，青年旅游能否产生积极的效果在很大程度上取决于外出旅游的主旨和具体的旅游方式。

在旅游对目的地社会文化的消极影响方面，它们同样也并非发展旅游的必然结果。在世界各地旅游发展的过程中，无论是在发达国家还是发展中国家，的确也因此出现了这样或那样的问题。但是，这些问题的形成和严重化不是没有其条件的，也并不是不可克服或不可控制的。任何问题的形成都有一个从量变到质变的发展过程。在这个意义上，旅游对社会文化的消极影响一般应指其潜在性或可能性而言。这些消极影响在某些旅游接待国或地区导致了社会问题，而在其他一些旅游目的地则并未形成社会问题。这些情况说明，旅游对社会文化的潜在影响在一些地方能够形成社会问题至少是要具备一定条件的，否则便不能解释为什么在某些地方形成社会问题，而在另外一些地方则没有形成社会问题。

在认识旅游对社会文化的影响时，我们还应看到，任何文化交流，不论是旅游带来的文化交流还是通过其他途径产生的文化交流，都不可避免地使交流双方面临对方的影响，本身传统的文明也不可避免地受到外来文明的冲击。只有在对这些影响与冲击有了足够的认识的情况下，才能做到取其精华而去其糟粕。古今中外的历史证明，一个国家和地区的社会文化需要得到外来文化的促进才能不断地完善、发展和前进。面对大规模旅游带来的消极影响，我们不能因噎废食而反对发展旅游，其主要原因一是因为旅游对经济和社会文化毕竟有其众多的积极作用，二是因为很多消极问题的产生未必是发展旅游的必然结果。

另外，旅游业的发展对文化的依赖度也很强。旅游业赖以发展的旅游资源，几乎包括了可开发利用的人类历史上已经存在的所有社会人文资源和自然地理资源，而不管是历史遗迹、文化活动、文学遗产、民俗风情、民间技艺、现代科技，还是工农林水、山川河流、自然万态，都可以成为旅游经济发展的文化和物质基础。脱离了文化内涵的旅游资源，生命力是极为短暂的，这样的旅游行业也无法形成产业化发展的空间。

全面认识旅游和社会文化之间的相互影响，主要目的是要在澄清认识的基础上采取措施，发展旅游对社会文化的积极作用，抵制和最大限度地缩小其消极影响，加速人类文明进程，并积极开发利用积淀厚重的历史文化遗产、民俗文化遗产和现代科学技术资源等，使旅游业沿着健康的道路快速发展。

案例链接 7-1

从"五一"文旅市场看文旅融合大势

国内旅游出游 2.74 亿人次，实现旅游收入 1 480.56 亿元——2023 年"五一"假期，文旅市场呈现强势复苏局面。

文化是旅游的灵魂，旅游是文化的载体。火热的"五一"文旅市场背后，涌动着文旅融合深入推进的鲜活实践，折射出"诗和远方"不可阻挡的融合大势。

1. 新体验：在旅游中涵养自信力量

"五一"假期，西安大唐不夜城无分昼夜游人如织。街区中，旅游演艺精彩纷呈，"唐三彩骆驼载乐俑"在舞曲声中"复活"，白衣飘飘的"李白"吟咏千古名篇……

"随着公众对传统文化的兴趣渐浓，仅是打造旅游景观，已经无法满足需求。"西安曲江文旅股份公司演艺管理中心总经理苏卉说，"我们深耕'文化+演艺'创新，结合科技、创意、互动等表现方式，让游客沉浸在唐诗所描绘的'暗闻歌吹声，知是长安路'的场景中。"

摊开"五一"假期出游热点地图，"诗"和"远方"在满足人民美好生活新期待中实现更好联结。在山东东营，利津县老街长巷非遗文化街紧邻黄河北岸，人们在这里逛老街长巷、赶非遗大集，体验醇厚的黄河文化；在河南信阳罗山县何家冲，以红色旅游休闲为一体的"围炉煮茶"新方式，吸引着大批年轻人；在贵州平塘的中国天眼科普基地，大家在目睹"中国天眼"雄姿后，还能参与拼装"中国天眼"模型活动，进入天文体验馆聆听脉冲星的声音。

中国旅游研究院院长戴斌说："坚持以文塑旅、以旅彰文，推动文化和旅游深度融合，是'五一'假期非常明显的特色。"

深入挖掘中华优秀传统文化、革命文化、社会主义先进文化，文旅融出新天地。人们在旅游中感悟中华文化、涵养文化自信，成为新时代旅游新风尚。

5月1日，在参观遵义会议纪念馆时，游客王敏敏通过VR看到遵义会议召开时的场景，感觉非常震撼："我更加深刻地了解了红军长征路上经受的各种严峻考验，倍感如今美好生活来之不易，这次红色之旅不虚此行。"

在建设长征国家文化公园进程中，遵义市依托VR技术对红色景点进行了数字再现。遵义市文化旅游发展中心副主任何烨说："长征国家文化公园的建设有效提升游客旅游体验，更好讲述红色故事、传承红色基因。"

近年来，长城、大运河、长征、黄河、长江国家文化公园建设稳步推进，不仅恢复历史风貌，同时增加新的旅游项目、新的消费场景。

"国家文化公园不仅为我们传承、保护和发展中华文化提供优质的场所和空间，也为文化和旅游深度融合提供全新的动能。"戴斌说。

2. 新消费：文旅融合打造活力产业

逛完博物馆，买上一份主题文创商品；预约景区门票，顺便预订特色餐饮；走进主题街区，最好换上相配服饰；打卡城市地标，也不能错过当地"网红"品牌……当文化和旅游深度融合，消费更加向"美"而行。

在江苏南京秦淮区，白墙黛瓦的夫子庙步行街人潮涌动。"逛街哪里都能逛，但像这样有历史有文化的街区却不多见。桨声灯影里，感觉喝杯茶也成了一种文化体验。"上海游客孟亚芳说。

充满文化的旅游体验，带来充满活力的产业。经过长期建设，2023年3月，以夫子庙为核心的南京秦淮特色文化产业园被命名为国家级文化产业示范园区。

"产业园既有大量重要的历史文化遗存，又有现代便民的设施环境，文化和旅游禀赋突出。"夫子庙—秦淮风光带风景名胜区管委会副主任江永强说，历史文化的融入，使旅游品质极大提升，慕名而来的游客又通过消费实现经济良性互动。

除了传统文化，时尚潮流也在深度融入旅游。

湖南长沙，线上，五一档影片《长沙夜生活》正在热映；线下，一个"电影平行时空市集"在湘江边的北辰三角洲同步举办，许多年轻游客前来沉浸式体验电影中的同款场景。

线上"出圈"，线下"打卡"。从主打中国风的奶茶品牌，到唤起"80后"记忆的复古餐厅，从创意迭出的综艺节目，到富有湖湘特色的剧场演出……每个游客都有自己来到长沙旅行的理由。

"长沙正加快建设具有'长沙味、湖湘韵、中国范'的文旅名城和世界旅游目的地。"长沙市文化旅游广电局局长郭润葵认为，长沙近年来的文旅融合，产生了"1+1大于2"的效果，体现了高质量发展的要求。

在专家看来，新兴文旅消费也为许多城市的文旅融合提供了崭新思路。"借助旅游者自带的价值系统，文化与旅游之间形成了'相互赋值'的过程。"武汉大学国家文化发展研究院院长傅才武认为，文化旅游消费联通着文化事业、文化产业和旅游业，成为促进文旅融合迈上新阶段的动力。

3. 新业态：创新发展重塑"诗和远方"

家门口就有国家4A级旅游景区是种什么体验？广州市民对这样的生活习以为常。

位于广州市中心的正佳广场，既是购物中心，也是拥有极地海洋世界、生态植物园、博物馆、科学馆、天文馆、冰雪世界和大剧院的独特文化和旅游目的地。"五一"期间，许多广州市民携家带口来到这里。据统计，假期全场总客流量超90万人次，同比增长97%。

正佳企业集团有限公司副董事长兼首席执行官谢萌介绍，正佳广场不断探索新"玩法"，目前文化和旅游消费占比已经达到了四成，是华南城市休闲度假新空间，形成了兼具文化和旅游特色的新产品、新服务、新业态。

创新的商场"火"起来，创新的博物馆"活"起来。

5月1日，首届北京博物馆活动月在中国铁道博物馆东郊展馆启动，包括展览展示、互动体验、论坛研讨等在内的系列博物馆文化活动将持续整个5月。40余家博物馆和相关文博单位携本馆特色文创产品亮相文创市集，30余家博物馆探索延时开放服务模式，力求更好服务观众。

"看了各类高科技展陈手段和可持续发展规划，令人畅想未来博物馆将多么多姿多彩。"北京市民王溪说。

两个多月以前，《北京博物馆之城建设发展规划（2023—2035）》面向社会公开征求意见。规划展望，到2035年，全域活态博物馆基本形成，博物馆与城市发展深度融合，为加强首都"四个中心"功能建设贡献力量。

博物馆不仅是文化旅游地点，也能成为城市发展支点之一。北京市文物局博物馆处处长白崇表示，北京将充分发挥北京地区博物馆的整体资源优势，充分调动博物馆的积极性，让博物馆成为启迪美好生活智慧、促进社会福祉和构建可持续未来的重要力量。

从博物馆到商业区，从大城市到小村庄，从历史文化名城到新开发城市……如何让"诗"和"远方"在共创美好生活中"融"得自然、"合"得协调，已经成为一道必答题。

伴随着文旅市场持续复苏，人们相信，文化和旅游将在更广范围、更深层次、更高水平上实现融合。

（资料来源：新华社，2023年5月）

第三节　旅游业对环境的影响

大自然的优美资源及多姿多彩的社会环境是吸引人们外出旅游的一个重要的资源条件，旅游业的发展离不开良好的环境。随着世界各地旅游开发与建设的发展，越来越多的旅游环境得到美化。但与此同时，旅游活动又使旅游资源、旅游地环境遭受到不同程度的破坏，引起生态活动的恶化。也就是说，旅游业发展的要求使大批旅游资源所在地被开发成旅游景点，吸引众多旅游者。但开发不当及不合理的旅游活动又会引起环境破坏和生态系统失衡。一旦消极效应出现，旅游环境日益恶化的现实必然会导致资源的容纳能力下降，影响旅游者的游兴，抑制旅游业的发展。因此，需要正视旅游对环境的影响，保护旅游资源与旅游环境，制止不良旅游活动的发生，并采取适当的措施保护旅游资源。

一、旅游对环境的积极影响

（一）促进自然旅游景区及名胜古迹的保护

旅游资源是旅游业的物质基础和赖以发展的条件，更是吸引旅游者的首要资源条件。因此，旅游资源开发必然涉及对各类自然旅游资源及名胜古迹的开发与保护，应力求将最有价值的景观资源呈现在旅游者面前。随着旅游业竞争的加剧，各国以及各地区政府积极增加资金投入，开发建设和保护当地的旅游资源，为环境建设提供大量的资金支持，并组织相关的旅游资源评比活动，这些都有利于自然旅游景区及名胜古迹的保护。

（二）促进旅游地环境建设，提高环境质量

旅游资源开发的一项重要内容是开发建设景区景点，而不管是自然旅游景点，还是人文旅游景点，优美舒适的欣赏环境是基本条件，这将促进景区内各种环境的建设。同时，旅游者前往某一旅游地旅游，目的地所有景观及景观所依托的区域整体环境对旅游者的感观都有触动效果。如果仅仅旅游景区内部环境优美、建设得当、保护有力，其他区域环境质量差，同样会对旅游者产生消极影响，旅游者对于该区域的印象会因此而打折扣。所以，就目前世界各地的旅游开发来说，基本上是景区环境建设与附属区域环境建设协调进行，提高旅游地的整体环境。旅游资源分布的广泛性以及旅游业竞争的需要，促使更广泛范围的旅游环境得到开发与保护，提高了环境质量。

（三）提高人们的环境保护意识

在旅游活动中有两类人群对旅游环境的保护起着关键作用：一是旅游地居民；二是旅游者。旅游地居民能否积极保护该地环境，能否支持旅游业发展，是影响旅游业环境建设与发展的重要方面。而从目前的现实状况来看，旅游地居民依靠旅游业生存是一个不容忽视的现实。这也就意味着，为了从旅游业发展中获利，旅游地居民必须积极保护该地旅游业的依托——旅游环境资源，以吸引旅游者，进而获得相应的利益。对于该部分人群来说，旅游有利于其提高环境保护意识。

另外，旅游者在整个旅游环境保护过程中也起着关键作用。优美的自然环境、和谐的氛围是引起其旅游兴趣的要点。在身临其境感受自然优美的同时，旅游者也会因对优美环境的欣赏与认可而产生追求与保护的意念。随着旅游环境保护宣传力度的加大以及旅游者素质的日益提高，旅游者自然在旅游环境保护过程中也可以起到保护的作用。

二、旅游对环境的消极影响

（一）旅游活动造成环境污染

旅游活动不可避免地造成对自然环境的污染，如水体污染、大气污染、垃圾污染等，引起环境的恶化。旅游者环境保护意识参差不齐，部分旅游者乱扔垃圾、随地吐痰、攀折花草、乱涂乱画等均是旅游业发展过程中的现实问题，这些都会引起直接的环境破坏。同时，汽车、轮船等交通工具及景区内的游览工具，排放大量尾气，又直接造成大气污染。环境污染会导致生态环境遭受破坏，在影响旅游业自身发展的同时，也影响人类的生存环境，必须加以重视。

（二）旅游活动引起动植物资源的生存环境遭受冲击与破坏

崇尚自然、追求自然的旅游活动，使越来越多的人深入大自然，人类的旅游足迹越走越远，意味着动植物的生存空间范围随着人类的进入而日益变小。虽然建立了各类生态资源保护区域，但旅游开发者以及旅游者的脚步和现代化交通工具的使用，依然会破坏动植物原有的生存空间，干扰动植物的生存环境。另外，旅游者对于野生动植物的关注以及消费增加，

又会使野生动植物的数量日益减少。大自然原有的生态环境随着旅游者的介入而日益遭受冲击与破坏。

（三）旅游开发建设不当引起旅游环境的失衡

旅游业开发必然涉及兴建大量的物质设施与设备，而不当的开发建设会直接引起旅游环境失衡。

1. 承载力的失衡

旅游市场开发的发展，旅游宣传力度的加大，促使旅游者人数不断增加，结果是旅游旺季人满为患，景区景点旅游者人数剧增，环境承载力遭受威胁。在旅游景区道路通道建设方面，如果开发部门不合理规划，道路拥挤堵塞则有可能经常发生。而景区内部旅游通道的不合理建设也会使旺季时旅游者齐挤一处，严重影响环境的承载力，继而发生环境污染等一系列环境破坏事件。

案例链接 7-2

携程集团联合 9 家景区发起世界环境日"绿色引力"项目　倡导可持续旅行

2023 年 6 月 5 日世界环境日期间，携程集团联合 9 家景区宣布共同发起"绿色引力"低碳旅行项目，旨在通过在景区场景提供低碳的旅行产品，号召游客共同加入可持续旅行，从减碳、减塑等多个层面参与行动，以响应由联合国环境署发起的"塑战塑决"全球低碳行动号召。

"绿色引力"低碳项目联合发起方共同倡导了五条景区环保标准，包括：景区水电燃能源体系升级、提供低碳旅游场景和产品、呼吁游客践行低碳生活方式、搭建低碳旅游理念的宣传平台、推动当地社区的可持续发展。以此带动旅游行业进入可持续旅行的新未来，让游客获得更低碳、更美好的旅行体验，共同守护地球家园。

绿色引力低碳旅行五项倡导

"旅游行业是中国双碳目标的重要组成部分，也是更容易影响数亿用户践行低碳生活方式的重要行业之一。"携程集团相关负责人表示，"旅游行业应该承担更多减碳责任，我们希望能联合更多行业伙伴，为上亿游客提供可持续旅行产品，共同倡导可持续旅行，助力实现中国'3060'双碳目标。"

为了让更多的游客关注到可持续旅行，在世界环境日期间，"绿色引力"项目联合发起方还将在景区回收来的塑料瓶、塑料袋等塑料垃圾，制作成与景区相关的塑料艺术装置进行展示，激发游客关注塑料的危害，重视可持续的旅行。同时多个联合发起方还在线下发起减碳减塑活动，用户凭借自带杯和回收的塑料瓶领取"碳索未来"帆布袋等周边。

绿色引力联合发起方人

据悉，"绿色引力"低碳旅行项目是由携程集团主要发起，蜈支洲岛、青岛极地海洋公园、秦岭野生动物园、瘦西湖、上海海昌海洋公园、天津海昌极地海洋公园、天桥沟森林公园、大连圣亚海洋世界、季高兔窝窝 PANCOAT 乐园在内的 10 家旅游企业共同联合发起，旨在倡导可持续的旅行生活方式。

"绿色引力"联合发起方已经上线了深度的可持续旅行举措。携程集团自 2022 年 7 月上线"可持续旅行 LESS 计划"，可持续旅行产品已经覆盖"绿色住""绿色飞""绿色行"和

"绿色差旅"四大场景,截至目前已经覆盖了数千万全球游客。蜈支洲岛使用海上风力发电项目建设方案和新能源船舶替代电能方案,已累计投入近1.6亿元用于景区低碳环保项目建设,并将在2040年前实现碳中和。青岛极地海洋公园全年开展百余节科普课程呼吁低碳生活,组织减塑活动进行垃圾清洁和分类。秦岭野生动物园使用太阳能设备替代电能,园区使用电瓶车统一接驳降低碳排放。瘦西湖及景区应急管理和生态环境局推出《瘦西湖景区碳排放白皮书》,希望将瘦西湖打造成一个全电气化碳中和生态景区。上海海昌海洋公园开展公益科普,践行生物保护,同时进行塑料回收倡导。天津海昌极地海洋公园通过使用太阳能和节能灯具,年减碳超过300 000千克。天桥沟森林公园采用智能用电减少碳排放,替换新能源观光车方便游客出行。大连圣亚海洋世界倡导"地毯式搜索清理垃圾",保护海洋生物多样性。季高兔窝窝 PANCOAT 乐园通过节能设备更换降低碳排放,同时通过农场种植等形式宣传低碳旅行理念。

绿色引力景区的塑料艺术装置

"在可持续旅行的大趋势下,可持续发展是商业价值和社会价值的融合统一,企业的商业价值蕴含在它所能解决的社会问题之中。携程集团希望和更多合作伙伴一起迈入可持续旅行的新未来,带动更多的游客在旅途中把对自然的打扰降到最低,也呼吁更多的旅游企业加入该项目,共同提倡和践行可持续旅行,让更多合作伙伴的商业价值和社会价值融为一体。"孙洁表示。

(资料来源:扬子晚报,2023年6月)

2. 美观的失衡

不当的旅游开发建设也会直接导致景区美观度下降,影响自然环境的价值。景区内或景区附近不协调的建筑物,如古典园林景区附近遍布现代化的建筑群,波光粼粼的湖边矗立着现代建筑物,风景优美的山上修建直线向上的索道等,造成景观不协调、景区环境美观的失衡。这种失衡的根源在于旅游开发建设者对于旅游环境的整体保护意识不强或者缺乏正确环境审美观,一味地追求经济开发利益,而忽视旅游环境得以存在、得以吸引旅游者的真正原因。

旅游业发展在促进环境建设与保护的同时,如果处理不当,也会导致环境遭受破坏,影响旅游业的生存以及整个人类的生存。因此,发展旅游业必须资源开发与环境保护并重,旅游经济效益与环境效益相结合,发展生态旅游,推崇可持续发展思想,从长远角度维持旅游业赖以生存的物质条件。

// 本 章 小 结 //

旅游已经是很多国家和地区的重要乃至支柱产业,在国民经济中具有重要地位和作用。研究表明,旅游业是一个关联度高、带动力强、效益显著的综合性产业群体,其对旅游目的地的经济、社会文化及环境会产生一系列的影响。因此,发展旅游业一定要着眼于全局,运用系统工程的思想和方法统筹规划,谋求区域社会经济的优化效果。

// 同 步 练 习 //

一、填空题

1. 旅游出口是一种无形贸易，国际上称之为 _____ 。

2. 旅游业所创造的产值占全球国内生产总值的份额已超过 _____ 。

二、单项选择题

1. 通过发展（　　）来增加就业机会，是有效地解决就业问题的重要途径。

A. 第一产业　　　　B. 第二产业　　　　C. 第三产业　　　　D. 科技产业

2. 旅游业是一个具有关联带动性的产业，旅游业每增加 1 个直接就业人数，就可增加（　　）个与之相关联的间接就业机会。

A. 3　　　　　　　B. 4　　　　　　　C. 4.5　　　　　　D. 5

三、多项选择题

1. 国家货币回笼的渠道主要有（　　　　）。

A. 商品回笼　　　　B. 财政回笼　　　　C. 服务回笼　　　　D. 信用回笼

2. 在旅游活动中，（　　　　）对旅游环境的保护起着关键作用。

A. 旅游者　　　　B. 旅游地居民　　　　C. 旅行社　　　　D. 社会组织

四、简述题

1. 旅游对经济发展的积极影响有哪些？

2. 举例说明旅游对社会文化的积极影响。

3. 旅游业对社会文化的消极影响包括哪几个方面？

4. 试述旅游活动对环境的影响。

// 实 训 项 目 //

关于旅游产业在国民经济中的地位的讨论

近年来，随着我国居民生活水平的提高和闲暇时间的增多，假日经济迅速升温，对旅游业产生强烈的需求。我国经济的发展，也使各地将寻找新经济增长点的视野由第一产业和第二产业扩展到第三产业，特别是旅游产业。

但是，在发展旅游产业时，如果忽视旅游产业的特殊性，不考虑旅游产业的负面影响，盲目选择旅游业作为主导产业，很可能会导致产业单一化、地区竞争激烈等后果。

如何正确定位旅游业呢？一个经济不发达的城市可以选择旅游业作为主导产业吗？

第八章　旅游业与其他产业融合发展

【学习目标】

知识目标

- 理解和掌握旅游业与农业融合发展的效应、模式和途径。
- 理解和掌握旅游业与工业融合发展的效应、模式和途径。
- 理解和掌握体育旅游的概念、开发模式和发展措施。
- 理解和掌握医疗旅游的概念、开发效益和发展措施。

能力目标

- 能够准确理解旅游业与其他产业融合发展的意义。
- 能够运用产业融合的理念分析问题。

素养目标

- 培养与时俱进的创新发展思维。
- 树立文旅融合发展的意识。
- 培养劳动教育的意识。

【关键概念】

融合发展　农业旅游　工业旅游
体育旅游　医疗旅游

【思维导图】

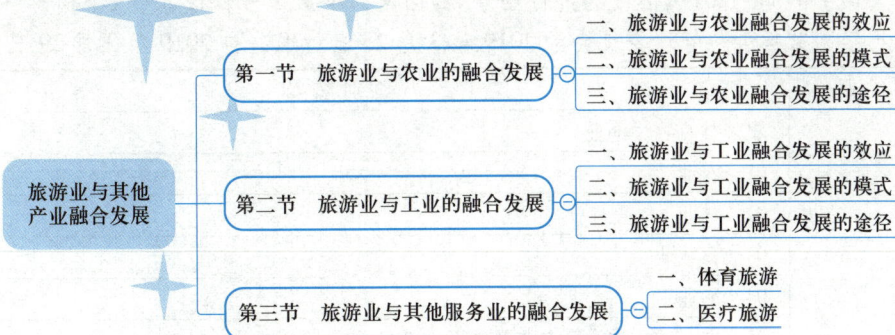

产业融合是在市场和科技发展情况下，各个产业之间的分界线逐渐弱化，继而在市场推动下逐渐出现融合交叉的现象。产业融合不仅推动了各个产业之间的相互促进和发展，也有效优化了产业资源的使用结构，进一步提升了各个产业的经济效益和社会效益。

在我国，旅游产业融合始于 20 世纪 90 年代末 21 世纪初，是随着科技、市场的发展而逐渐出现的一种经济现象。旅游产业的融合多表现为两种形式。第一种是旅游产业与第一、第二产业的融合，最常见的便是农业旅游、工业旅游。第二种是旅游产业在第三产业内部的融合，即旅游业与其他服务业的融合，如研学旅游、体育旅游、医疗旅游等。不管旅游产业有多少融合类型，其本质特征是创新，具体表现在产品创新、服务创新、市场开发创新、管理理念创新、产业结构创新等方面。

第一节　旅游业与农业的融合发展

旅游业与农业的融合发展是利用农业景观和农村空间吸引游客前来的一种新型农业经营形态。其指导思想是"农旅结合、以农促旅、以旅强农"。旅游业与农业的产业融合并不是两种产业的简单叠加，而是一个双方产业链融合、渗透的过程，通过这种融合、渗透来实现产业链的延伸和增值。2001 年，农业旅游首次被正式提出，同工业旅游一并被原国家旅游局列为当年的旅游工作要点。2006 年，原国家旅游局将"新农村、新旅游、新体验、新风尚"作为宣传口号，又将旅游主题定为"中国乡村游"。2016 年年初，在国务院办公厅印发的《关于推进农村一二三产业融合发展的指导意见》中，农业与旅游业的融合成为拓展农村产业融合的一条重要途径。通过积极发展多种形式的农家乐、建设具有特色的旅游村镇和乡村旅游示范村、有序发展新型乡村旅游休闲产品、引导公众参与农业科普和农事体验等方式拓展农业的多种功能。

【拓展阅读】

国民经济行业分类

GB/T 4754—2017《国民经济行业分类》国家标准第 1 号修改单（以下简称第 1 号修改单）已经国家标准化管理委员会于 2019 年 3 月 25 日批准，自 2019 年 3 月 29 日起实施。

代码	类别名称
A	农、林、牧、渔业
	01　农业
	02　林业
	03　畜牧业
	04　渔业
	05　农、林、牧、渔专业及辅助性活动
B	采矿业
	06　煤炭开采和洗选业
	07　石油和天然气开采业

代码	类别名称
B	08　黑色金属矿采选业
	09　有色金属矿采选业
	10　非金属矿采选业
	11　开采专业及辅助性活动
	12　其他采矿业
C	制造业
	13　农副食品加工业
	14　食品制造业
	15　酒、饮料和精制茶制造业
	16　烟草制品业
	17　纺织业
	18　纺织服装、服饰业
	19　皮革、毛皮、羽毛及其制品和制鞋业
	20　木材加工和木、竹、藤、棕、草制品业
	21　家具制造业
	22　造纸和纸制品业
	23　印刷和记录媒介复制业
	24　文教、工美、体育和娱乐用品制造业
	25　石油、煤炭及其他燃料加工业
	26　化学原料和化学制品制造业
	27　医药制造业
	28　化学纤维制造业
	29　橡胶和塑料制品业
	30　非金属矿物制品业
	31　黑色金属冶炼和压延加工业
	32　有色金属冶炼和压延加工业
	33　金属制品业
	34　通用设备制造业
	35　专用设备制造业
	36　汽车制造业
	37　铁路、船舶、航空航天和其他运输设备制造业
	38　电气机械和器材制造业
	39　计算机、通信和其他电子设备制造业
	40　仪器仪表制造业
	41　其他制造业
	42　废弃资源综合利用业
	43　金属制品、机械和设备修理业

续表

代码	类别名称
D	电力、热力、燃气及水生产和供应业
	44　电力、热力生产和供应业
	45　燃气生产和供应业
	46　水的生产和供应业
E	建筑业
	47　房屋建筑业
	48　土木工程建筑业
	49　建筑安装业
	50　建筑装饰、装修和其他建筑业
F	批发和零售业
	51　批发业
	52　零售业
G	交通运输、仓储和邮政业
	53　铁路运输业
	54　道路运输业
	55　水上运输业
	56　航空运输业
	57　管道运输业
	58　多式联运和运输代理业
	59　装卸搬运和仓储业
	60　邮政业
H	住宿和餐饮业
	61　住宿业
	62　餐饮业
I	信息传输、软件和信息技术服务业
	63　电信、广播电视和卫星传输服务
	64　互联网和相关服务
	65　软件和信息技术服务业
J	金融业
	66　货币金融服务
	67　资本市场服务
	68　保险业
	69　其他金融业
K	房地产业
	70　房地产业
L	租赁和商务服务业
	71　租赁业

续表

代码	类 别 名 称
L	72　商务服务业
M	科学研究和技术服务业
	73　研究和试验发展
	74　专业技术服务业
	75　科技推广和应用服务业
N	水利、环境和公共设施管理业
	76　水利管理业
	77　生态保护和环境治理业
	78　公共设施管理业
	79　土地管理业
O	居民服务、修理和其他服务业
	80　居民服务业
	81　机动车、电子产品和日用产品修理业
	82　其他服务业
P	教育
	83　教育
Q	卫生和社会工作
	84　卫生
	85　社会工作
R	文化、体育和娱乐业
	86　新闻和出版业
	87　广播、电视、电影和录音制作业
	88　文化艺术业
	89　体育
	90　娱乐业
S	公共管理、社会保障和社会组织
	91　中国共产党机关
	92　国家机构
	93　人民政协、民主党派
	94　社会保障
	95　群众团体、社会团体和其他成员组织
	96　基层群众自治组织
T	国际组织
	97　国际组织

（资料来源：国家统计局官网）

一、旅游业与农业融合发展的效应

（一）有利于农民增收、农业增效、农村发展

以粗放型发展为特点的传统农业资源利用单一，经济效益低下，经济附加值不高。发展旅游是实现传统农业资源整合的最好路径。通过农业与旅游业相互融合，能够发挥农业资源的旅游优势，极大地提升农业本体资源的利用效率和效益。农业旅游的发展也将吸纳大量农村剩余劳动力，通过直接或间接参与农业旅游各环节，改变农民的收入结构，增加农业收入。此外，农业旅游的开展，客观上加快了村容村貌的改善和基础设施建设力度，提升了农民的基本素养和精神面貌，进而在整体上促进了农村的全面发展。

（二）有利于旅游产业结构优化升级

随着社会变革的加剧，人们的生活方式和思想观念也发生了翻天覆地的变化，旅游需求呈现多样化、个性化、高级化发展的趋势。传统的旅游产品和观光游览形式已经跟不上新的发展趋势，旅游者对旅游产品提出了更高的要求。旅游业与农业的融合，是对农业资源的旅游化规划、开发，为旅游者提供一个有别于城市的旅游体验空间，迎合了现代人回归自然、追求宁静的心理状态，因而有着较大的市场空间。这种新型旅游产品将传统的观光游览与休闲度假、乡村体验等结合起来，是旅游产品转型升级的有效途径，也是优化旅游产业结构的必然选择。

旅游业与农业的产业环节相结合，在农业资源的基础上加入吃、住、行、游、购、娱等旅游要素，设计并有效组织各种趣味性强、内含丰富的活动，满足游客的农业体验需要，让游客获得美好又难忘的体验。第一，满足游客审美体验的农业旅游活动有：欣赏珍禽异兽、名贵花草、名贵药材、高科技的新奇品种、特色民居、乡土建筑、传统手工艺品、艺术作品、文化遗产等。第二，满足游客逃避需求的农业旅游活动有：采蘑菇、采茶、挖竹笋、插秧、编织、酿酒、捕鱼、农具制作、烹饪美食等。第三，满足游客教育需要的农业旅游活动有：农具陈列馆（见图8-1）、农业博物馆、高科技农业示范园、放映厅、农业科技展示走廊、农作物识别、农业种植技术传授、农具应用交流等。第四，满足游客娱乐需要的农业旅游活动有：观看传统文化表演、听戏、特色民俗表演、民间歌舞表演、传统技艺展示、聆听传说趣闻等。

图8-1　印江农具展览馆

知识链接 8-1

中国大寨村和荆竹村获颁联合国世界旅游组织"最佳旅游乡村"

2023 年 3 月 12 日，联合国世界旅游组织"最佳旅游乡村"颁奖典礼在沙特阿拉伯欧拉举行，来自中国的广西大寨村和重庆荆竹村获颁"最佳旅游乡村"。

颁奖典礼现场，大寨村和荆竹村参与"最佳旅游乡村"展示，向世界旅游组织官员和各国代表介绍近年来中国乡村旅游发展取得的丰硕成果，阐明中国乡村旅游发展秉持的"绿水青山就是金山银山"理念，以及在深入挖掘中华优秀传统文化、推进文化和旅游深度融合、促进共同富裕、推进乡村全面振兴方面的优秀实践。与会嘉宾高度认可中国乡村旅游发展成就，肯定乡村旅游对于增进中国乡村居民福祉、改善农村生态环境、促进文化传承发展的重要作用，并表示中国发展乡村旅游的理念和做法值得向全世界推广。

在 13 日举行的"最佳旅游乡村"交流平台线下会议上，大寨村和荆竹村的代表分别发言，介绍两村乡村治理和发展乡村旅游的情况和经验做法。

联合国世界旅游组织"最佳旅游乡村"评选始于 2021 年，旨在通过旅游促进乡村文化遗产的保护和可持续发展。2022 年，共有来自 57 个国家的 136 个候选乡村参选，最终 32 个乡村入选。加上 2021 年首批入选的浙江余村和安徽西递村，中国已有 4 个乡村入选联合国世界旅游组织"最佳旅游乡村"，数量位居亚太第一。中国乡村入选"最佳旅游乡村"在国内外产生积极影响，开启了用中国乡村讲述中国故事、进行文明互鉴的新路径，同时也极大地振奋了中国旅游业坚守克难、创新发展的信心。

近年来，我国持续推进乡村旅游高质量发展，培育一批国际乡村旅游目的地，不断增强中国乡村旅游文化吸引力和国际影响力，以中国式乡村旅游发展模式助力乡村全面振兴，推动中国文化更好地走向世界。

（资料来源：文化和旅游部政府门户网站，2023 年 3 月）

二、旅游业与农业融合发展的模式

（一）农业场所与旅游活动的空间融合

农业与旅游业的融合首先表现在从传统的农业劳动场所向旅游目的地的转变。地理空间上的融合促使单一的农业生产场所具有了旅游吸引力，兼具农业生产和观光、休闲、度假、娱乐等多重功能，既满足了旅游者体验乡村田园生活的需求，也延伸了农业的产业链，提升了农业产业附加值。乡村作为旅游目的地，必然要有便利的交通，完善的吃、住等设施，以及最为核心的农业旅游资源和产品。

（二）农业资源与旅游服务的内容融合

农业产业涉及的自然资源、人文资源、农产品资源等在与吃、住、行、游、购、娱等要素相融合的过程中都转变为了农业旅游资源，农业从业人员的劳动内容也从纯粹的耕种、畜牧等农事活动转变为兼具农事活动和服务活动的农业旅游活动。农事活动主要的对象是土地、农作物等，而农业旅游活动主要的服务对象是游客。只有掌握游客的心理，提供优质的服务，才能获得较高的经济效益。农业资源与旅游活动在内容上的融合产生了农业产业的新业态，拓展了旅游活动内容和产品体系，实现了农业与旅游业的结构性变革。

（三）农业从业人员与旅游服务人员的人员融合

一方面，农业从业人员在从事农业生产的同时，也开始承担一定的旅游服务活动，转移了大量农村剩余劳动力，提升了农民的素养和精神面貌；另一方面，大量城市游客涌入乡村，在思想观念、生活方式、人际交往等方面与农民产生交流和碰撞，有效增进了市民和农民之间的相互了解，充分的城乡互动对于缩小城乡差距、实现统筹发展具有积极的意义。

（四）农业产品与旅游商品的市场融合

传统农业产品的溢价能力低，要提高其溢价能力，必须实现农产品的特色化、品牌化、旅游化，把具有特色的农业产品、乡村手工艺品等以旅游商品的形式进行包装、营销，特别是在当前城镇食品消费结构转型升级的背景下，农业与旅游业融合的重点任务之一就是实现农业产品向旅游商品的转变，提升农业产品的附加值。农业产品在向旅游商品转变的过程中，必须充分发挥乡村的资源优势，结合各地的文化背景，开发出文化特色鲜明、技术含量高、具有便于携带等特点的系列化农业旅游商品，并通过构建农业旅游产品超市、特色旅游购物街等途径，解决农业旅游商品的销售通道问题，尤其要重视农村移动网络的建设，利用电子商务的优势，破解农业旅游商品销售的时空限制。

三、旅游业与农业融合发展的途径

（一）完善农业旅游管理体制与宣传策略

通过改革构建完善的、权责统一的高效农业旅游管理体制，可进一步推动农业旅游产业融合发展。具体方法包括：其一，深化农业旅游综合性改革，充分发挥市场资源配置优势，利用政府部门的统筹协调职能，联合多个部门打造农业旅游资源整合机制，促进产业融合发展；其二，采取"互联网+"思维全面推动农业旅游创新发展，重点培育有文化内涵的农业旅游项目，全面支持创新农业旅游企业；其三，探索构建多个管理部门的利益分配体制，强化管理部门联动性与积极性，解除传统管理体制限制。在农业旅游产业融合发展宣传对策上，更要采取"互联网+"的思维模式与策略，构建网络平台与移动终端，借鉴其他旅游产品网络宣传方式，开展多样化的"线上+线下"农业旅游宣传活动，例如，建立微信公众号和微博账号，不断更新内容，以此来吸引新的消费者，培养忠实消费者，塑造农业旅游项目品牌。

（二）培育复合型农业旅游人才

现代旅游产业融合发展趋势明显，新业态与新的旅游商业模式层出不穷。对于农业旅游产业融合发展而言，人才的培养与支持至关重要，通过培养更多复合型人才，有利于实现农业旅游产业融合发展目标。针对人才缺失问题，具体可采取以下两个措施：一方面，落实复合型农业旅游人才培养战略，打破传统人才培养机制，为复合型农业旅游人才建立优质激励制度，构建现代化农业旅游产业从业者工作机制；另一方面，全面推动现代化旅游教育发展，革新农业旅游人才培养方式，强化教育产业与农业旅游产业的沟通交流，对接人才需求情况。在教育过程中，注重理论与实践相结合，培养复合型人才，打造多样性的办学体系。

（三）构建良好的营销渠道开发策略

为了不断提升农业旅游项目的核心竞争力，在激烈的市场竞争中做出正确的决策，地方政府要不断提升营销策略开展的预判能力，通过建立系统数据库，了解市场的真实情况。具体包括客户数据、旅游产品数据、销售数据，以及竞争对手数据、广告宣传数据、促销数据、区域市场消费者数据和区域市场政治经济数据等各种与销售密切相关的数据。通过对数据的深层次分析，正确做出市场决策，适时地调整营销手段、促销方式以及宣传策略。以地方政府为主的农业旅游营销策略的渠道优化，需要借助地方政府的公共信息平台优势，主动向潜在消费群体提供各类旅游信息。对照农业旅游项目的业务量，甚至可以成立专门的特殊群体旅游市场部，及时地通过专业化的团队运营，对市场进行调查和了解，并做好信息反馈，以便开发和设计出更符合现代人需求的农业旅游产品。与此同时，还能够为现代人带来专业化的旅游服务和个性化、多样化的旅游体验。挖掘农业旅游项目的民俗文化内涵，使文化向深层次、多元化延伸。我国农业旅游拥有丰富的文化资源、浓郁的民俗风情，具有唯一性和不可复制性。所以在农业旅游发展中，无论是项目设计、线路编排，还是歌舞表演、文化展示，都要充分挖掘民族特色和地域特色，形成鲜明的个性特征，推动农业旅游项目的可持续发展。

第二节　旅游业与工业的融合发展

工业旅游是现代旅游产业的重要组成部分，是伴随着人类工业化进程而诞生、发展并不断演进的热门产业。它是以保护和开发工业遗产、整合工业资源、彰显工业文明魅力、提升工业企业综合效益为宗旨，以多样化的工业形态为载体的旅游新产品。工业旅游从 19 世纪中期由博览会衍生出的会展游，到 19 世纪末期的英美工厂主所倡导的工厂参观游，再到 20 世纪中期的工业遗产游与铁锈区怀旧景观游，以及 21 世纪的现代工业景观游，经历了一个由萌芽发展到逐步壮大的过程。

在 2016 年 11 月召开的首届全国工业旅游创新大会上提出，未来我国工业旅游将进入一个黄金发展期。原国家旅游局相关负责人在第二届全国工业旅游创新会上介绍，我国工业旅游已在全领域铺开，从过去的食品加工、服装纺织、工艺品制造等轻工业，到如今涵盖 41 个工业大类；从单纯展示生产流程和生产工艺，到多元开发；从局部地区向全地域铺开；由单纯的工厂参观延伸到工业购物游、工业科普游、企业文化游、工业遗产游等。

知识链接 8-2

国家工业旅游示范基地

根据《国家工业旅游示范基地规范与评价》行业标准，2017 年确定 10 个国家工业旅游示范基地，2022 年确定 53 个国家工业旅游示范基地。具体名单如下。

2017 年：

1. 山东省烟台张裕葡萄酒文化旅游区
2. 江苏省苏州隆力奇养生小镇
3. 福建省漳州片仔癀中药工业园
4. 内蒙古自治区伊利集团·乳都科技示范园

5. 云南省天士力帝泊洱生物茶谷

6. 山西省汾酒文化景区

7. 新疆生产建设兵团伊帕尔汗薰衣草观光园景区

8. 黑龙江省齐齐哈尔市中国一重工业旅游区

9. 辽宁省大连市海盐世界公园

10. 安徽省合肥市荣事达工业旅游基地

2022 年：

1. 北京市 751 园区

2. 天津市长芦汉沽盐场

3. 河北省山庄老酒文化产业园

4. 河北省君乐宝乳业工业旅游区

5. 山西省晋华宫井下探秘游景区

6. 山西省太原六味斋云梦坞

7. 内蒙古自治区蒙牛工业旅游区

8. 内蒙古自治区包钢工业旅游景区

9. 辽宁省鞍钢红色钢铁之旅工业旅游基地

10. 辽宁省沈阳工业博物馆

11. 吉林省中国一汽工业文化旅游基地

12. 黑龙江省大庆油田历史陈列馆

13. 上海市江南造船工业旅游基地

14. 上海市苏河水岸工业旅游基地

15. 江苏省洋河酒厂文化旅游区

16. 江苏省南钢工业文化旅游区

17. 浙江省农夫山泉工业旅游区

18. 浙江省温州矾矿工业旅游区

19. 安徽省古井酒文化博览园

20. 安徽省"铜官山 1978"文创园

21. 福建省三钢工业旅游区

22. 江西省资溪面包食品产业城

23. 江西省仙客来灵芝园景区

24. 山东省青岛啤酒博物馆

25. 山东省百年宏济堂和力诺阳光工业旅游基地

26. 河南省中国一拖东方红工业游景区

27. 河南省三秋醋产业博览园

28. 湖北省华新 1907 文化遗址公园

29. 湖北省羊楼洞茶文化生态产业园

30. 湖南省中车株洲电力机车工业旅游区

31. 湖南省三一智联重卡产业园

32. 广东省汤臣倍健透明工厂

33. 广西壮族自治区丹泉洞天酒海工业旅游景区

34. 海南省昌江核电科普教育基地

35. 海南省春光食品龙楼工业园

36. 重庆市国际生物城

37. 重庆市 TESTBED2 贰厂文创公园

38. 四川省五粮液旅游景区

39. 四川省泸州老窖景区

40. 贵州省朱砂古镇

41. 云南省下关沱茶工业旅游区

42. 西藏自治区云上达孜工业旅游景区

43. 陕西省"延一井"工业遗产旅游基地

44. 陕西省红星食品文化博览园

45. 甘肃省玉门油田红色旅游景区

46. 甘肃省金徽矿业旅游景区

47. 青海省龙羊峡工业旅游基地

48. 宁夏回族自治区大武口生态工业旅游休闲集聚区

49. 宁夏回族自治区百瑞源枸杞工业旅游基地

50. 新疆维吾尔自治区可可托海国家矿山公园

51. 新疆维吾尔自治区吐鲁番楼兰酒庄景区

52. 新疆生产建设兵团可克达拉伊力特酒文化产业园

53. 新疆生产建设兵团石河子戈壁印象文化和旅游园

（资料来源：根据文化和旅游部政府门户网站资料整理，2023 年 6 月）

一、旅游业与工业融合发展的效应

工业旅游是在旅游业与工业之间架起桥梁，丰富优化旅游产品、延长产业链条，同时也为促进地方工业经济结构调整、增加社会就业、提升企业文化和社会形象、开拓市场营销注入新的活力。发展工业旅游与"创新、协调、绿色、开放、共享"五大发展理念完全吻合，有利于促进工业转型升级和旅游业融合发展。

第一，工业旅游是促进工业转型升级、培育新增长动力的重要途径。欧美、日韩等发达国家均已进入后工业社会，其最明显的特征就是工业经济向服务业经济转型。2015 年，我国第三产业增加值占比首次突破 50%，这标志着我国开始迎来后工业时代。同时，我国工业也面临转型升级、产业结构调整、化解产能过剩和提升新兴工业价值的急迫任务。通过大力发展工业旅游，将现行生产资源或已废旧闲置资源就地转换为旅游资源，形成庞大的旅游消费市场，有利于促进工业产业向服务业经济转型；有利于就地销售工业产品，节约流通成本，化解产能过剩；有利于拓展价值空间，推进新型工业化，形成新的增长动力，加快我国从制造业大国向制造业强国转变，从中国制造向中国创造转变。

第二，工业旅游是企业实现品牌竞争、提升综合收益的有效手段。对工业企业来说，不仅可以通过工业旅游得到直接的经济效益，还可以得到潜力更大的无形收益。直接效益表现在门票收入、向游客提供讲解、餐饮等服务收入、直销产品收入等。对企业来说，更重要的是工业旅游带来的间接无形收益，主要体现在三个方面：一是树立企业形象，扩大免费广告效应；二是了解现实和潜在市场需求，掌握市场动向，培养现实顾客和潜在顾客；三是改善生产经营环境，增强企业员工的自豪感和责任感，形成独特的企业文化。青岛啤酒厂负责人讲，他最激动的是："今天的游客就是明天的顾客"。青岛啤酒通过工业旅游，每年培养出几十万甚至上百万的青岛啤酒忠实粉丝，比做广告花钱少、效果好。

第三，工业旅游是促进政府、游客和社区居民多方受益、形成多赢格局的重要渠道。工业旅游不仅是双赢，更是多赢。就政府而言，工业旅游可以拉动内需，激活当地经济，促进当地服务业发展，增加地方财政收入，加快产业结构调整，提升国民工业素养意识。就游客而言，不仅可以增加旅游选择，开阔眼界，体验式学习和了解相关专业知识，还可以缩短产销距离，购买到物美价廉、货真价实的工业产品。就社区居民而言，工业旅游可以促进当地文化交流，改善人居环境，增强区域认同感和自豪感。同时，工业旅游还有利于促进企业与社区居民的了解、理解和支持。海南核电厂通过开展工业旅游，让社区居民走进核电厂，了解核电，消除对核电的恐惧，促进了企业与社区居民的和谐。

第四，工业旅游是适应大众旅游时代，推进"旅游+"的重要内容。工业旅游就是要充分发挥旅游业的拉动力、融合力及催化、集成作用，为工业转型发展提供新的增长动力，同时也形成新的旅游业态，是"旅游+工业"的必然成果。景点旅游模式向全域旅游模式转变，就是强调全域内各类资源都要考虑到旅游需求，都成为旅游元素。一个地方好的企业、好的工业产品，往往也是当地的一张闪亮名片，吸引不少游客慕名而来。发展全域旅游，就需要把这些品牌企业、知名产品通过工业旅游塑造成具有竞争力的旅游产品。

二、旅游业与工业融合发展的模式

北京工业大学王国华等学者认为，当下中国工业旅游产业发展模式主要有以下几种。

第一，现代制造业展陈模式。这种发展模式的基本特征是利用现代高科技生产线或高新技术产品作为工业旅游吸引物，满足游客对高科技和现代工业产品好奇与向往的精神需求。例如，海尔的生产线游览、第一汽车制造厂的生产与产品展陈观览等。这种模式能够给游客带来强烈的视觉冲击，增强现代高科技知识的传播，对企业产品销售和品牌提升起到促进作用。

第二，科技园区资源多次开发模式。目前中国有众多的国家级高新技术开发区和国家级经济技术开发区。这些开发区都是在改革开放以后建立起来的，有良好的基础设施，方便企业入驻，大多数都能够集观光、购物、审美、求知等多种功能于一体，适合其资源的二次开发。例如，苏州工业园区、武汉经济技术开发区都能够在不增加硬件投入的基础上开发工业旅游，以获取可观的资源二次开发效益、品牌传播效应与人文情怀的聚集效应。

第三，老工业基地转型升级模式。这些老工业基地都拥有较好的基础设施、较为响亮的企业品牌、较为优越的地理位置、较为深厚的工业文化资源、众多优秀的工业人物和无数引人入胜的产业故事。他们只需要在工业遗产资源挖掘和厂区环境保护方面稍做努力，利用已有的品牌和政府的巨大支持，通过产业内容和产业形态的改造，就能够迅速获取新的市场空间。例如，北京的首钢园区、武汉钢铁基地、大庆油田、沈阳铁西区等，在它们周边都有成熟的社区环境和巨大的消费市场，如果在工业旅游的发展理念、产业政策和开发模式方面进行深刻的变革，就能够很快地取得类似德国鲁尔工业区、美国克利夫兰那样的城市复兴成就。

第四，工矿城市更新发展模式。这种工业旅游发展模式的最大特点在于修复工矿城市的生态环境，通过旅游化促使工矿城市变得宜居、宜游、宜养、宜业，用政策创新、人文氛围营造来改变当地的人文地貌，吸引优秀人才定居，用全新的人文地貌去改变当年的自然地貌。这类工业旅游发展模式最重要的理念就是秉承全新的人文地理观和人力资源观。例如，湖北黄石市这样的工矿城市，通过发展工业旅游创新人文环境，在改造黄石市自然环境的同时，充分挖掘工业遗产中丰厚的人文精神，并创新出独特的社会游戏规则及迷人的工业旅游产品，使得区域的人文地貌不断影响并美化着自然地貌。

第五，百年老店升级换代模式。所谓百年老店，指的是那些历史悠久、品牌影响力深远的老字号企业。这种模式并非依赖旅游活动直接增加企业的营收，而是依靠自身老品牌的影响力，借助工业旅游这种形式向游客传播品牌文化、讲述企业发展故事、传播企业精神，通过老品牌的影响力植入新的商业业态和新的产品内容，实现企业产品与品牌的升级换代。

第六，工业博物馆开发模式。这种模式往往适合于具有悠久产业发展历史，而现状又非常落寞与衰败的老工业区域，这些老工业区已经失去了往昔的辉煌，甚至许多有形遗产已经离开人们的视野很久，近乎消亡了。但是它们在产业发展的历史记载中依然具有里程碑价值。例如，湖北鄂州古铜镜市场、古时为冶铜而修建的湖北黄石大冶区域的五里界城、鄂王城、草王嘴城及千姿百态的各类矿石标本等，它们令人惊叹的辉煌历史、巨大的经济文化与人文价值，都可以通过博物馆形式再现，吸引感兴趣的游人。

第七，遗址公园发展模式。工业遗址公园是工业遗产保护和再利用的主要形式。它是指在弃置的工业遗址或工业废弃地上，通过对场地内的工业设施设备、工业人造物等采取保留、改造利用、再生设计等方式，改造建设而成的，可供市民游憩、观赏、娱乐以及开展工业科普教育等活动的公园绿地。这类公园既在一定程度上保护与延续了工业文明，同时也改善了城市生态环境，深受人们的喜爱。如北京首钢遗址公园、广东中山岐江公园（见图8-2）等。

图8-2 广东中山岐江公园

第八，珠宝及工艺品体验购物模式。这种模式是利用原有的工业场地（或原有的工业制造技艺）建立旅游中心，吸引游客观摩其工艺流程、体验产品制作过程，进而实现现场购买目的的一种工业旅游发展模式。流行于20世纪80年代的香港众多的珠宝行就属于这种开发模式。

第九，生产流程参与体验模式。这种模式往往将生产状态、生产设备、生产过程等作为一种旅游吸引物，让游客参与其中，体验并消费其生产的产品。例如，上海星巴克烘焙工坊是中国目前最独特的咖啡系列产品烘焙工坊。它将咖啡制作工艺与生产流程艺术化、可视化、展览化，将咖啡文化与咖啡全产业链形象地展现给游客，给游客深切的体验感、互动感和参与感。许多酒庄、酒厂、食品生产厂家都采取这种模式拓展市场，吸引更多的消费者青睐其产品。

第十，"腾笼换鸟"与空间重构模式。这种模式主要是利用原有的厂房和工厂的硬件设施经过空间重构、视觉形象与产业内容更换，形成全新的产业业态。例如，北京的798艺术区在完全保留原有工厂建筑的情况下，植入全新的现代艺术内容，使之成为具有重要影响力的现代艺术园区。

上述各种工业旅游开发模式各有利弊，关键在于工业旅游产业主导者与相关利益参与方必须秉承与时俱进的创新理念，根据市场变化特征，不断创新自己的发展模式，以适应目标客户的需求变化。

案例链接 8-1

新疆"旅游+工业"融合焕发新生机

在乌鲁木齐市馕文化产业园观看馕的生产过程，在霍城县薰衣草基地精油提炼车间拍短视频，在吐鲁番市楼兰酒庄里享受一场葡萄酒的盛宴……连日来，新疆各地州市工业旅游观光点、文化创意产业园、葡萄酒庄等地吸引了不少游客，这些工业设施、旧厂房、矿坑等成为新的网红打卡点。

走进乌鲁木齐市馕文化产业园，游客通道两侧干净整洁的玻璃屋内是工人加工食品的场景，游客不仅可以观看食品生产流程，还可以品尝馕，更可以选购、邮寄各种各样的馕。

如今，新疆出现了一批以新疆特色美食加工、果业加工为典型的工业旅游示范园区，其中就包括乌鲁木齐市馕文化产业园、昌吉笑厨有限公司等企业。它们将食品加工生产工艺流程展示在游客的面前，通过现场参观、互动体验、销售介绍，提升了品牌知名度。

此外，乡都酒庄、天塞酒庄、古城酒业、肖尔布拉克酒文化博物馆、布尔津县喀纳斯酒文化博物馆也是一、二、三产业融合发展的工业文化旅游新景点，成为游客体验工农业观光、乡村休闲、康养度假旅游的好去处。

克拉玛依市"克一号井"作为该市的地理性标志，已经成为游客的打卡地。依托石油工业废旧设备、旧厂房打造的克拉玛依市文创产业园，推出了铁马夜市、美食广场。

昌吉回族自治州准东经济技术开发区煤电煤化工产业园，通过与天山天池、吉木萨尔县古海温泉度假区等景区串成一条旅游线路，成为许多旅行社热推的产品，不少游客从这里了解到新疆能源工业的发展。

截至目前，新疆已有20家知名骨干企业被授予"自治区首批工业旅游示范基地"。2022年11月，文化和旅游部发布《关于确定北京市751园区等53家单位为国家工业旅游示范基地的公告》，新疆可可托海国家矿山公园等 4 家工业旅游示范基地入选。

下一步，自治区文化和旅游厅将依托工业生产过程、企业文化，提升企业形象，发展工业观光旅游、工业体验旅游和商务考察旅游，促进工业和旅游业融合发展，突出特色、优化服务，打造工业旅游产品，将工业旅游培育成旅游发展的新领域和工业转型的新动能，构建主题鲜明、形式多样、内涵丰富、功能齐全的工业旅游体系。

（资料来源：文化和旅游部政府门户网站，2023 年 5 月）

三、旅游业与工业融合发展的途径

（一）要了解工业旅游，重视工业旅游

要充分认识到发展工业旅游关乎经济新常态下我国产业结构调整的全局，关乎新型工业化的道路方向和实现方式，关乎旅游业的增长潜力和发展后劲。一是要将工业旅游作为推进"旅游+"和全域旅游的重要抓手，作为评价各地旅游工作的重要考量。二是进一步优化工业旅游的空间布局。发展工业旅游不能局限于老工业基地等传统工业地区，还要拓展到民族手工业基地、特色工业小镇、中小微企业等。三是不断拓宽工业旅游的产业融合领域。在做好工业与旅游融合的基础上，积极寻求与新型城镇化、新型信息化、新型农业现代化，以及与文化、商业、艺术等融合发展。四是积极参与资源型城市转型。将工业旅游培育成为资源枯竭型城市产业转型的重要接续替代产业，在东北等老工业区振兴战略中发挥积极作用。

（二）动员有条件的工业企业积极参与，创新工业旅游产品和业态

发展工业旅游，工业企业是主体，是关键。要充分发挥和调动他们的主创精神和积极性，做好产品设计开发和产品组合，按照产品做专、服务做精、市场做细的原则，形成各具特色的专项工业旅游产品。就工业旅游产品业态培育而言，要做到三个转变：一是由静态、线性游览向动态、深度体验转变。突破传统的参观工厂区和作业线形式，充分挖掘文化内涵，增加更多具有参与性和体验感的旅游产品。二是由低层次、单一化开发向创意性、复合性发展转变。加大文化、创意、科技等要素的投入，设计出更多时尚化、可消费的旅游产品和业态。三是由零散型、封闭式发展向集聚型、开放式发展转变。要融入城镇化建设进程，与周边旅游产品和业态形成联动，实现对区域经济社会的综合带动效应。

（三）加大宣传推广力度，培育工业旅游新兴消费市场

要从旅游消费的角度来做好工业旅游的宣传推广和市场培育工作。一是要将工业旅游纳入整体宣传推广计划中，推出一批有影响的工业旅游品牌和活动，有针对性地培育青少年学生群体市场和对工业旅游感兴趣的专业旅游市场。鼓励将工业旅游与修学旅游有机结合，组织学生开展工业参观考察、学习观摩、科技实验、生活体验、劳动锻炼等针对性的教育活动。二是要在新闻媒体上，开设工业旅游专版和专栏、增加工业旅游专题和时段，提升社会对工业旅游的认知和兴趣，培育和挖掘潜在消费市场。三是要做好营销。工业旅游让企业工人与消费者直接接触，工人形象也至关重要，要强化对工人的教育、引导和管理，做到人人都是形象，人人都是宣传员。

（四）实施工业旅游创新示范工程，发挥引领示范作用

一是建设国家工业旅游示范区。重点推进城市休闲型、产业园区集聚型、企业观光体验

型、博物馆展示型、文化创意集聚型等各类工业示范点建设。二是因地制宜推进特色工业旅游城镇建设。结合我国特色产业园区建设和"产城融合"发展，引导工业旅游园区化和城镇化集聚发展，打造精品线路和优势产业群。三是探索工业遗产可持续再利用模式。大力推进主题博物馆、公共休闲区、创意产业园建设。四是推进工业旅游基地建设。编制全国工业旅游示范基地标准，指导企业按照标准配套建设工业旅游项目。完善退出标准和退出机制。鼓励各地以国家标准为基础，突出地域特色，彰显企业文化价值，制定和完善地方工业旅游标准和服务质量规范。

（五）加大保障力度，提升工业旅游创新动力

一是要给予政策支持。要积极会同发改、工信、财政、环保等部门，推出支持工业旅游发展的相关政策。二是要完善公共服务体系。积极推进城市旅游公共服务基础设施向工业旅游产业园区、示范点优先延伸，城市公共服务职能对城市工业旅游示范等区域优先覆盖。三是要加强人才培养。着力培养一批工业旅游规划设计、创意策划和市场营销等方面的专业人才，特别要培养既掌握工业知识又熟悉旅游规律的高层次、复合型人才。加强工业旅游企业相关从业人员的培训，着力提高工业企业中旅游讲解员、导游员及其他服务人员的专业化服务水平。建立健全工业旅游培训机制，采取校企合作、企业互助、行业帮扶等多种形式，结合企业就业和再就业的培训工程，开展工业旅游服务和技能培训。四是要重视工业文化遗产的保护。联合工信、文物等相关部门对工业旅游遗产进行系统调查，对工业旅游开发中的破坏遗产现象进行重点整治。

第三节　旅游业与其他服务业的融合发展

旅游产业与其他服务业融合，不但能促进传统服务业改造提升，还能创造出新的业态，使休闲康养、健康护理等新兴服务业获得快速发展。旅游产业可以并且应该与文化、商贸、交通、教育等多产业融合，但这一过程必须是相互融合、相互促进的，即传统产业在保留自身职能的基础上融入旅游要素进行改造提升，让既有资源得到整合与高效配置，从而实现传统产业与旅游产业融合发展。

一、体育旅游

体育旅游是旅游产业和体育产业深度融合的新兴产业形态。体育是发展旅游产业的重要资源，旅游是推进体育产业的重要动力。

（一）体育旅游的概念

体育旅游是为了满足和适应旅游者的各种体育需求，以体育资源和一定的体育设施为条件，以旅游商品的形式，为旅游者在旅游过程中提供融健身、娱乐、休闲、交际等于一体的服务，使旅游者身心得到和谐发展，促进社会物质文明和精神文明发展，丰富社会文化生活目的的一种社会活动。体育能够升级旅游，可解决旅游的带入性、回头客、传播等问题，而旅游产业的商业模式可以衍生到体育产业，实现共生共赢。体旅融合发展一方面可丰富旅游

产品体系，拓展旅游消费空间，促进旅游业转型升级和提质增效，落实全域旅游发展；另一方面能盘活体育资源，提升体育市场化水平，扩大体育产业规模，提高人民群众身体素质，全面推进全民健身。

（二）体育旅游的开发模式

第一，"旅游+体育"的开发模式，即以旅游资源为依托开发体育旅游产品，即旅游性体育，如长城、黄河、五岳等，对应的体育旅游产品有登山、漂流、森林徒步等。第二，"体育+旅游"的开发模式，即以体育资源为依托，开发体育旅游产品，即体育性旅游。一方面，以体育资源为依托开发旅游产品，以体育活动带动旅游活动的开展；另一方面，利用体育赛事、节庆活动等吸引更多的参与者与观赏者，如奥运会、世界杯足球赛等，如图8-3所示。第三，专项型体育旅游资源开发模式，即以某一种体育旅游产品为开发目标，将体育旅游资源开发成唯一的旅游吸引物，旅游者的旅游目的是针对吸引物而来的，如滑雪旅游、高尔夫旅游等。第四，组合型体育旅游资源开发模式，即将体育与生态旅游、文化旅游等形式的其他资源相互配合，既观光旅游又参与体育活动，如垂钓等。第五，附带型体育旅游资源开发模式，即在一般旅游活动中附带介绍体育知识，旅游过程中观看表演或参加体育娱乐等，如摔跤、跳板等。

图8-3　无锡环蠡湖半程马拉松

（三）冰雪旅游

为贯彻落实习近平总书记"冰天雪地也是金山银山"的生态文明理念，进一步加大冰雪旅游产品供给，推动冰雪旅游高质量发展，更好满足人民群众冰雪旅游消费需求，文化和旅游部、国家发展改革委、国家体育总局联合印发了《冰雪旅游发展行动计划（2021—2023年）》，提出要深挖冰雪旅游消费潜力，推动冰雪旅游与相关行业融合，扩大冰雪旅游优质产品供给，推出一批冰雪旅游主题精品线路，建设一批高品质、复合型的冰雪旅游基地，打造冰雪赛事旅游目的地，大力发展乡村冰雪旅游。

冰雪旅游是一项极具参与性、体验性和刺激性的旅游产品。赛事类的冰雪旅游分为专业赛事和趣味赛事。专业赛事主要包括滑雪类和冰上运动类，旅游目的地或者景区通过举办各类专业赛事，提高了景区相关的基础设施建设，提高了景区知名度，为游客简单冰雪运动活动的开展提供了良好的平台。除了专业赛事在景区的举办外，作为娱乐活动的一部分，趣味赛事也是经常被游客喜闻乐道的重要项目。常见的趣味赛事有穿越冰池趣味赛、堆雪人大赛、雪橇大赛、雪雕比赛、冰上拔河、推爬犁、雪地投准、雪地套圈、冰雪嘉年华、冰上风火轮等。趣味赛事相对简单，危险系数小，对专业化程度要求不高，适合大众游客娱乐。

（四）体育旅游的发展措施

第一，更新发展理念，推动体旅融合发展。按照党中央创新、协调、绿色、开放和共享的发展理念，在进行体旅融合发展时，必须统筹生态文明建设、城乡一体化发展和历史文化保护，满足大众健身、旅游发展的需求，融合当地文化地域特色，实现城市绿色发展和人们健康发展的互享共赢。第二，健全政策保障，提供体旅融合发展的制度支撑。制定全面、具体的政策，支持体旅融合发展的有效性和持续性。包括金融政策、激励政策、安全保障政策、人才政策等。第三，完善基础设施建设，助推体旅融合的可持续发展。优质的基础设施建设是体旅融合发展的重要保证。基础设施建设需要具有完备性、实用性、特色性，并且要进行开放式建设。第四，多渠道人才挖掘，提供体旅融合发展的智力支撑。人才短板是旅游发展的常见问题。体旅融合的有效发展需要一批懂体育旅游管理、商业策划、市场运作和营销的专业人才。自主培养是人才建设的基础，积极引进是人才扩充的重要通道，志愿者参与模式、社会组织参与模式等多元模式是人才培养和发展的创新方式。第五，关注旅游者特征，提升体育旅游的满意度。体育旅游可以满足不同阶层群体的多样化体验需求。可以针对不同的消费层次、不同的旅游动机开发对应的体育旅游产品。

二、医疗旅游

医疗旅游是旅游和健康服务融合发展的一种旅游形式，已成为旅游业新的经济增长点。随着社会人口老龄化问题加剧以及医疗成本的增加，居民的健康意识不断增强，由健康和观光结合在一起的医疗旅游正在迅速发展。旅游业和健康产业在未来发展中对人类生活及整个经济发展起着关键作用，医疗旅游则是这两大产业的有机结合，呈现出了蓬勃发展之势。

（一）医疗旅游的概念

医疗旅游是指旅游者可以根据自己的病情、医生的建议，选择合适的游览区，在旅游的同时享受健康管家服务，进行有效的健康管理，达到身心健康的目的。全球医疗旅游人数已经上升到每年数百万以上，其发展势头十分惊人，已成长为全球增长最快的一个新产业。目前世界上医疗旅游业最发达的国家是泰国。除此以外，印度、印度尼西亚、哥斯达黎加、古巴、匈牙利、以色列、新加坡和南非等国目前均在大力发展医疗旅游产业。近年来，我国中医药健康旅游方兴未艾，正在成为旅游消费新热点，特别对境外游客有很强的吸引力。

案例链接 8-2

北京推出 8 条中医药康养旅游线路

为满足市民在京"微度假"需求，北京市文化和旅游局策划推出四大类主题旅游线路，助市民沉浸式感受北京古都文化、红色文化、京味文化、创新文化的魅力。其中，包括 8 条中医药康养旅游线路。

线路一：探神秘皇家医药馆，寻地道百年老字号(一日游)

线路行程：故宫(永和宫御医药馆)—北京广誉远中医药文化历史博物馆—同仁堂(大栅栏店)

线路二：学习中医药文化，来一场亲子科普研学游（两日游）

线路行程：北京药王谷风景区—草根堂农场—优沃得自然教育农场—北京时珍堂中医药博物馆（东璧堂中医药博物馆）—修德谷（北京修德谷国学文化中心或北京修德谷传统文化体验基地）

线路三：研学地热知识，乐享温泉养生（两日游）

线路行程：蒲黄榆社区卫生服务中心（丰台区中医药博物馆）—南宫旅游度假区（南宫地热科普展览中心、南宫民族温泉养生园）

线路四：文艺养生之旅，在艺术的熏陶中修身养性（一日游）

线路行程：美克洞学馆—爱乐汇艺术空间·时空剧场—南阳共享际—仿膳饭庄（宫廷菜）

线路五：游满园美景，品宫廷菜肴，享鲜药入膳（一日游）

线路行程：颐和园—听鹂馆（宫廷菜）—圆明园遗址公园—中卫御苑福膳（主打鲜药入膳）

线路六：赏百草"画卷"，品悠悠古韵（两日游）

线路行程：延庆大榆树镇百草园—柳沟民俗旅游度假区（柳沟古城、豆腐宴）—柳沟民俗旅游度假区（艾草堂）

线路七：捕捉四季缩影，将中医药文化融入生活（一日游）

线路行程：念坛公园—永兴河湿地公园（大兴中医药文化园）—北京中药炮制技术博物馆—知嘛健康零号店

线路八：感皇家陵寝，享温泉度假，游十三陵水库（两日游）

线路行程：十三陵林下旅游文化园—蟒山森林公园—北京金隅凤山温泉度假村—十三陵水库

（资料来源：北京青年报，2023年1月）

（二）医疗旅游的开发效应

医疗旅游的发展不仅解决了客源国存在的医疗体系问题，如医疗等候时间过长、费用过高等，满足了客源国居民日益增长的医疗服务需求，同时也促进了目的地国经济的发展，提高了相关产业收入。此外，医疗旅游发展还能促进目的地国医疗技术和服务水平的提高，吸引更多高技术人才，增加医疗体系投资和就业岗位，增强全球交流和互动。同时，医疗旅游开发也带有一定的消极效应。国际医疗旅游的发展使得客源国医疗体系收入降低、客源流失；由于医疗旅游者的支付能力高于目的地国本地居民，易使本地医疗资源短缺和医疗费用上涨；由于医疗机构均向西方评审标准看齐，从而易使本国的医疗服务失去特色等。因此，在制定医疗旅游相应政策时，需要全面考虑利弊，争取在不损害本国居民医疗和旅游权益的同时，享受医疗旅游带来的经济和社会效益。

（三）医疗旅游的发展措施

第一，提高医疗服务质量，增强旅游者的满意度。提高我国医疗技术水平和服务质量，促进全国范围内尤其是旅游资源丰富地区医疗技术的发展，同时增强医疗旅游服务提供者的服务意识，改进服务态度，提高医疗旅游者的满意度。第二，促进医疗旅游的国际化。相关医疗卫生机构应当研究并建立一整套与国际接轨的诊疗服务流程和医疗技术标准，创建国际化的医疗服务质量管理体系，同时引入专业的服务管理人员，提高管理水平，以吸引国外医疗旅游者。第三，推出特色医疗旅游产品。中医药资源丰富、历史悠久，不仅在疾病治疗方面具有独特的疗效，在养生保健、疾病预防方面也具有明显的优势。因此，我国医疗旅游目的地应提供特色的医疗旅游服务，开发特色旅游产品，促进高新科技和传统医学的融合，打造中西医结合的国际医疗旅游品牌。研究独具地方特色的个性化医疗旅游服务和产品，吸引来自不同国家和文化背景的消费者，避免扎堆发展。第四，加强政府宏观管理，完善医疗旅游政策法规。政府应该全面考虑利弊，进行引导和制定行业准入规则，行业协会、非政府组织等提供辅助支持，进一步完善医疗旅游业的配套法律法规，在不损害本国居民医疗和旅游权益的同时，享受医疗旅游带来的经济和社会效益。第五，加强医疗旅游营销和品牌管理。促进医疗旅游地的营销和推广，除了传统媒体推广以外，互联网技术的发展带动的网络营销、顾客点评、参与者的社群互动等均可以用来促进医疗旅游的发展。

// 本 章 小 结 //

　　旅游业关联性强、辐射带动作用大，推进旅游业与一、二、三产业融合发展能完善旅游产品体系，扩大旅游消费领域，深化旅游供给侧结构性改革；能够带动第一产业、第二产业转型，推动经济结构调整，驱动国民经济增长；能够在投资、消费、出口三大领域助推经济发展，实现稳增长、调结构、惠民生、促就业。本章介绍了旅游业与农业、工业、体育及医疗等产业的融合发展，分析了旅游业与其他产业融合发展的意义、模式及发展措施等。

// 同 步 练 习 //

一、填空题

1. 工业属于我国三大产业中的第＿＿＿＿＿产业。

2. 旅游业与农业的融合发展的指导思想是"农旅结合、以农促旅、＿＿＿＿＿"。

二、单项选择题

1. 2006 年，我国的旅游主题为(　　　)。

A. 中国乡村游　　　B. 体育健身游　　　C. 度假休闲游　　　D. 文物古迹游

2. 首届全国工业旅游创新大会举办于(　　　)年。

A. 2016　　　　　B. 2017　　　　　C. 2018　　　　　D. 2019

三、多项选择题

1. 下列属于旅游业与工业融合发展模式的有(　　　　)。

A. 工矿城市更新发展模式　　　　　B. 百年老店升级换代模式

C. 工业博物馆开发模式　　　　　　D. 遗址公园发展模式

2. 下列属于体育旅游开发模式的有(　　　　)。

A. "旅游+体育"的开发模式　　　　B. "体育+旅游"的开发模式

C. 专项型体育旅游资源开发模式　　D. 组合型体育旅游资源开发模式

四、简述题

1. 简述旅游业与农业融合发展的效应。

2. 简述旅游业与工业融合发展的措施。

3. 简述赛事类冰雪旅游的主要类型。

4. 简述体育旅游的发展措施。

5. 简述医疗旅游的概念与效益。

// 实 训 项 目 //

在老师的指导下，调查本市的工业旅游发展情况，分析发展中存在的问题，并给出建议。

调查目的：通过实地调查，强化对旅游业与工业融合发展的认知。

调查工具：相机、摄像机、录音笔、调查问卷表等。

调查要求：分组调查。

调查报告：以小组为单位形成调查报告，字数 2 000~3 000 字。

第九章　旅游业的可持续发展

【学习目标】

知识目标
- 理解可持续发展与旅游可持续的基本内涵。
- 掌握可持续发展理论在旅游业中的地位和意义。
- 理解实现我国旅游可持续发展的举措。

能力目标
- 能解释旅游可持续发展。
- 能解释我国旅游业的可持续发展举措。

素养目标
- 树立区域旅游协调发展的意识。
- 树立旅游可持续发展的意识。
- 树立旅游产品品牌意识。
- 树立旅游创意产品产权意识。

【关键概念】

旅游业　旅游业可持续发展　旅游业可持续发展举措
旅游业可持续发展支持系统

【思维导图】

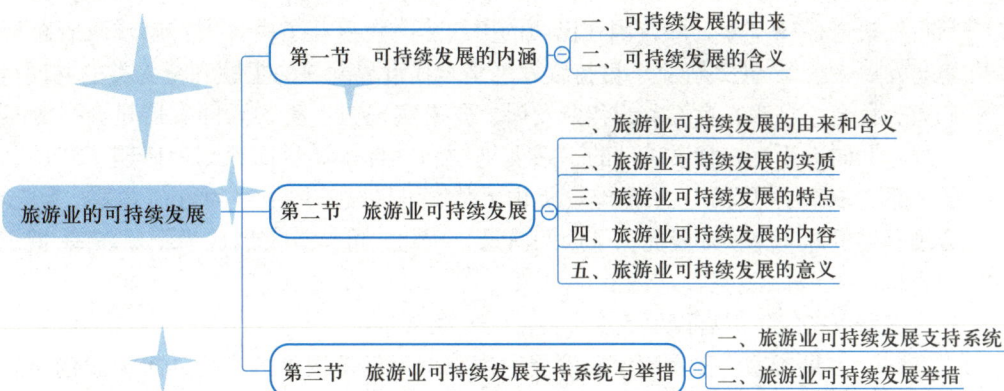

发展是人类永恒的主题，世界环境与发展委员会（WCED）于 1987 年在《我们共同的未来》的报告中倡议的"既满足当代人的需求又不危及后代满足其需求的发展"的理念，给旅游业发展提出了新的命题。时至今日，旅游业的可持续发展已成为旅游研究和实践的重要领域。

第一节　可持续发展的内涵

传统的经济发展是不可持续的发展，它追求的是单一的经济发展，其后果是：经济虽然得到一时的增长，但环境遭到破坏，资源枯竭了，同时社会贫富悬殊，两极分化，社会明显不公正。这样的发展是一种破坏性的发展。20 世纪以来，特别是第二次世界大战结束以来，随着科学技术的进步和社会生产力的迅速发展，人类创造了前所未有的物质财富，人类文明发展程度得到很大提高。但是，随之出现的人口骤增、资源消耗过快、环境污染等重大问题日益突出，对人类的生存与发展构成了直接的威胁。人类长期对资源、生态、环境的肆意掠夺，对人类自身产生了诸多负面效应，甚至威胁到了人类的生存，这时可持续发展便成为历史趋势。可持续发展不是把经济发展作为唯一追求的目标，它期盼的是人类全面、和谐的发展。

一、可持续发展的由来

"可持续发展"是 20 世纪 70 年代提出的，此后逐渐为人们所接受和使用。在 1987 年召开的"地球的未来"国际会议上，以挪威前首相布伦特夫人为首的"世界环境与发展委员会"向联合国递交了一份题为《我们共同的未来》的报告，该报告将可持续发展定义为"既满足当代人的需要，又不对后代满足其需要的能力构成危害的发展"。为了把可持续发展纳入实际行动轨道，1992 年，联合国在巴西的里约热内卢召开了由各国首脑或政府总理参加的"环境与发展大会"，正式确立了可持续发展是当代世界发展的主题和全人类的共同行动准则，强调人、社会、自然三者关系的和谐发展，要求实现全人类代际间发展机会平等条件下的协调发展与共同进步。该会议通过的一系列纲领和文件，详尽而深刻地阐明了资源、环境与发展的关系，丰富了可持续发展战略，提供了落实可持续发展战略的行动方案，为人类改善环境、合理利用资源、完善发展提供了广阔前景。从此，可持续发展成为全球在 21 世纪所追求的共同目标。

全球可持续发展有以下 5 个要点。

（1）发展援助。发达国家向发展中国家增大经济援助的力度，援助比例达到其国内生产总值的 0.7%。

（2）环境保护。工业化国家应当恪守《京都议定书》关于限制温室气体排放量的规定，保护地球环境，防止全球继续变暖。

（3）清洁水源。节约用水，为缺乏清洁饮用水源的人口提供洁净的饮用水。

（4）能源开发。大力推广清洁能源及电能的应用，提高可再生能源在能源消费结构中的比例。

（5）绿色贸易。促进世界生产及贸易过程中的环保意识和社会责任感。

二、可持续发展的含义

可持续发展是指既满足现代人的需求又不损害后代人满足需求的能力。换句话说，可持续发展是指经济、社会、资源和环境保护协调发展，是一个密不可分的系统，既要达到发展经济的目的，又要保护好人类赖以生存的大气、淡水、海洋、土地和森林等自然资源与环境，使子孙后代能够永续发展和安居乐业。可持续发展作为全人类共同的选择和时代的一面旗帜，是一个内涵丰富的概念。可持续发展所包含的发展空间具有全球性。可持续发展谋求的是全球性经济和全人类的可持续发展。以往的"单纯的经济增长观"和"协调发展观"都是以一个国家或一个地区为研究对象的，而可持续发展研究的问题更深刻、更长远。

（1）可持续发展包含的实践具有持久性。该理论要求人类的发展"既要满足当代人的需要，又不对后代人满足其需要的能力构成危害"。

（2）可持续发展所包含的内容，是指经济、自然、社会三大系统之间的协调发展。它要求人类不仅要构建一个既有利于经济有效增长，又有利于公正和公平的社会体制，而且要从当代人和未来人的需要出发，从环境资源的供给能力出发，合理有效地利用资源。可持续发展所包含的一个全新的价值追求，是实现社会的公平发展。这种公平包括了人际公平和代际公平。

（3）可持续发展迫使当代人类在经济发展过程中，不仅要遵循人类已经发现的经济发展规律，更要遵循生态自然演化规律，重建人类与自然之间循环制衡、生态经济与社会协调发展的生态文明。

（4）可持续发展绝不是一个封闭的概念，随着时间的推移，将会有越来越丰富的内涵。

可持续发展源于环境保护问题，但演变到今天，已成为包括生态可持续发展、经济可持续发展和社会可持续发展的一种全面性的发展观。生态可持续发展，要求人类注重自然资源的永续利用、环境保护和生态平衡，使人类生存环境得以长久延续。经济可持续发展，要求经济增长不能超过自然资源和生态环境的承载力。要摒弃传统的以牺牲资源与环境为代价的经济发展模式，在保证资源和环境不受破坏的前提下，保持经济长期稳定发展。社会可持续发展，要求能长期满足人类发展的基本要求，维护社会发展的公平和利益的均衡，确保当今与后世所有人公平享受福祉的权利。

此外，可持续发展与环境保护既有联系，又有不同。环境保护是可持续发展的重要方面，可持续发展的核心是发展，但要求在严格控制人口、提高人口素质和保护环境、资源永续利用的前提下推动经济和社会的发展。

第二节　旅游业可持续发展

一、旅游业可持续发展的由来和含义

(一) 旅游业可持续发展的由来

旅游业可持续发展的提出首先是直接受可持续发展理论的影响，旅游业可持续发展实际上是可持续发展思想在旅游领域的具体运用，是可持续发展战略的组成部分之一，是可持续发展理论的自然延伸。同时，也是在大众旅游的浪潮中，旅游业急剧膨胀、繁荣的背后所引发的危机在一定的时间后日益暴露出来的背景下，有越来越多的学者对旅游业是"无烟工业"的提法表示质疑。1990年，在加拿大温哥华召开的"90全球可持续发展大会"上，旅游组行动策划委员会提出了《旅游持续发展行动战略》草案，构筑了可持续旅游的基本理论框架，并阐述了可持续旅游业发展的主要目的。1995年4月24日至28日，联合国教科文组织、环境规划署和世界旅游组织在西班牙加那利群岛的兰沙罗特岛召开了"可持续旅游发展世界会议"，75个国家和地区的600多位代表出席了会议。此次会议是一次里程碑式的会议。会议确立了许多被普遍接受的有关旅游业可持续发展的基本观点和理论。会议最后通过了《可持续旅游发展宪章》和《可持续旅游发展行动计划》。宪章和行动计划中明确指出，"旅游可持续发展的核心就是要求旅游与自然、文化和人类生存环境成为一个整体"。1996年9月，为了响应联合国《21世纪议程》提出的可持续发展理念及其行动计划，世界旅游组织、世界旅游业理事会、地球理事会联合制定了《关于旅行与旅游业的21世纪议程：迈向环境可持续发展》，并于1997年6月在联合国第九次特别会议上发布。1997年，世界旅游组织授权中国出版《旅游业可持续发展——地方旅游规划指南》，用以指导各地发展旅游业。旅游业的可持续发展不是单纯的经济发展、产值增加，而是生态、社会和经济二维复合系统的可持续发展。这个二维复合系统由旅游业可持续发展的经济系统、社会系统和生态系统三个亚系统构成。这三个亚系统的相互联系与相互作用制约和决定着旅游业的可持续发展。

(二) 旅游业可持续发展的含义

1. 世界旅游组织的定义

1993年，世界旅游组织出版了《旅游与环境》丛书，其中《旅游业可持续发展——地方旅游规划指南》一书对旅游业可持续发展给出的定义是"指在维持文化完整、保护生态环境的同时，满足人们对经济、社会和审美的要求。它能为今天的主人和客人们提供生计，又能保护和增进后代人的利益并为其提供同样的机会"。这个定义是对旅游业可持续发展理念的进一步总结，不仅指出了旅游业本身的特质，而且提出了"主人"和"客人"区际公平发展的思想，对旅游业可持续发展的国际认定具有重要的指导意义。

2. 1995年《可持续旅游发展宪章》的定义

"可持续旅游发展的实质，就是要求旅游与自然、文化和人类生存环境成为一个整体"，即旅游、资源、人类生存环境三者统一，以形成一种旅游业与社会经济、资源、环境良性协

调的发展模式。

旅游业可持续发展是可持续发展理论在旅游业中的具体体现，与一般意义上的可持续发展理论具有本质上的一致性，主要有以下三层含义。

（1）满足需要。发展旅游业首先是通过适度利用环境资源，实现经济创收，满足东道社区的基本需要，提高东道居民生活水平。在此基础上，再满足旅游者对更高生活质量的渴望，满足其发展与享乐等高层次的需要。

（2）环境限制。资源满足人类目前和未来需要的能力是有限的，这种限制体现在旅游业中就是旅游环境承载力，即一定的时期、一定的条件下某地区环境所能承受的人类活动作用的阈值。它是旅游环境系统本身具有的自我调节功能的度量，而旅游业可持续发展的首要标志是旅游开发与环境的协调。因此，作为旅游环境系统与旅游开发中间环节的环境承载力，应当成为判断旅游业是否能够可持续发展的一个重要指标。

（3）公平性。强调本代人之间、各代人之间应公平分配有限的旅游资源，旅游需要的满足不能以旅游区环境的恶化为代价，当代人不能为了满足自己的旅游需求与从旅游中获得利益而损害后代公平利用旅游资源的权利和利用水平。应牢记这样一个旅游发展理念：环境既是我们从先辈那里继承来的，也是我们从后代那里借来的。要把旅游看成这样一种活动：当代人为了保护好前代人遗留下来的环境，或者利用前代人留下的环境，为后代人创造更加优异环境的行动。

二、旅游业可持续发展的实质

旅游业可持续发展是指在保证和增进未来发展的同时，满足旅游者和旅游地居民当前的经济、文化和社会等各种需要。或者说是对各种旅游资源进行管理指导，促使人们在保持文化完整性、基本生态过程、生物丰富度和生命维持系统的同时，满足经济、社会和美学的需要。旅游业可持续发展的实质主要包括以下 3 个方面。

（一）强调人与自然之间的协调

人与自然的关系大概经历了肯定—否定—否定之否定 3 个阶段。在农业经济时代，人类依附于自然，人类与自然处于混沌的和谐状态。到了工业社会阶段，人类意识到自己是"万物之灵"并逐渐从自然界中相对分离出来，然后不断地加剧对自然的索取，人类与自然之间是一种疏远、对立甚至冲突的关系。到了现在的知识经济时代，人们意识到对自然过度索取不仅破坏了自然生态平衡，同时也降低了自身的生活质量，亲近自然、回归自然便成了人们的内在需求，人类与自然之间正在寻求建立一种真正和谐的关系。旅游业可持续发展是在协调处理好人与自然的关系的基础上促进经济、社会和生态环境的协调发展，最终实现人类的高质量发展和自然界的良性循环。

（二）强调以人为中心

旅游活动的主体是旅游者，人们在旅游活动中应当尊重自我，满足个性发展的需要。只有尊重自我选择的权利，才会在探索未知、丰富情感、磨炼意志等方面有所收获。同时，人们在旅游活动中还应当提升自我，将自己的人格从"实有"向"应有"发展，使身心和谐成为一种高度统一和完整的人格体现。旅游是人类的一种高级消费形式，是有利于个人身心健康的活动，健康的旅游活动是个人自我完善、培养高尚人格的重要途径，它的发展应围绕着人这个中心。

（三）强调满足人们的文化需要，保持文化的完整性

旅游业可持续发展应建立在不断发展、不断提高的人类文化基础之上，应以提高人们的文化素质为己任。同时，要求保证和增进未来的发展机会，即要求当代人要有责任心，要对后代的生存和发展负责。历史文化资源是十分重要的旅游资源，保护它们不仅是政府的责任，更是广大旅游者的责任。人们喜欢游览名胜古迹、观赏历史文物，恐怕不只是被其古朴瑰丽的外在所吸引，更重要的应该是被其所承载的深邃、辉煌的历史文化所陶醉和震撼。人是历史的产物，每个人也都承载着一定的历史文化。人们对未来生活的期盼和设计不能离开历史的轨迹，然而当人们越来越以现实、功利的心态面对未来的时候，却容易忽视历史，乃至割断历史，这样人们就有可能失去自己的精神家园甚至自己的根。因此，人们需要通过游览名胜古迹、观赏历史文物来感受历史，了解历史，以更好、更从容地面对现实和未来。旅游可持续发展的实质目的是全面提高人的素质，包括科学文化素质、思想道德素质、心理素质和身体素质等。

可持续旅游是对传统旅游发展模式的摒弃，二者有着本质的区别，如表9-1所示。

表9-1　可持续旅游与传统旅游发展模式的主要区别

对象	传统旅游	可持续旅游
追求目标	● 利润最大化 ● 价格导向 ● 文化与景观资源的游览	● 经济效益、生态效益最大化 ● 价值导向 ● 追求环境资源和文化价值的完整性
受益者	● 开发商和旅游者为净受益者 ● 当地社区和居民经济收益与环境损失相抵所剩无几或入不敷出	开发商、旅游者、当地社区和居民分享利益
管理方式	● 旅游者第一，有求必应 ● 渲染性的广告 ● 无计划的空间拓展 ● 交通方式不加限制	● 生态系统承载力第一，有选择地满足旅游者需求 ● 温和、适中的宣传 ● 有计划的时空安排 ● 有选择的交通条件
正面影响	● 创造就业机会 ● 刺激区域经济短期增长 ● 获得外汇收入 ● 促进交通、娱乐、基础设施改善 ● 经济效益	● 创造持续就业的机会 ● 促进经济发展 ● 获得长期外汇收入 ● 交通、娱乐和基础设施的改善与环境保护相协调 ● 经济效益、社会效益和环境效益三者的融合
负面影响	● 旅游对环境的消极作用很容易对旅游区形成污染 ● 旅游活动打扰居民和生物的生活规律	● 旅游对环境的消极影响作用可以控制在环境的自我调节能力的范畴内 ● 旅游者的活动必须以不影响当地居民和生物的生活规律为前提

三、旅游业可持续发展的特点

（一）持续性

持续性是旅游业可持续发展的核心所在，它强调对旅游资源的合理开发利用。由于旅游资源不可再生，具有稀缺性，所以在开发过程中要尽量保持原有特色，强调持续性，避免任何不可逆转的开发或破坏行为发生，以维持旅游资源的永续利用，保证对子孙后代的发展不构成威胁。

（二）和谐性

和谐性是旅游业可持续发展的根本目的。旅游业可持续发展不仅要求与社会、经济的和谐，也要求与生态环境和资源的和谐。大多数旅游资源在实现自身经济价值的同时，还会随着合理有效的开发利用而变得更有价值，更有利于人类、环境和资源的整体和谐与协调。

（三）统一性

统一性是旅游业可持续发展的主要内容，这由旅游业的综合性所决定。旅游业是综合性的产业，内在关联性强，旅游业可持续发展首先需要这些旅游业的组成部分能够可持续发展。

（四）合作性

合作性是旅游业可持续发展的必然要求。实施旅游业可持续发展战略，不但要求政府、旅游部门、旅游者和环保部门齐心协力，而且要求地方、区域、国家甚至全球性的通力合作。因为某个地区的旅游开发可能会给另一个地区带来积极或消极影响，只有各方共同合作才能保证旅游开发促进环境的整体规划和统筹管理。

四、旅游业可持续发展的内容

（一）生态可持续发展

生态可持续发展是指建立在自然资源的可持续利用与良好的生态环境基础之上的，以维护和保护整体的生物支撑系统，保护自然资源与生物的多样性，保证以可持续发展的方式有效地利用资源，从而形成旅游生态环境的良性循环与发展。它要求重视旅游主体——人的可持续发展思想建设，重视资源和环境承载力的研究，建立良好的旅游业可持续发展观和科学的环境保护标准，防止环境被污染和破坏，并利用新技术来恢复和重建已经被污染的生态系统，通过保护和重建自然环境，为人类可持续利用旅游资源和环境提供基础条件。

（二）经济可持续发展

经济可持续发展要求不仅应重视经济的有效增长，更应重视质量的提高，节约资源，保护环境，优化配置，增加效益。从生态经济学角度看，经济的传统发展与可持续发展是明显不同的，前者主要强调高速度、高效率甚至高消费的工业化、城市化走向，而后者主要强调发展持续均衡的生态经济，坚决杜绝环境污染和生态失衡。旅游业可持续发展就是要通过科学的旅游开发方式来实现旅游经济的可持续发展。

（三）社会可持续发展

社会可持续发展是指国内和国际的社会稳定发展，是可持续发展过程的综合体现，也是旅游业可持续发展最终要达到的目标。因为可持续发展是以不断地改善和提高人类生活质量为目的，所以必须努力实现旅游发展过程中自然、经济与社会发展的和谐统一，构建人类与自然生态同栖的社会共同体。只要社会在每一个时间段内都能保持资源、经济、社会与环境的协调，那么这个社会的发展就符合可持续发展的要求。

五、旅游业可持续发展的意义

旅游业可持续发展的提出，在建立人类与地球的新型关系以及确立当前人类对子孙后代的生态责任观方面，无疑具有十分重要的意义。

旅游业可持续发展的提出有助于改变人们长期以来对旅游资源可再生性的片面理解，修正旅游开发的理论和政策导向。一些自然的普通资源一旦作为旅游资源，其原始性就是其根本属性。至于依托于旅游资源而进行的旅游产品开发，或各种人为重建的古迹以及表演化了的旧俗民风，虽然它们构成了旅游产品，但已经不是响应原来旅游需要的那种资源，因此其价值必然大打折扣。就是说，从纯粹的旅游价值观来考虑，旅游资源主要是不可再生性资源。

旅游业可持续发展的提出对于发展中国家加强旅游开发的宏观管理，保护全球旅游生态系统的完整性和永续性具有深远的意义。这是因为发展中国家是目前世界上大多数自然文化遗产的拥有国，与西方发达国家在旅游开发方面已接近过度开发这一总体事实相比，发展中国家的旅游资源因其更接近原始或自然状态而对全球旅游资源的保护更具有重要性。

旅游业可持续发展的提出有利于促进经济与社会、环境协调发展。旅游业可持续发展强调的是要以旅游资源自然环境为基础，与生态环境承载能力相协调，应用必要的经济、技术、法律手段，努力减缓自然资源的枯竭速度，维护良好的生态环境及和谐的人与人、人与自然的关系，使每个人都能享有清洁、安全、舒适的生活环境，使旅游活动与自然、文化和人类生存环境融合为一个整体，在全球范围内实现旅游经济与社会、生态环境的协调发展。

知识链接 9-1

文旅助推可持续发展

在业态升级和消费迭代的背景下，文化和旅游如何开辟新途径？这是业界和众多旅游城市面对的难题。在长沙举行的 2021 中国—东盟文化和旅游可持续发展对话活动上，中国和东盟各地文旅专家就"文旅融合与城市可持续发展""产业融合，助推文旅高质量发展"等方向展开讨论，深入交流文化和旅游融合、乡村振兴等热门话题，分享旅游助力经济发展的经验与成果，为推动文化产业和旅游产业发展，探索宝贵经验。

"当今世界，正面临百年未有之大变局，旅游业发展环境正在发生深刻变化，亟须旅游业重新审视传统旅游发展方式。"国际山地旅游联盟副主席邵琪伟表示，旅游业需要在"可持续"理念引领下，深入探索高质量产业发展之路。可持续、高质量应该成为各国政府和业界共同追求的目标，而支撑这个目标的核心要义是建立以人为本、以游客为中心及需求导向的旅游治理体系，包括理念指引、方式创新、模式优化、管理科学、人才结构等，唯有从数量质量发展走向高质量发展，旅游业才能保持不竭动力，才能奠定旅游业在经济社会发展中的重要地位，才能不偏离可持续发展的战略目标。

邵琪伟认为，旅游业必须坚持绿色发展，切实保护好生态环境；必须把现代高新技术应用列入旅游全行业、全产业发展战略；必须制定和实施人才战略；必须深入推进国际和地区合作，从而实现通过高质量发展推动旅游业可持续发展。

此次中国—东盟文化和旅游活动周的举行，就是深入推进国际和地区合作的重要举措。邵琪伟认为，中国作为东盟最大的旅游客源国，也是东盟游客最喜爱的出境旅游目的地之一，实现双方文化旅游的可持续发展，要把交通的互联互通放在更加突出的位置，要从全产业链角度出发，注重融合旅游要素，维护好综合产业生态，同时还应充分关注现代科技对旅游业的深刻影响和重塑作用。

与会外国嘉宾对于此次交流活动带来的正向作用表示充分赞赏和期待。老挝驻华使馆副馆长、公使衔参赞通沙万·培泰表示，2019年疫情暴发前，730万人口的老挝接待了400多万国际游客，其中接待来自中国的游客100多万，随着中老铁路通车，老挝期待未来更多国际游客来到老挝，促进该地区的经济发展。

（资料来源：长沙发布，2021-12-29）

第三节　旅游业可持续发展支持系统与举措

人类生存的整个地球及其各个局部是自然、社会、经济、文化等多因素组成的复合系统，它们之间既相互联系，又相互制约，其中任何一个方面功能的削弱或增强都会影响其他部分，影响可持续发展进程。在实施发展战略时，需要打破部门和专业条块分割以及地区界限，从全局着眼，从系统的关系进行综合分析和宏观调控。旅游业是社会系统的组成部分，与系统的其他部分既相互独立，自成体系，又相互依存。推进旅游实现可持续发展，必须考虑旅游在区域发展中的功能作用，以及与相关子系统在功能上匹配与否，任何超越客观条件的超前发展和人为限制旅游业发展的滞后性做法，都会阻碍旅游可持续发展的实现。

一、旅游业可持续发展支持系统

（一）资源环境子系统

资源和环境是人类赖以生存和发展的物质基础，是吸纳经济活动废弃物的储存库和净化库，具有不可取代的生命支持功能。旅游业发展必须建立在生态环境的承载能力之上，必须综合考虑旅游对自然资源、生物多样性的影响，考虑旅游活动对当地文化遗产、文化传统的影响。旅游业资源环境子系统主要包括大气质量综合指数、地表水水质、区域环境噪声、地面清洁指数、生物多样性指数、旅游资源利用强度指数、风景损害程度指数、旅游区森林覆盖率旅游规模与自然环境承载力的协调度等指标内容。

（二）经济发展子系统

经济发展是区域可持续发展的核心内容，旅游业为当地提供各种发展机遇，与当地经济有机结合，对当地经济发展起到积极的促进作用，最终提高旅游接待地人们的生活质量和生活水平。旅游业经济发展子系统主要包括旅游接待人数、旅游总收入、人均旅游收入、旅游总收入占 GDP 比重、旅游投入与产出比例、旅游品牌知名度、旅游业带动系数、旅游产品生命周期、平均客房出租率、旅游规模与区域经济承载力的协调度等指标内容。

（三）社会发展子系统

社会发展子系统主要是评价旅游活动中人们发展的需要是否得到满足，旅游者、旅游从业人员及旅游地居民的文化素质、价值观是否符合可持续发展的要求，其主要指标有旅游就业人员占当地人口比例、旅游从业人员基本素质、旅游者满意程度、旅游者重访率、旅游者停留时间、当地居民满意度、当地治安状况、游客规模与社区社会容量的协调度、游客与当地文化的协调度等。

【拓展阅读 9-1】

全球可持续旅游标准公布

全球可持续旅游业标准联盟（Partnership for Global Sustainable Tourism Criteria）于 2008 年 10 月 21 日在巴塞罗那正式推行该标准。该联盟表示，越来越多的旅游者希望可持续性度假，越来越多的旅游地也在努力减少因游客数量增加而带来的影响。但游客们如果想在旅游地点留下较为轻浅的印记，那么就要在 300 项可持续旅游标准里选择。

该联盟表示，统一的标准提供了一项资源，将会得到广泛的认同，就像木制品的森林管理委员会（Forest Stewardship Council）的标签，或者绿色建筑由美国绿色建筑委员会能源与环境建筑认证系统（LEED）进行的认证。

雨林联合会（Rainforest Alliance）的执行主管滕西·惠仑（Tensie Whelan）表示："很多人都不了解什么是可持续旅游业。这个联盟就是要告诉大家答案，并且保证答案切实可行。"雨林联合会与联合国儿童基金会及其他联合国机构共同组建了这个联盟。

近年来，可持续旅游业日益受到关注。2007 年初，由于人们对可持续旅游业的兴趣增长，一些关注这个问题的环境组织和一些主要的旅游业商家走到一起，共同制定了该标准，其中包括精品酒店、凯悦酒店、美国 Travelocity 旅游网、Expedia 旅游网等。

标准要求旅游业经营发展的同时，不会对旅游地的地理环境、当地的组织及文化遗产产生负面影响。全球可持续旅游业标准联盟组织者表示，如果标准得到广泛应用，将会进一步绿化酒店和度假地点供应链，减少对野生动物及地方组织的影响。

全球可持续旅游业联盟将提出一些具体的可持续旅游经营指标。比如，一家酒店必须减少的温室气体排放百分比。但是和有些标准不同，如美国农业部对所有食品统一应用的有机产品标签标准，可持续旅游经营标准会依据每个地方特有的环境和文化问题而变化。

具体的要求则会由地方组织或政府根据一定的地方或区域情况来制定。惠仑说："这样是发展应用地方标准——不像森林管理委员会那样——这是一个基于地方的金融系统。"

虽然该标准在世界各地不尽相同，但标准制定者表示，他们不想制定过于严格的标准，让经营者们望而生畏，不愿意执行。联合国儿童基金会可持续发展部副主任凯特·多森（Kate Dodson）说："我们不想把门槛设得过高，以至于成为开始的障碍。"

在环境方面，标准要求经营者衡量并减少能源消耗、水源使用、废物积累及温室气体排放。在社会影响方面，当地组织的活动需要有一份"行为规则"，同时该规则应由当地组织批准通过。规则成员须保证经营活动"尊重"文化遗产和野生生命。

旅游业直接或间接地提供了全球8%的工作岗位，并且在世界范围内创造了数以万亿计的营业额。但是旅游业的快速发展也导致了越来越多的环境问题，包括地理环境破坏、能源过度消耗，以及环境污染。据联合国环境计划署估计，旅游业排放的温室气体占全球总量的5%。

旅游业吸引外国游客来传统居住地的同时，可能对当地或者部落组织保护其文化遗产造成威胁。

旅游经营联合会（Federation of Tourism Operators）旅游部主任克里斯·汤普森说："旅游业真的能够可持续吗？我不同意，因为其本身的运动方式。我们能做的只是尽量减少负面影响，让其最大可能做到可持续。"

（资料来源：人民网）

二、旅游业可持续发展措施

实现旅游业的可持续发展，必须建立可持续发展的旅游经济体系。具体措施有以下几方面。

（一）加快旅游资源开发、保护的立法

旅游资源应由国家直接管理，管理必须有法可依，应尽快建立健全国家旅游资源保护法等法律。要整治旅游环境，就必须以这些法律法规为武器，坚决依法办事。与此同时，以旅游区、旅游业和旅游者为特殊对象的旅游法也应尽快制定和颁布。中国风景名胜区很多，环境一旦破坏，生态平衡就很难恢复。在开发旅游项目时，必须在当今环境保护和研究的最新水平上，制定出符合中国国情的环境保护和旅游业发展的法律、法规和政策，以保证旅游资源的合理开发和永续利用，为旅游业可持续发展提供法律保障。

（二）保护旅游生态环境

目前，我国旅游业发展中存在一些违反可持续发展规则的不合理现象，旅游资源家底不清和盲目开发、资源供需失衡、生态系统的破坏和环境退化、国民环境意识淡薄、游人环保意识不强、游人的不文明行为，这些都威胁着旅游业的长远持续发展。旅游生态环境的保护具体应抓好以下几项工作。

视频：环境污染与保护

1. 强化旅游可持续发展的意识

从目前旅游现状来看，旅游可持续发展的思想还未成为旅游业的管理者和投资者及旅游者的共识。人们对事物有高度的认识，才有自觉的行动，对旅游资源、环境与旅游业可持续发展关系，与人类的生存关系有了正确的理解，才会严格执行环境保护方针、政策和法令，建设好环境，管理好环境，旅游者才会自觉遵守环境资源保护法和有关规定，爱护旅游资源。

2. 坚持保护与开发并重的方针

过去在认识和宣传上存在误区，过于展示我国旅游资源优势的一面，而忽略了资源相对不足，生态环境脆弱的一面。严重的环境污染、不断退化的生态环境、低水平重复性的开发建设，对我国旅游业的发展构成了严重威胁，各级政府和旅游管理部门对此应保持高度警惕。我国是旅游资源总量大国、人均小国。在旅游开发中，要坚持保护方针，科学评价、科学规划、科学论证，建设中坚持精品工程，以使旅游开发同环境相协调，制止"建设性"破坏。

3. 合理确定旅游客容量

我国旅游资源在世界上有较高的知名度，对海外游客有较大的吸引力，形成一股旅游流；主要位于我国中西部的边远或少数民族地区的观光旅游、生态旅游、森林旅游，对东部沿海的城镇消费者有较大的吸引力，形成一股旅游流；城市旅游对农村或乡镇居民有较大吸引力，形成一股旅游流等。这些旅游流对旅游区生态环境的压力很大，在旅游流动中形成交通拥挤的被动局面，形成山区等边远或少数民族风景区因设施条件差引起旺季负载大、游客感知不佳局面。因此应从旅游地居民心理容量出发，依据游客密度、旅游经济效益、土地利用强度等影响因素及其相互关系，计算出同一旅游区不同发展阶段的旅游承载力指数的变化值。依据变化值体现的变化发展方向采取适当的调控策略，从而选择对环境最佳利用的旅游方式。

【拓展阅读 9-2】

武夷山旅游环境容量的"膨胀"

随着世界双遗产地武夷山品牌效益的凸显，游客逐年增加。为缓解核心景区的旅游压力，武夷山市着力开发乡村旅游，在 2002 年就出台了《武夷山市关于发展乡村旅游的若干意见》，鼓励社会办旅游。一时，武夷山的乡村旅游开发得如火如荼。在九曲溪上游，桐木溪漂流、大峡谷漂流、青龙大瀑布、龙川大峡谷、原始森林公园、曹墩民俗风情游等"新鲜出炉"，下游则推出城村民俗旅游、古粤文化游。与此同时，武夷街道推出了下梅古民居游、龙井山休闲游，五夫镇推出了朱子文化旅游，吴屯乡推出了瑞岩禅寺宗教旅游，洋庄乡推出了大安源红色旅游等，从而武夷山形成了旅游环境容量快速"膨胀"态势。

武夷山旅游环境容量的扩容，既可以有效缓解景区核心资源如天游峰等的生态压力，也可以提高景区游客的旅游质量，还可以通过以点带面，充分发挥武夷山体的核心带动作用，促进外围旅游区的发展，实现更好的经济效益，实现区域大旅游的持续、健康发展。

（资料来源：中国旅游网）

4. 增加对重点旅游资源保护经费的投入

资源的破坏有两种情况：一种是人为的破坏，包括在资源利用过程中由于过度开发而引起的破坏；第二种是自然破坏，由于自然界的因素而遭到的破坏，如云冈石窟大佛的自然风化(见图9-1)。实行政府统一管理，政府就要加大投入。对旅游资源的保护国外主要是国家投入的。社会要参与，社会上的人士，包括一些著名企业，在获得利润的时候要回报社会，一个非常好的方式就是回馈于资源的保护。再有，景区的门票收入，正确的做法是"保区内景，兴区外商，富当地民"，政府收区外利税来养护区内风景，互动发展。

(三) 坚持旅游资源保护性开发

长期以来在旅游实践活动中，没有把旅游资源的消耗纳入旅游成本之中，忽视和歪曲了旅游成本的构成，低估了旅游的成本水平，虚增了旅游新创造价值部分。在我国旅游开发决策者、研究者和建设者中形成"旅游业是低投入、高产出的劳动密集型产业"思想。在这种思想指导下，旅游目的地的政府和企业为了本地的利益，不顾环境和社会经济文化环境的实际承受能力而过度开发利用当地的旅

图9-1　云冈石窟大佛的自然风化

游资源，旅游业在宏观的调控上基本上处于一种失衡状态，在微观上各地的旅游企业又处于各自为政，形成恶性竞争、重复开发甚至破坏性开发的局面，严重地制约着旅游业的可持续发展。因此，只有对旅游资源进行保护性开发，兼顾保护与开发，才能实现旅游资源的可持续利用。

1. 正确普查评价旅游资源

这些年来，我国对旅游资源的研究发展较快，但所持观点和所依据的原则差别很大，在资源分类、评价等基础理论上存在标准不统一的现象，造成资源调查和有效统计困难，所以应深入研究旅游资源及相关概念的科学界定，建立明确、简捷的旅游资源应用分类系统、评估体系，对资源种类、等级、品位、组合特征、价值、分布等进行客观的评价。同时对资源的优势和劣势、利用前景、效益预测等方面进行科学分析、论证，尽早建立我国旅游资源文库。

2. 加强规划引导，规范旅游业的开发建设

旅游可持续发展必须有科学的旅游规划作保证。要从适应现代旅游市场需求的角度审视发展目标、发展道路、发展策略，坚持立足当前、着眼未来，高起点、高标准制定总体规划，按照科学规划，实行统一开发、合理布局，确保旅游资源的合理利用和发展的完整性，努力实现经济和社会效益的统一。旅游基础设施的建设，旅游资源和开发产品的类型、特色和品位，旅游接待设施的布局、规模、标准、区内公园、标志性建筑及大型设施等，都要在旅游开发总体规划指导下进行，由此将旅游业的开发建设建立在一个平衡的、全局性的、可持续的基础上，以保证旅游开发和建设健康有序进行。

3. 开发旅游名牌产品

旅游名牌产品是旅游地整体形象的构成要素。旅游资源只是可供旅游业发展的原材料和基础条件，旅游产品是对旅游资源的开发和综合利用，旅游名牌产品是通过对旅游资源的开发和综合利用后，成为具有轰动效应的独特价值的特殊吸引物。旅游名牌产品的功能在于能

带动几个旅游点或旅游区的发展，并使这种发展具有超常、跳跃的特性，形成巨大的磁力效应。在当今旅游业产品开发经营活动中，旅游资源趋同、建设主题趋同、质量标准趋同、促销手段趋同，谁拥有旅游名牌产品，谁就有旅游持续发展的生命力，就能在激烈的市场竞争中获胜，取得良好的经济效益。

4. 提高旅游业科技含量

我国旅游业科技化战略实施的时间晚，起点较低，发展水平不高，高科技含量低，科技化进程缺少长远规划和预测，不具超前性，缺少产业内部的科技实体，忽视了旅游业的综合性及其所要求的在科技化进程中与众多相关行业科技化进程相协调等特点。目前急需解决这些问题。要对旅游科学的基础性问题进行深入研究，明确旅游科技创新及提高科技含量的领域和重点：在旅游生产力要素（旅游资源、饭店、餐饮业、旅游交通和运动探险类设备、旅游商品、纪念品、旅游娱乐休闲项目、废弃物处理系统）、旅游服务与运营保障体系、旅游促销和管理领域科技创新，力争提高其科技含量，在社会、经济、文化中充分发挥其综合作用。

5. 维护和保护旅游名牌产品

目前我国尚未有注册旅游名牌产品的专门机构，尚未有旅游名牌产品被开发后到国家工商行政管理局进行注册的法规条例。旅游开发公司通常更加注重旅游资源的开发，也积极努力地促进旅游产品的研发和创新，但因保护创意旅游产品的产权意识还比较淡薄，致使创意旅游产品屡遭模仿、抄袭，影响可持续发展。旅游行业要全面贯彻中共中央办公厅、国务院办公厅印发的《关于强化知识产权保护的意见》，加强文化和旅游领域知识产权的保护。政府要制定旅游名牌产品进行注册的法规条例，成立旅游产品注册机构，在旅游经理资质考试及导游资格考试中提高品牌产权知识点的占比。旅游行业各个产业的相关公司在积极创名牌的同时，应增加产权意识和品牌意识，要增强对旅游名牌产品的注册意识，在创意产品设计、销售机密等方面架构保护网。在时间上坚持先期注册，即在旅游名牌产品创出之前就申请注册，依法取得旅游产品的专利权，在区域上坚持辐射性，即同时在许多省份或地区注册，提高旅游产品的市场覆盖率及市场知名度。

（四）多个利益体通力合作，倡导专家、新闻媒体的检查、监督

旅游资源保护很重要，但它不是少数人能够完成的，必须动员全社会的力量。中央政府、当地政府、经营企业、当地居民等各利益群体需要通力合作，而资源保护工作最有战略意义的就是提高全民族的这种文化自觉性，增强全体人民保护资源的意识。这是最重要的。这点加强了，资源保护的工作就有了深厚的群众基础。

此外，旅游资源的保护利用专业性很强，而且要有相应学科的国家级、世界级专家参与才能鉴定、评价、监察和保护利用。加强新闻媒体的主流宣传作用。

（五）培养高素质的旅游专业人才

旅游业是资源和环境密集型产业，实现旅游业可持续发展要培养高素质的决策人员、规划人员和管理人员，提高旅游从业人员的可持续发展思想和专业素养，提高其对资源环境的科学认识和对旅游活动过程的完整理解，以引导现代旅游业向可持续发展的方向发展。

知识链接 9-2

澳大利亚可持续旅游发展举措

一、政府树立可持续旅游发展理念

澳大利亚政府有长远的眼光，没有仅仅局限于追求短期的游客人数增长和眼前的经济利益。在旅游淡季时，加大宣传和广告力度；在旅游旺季时，通过缓签入境、减少组团等方式限制国外游客入境旅游。这样虽然会减少一些收入，但适当限制游客数量却有利于保护环境，是实践可持续旅游发展观的体现。澳大利亚从国家到地方，都有完善的立法和制度对自然资源和生态环境进行保护，而且这些立法和制度都得到严格执行。

二、国家生态旅游战略的制定与实施

澳大利亚于 1994 年推行国家生态旅游战略（National Ecotourism Strategy，ANES），是世界上最早制定和实施该战略的国家。根据国家生态旅游战略，澳大利亚制订了国家生态旅游计划，该计划采取了一系列举措减少生态旅游可持续发展的障碍。这些举措包括资助旅游基础设施项目的建设、支持生态旅游环境监测项目的开展、资助国家生态旅游鉴定制度可行性研究等。

三、自然与生态旅游认定计划的实施

澳大利亚自然与生态旅游认定计划（Nature and Ecotourism Accreditation Programme，NEAP）是作为一个由产业界推动和运行的计划来构想和推出的，现在，该计划为澳大利亚生态旅游协会（Ecotourism Association of Australia，EAA）所拥有。NEAP 推出产品认定合格的一系列原则，一旦认定，合格的产品就可以在三年期间展示 NEAP 的标识；在此期间，必须进行一年一度的延期手续和对标准的重新审议；三年以后，经营者必须重新申请，在更严格的标准下进行审议。

四、旅游区的建设与经营注重环境保护

在人与自然、发展与保护之间的关系上，澳大利亚自然公园堪称典范，天人合一、人地和谐的理念在自然公园的发展和建设中很好地体现出来。动物与人和睦共处；整体保护，局部开发，建筑与自然环境协调；植物群落构成绿色环境，形成良好的视觉生态景观。

五、重视保护旅游地居民的利益

澳大利亚的国家公园和各类保护区，都要依靠当地群众和私有林主来参与保护。政府支持他们因地制宜发展旅游业，基本形成了社区共管、专业公司与土著居民共同开发的经营管理格局。

六、发挥非政府、非营利性环保组织的作用

澳大利亚的环保组织非常活跃。澳大利亚最大的社区环保组织是"清洁澳大利亚"（Clean Up Australia），这个环保组织拥有 500 万志愿者。环保组织的行动对社区居民和游客都发挥了一种良好的带动作用。

（资料来源：百度文库）

（六）加强内部协调管理，构筑大旅游、大产业发展格局

旅游业是集吃、住、行、游、购、娱于一体的综合性产业，可持续发展需要旅游行业内部各相关部门共同参与并协调努力，以全面发展实现旅游产业发展中的生态持续性、经济持续性和社会持续性的统一。所以需要建立旅游业发展的统一组织协调机构，打破行业和部门分割，以利益为纽带，把旅游交通业、旅馆业、餐饮服务业、旅游商品加工业、游览娱乐业等有机连接起来，加快旅游交通、餐饮、住宿、娱乐、商品等相关产业的发展，使吃、住、行、游、购、娱各要素比例协调，融为一体，促进旅游业各相关产业的合理配置，提高旅游综合经济效益。

// 本 章 小 结 //

旅游业的可持续发展，就是在满足当代旅游者和旅游居民的各种需要的同时，保持和增进未来发展的机会，其实质是要求旅游与自然、社会、文化和人类生存环境成为一个整体，以协调和平衡彼此之间的关系，实现经济发展目标和社会发展目标的统一。实现旅游业的可持续发展可从旅游业可持续发展支持系统、可持续发展举措等方面着力。

// 同 步 练 习 //

一、填空题

1. 旅游业可持续发展的特点有＿＿＿＿、＿＿＿＿、＿＿＿＿和＿＿＿＿。

2. 旅游业可持续发展的内容是＿＿＿＿＿＿＿＿、＿＿＿＿＿＿＿＿和＿＿＿＿＿＿。

二、单项选择题

1. 可持续发展的定义为"既满足当代人的需要，又不对后代满足其需要的能力构成危害的发展"，该定义最早来源于（　　）。

A. 《我们共同的未来》

B. 《可持续旅游发展宪章》

C. 《可持续旅游发展行动计划》

D. 《旅游业可持续发展——地方旅游规划指南》

2. 旅游业可持续发展支持系统不包括（　　）。

A. 经济发展子系统　　B. 社会发展子系统　　C. 资源环境子系统　　D. 旅游开发子系统

三、多项选择题

1. 可持续发展的内涵有（　　　　）。

A. 环境限制　　　　　B. 满足需要　　　　　C. 禁止开发　　　　　D. 强调公平

2. 坚持旅游资源保护性开发需做到（　　　　）。

A. 正确普查评价旅游资源

B. 加强规划引导，规范旅游业的开发建设

C. 提高旅游业的科技含量

D. 维护和保护旅游名牌产品

四、简述题

1. 简述可持续发展的概念及基本内容。

2. 简述旅游业可持续发展的概念及主要含义。

3. 旅游业可持续发展的实质是什么？

4. 我国旅游业可持续发展面临的问题有哪些？

5. 旅游业可持续发展实现的途径有哪些？

// 实 训 项 目 //

讨论以下有关"旅游"的观念是否正确。

1. "无烟工业"观念认为，旅游业不像工业或其他产业那样对环境造成污染。

2. "低投入高产出"观念认为，旅游业是一项投资少、见效快、高产出的劳动密集型产业。

3. "非耗竭性消费"观念认为，旅游资源主要是由可再生性资源构成的，而旅游消费又基本上是精神消费而非物质消费，因此，旅游资源不存在耗竭的问题。

对旅游业这些方面的认识必然影响旅游可持续发展战略的实施。因此，首先必须认清这些观念，才能走好旅游可持续发展的道路。

讨论规则：

（1）由教师指定或大家选出一位主持人。

（2）由主持人宣布讨论内容，调查同学们的主要立场，根据不同立场将同学们分为 3 个阵营：正确方（正方）、错误方（反方）和中立方，并根据立场的不同调整座位，将同一立场的同学集中在一个方阵，分别为 A、B、C 组。

（3）A、B 两个组成员自我讨论 10 分钟，形成主要观点，并选出主要陈词的同学。

（4）A、B 两组的同学进行辩论，C 组的同学对 A、B 两组的同学进行提问和质疑，时间为 20 分钟。

（5）辩论结束，由主持人进行总结陈述及评判，时间为 5 分钟。

（6）由主持人重新调查全班同学的立场，看前后是否有变化。

第十章　旅游文化

【学习目标】

知识目标
- 掌握旅游文化的概念及功能。
- 掌握旅游与文化的关系。
- 理解旅游文化整合、创新的原则和途径。

能力目标
- 能解释旅游的文化属性。
- 能正确理解旅游文化对于旅游产业发展的重要意义。

素养目标
- 对中国文化的博大精深充满自豪感。
- 坚定文化自信。
- 树立文化创新意识。
- 对中国文旅产业的发展充满信心。

【关键概念】

文化　旅游文化　旅游文化的属性　旅游文化的功能
旅游文化产业　旅游文化整合　旅游文化创新

【思维导图】

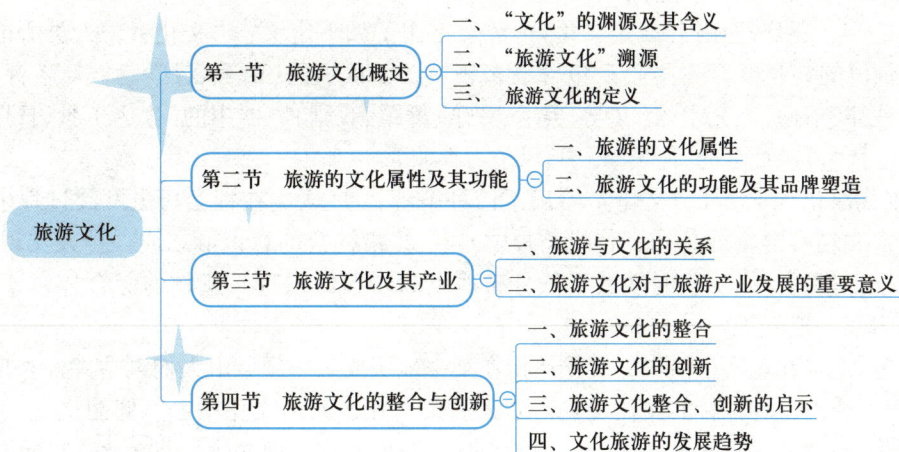

旅游文化是旅游与文化的一种深层次的结合。旅游是文化的载体，文化是旅游的灵魂。当代社会，经济结构正在经历深刻变化，旅游业也进入一个大调整、大发展的时期，旅游与文化呈现出深度融合、共生共进的发展趋势。可以说，旅游与文化深度融合，是转变旅游发展方式的必然要求和根本途径。

第一节　旅游文化概述

一、"文化"的渊源及其含义

文化有广义和狭义之分。广义的文化是指与自然相区别的人类所创造的一切，有物质形态、观念形态。狭义的文化是指人自身的智慧、精神状况、观念形态。文明是指人类改造世界的优秀成果的总和。文明是物质文化的产物，是人类进步的实体记录。

文化在汉语中实际是"人文教化"的简称。"文"与"化"连在一起使用，目前能看到的最早记载是战国末年的《易·贲卦·象传》，其中说"刚柔交错，天文也。文明以止，人文也。观乎天文，以察时变；观乎人文，以化成天下。"意思是说，日月有规律地往来交错文饰于天，这就是"天文"；人伦社会的君臣、父子、夫妇、兄弟、朋友等纵横交织的关系，这就是"人文"。治国者须观察天文，以明了时序的变化，观察人文，使天下之人均能遵从文明礼仪，行其所当行，止其所当止。在这里，"文"与"化"的连用，已经有了非常明确的"以文教化"的含义。

1871年，英国人类学家泰勒在《原始文化》中指出，文化"乃是包括知识、信仰、艺术、道德、法律、习俗和任何人作为一名社会成员而获得的能力和习惯在内的复杂整体"，这应是狭义"文化"的早期经典定义。

1922年，梁启超在《什么是文化》中对文化作了如下定义："文化者，人类心能所开释出来之有价值的共业也。""共业"包含众多领域，如认识的(语言、哲学、科学、教育)、规范的(道德、法律、信仰)、艺术的(文学、美术、音乐、舞蹈、戏剧)、器用的(生产工具、日用器皿及制造它们的技术)、社会的(制度、组织、风俗习惯)等。

《现代汉语词典》对"文化"给出了四种解释：① 人类在社会历史发展过程中所创造的物质财富和精神财富的总和，特指精神财富；② 指社会的意识形态或一种人文现象；③ 考古学用语，指同一个历史时期的不依分布地点为转移的遗迹、遗物的综合体；④ 指运用文字的能力及一般知识。

在现实生活中，文化还指在某一地域或某一领域由人们创造并经长期积淀而形成的一种独特的文化现象，如大白菜文化、政治文化中心、仰韶文化、学习文化、市井文化、文化水平、人类的文化、龙山文化、酒文化、茶文化、校园文化等。

视频：奉茶礼仪

综上所述，文化是指人类在长期历史发展中形成的具有民族或地域特色的语言文字、思维特征、社会心理、传统道德、法律精神、宗教信仰、艺术风格、生活方式和风俗习惯等精神与物质要素等综合作用的结果及其表现。所以，第一，文化是人的创造物而不是自然物,是一种社会现象而不是自然现象;第二,文化是人类社会活动所创造的,是为社会所普遍具有和享用的,不是属于个人的;第三,文化是人类智慧和劳动的创造成果,这种创造体现在人们社会实践活动的方式中,体现在所创造的物质产品和精神产品中。

二、"旅游文化"溯源

旅游是孕育文化的媒介,文化诞生初始就是旅游的一项内容。《易·旅卦》称,"旅,小亨,旅贞吉",其中包含了旅游的两大特性:动机性和娱乐性。《周礼正义》也说,"观乎人文,以化天下"。在中国古代,"旅"和"游"是两个不同的概念,唐朝孔颖达《周易正义》有:"旅者,客寄之名,羁旅之称;失其本居,而寄他方,谓之为旅"。"旅"原意是人或动物浮在水面上,后引申为"谓闲暇无事之为游"。《说文解字》有:"游,旌旗之流也"。引申为"游,戏也";"游,自乐之意"。"旅游"一词最早出现于南朝梁沈约的《悲哉行》:"旅游媚年春,年春媚游人;徐光旦垂彩,和露晓凝津;时嘤起稚叶,蕙气动初苹;一朝阻旧国,万里隔良辰。"旅游本身是一种文化现象。

现代旅游可分为两大类。一类是以"游"为主的旅游:观光旅游、民俗旅游、朝圣旅游、文化旅游等,以游为核心,或闲情适意品览审美,或寄情寺观,寻古猎奇,旅行为手段,游乐为目的。另一类是以"旅"为主的旅游:商务旅游、会展旅游、探亲旅游、修学旅游。或忙于商务,羁于工作;或衷于亲情,勤于知识,寓乐于旅,偶作小憩,旅游者较少逗留于旅游景区。

三、旅游文化的定义

举凡一切能够使旅游者在途中舒适、愉快并能提高旅游文化素质的物质财富和精神财富,都属于旅游文化范畴。旅游文化的内涵丰富,外延也相当宽泛。既涉及历史、地理、民族宗教、社会服务、园林建筑、民俗娱乐与自然景观等旅游客体文化领域,又涉及旅游者的文化素质、兴趣爱好、行为方式、宗教信仰等旅游主体文化领域,更涉及旅游业的服务文化、商品文化、管理文化、导游文化、法规等旅游媒介文化领域。

旅游文化是在自然和社会发展进程中所形成的生活方式系统,是旅游者这一旅游主体借助旅游媒介(旅行社、饭店、旅游交通和各类旅游服务中介机构)等外部条件,通过对旅游客体的能动活动而产生的各种旅游文化现象的总和。它包括旅游主体文化、旅游客体文化和旅游媒介文化。

视频:园林
建筑之铺地

1. 旅游主体文化

旅游主体文化主要包括旅游者自身的文化素质、兴趣爱好、性格心理、行为方式及旅游者的政治主张、思想和信仰,以及旅游者的职业、生活背景等。

2. 旅游客体文化

旅游客体文化主要包括旅游历史文化、旅游地理文化、旅游饮食文化、旅游服饰文化、旅游建筑文化、旅游宗教文化、旅游民俗文化、旅游娱乐文化、旅游文学艺术以及人文自然景观等。

3. 旅游媒介文化

旅游媒介文化主要包括旅游餐饮文化、旅游商品文化、旅游服务文化、旅游管理文化、旅游文化教育、导游文化、旅游政策法规以及其他旅游中介文化。

知识链接

对"旅游文化"的不同解释

由于目前世界各国学者对"文化"这一概念的表述有很大的分歧，导致了对"旅游文化"的不同认识和解释，它的内涵和外延都停留在探讨的阶段。总的来说，我国学者对旅游文化的表述，大致有下面 3 种类型。

1. 旅游文化是与旅游有关的物质财富与精神财富的总和

旅游文化是人类过去和现在所创造的与旅游活动紧密相关的精神文明与物质文明。有的学者还进一步指出，"它包括两方面的内容，一是广义的，举凡旅游路线、旅游途中、旅游景点上一切有助于增长旅游者文化知识的物质财富和精神财富，都属于旅游文化的范畴；二是狭义的，举凡一切能够使旅游者在途中舒适、愉快并能提高旅游文化素质的物质财富和精神财富，也都属于旅游文化的范畴。这两个旅游文化的概念既有联系，也有区别。前者，我们要求弘扬民族优秀文化；后者，我们要求加速旅游事业的现代化。"（陈辽《弘扬优秀文化，加速旅游事业现代化》）

2. 旅游文化，是旅游主体、旅游客体和旅游媒介相互作用的结果

旅游文化不是旅游和文化的简单结合，而是旅游主体（旅游者的文化需求和情趣）、旅游客体（旅游资源的文化内涵和价值）、旅游媒介（旅游业的文化意识和素质）三者相互作用所产生的物质和精神成果。具体地说，"潜在的旅游者由于受到旅游动机的冲击和旅游客体的吸引，在旅游业的介入下，实现了旅游，在旅游过程中产生欢快愉悦的心理状态和审美情趣，这种心态和情绪是旅游三要素中任何一个要素都没有的，这就是旅游文化最初和最核心的部分。"（冯乃康《旅游资源与旅游文化》）因此，旅游者处于旅游文化的中心位置，旅游者在旅游活动中所显示出来的特殊的欣赏取向、审美情绪、心理状态及其文字、形象的记载，构成了旅游文化的主要内容。

3. 旅游文化是旅游生活的一种文化形态，是旅游这一独特的社会现象体现出来的文化内涵

旅游文化是由旅游者与旅游从业者在旅游活动中共同创造的，说得具体一点，就是旅游者或旅游服务者在旅游观赏中或服务过程中所反映出来的观念形态及其外在表现。

这三类定义从不同的角度揭示了旅游文化的本质属性。我们比较赞同"旅游文化是与旅游有关的物质财富与精神财富的总和"这个定义，因为它表述简洁明了，内涵具体，包含的内容也很宽广，避免了把对旅游事业有用的文化知识排除在外的消极后果。在这个定义的基础上，我们可以把旅游文化表述如下：旅游文化是人类过去和现在创造的与旅游关系密切的物质财富与精神财富的总和，凡在旅游活动过程中能使旅游者舒适、愉悦、受到教育，能使旅游服务者提高文化素质和技能的物质财富和精神财富，都属于旅游文化的范畴。

（资料来源：中国文化旅游网）

第二节　旅游的文化属性及其功能

一、旅游的文化属性

（一）文化性是旅游主体活动的本质属性

墨子说：食必常饱，然后求美；衣必常暖，然后求丽；居必常安，然后求乐。现代旅游现象实际上是一项以精神文化需求和享受为基础的涉及经济、政治、社会、国际交流等内容的综合性大众活动。

（二）旅游客体同样具有文化属性

旅游资源可分为自然资源和人文资源两大类。人文旅游资源，无论是实物形态的文物古迹还是无形的民族风情、社会风尚，均属于文化的范畴。由各种自然环境、自然要素、自然物质和自然现象构成的自然景观，只有经过人为的开发利用，才能由潜在的旅游资源变为现实的旅游资源。即使是自然美，也必须通过鉴赏来品味和传播，而鉴赏是一种文化活动，因此自然旅游资源同样具有文化性。

视频：园林花窗

（三）旅游产业的文化属性

旅游活动从本质上讲是一种文化活动。无论是旅游消费活动还是旅游经营活动都具有强烈的文化性。只有挖掘出文化内涵，才会具备吸引旅游者的魅力。旅游在发展的初始阶段是经济—文化产业，在发展的成熟期是文化—经济产业。文化提升旅游，旅游传播文化。文化产业与旅游产业融合发展，互促互进，相得益彰，将产生巨大的社会效益和经济效益，实现两者的双赢。桂林的"印象·刘三姐"（见图10-1）、河南嵩山的"禅宗少林·音乐大典"、北京的"北京之夜"、杭州的"宋城千古情"等一系列大型文化演出节目，已经在与旅游市场的结合过程中很好地体现了市场价值，促进了当地旅游产业的发展。

图 10-1　桂林的"印象·刘三姐"

旅游产业的文化属性主要体现在以下几方面。

1. 文化需求是旅游需求的根本动因

旅游过程实际上是文化的体验和享受。出行旅游有物质需求，但更深层的则是精神文化需求。在旅游活动中，人们参观历史古迹、游览名山大川、体察风土人情，时刻都在触摸文化脉搏、感知文化神韵、汲取文化营养。人们到北京，登长城、看故宫，就是在品味中华文化的悠久与淳厚。人们来海南，畅游天涯海角，领略椰岛风光，最令人回味的是天人合一的心灵感悟和独具特色的民俗风情。旅游者出行最大的动机，是为了获得审美的情趣和精神的愉悦。旅游作为一种综合性、高品位的文化活动，其文化意义不言而喻。

2. 文化资源是旅游的核心资源

旅游的潜力在很大程度上取决于文化的魅力和吸引力。旅游资源多种多样，但决定其品质的是文化。有了文化的内涵和底蕴，旅游就会平添无限魅力。《陋室铭》有云："山不在高，有仙则名；水不在深，有龙则灵。"说的就是文化对自然的辉映和升华，文化赋予自然以生机和灵气。从旅游业的发展看，文化资源已经成为现代旅游的第一资源，凡是旅游吸引力、竞争力强的地方，都是有独特文化品格和文化魅力的地方。

3. 文化环境是旅游的基础条件

旅游品质的提升需要文明素养的支撑和保障。旅游是人与人、人与社会、人与自然的互动，人的文明素养、社会文明程度，直接影响旅游者的感受，关系旅游目的地的声誉。文化环境、社会秩序和服务质量给人留下的印象有时比秀丽的风光还要深刻。建设良好的文化环境，提高人们的文明素养，已经成为提升旅游品质的基本条件，成为一个地方增强吸引力、提高竞争力的关键因素。

文化的本质在于创新，旅游文化不是旅游和文化的简单相加，也不是各种文化的大杂烩，它是传统文化和旅游科学相结合而产生的一种全新的文化形态。

二、旅游文化的功能及其品牌塑造

（一）旅游文化的功能

1. 独特的旅游文化是旅游目的地吸引力的源泉

旅游主体的旅游动机是文化驱使的结果，现代旅游本质上是一种高层次的精神需求和审美享受，是旅游者对文化的诉求。文化旅游、科技旅游、教育旅游、工业旅游、农业旅游以及其他各种形式的自助旅游的兴起，充分展现了旅游者主体意识的不断增强和对文化享受的不断追求。

2. 旅游文化指导着旅游资源的开发

旅游资源的开发不仅要以市场为导向，充分满足旅游者的消费需求，更重要的是要坚持旅游文化的指导作用。缺乏旅游文化指导的旅游开发，容易造成旅游地资源品位和格调下降。一味地迎合旅游者的消费需求会带来旅游资源开发的庸俗化倾向，使旅游地的文化特色消失。

3. 旅游文化推动着国际文化的交流

文化交流是旅游的重要功能，旅游的发展必然促进不同文明、不同文化的沟通和交流。旅游是跨时空的交往，是跨文化的交流。自古以来，旅游就与文化的传播相生相伴。每一个旅游者，实际上是文化的传播者，是促进沟通交流的文化使者。随着现代交通条件的改善，旅游在更大的规模、更广的范围内展开，必然促使各种文化互相融通，展示人类文明的多姿多彩，为世界文化发展带来新的营养，增添新的活力，为各国人民加深了解、增进共识提供广阔的平台，架起友谊的桥梁。

（二）旅游文化品牌的塑造

旅游文化的功能实现有赖于旅游文化品牌的塑造。旅游文化品牌的塑造是旅游目的地旅游形象设计的核心。塑造优秀的旅游文化，保持当地的旅游文脉，促进旅游经济和文化的协调发展，不仅是旅游业可持续发展的必然要求，也是使我国由旅游大国向旅游强国迈进的必然保证，而且对旅游目的地和整个中华民族的优秀文化传统也有重要意义。

旅游文化品牌的塑造是通过分析和评价旅游地的文化背景，立足旅游文化的民族特色和地方特色，确定旅游文化的主题。旅游文化的民族特色和地域特色构成旅游地的特殊文化背景。它是旅游地在漫长的历史文化过程中，通过文化的创造、交流和融合逐渐形成的各具地方特色的旅游传统。我们可以把这种旅游传统看作一种社会性遗传，它一旦形成便具有相对的独立性和稳定性，并将对今后旅游文化的演变和发展产生持续影响。

从世界范围看，有以中国为代表的东方文化，以美国为代表的西方工业和娱乐文化，以法国、德国、意大利为代表的传统和现代相结合的多元化文化，以希腊为代表的灿烂辉煌的西方古典文化等。以中国为例，有以江苏、浙江和上海为代表的吴越文化，以湖南、湖北为代表的荆楚文化，以四川、重庆为代表的巴蜀文化。此外，还有三晋文化、齐鲁文化、关陇文化、岭南文化等。这种区域文化的划分并不是一成不变的，还可以进一步细分。如同属于吴越文化区的上海和苏州就各有特色，上海是东方文化与西方文化、传统文化与现代文化的交汇之处，苏州则是中国古典园林的集大成者。

一个国家和地区的特色旅游文化一般都具有很强的垄断性。它是长期积淀的结果，很难被复制和移植，是旅游目的地发展旅游业的首要依托条件，具有很高的潜在经济价值，而且作为一种文化，它带给旅游者的印象也是深刻和持久的，能够再次激发旅游动机。

旅游文化品牌的塑造应立足于本地的文化传统和特色，在包装和推出旅游产品，开拓旅游市场时将面临较少的经济压力，有利于形成不同的品位、内涵、档次，适合各类旅游者需求的旅游产品。发展旅游业如果无视当地的文化传统和地方特色，盲目兴建各类旅游设施，容易产生旅游文化的异化倾向，造成当地文明的断裂，不利于文化的传承和旅游业的可持续发展。

【拓展阅读10-1】

文旅融合未来应如何发展？

"十四五"时期要加快构建现代旅游业体系，对推动文化和旅游深度融合有了新的要求，文化和旅游部相关负责人强调要建设一批富有文化底蕴的世界级旅游景区和度假区，打造一批文化特色鲜明的国家级旅游休闲城市和街区，发展红色旅游和乡村旅游。推进长城、大运河、长征、黄河等国家文化公园建设。推动旅游与农业、工业、教育、体育等领域融合发展。

党的二十大报告指出，加大文物和文化遗产保护力度，加强城乡建设中历史文化保护传承，建好用好国家文化公园。坚持以文塑旅、以旅彰文，推进文化和旅游深度融合发展。

那么，文旅融合到底应该如何发展？

一、文旅融合谋新发展

《中共中央关于制定国民经济和社会发展第十四个五年规划和二〇三五年远景目标的建议》明确提出，推动文化和旅游融合发展，建设一批富有文化底蕴的世界级旅游景区和度假区，打造一批文化特色鲜明的国家级旅游休闲城市和街区，发展红色旅游和乡村旅游。以讲好中国故事为着力点，创新推进国际传播，加强对外文化交流和多层次文明对话。

近年来，在文旅融合过程中，文化产业和旅游产业的边界逐步被打破，旅游成为文化产业发展的重要载体和途径，文化为旅游产业发展提供了灵魂和活力源泉。

新发展阶段，文旅需求多元化、个性化特征更加突出，文创、资本、科技作为新动能，促进文旅融合业态更充分和更丰富。

二、十大业态创新

依托不同文化资源和旅游形式，绿维文旅总结了以下十个文旅业态融合类型。

(1) 文化遗产+景区旅游。

(2) 名人文化+故居旅游。

(3) 宗教文化+场所旅游。

(4) 古镇/村/街+乡村旅游。

(5) 红色文化+休闲旅游。

(6) 民俗文化+特色旅游。

(7) 影视动漫+IP旅游。

(8) 综艺+体验旅游。

(9) 展馆文化+研学旅游。

(10) 网红+直播旅游。

三、六大产品创新

结合国家政策及地方开发实践经验，根据核心不同、区域规模及发展模式不同，绿维文旅总结了文旅融合的六大典型产品。

1. 文旅景区/度假区——景区基础上的文旅提升

文化旅游景区/度假区开发的核心，是以文化为魂，通过文化元素的物化与活化利用并围绕特色主题展开景观设计、产品设计、业态布局、游憩方式设计与游线系统规划，形成差异化发展的旅游景区，使文化资源通过旅游产业要素相关产品的落地实现其经济价值。

2. 文旅特色小镇——"文化旅游+"带动的新型城镇化

文旅特色小镇是指以开发当地具有价值的自然或人文景观为基础，以整体景区化为核心特质，以休闲核心为增长极，以旅游产业综合发展为目的的一种有效的自然成长、政府支持与市场化运作相结合的一种就地城镇化模式。

3. 文旅综合体——文化和旅游休闲聚集区

"文旅综合体"是指基于一定的旅游资源与土地基础，以文化为指引，以旅游休闲为导向进行土地综合开发而形成的，以互动发展的旅游吸引核、休闲聚集区、旅游地产社区为核心功能构架，相关配套设施与延伸产业为支撑保障，整体服务品质较高的文化和旅游休闲聚集区。

4. 文化旅游产业园——创意带动的泛文旅产业聚集

文旅产业园是在文化/文创产业聚集的基础上，基于文化生产、文化创意聚集，导入旅游消费，形成集文化和旅游为一体的特色产业园区。如桂林接力数码动漫中心，以旅游撬动，带动融资和产业升级，跨越动漫，实现多产业链动整合。

5. 精品文化旅游带——区域文化旅游资源的串联开发

精品文化旅游带是依托水系、绿道、公路、桥梁等市政基础设施的旅游化开发，串联区域文化场所及标志性景观，以旅游为引导，形成的文化和旅游消费聚集带。

（资料来源：微信公众号"绿维文旅"，2022年11月）

第三节　旅游文化及其产业

一、旅游与文化的关系

文化是旅游之魂。没有旅游的文化就没有活力，没有文化的旅游就没有魅力。旅游与文化有着天然的联系，自有旅游活动以来，旅游与文化就密不可分，而且旅游本身就是一种文化现象。旅游的过程是旅游者经历文化、体验文化、欣赏文化的过程，而文化因素则渗透在旅游活动的各个方面。文化是旅游的灵魂，旅游是文化的重要载体。

（一）旅游是文化生活的重要内容

发展旅游可以满足广大人民群众不断增长的文化需求。旅游是人们离开家门，求新、求知、求乐的一种社会活动，通过旅游，既能满足人民群众精神与物质的享受需求，又能满足人民群众的发展需求。在旅游活动中，人们参观历史古迹、游览名山大川、体察风土人情，时刻都在触摸文化脉搏、感知文化神韵、汲取文化营养，通过旅游所产生的爱国主义教育、历史人文知识传播以及艺术审美享受等效果，对促进社会文明进步和人的全面发展都有着积极的意义。"读万卷书，行万里路"，中国历史上的文人墨客早就意识到通过旅游活动能够增长见识、开阔眼界，提升文化素养。毛泽东同志青年时期就曾说过，"闭门求学，其学无用。欲从天下国家万事万物而学之，则汗漫九垓，遍游四宇尚已。游之为益大矣哉！登祝融之峰，一览众山小；泛黄勃之海，启瞬江湖失；马迁览潇湘，泛西湖，历昆仑，周览名山大川，而其襟怀乃益广"（毛泽东1913年《讲堂录》）。旅游作为一种综合性、高品位的文化活动，受到了各个阶层人民的喜爱。

（二）旅游是文化传承保护的重要渠道

发展旅游可以增强文化的活力，通过旅游这个渠道，能够使很多"地下的东西走上来、书本的东西走出来、死的东西活起来、静的东西动起来"。截至2022年6月，我国有世界遗产56项，国家重点文物保护单位5 058处，全国乡村旅游重点村镇1 597个，博物馆6 565

251

家，国家级文化生态保护(实验)区 25 家。我国还有佛教寺院 3.3 万余座，道教宫观约 9 000 处，伊斯兰教清真寺 3.5 万余座，天主教教堂 5.6 万处。我国有 56 个民族，各民族丰富多彩的民族风情、风俗习惯等也都是重要的文化资源。实践证明，开发旅游业，需要对各类文化文物资源进行梳理和修整，需要对古城、古镇、古村落进行挖掘和保护，从而让文化文物资源多年沉睡的价值展现在旅游者面前，有利于文化文物资源的保护和可持续利用。

旅游不仅能在保护和传承过程中弘扬传统文化，还能在创意创造过程中发展新兴文化，中国的民间工艺文化、建筑园林文化、传统艺术文化、宗教文化、民俗文化、饮食文化及很多濒临消失的非物质文化遗产通过旅游及旅游节庆、旅游博览会等各种旅游平台得以充分挖掘和展示，从而形成了文化保护、开发、传承、弘扬的良性循环。

(三) 旅游是跨地域的交往和跨文化的交流

每一位旅游者都是文化的传播者。旅游是文化交流的重要方式，发展旅游可以促进不同文化、不同文明间的沟通与交流。旅游是和平的使者、友谊的桥梁，旅游是民间对民间、人民对人民友好交往、传递友谊的渠道，是开展民间外交的有效途径。现代社会大众旅游的发展，已成为传播文化的最有力的载体之一，人们在旅游过程中对文化的接受是在一种完全自愿的环境中发生的，是出于旅游者个人意愿而对其产生潜移默化影响的，因此也最有力、最持久。旅游还是跨地域的交往和跨文化的交流。中国历史上的每一位旅游者都是文化的传播者，是促进沟通交流的文化使者。旅游活动日益成为各国人民交流文化、增进友谊、扩大交往的重要渠道。随着现代交通条件的改善，旅游在更广的范围展开，为世界各国和地区人民加深了解、增进共识提供了更为广阔的平台。实践证明，旅游可以使不同国家、不同地区、不同民族、不同文化、不同文明、不同宗教信仰、不同生活方式的人民之间增进了解、加深理解、促进友谊。很多国外旅游者通过旅游加深了对中国和中国人民的了解，更多的中国人通过旅游"零距离"了解了外国和外国文化。

(四) 旅游是文化形象的重要载体

发展旅游可以弘扬中华文化。推动中华文化走向世界，提高中华文化的国际影响力是一项关系全局的重要战略任务。每年有数千万国际旅游者来到中国，他们首先接触到的是中国的旅游业者和旅游资源、旅游配套设施，广大国际旅游者眼中的"中国印象"其实更多的是"中国旅游印象"。中国是一个真诚、开放的国度，依托旅游资源和旅游渠道，通过丰富多彩的旅游线路、活动和产品来加强对外传播，能够使各国的旅游者在旅游过程中认识、了解、感知一个真实发展变化的中国，进而传播、展示、维护我国良好的国家形象。2019 年，我国出境旅游已达 1.55 亿人次，如此众多的中国公民出国(境)旅游，把具有悠久历史的中华文明传播到了世界各地，有利于宣传中国和平发展的国家形象，有利于推进与世界各国和地区人民的友好交往。目前，国家整合了对外宣传和旅游部门资源，推动把塑造中国国家旅游整体形象上升为国家战略，作为提升我国文化软实力的重要手段。

二、旅游文化对于旅游产业发展的重要意义

随着现代社会的飞速发展，文化旅游已成为一种备受青睐、生机盎然的旅游形式。文化因素对现代旅游活动的影响，将会更加深刻和深远，要加快中国旅游业发展，提高其国际竞争力，就必须高度重视旅游文化建设。

（一）旅游文化是旅游产业发展的内在要求

文化因素渗透在现代旅游的各个方面，文化是旅游者的出发点和归结点，是旅游景观吸引力的源泉，是旅游业的灵魂。无论是自然旅游资源还是人文旅游资源，要吸引和激发起旅游者的旅游动机，就必须具有魅力无穷、独具特色的民族、地方文化内涵，满足人们对科学、史学、文学、艺术和社会学等方面的不同需求。因此，旅游文化的本质特征必然要求在发展旅游业的过程中，优先发展旅游文化。

（二）旅游文化是促进旅游产业保持自身特色的决定因素

人们常说，民族的东西是独特的，文化的流传是久远的，一个国家的旅游业若缺少了自己本民族传统文化的底蕴，便失去了特色，不能反映出本民族独有的精神内涵，也便失去了强大的吸引力。从产业发展的角度看，旅游产业和文化产业相互融合，相得益彰，密不可分。从旅游产业的角度看，抓住了文化就抓住了核心价值。从文化产业的角度看，抓住了旅游就抓住了一个巨大的市场。新时期、新阶段，要充分认识发展旅游业对推动文化大发展、大繁荣的重要作用，推进旅游产业与文化产业紧密融合、共同繁荣，既是经济社会发展的客观要求，也是推动文化大发展、大繁荣的必然要求和重要途径。

（三）旅游文化是旅游产业的魅力之源

人文景观是人类生产、生活积累和遗存的艺术化成果与结晶。正因为如此，这些景观因文化而璀璨，因文化而留存。壮丽的故宫建筑群早已超越了当初作为皇家宫殿的建筑和封建时代皇权象征的意义，而成为中华民族和古老中国灿烂文化的象征，甚至体现着中国悠久的传统哲学。布拉格、威尼斯、巴黎卢浮宫（见图10-2）、敦煌莫高窟等分别因为音乐、电影或艺术品而成为世人所景仰的文化旅游胜地。文化是自然景观的精气神。一句"不识庐山真面目，只缘身在此山中"让庐山韵味悠长；一句"先天下之忧而忧，后天下之乐而乐"使岳阳楼名扬天下；一句"欲把西湖比西子，淡妆浓抹总相宜"引得西湖游人如织。由于有文化的滋润，自然景观更灵动，或秀美、隽永，或威武、雄壮，魅力倍增，更加迷人。"举凡旅游业昌盛之国，莫不以旅游文化取胜"。奥地利的旅游，几乎都与施特劳斯等国际音乐大师紧密相关。巴黎街道的命名，每每蕴含着法兰西民族的历史掌故。

图 10-2　巴黎卢浮宫

（四）旅游文化蕴藏着巨大的经济潜能

旅游是以一国一民族独特的文化招待顾客赚取外汇的文化经济，世界上旅游业发达的国家，先后实行了"文化性格"新战略。美国洛杉矶文化旅游负责人罗伯特·巴雷说："文化旅游大概是美国增长速度最快的旅游项目。因为各个城市发展文化旅游可以获得相当可观的收入。"意大利对文化遗产的投入和产出经过全面系统的计算，得出的结论是，国家每年对文化性参观旅游业的增值收入是保护费用的 21.5 倍，并能提供就业岗位，带动建筑、商业和交通运输，促进科学文化的发展。韩国采取措施大力发展文化旅游业，意欲将文化、旅游培育成新世纪的国家战略产业。

（五）旅游文化是提高旅游企业管理水平的关键

旅游文化大量地体现在旅游的管理者及其从业人员身上，其文化素质的优劣、经营管理水平的高低，直接影响旅游者能否获得良好的审美和精神满足，直接关系到旅游资源能否得到合理的开发和利用，进而影响到旅游业的发展。未来的旅游业的竞争主要是旅游文化方面的竞争，人们对旅游资源、旅游服务的需求更趋向于文化性强、科技水平高，富于参与性的项目。因此，旅游业管理者和人员的文化素质与经营管理水平必须相应地提高，才能与国际接轨，适应时代的要求，使中国的旅游业立于不败之地。

（六）文化是旅游业创名牌、提高竞争力的法宝

在旅游活动中，旅游者物质方面的需求是较低的需求，易于满足，精神文化的需求是一种高级而复杂的需求，很难得到满足，但又影响全局。开发旅游业，能够提升一个城市的文化品位，能够使整个城市"升值"，一个城市的"文化名片"往往都是"旅游名片"。杭州整治西溪湿地及西湖景区对旅游者免费开放后，城市升值带来了包括财政收入在内的各方面收入的增长。甘肃敦煌明确提出，"敦煌的优势在文化，出路在旅游，未来在文化旅游"。开发旅游业，能够有效地提升新农村建设的水准，凡是较早开发旅游的乡村，农民的人文素质、开放意识、市场意识都比较强。开发旅游业，能够弘扬民族文化，旅游现已成为国内外旅游者深入了解中国各少数民族文化的重要途径。

当今世界，经济结构正在经历深刻变化，旅游业也进入一个大调整、大发展的时期，旅游与文化呈现出深度融合、共生共进的发展趋势。旅游品牌与文化品牌有机融合，越来越成为吸引人们旅游的动力。旅游消费与文化消费有机融合，越来越成为拓宽旅游市场的重要引擎。旅游创新与文化创新有机融合，越来越成为推动产业升级、提升竞争力的战略支点。旅游产业与文化产业有机融合，越来越成为提升经济效益、创造社会价值的重要源泉。

总之，旅游文化是中国旅游业不可缺少的文化底蕴和灵魂，是中国旅游业保持中国特色、提高国际竞争力的关键。

【拓展阅读 10-2】

数字赋能老区红色旅游业

我国已进入数字经济时代，数字信息技术在社会经济发展各领域都彰显出强大动能，成为推动各行业创新发展的新引擎。我国红色资源星罗棋布、红色文化厚重博大、红色精神丰富深刻，红色旅游也已成为革命老区振兴发展的重要支柱产业。但革命老区在发展红色旅游过程中也面临资源分布不均、文物保护不够、产品供给不准、消费模式不多等问题，推动数字技术与旅游产业融合，将成为革命老区突破红色旅游发展瓶颈，破解

难点、堵点的关键一招。

开展数字保护，让红色文物"活"起来。全方位、分层次、有步骤地开展红色文物保护数字化工程，通过运用无损检测、图像采集、三维扫描等数字技术弥补传统保护手段的不足，给革命旧址、战斗遗址、名人故居、文献资料、纪念物品等红色文物精准画像，系统保存文字、图片、影像、语音等资料，推动信息高清数据采集，建立红色文物数据库和开放共享平台，为革命老区红色旅游发展提供"源头活水"。

进行数据分析，让产品供给"准"起来。旅游信息化、数字化可提升革命老区有限资源使用效率，实现社会经济价值最大化。通过建立红色旅游大数据智慧分析平台，对运营情况、游客结构、消费走势、热门产品、接待能力等进行分析研判，深度挖掘数据价值，将碎片零散的信息体系化、可视化，精准识别游客偏好，及时把握市场变化，提升产品供给质量，从而进一步推动旅游消费需求增长。

加强云端宣传，让旅游消费"热"起来。我国红色旅游市场消费需求潜力巨大，但近两年受疫情影响，实地参观学习受限。要创新拓宽红色旅游宣传渠道，加大线上宣传力度，通过官方网站、微信公众号、微博、短视频等线上平台，将历史事件、革命精神、先进事迹、红色故事、精品路线等数据化，全景式、立体式展示红色资源，突破时间空间限制，实现网络人气与实地客源的融合转换。

创新游览模式，让教育效果"实"起来。革命老区要丰富创新红色旅游模式，整合区域内红色资源，一体化推进展览馆、纪念馆、陈列馆的网络展出平台建设，扩展红色文化影响力。应用增强现实、虚拟现实、3D影像、投影沙盘等技术，全方位立体式重现革命历史，展示精神风范，创造沉浸式学习氛围。促进红色旅游与生态、演艺、影视、动漫等产业深度融合，增强学习新鲜感、趣味性，让红色教育入脑入心。

打造智慧城市，让革命老区"富"起来。充分发挥数字技术的放大、叠加、倍增作用，加强城市技术场景应用，实现"一部手机游景区"，拉近游客与城市及红色文化的距离。让管理服务智能化，建立全域智慧旅游服务平台和应急指挥管理平台，及时、准确、动态地掌握客流、交通、治安、气象等信息，提高预警能力；让旅游产品推广网络化，网络平台"下乡"，特色产品"上线"，推广农产品、民宿和农家乐，拓宽增收致富渠道，让革命老区振兴发展跑出加速度。

（资料来源：经济日报，2022年12月）

第四节　旅游文化的整合与创新

文化是一个动态的、开放的系统，每一个地区的文化在发展过程中都要与周边区域文化进行交流、融合，形成新的文化。这种新的文化既保留了原来优秀的文化，又注入了新的时代精神，这就是文化的整合和创新。

一、旅游文化的整合

整合是文化的重要机制，旅游文化在自身漫长的发展过程中，通过吸收外部优秀的文化成果，淘汰不利于自身发展的文化因子，完成文化的整合，促进文化的创新。旅游文化的整合是东方文化与西方文化、传统文化与现代文化融合的过程。在这个过程中既要继承本地优良的文化传统，又要体现时代精神，展现文化生态的多样性。文化是旅游的灵魂，旅游是文化的载体。旅游是一种经济活动，更是一种文化活动。一次难忘的旅游，必定是一次文化之旅、精神之旅。旅游者在游览过程中所得到的不仅是一种高层次的精神享受，而且能感受到整个时代的变迁和文化的发展脉络，造成一种心灵的激荡，留下深刻的印象。旅游文化的整合是文化发展的内在依据，整合是为了创新，重新创造新的旅游文化，旅游文化的创新又可以促进文化整合，两者是交融的过程。

（一）旅游文化的整合应坚持的原则

1. 立足优秀的传统旅游文化进行整合

优秀的传统旅游文化是历史遗留下来的，具有特殊的文化价值、科学价值和考古价值，至今对旅游者仍然有很强大的吸引力。

2. 旅游文化的整合应体现时代的精神

优秀的传统旅游文化虽然有很强的吸引力，但社会的发展、时代的进步，也给人们的旅游活动注入了新的内容。因此，旅游文化的整合必须体现这种发展变化和时代精神。

3. 以品牌为导向进行旅游文化整合

旅游文化作为一种狭义的文化，是旅游地发展旅游业的重要依托资源，必须注重其品牌价值。整合旅游文化、塑造新的旅游文化，满足旅游者的消费需求，不能不考虑经济效益。但是，旅游地也不能一味迎合少数旅游者的低级趣味，这样容易产生旅游文化整合庸俗化的倾向，使当地传统文化特色消失。江苏省无锡市灵山景区发展成为以佛教文化旅游为特色的世界级精品景区，灵山梵宫（见图10-3）的开放、第二届世界佛教论坛的举办和国家5A级旅游景区的建成，使灵山成为极具文化内涵的中国旅游品牌。

图 10-3　无锡灵山梵宫

（二）旅游文化整合应坚持正确的方法

1. 开发和建造新的旅游文化景观

旅游地在发展旅游业的过程中，不仅要深入挖掘其优秀的传统旅游文化资源，复原一些曾经在历史上有过重要影响力的人文景观，而且要根据当地的实际情况，在充分的市场调查和论证的基础上，开发新的旅游人文景观。

2. 深度整合包装旅游资源

在旅游文化创新过程中将旅游地的餐饮文化、民情风俗、生活方式、节日庆典等社会旅游资源进行深度整合，包装成富有文化内涵的旅游产品。旅游地往往比较重视有形的旅游文化景观的开发，而对无形的社会旅游资源的开发力度不够。开发社会旅游资源，形成旅游产品，是我国旅游业由单纯的观光型向度假型转变的重要步骤，也是旅游者进行文化体验的重要内容，是未来旅游业发展的趋势。

3. 建造主题公园

主题公园是以一定的客源市场为依托，通过围绕特定的主题，运用现代先进的科技手段，进行旅游景观的移植、复制、微缩、重塑，在特定的时空内再现旅游文化。建造主题公园是旅游文化的重要整合方式，具有巨大的发展前景。

二、旅游文化的创新

（一）旅游文化创新是旅游文化的生命

文化是创造性的精神劳动，在继承的基础上不断地创新，是文化发展的内在本性和生机所系。文化只有不断地创新，才能永葆自己的文化特色。文化创新是旅游文化的生命，是旅游文化发展的不竭动力。旅游文化的创新，主要是通过增加、改变、重构原有旅游景观文化的信息，进行旅游景观"意"（指内在于景观的文化，是景观直接依托和体现的文化，是景观物化的体现）的构建，丰富旅游景观的文化内涵。景观文化作为旅游客体文化的一部分，是人类实践和历史积淀的结果，是物质层面的文化。作为自然景观文化，由于处于人类实践活动之外，又缺少景观的"意"，所以构不成真正意义上的景观文化。这些自然景观吸引旅游者的主要原因在于其自身的美学价值而非文化价值。

旅游者的旅游活动本质上是一种文化活动。现代旅游者进行旅游已不满足于单纯的感官享受，而是追求一种文化的消费，追求心灵的归宿和实现人格的升华。人文景观的主要功能就是满足旅游者的这种文化消费需求。自然景观虽然无深厚的文化内涵，但可通过文化的附会和创新，有意识地增加旅游景观的文化信息含量，实现对旅游景观"意"的构建。

（二）旅游文化创新的途径选择

1. 旅游文化整合之中有着创新

旅游文化的创新不应是一个孤立的过程。它是在整个旅游文化塑造的过程中，淘汰本身不具有多大吸引力的文化因子，吸收新的旅游文化因素，使旅游文化能保持恒久的生命力和持续的吸引力。千里大运河在无锡穿城而过，各个地段的景色有着明显的差异。比如，江苏省无锡市以水为魂、以人为本、以史为根、以文为韵，按照"护其貌、显其颜、铸其魂、扬其韵"的思路，对无锡古运河风貌带进行保护性整治、修复，对众多的非物质文化遗产加以保护和传承。与大运河沿线的其他城市相比，大运河无锡段是历史最悠久、最具有原生态风貌、保存最完整、"水"与"文化"结合最完美的景观带。如今，"水上旅游"重新成为无锡的品牌和特色，吸引着国内外的众多旅游者。

2. 旅游文化的创新要立足于当地的实际

立足当地的实际，发掘旅游的文化背景和美学特征，美化当地旅游文化，会给旅游者留下美好的印象。比如，江苏省无锡市以自己的母亲河——梁溪河为纽带，培育打造都市水上旅游品牌。经过数年坚持不懈的整治开发，深入挖掘梁溪河的历史文化和民俗风情，形成具有浓郁的江南水乡气息和厚重的历史文化内涵的城市观光游览休闲带。如今，梁溪河已经成为无锡市民游览休闲的好去处。

3. 深入挖掘和展现旅游文化的内涵

旅游文化创新不应只注重其美学价值，进行必要的文化附会，增加它的文化信息含量，丰富其内涵，将会给旅游者以全新的感受。经过多年的努力，2010年一部以表现江苏省无锡市深厚的历史人文为主要内容的大型山水实景剧《太湖传说》成功上演，《太湖传说》以诗化语言的诠释和唯美画面的闪回凝练演绎了千年吴地文化的风情和底蕴。

三、旅游文化整合、创新的启示

（一）旅游文化的整合和创新一定要传承延续当地文化的历史脉络

旅游文化与旅游地历史紧密相连，具有强烈的地域文化烙印。在人类生活的地球上，既有源于自然后被人类在长期生活中形成的文化遗产，更有人类在生产生活中创造出来的经过久远年代的演变至今还一直和人类相依相伴的文化景观。无论是何种旅游文化都是人类在生产生活过程中创造的。因此，没有人类的生产生活，就没有旅游文化的存在与发展，就没有旅游文化。

（二）旅游文化的整合和创新一定要体现人与自然的和谐关系

旅游文化是人类的造化，又是自然的馈赠，旅游文化的传承、整合、创新要体现"天人合一"的崇高境界和人与自然辩证统一。"天"就是自然，客观现实，"人"是人类所创造的文化，"合一"则指"天""人"双方高度的和谐与统一。在经济社会的发展过程中，在旅游业发展中，对于旅游文化的忠实保护与合理利用，唯有体现人与自然、当代与历史和谐共生的智慧，才符合科学发展的要求。

（三）旅游文化的整合和创新一定要凸显旅游文化的核心价值

视频：借景手法在中国古典园林中的运用

文化是旅游的魅力之源。文化是人类的生产、生活积累和遗存。旅游因文化而璀璨，因文化而留存。对文化、文化价值的理解和认知，已经成为今日旅游业可持续发展的推动力量。文化是一个极有品位、极为高雅、庄严而又神圣的领域，同时又是一个与亿万人民的生产、生活、心灵、感情息息相关的范畴。促进文化与旅游结合，是一项需要十分审慎、严肃、认真甚至要怀着一种敬畏之心去从事的事业，切不可轻慢，切不可轻视，切不可只逐利而忘义，更不可用假冒伪劣去亵渎它。

【拓展阅读 10-3】

文化旅游创新优秀案例——非遗云端传乡情

赏彩灯、逛庙会、办社火、唱大戏，现场热热闹闹，云端全景呈现……近年来，"文化进万家——视频直播家乡年"活动,以新的传播形态呈现"中国年"的文化味,传递浓浓家乡情,彰显了非遗融入现代生活的蓬勃生机和活力。

数据显示,仅2023年春节期间,全国各地举办非遗传承实践相关活动超1.2万场。各地在参与平台"视频直播家乡年"活动专区上传视频超14.2万个,同比增长373%,观看量达6.39亿次。

我国与春节、元宵节相关的国家级非遗代表性项目共有200多项,每年春节、元宵节也是全国各社区、乡村开展非遗展示展演和民俗活动的重要时间节点。

2020年以来,文化和旅游部非物质文化遗产司按照中央宣传部"我们的中国梦"——文化进万家活动统一部署,把握新媒体传播趋势,联合快手、抖音、微博、酷狗等平台,在2021年春节、元宵节期间组织举办了"文化进万家——视频直播家乡年"活动,通过年俗非遗项目所在地区的非遗保护机构、保护单位或非遗传承人,将年俗活动用镜头记录下来,在网络平台开展传播,并发动广大网友参与互动交流,集中展示与年俗相关的非物质文化遗产,营造了欢乐、祥和、喜庆热闹的中国年氛围,为"就地过年"的人民群众搭建了情归乡里"云桥"。

各地年俗非遗丰富多彩、特色鲜明。从发动各地和网友参与,到全国人民自主自发记录,"文化进万家——视频直播家乡年"活动成为群众认可的"新年俗"。

活动开展以来,各省(区、市)文化和旅游厅(局)、各地非遗保护机构、非遗项目保护单位、各网络平台深入挖掘非遗丰富内涵,精选体现本地特色的年俗非遗项目,组织贴近群众的视频直播活动,拍摄、记录年俗活动从筹备到进行的全过程及相关年俗场景。例如,湖北通过老河口木版年画、鄂州雕花剪纸、潜江草把龙等非遗短视频展示当地春节年俗;上海以浦东绕龙灯、豫园灯会、罗店彩灯等年俗非遗项目展示"正月十五闹元宵"的民俗场景;四川推出"立春"民俗直播活动,带大家了解暖春、迎春、咬春、犁春等富有四川特色的非遗年俗。

广大群众通过参与实践、参观体验、互动交流等方式线上线下同过中国年,饱览各地别具一格的年俗风光,共享非遗保护成果,参与非遗保护传承,弘扬中华优秀传统文化。

移动互联网时代,信息传播呈现可视化、碎片化、分众化特征,活动准确把握网络传播规律,借力微镜头、直播态等传播形式,充分激活年俗非遗生命力,推动非遗线上传播成为新趋势。

以活动为契机,各省(区、市)相关非遗保护机构在抖音、快手等平台开通官方非遗账号,通过组织短视频、直播等活动,进一步提升了非遗传承人、地方非遗保护部门依托网络平台开展非遗新媒体传播的能力,培养和锻炼了基层工作队伍,有效促进常态化非遗传播工作机制的形成。

据统计,2023年春节期间,文化和旅游部非物质文化遗产司支持推出500余场年俗非遗线上直播活动,累计观看量40 847万次;年俗非遗等相关媒体报道、视频及互动交流达444.06万条(篇)。

(资料来源:中国文化报,2023年5月)

四、文化旅游的发展趋势

（一）文化创意，成为文化旅游的重点发展方向

文化创意产业被称为 21 世纪全球最有前途的产业之一，当前，文化创意产业已经成为许多国家和地区经济发展的支柱产业。

文化创意产业在旅游领域的拓展和延伸，成为旅游发展的新引擎，反过来，旅游的发展也为文化创意产业的繁荣创造了新机遇、新动力。在旅游产业集群化发展的背景下，文化创意旅游已经成为旅游景区、旅游企业及相关部门共同参与的新领域。北京怀柔影视基地、横店影视基地等一大批文化创意产业园区，不但提升了休闲经济时代下的传统旅游产品和文化活动，而且开始成为各大城市旅游经济发展的新引擎。

（二）文化深度游成为中国旅游产业发展的新亮点

中国旅游已经从传统走马观花式的观光游向以文化为主题导向的文化深度游、文化休闲游转变，并出现了以世界遗产为核心主题的专项旅游产品。

文化深度游的一个重要表现是遗产旅游热的兴起和发展。遗产旅游已经成为世界旅游业最热门的项目之一。英国遗产旅游业发展迅猛，年收入高达 260 亿英镑，几乎成为该国旅游业的支柱。

（三）康体保健游已经成为文化体验旅游的重要内容

文化性作为旅游产业的核心特质之一，体现在旅游产品的各个方面。随着中国城乡居民人均可支配收入的不断增加，出游能力渐趋增强，文化体验成为游客热衷的旅游产品类型，其中康体保健游因为能够迎合现代人越来越强的医疗保健意识和康体养生需求，成为人们广泛关注和备受推崇的文化体验旅游产品类型。在中国旅游发展相对成熟的很多旅游地，都已经出现了相对完善和成熟的康体保健旅游的产品体系。

案例链接

《这是无锡》：打造文旅新优势 绘就更美"诗和远方"

借势新机遇，谋求新发展。由国家 5A 级旅游景区无锡惠山古镇景区携手"中国沉浸领军者"万娱引力公司，共同打造的《这是无锡》全新文旅体验项目在 2022 年国庆节正式亮相。

该项目位于古镇的商业街区，以沉浸式为引擎，以最无锡为核心，全面融合文旅+商业+演艺+展览休闲+新奇体验五大线下消费类型，引入"线下元宇宙"理念，运用创新的科技手段，让游客成为"剧中人、戏中人、梦中人"，通过感官沉浸+入戏沉浸+消费沉浸，紧扣康乾盛世、家文化主题，把厚重的无锡文化底蕴加以筛选凝练，转化为现代人能看懂、能共情的当代价值观。

《这是无锡》以"实景氛围+处处有戏+演员表演+游客互动"的"360°全沉浸"贯穿，从"视、听、嗅、味、触"的全感官层面呈现无锡文化和锡式生活，依托于占地面积 20 000 平方米的无锡惠山古镇尊贤街区域，打造出——能看景、能游玩、拍图美、吃得香、能飙戏、能揽客、有欢喜、有感悟、主客共享的 360°全沉浸国潮街区。

惠山古镇堪称"无锡露天历史博物馆"和"无锡人民精神家园"，这里拥有南北朝的惠

山寺庙园林、唐代的天下第二泉、明代的寄畅园，还有自唐以来至民国的 108 个祠堂及园林，跨域数千年历史。区内随处可见李绅、苏轼、杨万里、倪云林、文徵明、海瑞等众多文人激赏惠山钟灵毓秀、人杰地灵的诗词书画的遗迹风骨。清代康熙、乾隆皇帝六下江南，七巡惠山，亦留下了无数瑰丽诗篇和轶事佳话。

与传统景区或商业综合体截然不同，入驻《这是无锡》360°全沉浸国潮街区的商户，将享有"定制化"的内容服务，实现"演艺与商业双向导流促收"，开创国内"沉浸式商旅联动"的先河。整条街区的商户，都将"浸入"《这是无锡》的故事之中，围绕《这是无锡》"康乾盛世"的项目主题，以"家文化"为载体，与"青绿、非遗、康乾"设计理念的美术置景、"演员、游客、玩家"三位一体的在线人物、"科技、视听、社交"全面联动的景区系统，共同构成"一秒穿越、处处入戏"的沉浸式街区氛围。

在《这是无锡》，人人都是角色，"琴棋书画诗酒花茶"这代表"无锡最江南"的"八雅"将贯穿在"景/物/人"之中，家族传人、戏班高手、酒楼盐商、乾隆皇帝……走出画卷、穿越时空，与游客"相遇、相知、相携"，共同经历、携手参与一段奇妙的故事。

惠山古镇文化旅游发展有限公司董事长杨锡栋表示："满足人民群众日益增长的美好生活需要，是文旅产业高质量发展的目标。《这是无锡》通过最为新潮的方式，推动旅游资源开发、产品创新、品牌塑造、非遗传承，讲好无锡故事。"

（资料来源：扬子晚报，2023.8.16）

// 本 章 小 结 //

旅游是文化的载体，文化是旅游的灵魂。旅游业已进入一个大调整、大发展的时期，旅游与文化呈现出深度融合、共生共进的发展趋势。旅游文化的功能实现有赖于旅游文化品牌的塑造。旅游文化是中国旅游业不可缺少的文化底蕴和灵魂，是中国旅游业保持中国特色，提高国际竞争力的关键。旅游文化发展的过程也是旅游文化不断地整合和创新的过程。

// 同 步 练 习 //

一、填空题

1.1871 年，英国人类学家_____在_____中指出，文化"乃是包括知识、信仰、艺术、道德、法律、习俗和任何人作为一名社会成员而获得的能力和习惯在内的复杂整体"。

2.1922 年，梁启超在_____中对文化作了如下定义："文化者，人类心能所开释出来之有价值的共业也。"

二、单项选择题

1. "旅游"一词最早出现在（　　）。

A. 南朝梁沈约《悲哉行》　　B.《易·卦·象传》　　C.《原始文化》　　D.《什么是文化》

2.（　　）指出，"文化景观是文化财产"。

A.《保护世界文化和自然遗产公约》

B.《马尼拉宣言》

C.《娱乐活动与土地利用关系》

D.《世界旅游组织公报》

三、多项选择题

1. 旅游文化包括(　　　　)。

A. 旅游主体文化　　　　　B. 旅游客体文化　　　C. 旅游媒介文化　　D. 宗教文化

2. 旅游产业的文化属性主要体现在(　　　　)。

A. 文化是旅游产业发展的灵魂　　　　　　　B. 文化资源是旅游的核心资源

C. 文化环境是旅游的基础条件　　　　　　　D. 文化需求是旅游需求的根本动因

四、简述题

1. 解释旅游文化的概念及功能。

2. 简述旅游与文化的关系。

3. 简述旅游文化对旅游产业发展的重要意义。

4. 简述旅游文化整合和创新的原则与途径。

// 实 训 项 目 //

分组讨论：结合当地旅游业发展，讨论"文化是旅游的灵魂，旅游是文化的载体"。

讨论目的：了解旅游与文化的深度融合，是转变旅游发展方式的必然要求和根本途径。

讨论要求：提前做好准备，分组讨论，并以小组为单位形成一份 2 000 字左右的小结。

第十一章　旅游组织

【学习目标】

知识目标
- 掌握旅游组织的含义。
- 掌握国际旅游组织的设置状况。
- 掌握我国旅游组织的设置状况。

能力目标
- 熟悉政府间旅游组织和非政府间旅游组织的差别。

素养目标
- 树立科学组织管理与合理分工的意识。
- 培养跨文化国际交流和学习的意识。

【关键概念】

旅游组织　世界旅游组织　世界旅游业理事会
太平洋亚洲旅游协会　国际航空运输协会
文化和旅游部　中国旅游协会

【思维导图】

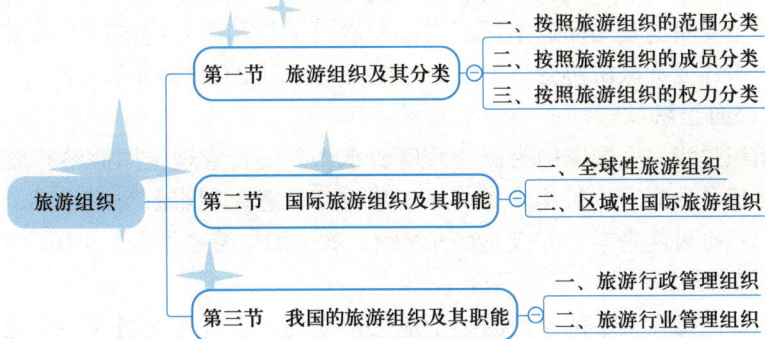

旅游业已成为当今世界最大的产业，世界上大多数国家都将旅游业的发展摆在重要位置，因此必须有强有力的旅游组织来领导，以有效地组织旅游政策的实施。

第一节　旅游组织及其分类

旅游组织是指为了加强对旅游行业的引导和管理，适应旅游业的健康、稳定、迅速、持续发展而建立起来的具有行政管理职能或协调发展职能的专门机构。由于旅游活动是一种内容丰富、涉及面广的具有综合性质的社会文化和经济现象，因此构成国际旅游组织和我国旅游组织的机构也广泛、多样和复杂。

通常可以对旅游组织进行以下分类。

一、按照旅游组织的范围分类

按照旅游组织所覆盖的地域范围划分，一般可以划分为全球性旅游组织、区域性旅游组织、国家旅游组织和地方旅游组织。

（一）全球性旅游组织

全球性旅游组织是指构成该组织的成员来自世界各个国家或地区，并主要为全球旅游业发展而工作和服务的综合性或专业性国际旅游组织机构，如世界旅游组织、国际旅游联盟、世界旅行社协会、国际饭店与餐馆协会、国际航空运输协会等。

（二）区域性旅游组织

区域性旅游组织是指按大洲或一定的地域范围划分的旅游组织，其成员来自区域内的各个国家或地区，主要目的是为促进本区域旅游发展而工作和服务的国际性旅游组织，如欧洲旅游委员会、太平洋亚洲旅游协会、美洲旅行代表大会、加勒比海旅游组织等。

（三）国家旅游组织

国家旅游组织是指一个国家中为国家政府所承认，负责管理全国旅游行政事物的组织机构，这个组织可能是政府官方机构，如菲律宾旅游部、意大利旅游与娱乐部、中华人民共和国文化和旅游部；也可能是半官方或非官方组织，如全国旅游委员会、全国旅游协会等。

（四）地方旅游组织

地方旅游组织是指在一个国家内的某个地区设立的，负责管理国内特定地区的旅游事务以促进地区旅游发展的政府机构或组织，它一般与国家旅游组织配合，共同为促进当地旅游业发展而进行组织、协调和管理，如江苏省文化和旅游厅、无锡市文化和旅游局等。

二、按照旅游组织的成员分类

按照旅游组织成员构成性质划分，一般可以划分为政府间旅游组织、非政府间旅游组织以及以个人、企业和团体组织为成员的旅游组织。

（一）政府间旅游组织

政府间旅游组织一般是指按照国际上有关国家之间旅游服务贸易往来的规定和相关的要求，由各国通过相互签订条约或协议而共同组成的国际性旅游组织，如世界旅游组织就是目前唯一的世界各国政府间的国际旅游组织。此外，与旅游相关的政府间国际组织还有国际民航组织、世界卫生组织、国际劳工组织等。

（二）非政府间旅游组织

非政府间旅游组织不是由国家之间签订条约来组成，而是由不同国家的旅游组织、旅游企业、旅游团体和个人，根据共同的兴趣和利益而自愿组成的国际旅游组织，如国际旅游联盟、世界旅行社协会、国际饭店与餐馆协会、国际大会及会议协会等。

（三）以个人、企业和团体组织为成员的旅游组织

以个人为成员的旅游组织，大多数是由个人所组成的有关旅游研究、培训方面的旅游组织，如旅游科学专家国际联合会、国际旅游学会、国际旅游职业培训学会等。以企业为成员的旅游组织一般是由旅游行业内各种类型的旅游企业组成的国际旅游组织，如世界旅行社协会、世界一流饭店组织、国际航空运输协会等。以团体组织为成员的旅游组织，其成员包括旅游企业和各类非实体性的旅游机构，如国际旅游协会、太平洋亚洲旅游协会等。

三、按照旅游组织的权力分类

按照旅游组织所拥有的权力，一般可以划分为官方旅游组织、半官方旅游组织和非官方旅游组织。

（一）官方旅游组织

官方旅游组织是由各国政府直接设立并作为政府的一个部门或机构，负责有关全国旅游发展的规划、决策和行政管理的旅游组织，如各国的旅游部和旅游局等。而国际官方旅游组织，主要是指联合国下属的世界旅游组织。官方旅游组织作为国际或国家政府的专门部门或机构，其人员和经费都纳入相应的官方组织系列中，并将日常工作经费列入相应的预算中。

（二）半官方旅游组织

半官方旅游组织是指经国家政府承认并代表国家负责日常全国旅游行政事务管理的机构和组织。通常负责日常旅游行政事务的半官方旅游组织，一般不属于国家政府机构，但为了完成国家政府授权的行政管理事务，国家政府一般都划拨部分工作经费。

（三）非官方旅游组织

非官方旅游组织是指完全由民间自发组成的各种旅游组织和机构，如各种国家性、全国性、地区性旅游协会，各种类型的旅游俱乐部，以及各种各样的旅游研究、咨询和培训组织与机构。

第二节 国际旅游组织及其职能

国际旅游组织是指在一定的地域或行业范围内，对各种旅游活动进行计划、组织、实施、

协调等管理活动的一切国际性官方和非官方机构的统称。国际旅游组织通常分为全球性旅游组织和区域性旅游组织。

一、全球性旅游组织

（一）联合国旅游组织（UN Tourism）

2024 年 1 月 24 日，世界旅游组织（UNWTO）更名为联合国旅游组织（UN Tourism），旨在通过这一崭新名称和品牌重申其作为联合国旅游专门机构和促进旅游业发展的全球领导者地位，意在持续推动社会和经济变革，确保"人类和地球"始终处于舞台中心。并推出了新口号"拉近你与世界的距离"（"Bringing the world closer"）。体现联合国旅游组织本质的关键目标是提高个人福祉、保护自然环境、刺激经济发展和促进国际和谐。

联合国旅游组织是联合国系统的政府间国际组织，是旅游领域的领导性国际组织。联合国旅游组织负责制定国际性旅游公约、规则，研究全球旅游政策，收集和分析旅游数据，定期向成员国提供统计资料。参与旅游领域的经济活动，倡导以旅游促进经济发展、消除贫困、解决就业、与各国开展合作项目。为旅游经济活动提供咨询、援助，开展技术合作。

联合国旅游组织成员分为正式成员（主权国家政府旅游部门）、联系成员（无外交实权的领地）和附属成员（直接从事旅游业或与旅游业有关的组织、企业和机构）。联系成员和附属成员对世界旅游组织事务无决策权。目前，世界旅游组织的成员包括 160 个正式成员国，6 个准成员，500 多个附属成员。其宗旨是促进和发展旅游事业，使之有利于经济发展、国际间相互了解、和平与繁荣。总部设在西班牙马德里。

中国于 1983 年加入联合国世界旅游组织，并出席了此后历届全体大会，多次当选执行委员会委员。该组织第 15 届、22 届全体大会分别于 2003 年 10 月、2017 年 9 月在中国举行。2008 年 11 月，中国国家旅游局与该组织签署《中国国家旅游局与世界旅游组织旅游扶贫合作备忘录》。2016 年 5 月，中国政府和旅游组织共同主办首届世界旅游发展大会。2017 年 9 月，旅游组织第 22 届全体大会在四川成都举行，中国国家主席习近平向大会致贺词。2021 年 12 月，旅游组织第 24 届全体大会通过的《游客保护国际守则》在该组织网站公布中文版本。2023 年 2 月，秘书长祖拉布·波洛利卡什维利应邀访华并出席世界旅游联盟·湘湖对话活动。2023 年 9 月，秘书长祖拉布·波洛利卡什维利应邀出席"第十届世界旅游经济论坛·澳门 2023"。

【拓展阅读 11-1】

联合国旅游组织和世界旅游经济论坛合作提质升级

世界旅游经济论坛于 2023 年 4 月 21 日在葡萄牙里斯本举行新闻发布会，正式宣布与联合国旅游组织合作提质升级，开启世界旅游经济论坛双年澳门—国际办会模式。2023 年第十届世界旅游经济论坛于 9 月在中国澳门特别行政区举行。

　　在澳门特别行政区行政长官的见证下，联合国旅游组织秘书长祖拉布·波洛利卡什维利和世界旅游经济研究中心主席何超琼代表签署"联合国旅游组织和世界旅游经济论坛合作提质升级"框架协议，标志着双方在原有深化合作的基础上，可期盼未来在旅游、经济和文化等多元领域有更多全球性合作。

　　出席新闻发布会及签署仪式的其他主礼嘉宾包括：中华人民共和国驻葡萄牙共和国大使及澳门特别行政区政府和联合国旅游组织的代表。主要与会机构及团体包括中国驻葡萄牙大使馆、葡萄牙经贸投资促进局、葡萄牙旅游局、葡萄牙旅行社协会、葡中工商会及澳门六大综合旅游休闲企业代表团。

第十届世界旅游经济论坛正式启动

　　世界旅游经济论坛于 2023 年踏入第十届的重要里程碑，于 9 月下旬举行，将力邀全球范围内旅游、经济、文化、商业等领域的部长级政府官员、业界领袖及行业专家聚首一堂，剖析促进全球旅游经济复苏的机遇，畅谈如何通过创新和可持续的国际合作，引领旅游业的新常态，形成极具韧性且高质量与人性化的旅游产业生态。

　　本届世界旅游经济论坛邀得中国上海担任主宾市。上海正迈向具有全球重要影响力的国际金融中心，在谋求世界经济共同发展中，充分发挥其在"一带一路"建设中的重要作用。在沪澳合作机制框架下，世界旅游经济论坛将促进沪澳在文旅方面的交流与合作，并搭建多功能平台，抓紧康乐、休闲和体育旅游的增长机遇，深窥中国和葡语系国家，以及欧洲旅游市场的交互潜力。本届世界旅游经济论坛亦有意大利作为合作国家，意大利作为文艺复兴发源地和欧洲四大经济体，世界旅游经济论坛早于 2020 年获中华人民共和国文化和旅游部纳入"中意文化交流合作机制"的组成部分，并被国家寄予厚望，于未来长期为中意两国的文化合作与交流作出贡献。

　　（资料来源：GTEF 世界旅游经济论坛官网）

（二）国际旅游联盟

　　国际旅游联盟（AIT）是一个旅游协会的联合组织，是一个非官方的国际性旅游俱乐部和汽车协会的联合组织，于 1898 年由欧美地区的 17 家俱乐部发起并在卢森堡成立，总部设在瑞士的日内瓦。参加该联盟的成员有 140 个协会，总人数达 6 500 万人，会员遍及 90 个国家和地区。

　　该联盟的宗旨是：积极鼓励和协助发展前往世界各国进行的各种国际旅游、汽车旅游和特种旅游；维护该组织成员在国际旅游和汽车旅游方面的一切利益；协调各国成员组织为该成员在国外旅行时提供所需的相互服务；研究国际旅游中出现的一切问题，提出建设性的改革意见，扶持旅游业的发展，保护旅游业的利益。

（三）国际民用航空组织

　　国际民用航空组织（ICAO）成立于 1947 年 4 月 4 日（其标志见图 11-1），同年 5 月，成为联合国的一个专门机构。总部设在加拿大的蒙特利尔。

　　该组织以 1944 年 12 月的《国际民用航空公约》为准绳，其宗旨是：发展安全而有效的国际航空运输事业，使之用于和平目的；制定国际空中航行原则，促进各国民航事业的安全化、正规化和高效化；鼓励民航业的发展，满足世界人民对空中运输的要求；保证缔约国的权利

充分受到尊重，使各缔约国享有经营国际航线的均
等机会。

截至 2022 年，该组织现有会员国 193 个。中国
于 1974 年 2 月 15 日正式加入。该组织出版发行《国
际民用航空组织公报》月刊和《国际民用航空组织备
忘录》。

图 11-1　国际民用航空组织的标志

（四）国际航空运输协会

国际航空运输协会（IATA）是一个包括全世界各
大航空公司的国际性组织，于 1945 年 4 月在古巴哈
瓦那成立。该协会现有会员达 188 家国际航空公司。
1993 年 8 月，中国成为该协会的正式会员。

该协会的宗旨是：促进安全、正规和经济的航空运输；促进航空商业，并研究与此有关
的问题；促进与联合国国际民用航空组织的合作。该协会的主要任务是：提出客货运率、服
务条款和安全标准等，并逐步使全球的空运业务制度趋于统一；处理和协调航空公司与旅行
社之间的关系。确定票价是该协会最主要的任务之一。该协会最高权力机构为大会，大会每
年召开一次。该协会出版发行《国际航空运输协会评论》（季刊）和《年会备忘录》年刊。

（五）世界旅行社协会

世界旅行社协会（WATA）是一个国际性的旅游组织，创建于 1949 年。该协会由 237 家旅
行社组成，其中半数以上为私营企业，分布在 86 个国家的 208 个城市中。世界旅行社协会设
有一个执行委员会，有 9 名委员。总部设在瑞士的日内瓦，并设常务秘书处，管理协会的行
政事务。协会每两年举行一次大会。协会把世界分成 15 个区，各区每年举行一次会员社会
议，研究本区旅游业务中的问题。世界旅行社协会旨在推动旅游业的发展，收集和传播信息，
参与有关发展旅游业的商业和财务工作。

（六）国际铁路联盟

国际铁路联盟（IUR）于 1922 年 12 月 1 日在巴黎成立，总部设在巴黎。该组织是以欧洲铁
路为主体的非政府性国际铁路组织，是联合国经济及社会理事会的咨询机构。联盟的宗旨是：
统一和完善铁路运营条件和技术设备并使之标准化；保证铁路联运；协调各成员组织的铁路
工作。联盟的最高权力机构是全体大会，每年召开一次大会。其管理机构是管理委员会，由
该联盟主席和 21 个成员组成，负责管理工作，处理与该联盟有关的带有普遍性的重大问题。
该联盟出版发行《国际铁路》刊物。

中国是国际铁路联盟创始成员之一，在 1979 年 6 月的国际铁路联盟第 37 届全体大会一致
同意中华人民共和国的铁路组织——"中国铁路"是唯一代表中国的全国铁路组织。

（七）国际汽车联合会

国际汽车联合会（FIA）的前身为"国际著名汽车俱乐部协会"，1904 年 6 月 20 日在德国
汉堡成立，1946 年改为现名。该联合会宗旨是：发展并在各国组织汽车游览；帮助汽车驾驶
人员解决有关日常的交通问题；组织并促进世界汽车运动；研究与汽车有关的交通、旅游和
技术问题；保护汽车用户的利益。

国际汽车联合会的成员有 90 多个国家和地区的汽车协会的汽车俱乐部。中国于 1983 年参
加该组织。该联合会的最高权力机构是全体大会，每两年举行一次，并设有委员会，由秘书

长负责日常工作。联合会出版发行《国际汽车联合会体育公报》月刊、《国际汽车联合会情况公报》与《汽车和流动杂志》等刊物。

（八）旅游科学专家国际联合会

旅游科学专家国际联合会（IASET）于 1951 年 5 月 31 日在罗马成立，会址在瑞士的伯尔尼。协会的宗旨是：加强成员间的友好联系，鼓励成员间的学术活动，特别是促进个人接触，交流经验；支持具有学术性质的旅游研究机构以及其他有关旅游研究与教育的组织的活动。该协会是由国际上致力于旅游研究和旅游教学的专家组成的学术团体，在 45 个国家中有 330 多名会员。该协会的最高权力机构为大会，每年举行一次，并设有委员会秘书处。

（九）国际饭店与餐馆协会

国际饭店与餐馆协会（IHA）是旅馆和饭店业的国际性组织，于 1947 年在法国巴黎成立。国际饭店与餐馆协会的宗旨是：联络各国旅馆协会，并研究国际旅馆业和国际旅游者交往的有关问题；促进会员间的交流和技术合作；协调旅馆业和有关行业的关系；维护本行业的利益。

该协会的会员分为正式会员和联系会员。正式会员是世界各国的全国性的旅馆协会或类似组织，联系会员是各国旅馆业的其他组织、旅馆院校、国际饭店集团、餐馆、饭店和个人。该协会现有正式会员 80 多个，联系会员 4 000 多个。该协会每两年举行一次会员大会，商讨旅游业发展中的重大问题，修改和制定有关的政策与法规。

二、区域性国际旅游组织

（一）太平洋亚洲旅游协会

太平洋亚洲旅游协会（PATA）1951 年成立于夏威夷的檀香山，协会总部设在美国的旧金山。太平洋亚洲旅游协会是一个具有广泛代表性和影响力的民间国际旅游组织，在整个亚太地区以至世界的旅游开发、宣传、培训与合作等多方面发挥着重要作用。协会的宗旨是促进亚太地区及亚太地区内部旅游和旅游业的发展，因此受到亚太地区各国旅游业界的普遍重视。

该协会的章程规定，任何全部和部分位于西经 110°至东经 75°地理区域内所有纬度的任何国家、地区或政治区域均有权成为该协会会员。该协会成员广泛，不仅包括亚太地区，而且包括如欧洲各重要客源国在内的政府旅游部门和空运、海运、陆运、旅行社、饭店、餐饮等与旅游有关的企业。目前，协会有 37 名正式官方会员，44 名联系官方会员，60 名航空公司会员以及 2 100 多名财团、企业等会员。

【拓展阅读 11-2】

第十六届联合国世界旅游组织/亚太旅游协会旅游趋势与展望国际论坛成功举办

12 月 6 日，第十六届联合国世界旅游组织/亚太旅游协会旅游趋势与展望国际论坛以线上形式成功举办。本次论坛由联合国世界旅游组织、亚太旅游协会主办，香港理工大学协办，广西壮族自治区桂林市人民政府、广西壮族自治区文化和旅游厅承办。

本届论坛以"把握发展趋势 促进旅游转型"为主题，会议采用国际通用的 ZOOM 平台举办，来自亚太地区国家政府旅游部门、旅游行业及旅游研究机构、高校的代表参加了本次会议。

联合国世界旅游组织执行主任佐丽莎·乌罗舍维奇在致辞中提到，来自各方的专家将通过国际论坛这一平台分析旅游业乃至全球的趋势和变化，联合国世界旅游组织将继续向成员国和整个行业提供最相关的市场情报和见解。

亚太旅游协会首席执行官丽兹·奥蒂葛拉提出：针对当下旅游需求和供给侧出现的新趋势，亚太旅游协会推出了旅游目的地复原力培训项目、在线数据仪表盘。除此之外，亚太旅游协会还支持并促进分散旅游。

香港理工大学酒店及旅游业管理学院院长及讲座教授田桂成表示：在供给侧和需求侧我们都需要抓住机会推动转型。田桂成院长从旅游教育角度提到，为了拥抱变化，教育机构必须进行转型，香港理工大学有很多相关举措，比如在所有的课程中都增加人工智能和数据分析。

桂林市副市长指出：在过去的一年里，广西壮族自治区党委、政府对打造桂林世界级旅游城市提出了"世界眼光、国际标准、中国风范、广西特色、桂林经典"的总体要求，明确"世界级山水旅游名城、世界级文化旅游之都、世界级康养休闲胜地、世界级旅游消费中心"的"四大定位"。桂林将全力推动打造世界级旅游城市驶入快车道，奋力谱写建设新时代中国特色社会主义壮美广西的桂林新篇章。

巅峰智业创始人、华侨城旅游投资管理集团有限公司董事长刘锋博士提出，未来一段时间逐步恢复文旅深度融合发展、讲好中国故事、推进中国式旅游现代化将是中国旅游发展的重点，新业态、新场景、新体验将是中国旅游发展的重要形式，新的消费群体将出现复合化、自驾化、分层化和健康化的特点。

亚太旅游协会首席执行官丽兹·奥蒂葛拉表示，本届论坛将继续作为重要的知识和分享平台促进交流，分析行业面临的挑战和机遇，为旅游业向可持续、更具复原力和转型发展做好准备。

（资料来源：中国日报网，2022年12月9日）

（二）欧洲旅游委员会

欧洲旅游委员会（ETC）成立于1948年6月，总部最初在爱尔兰的都柏林，后迁往法国的巴黎。该委员会的成员由欧洲23个国家的主管旅游部门组成。该委员会的宗旨是：在对市场进行调查研究的基础上，组织成员国联合开发潜在的目标市场，提高世界其他地区来欧洲旅游委员会成员国旅游的水平，尤其是吸引美国、加拿大和日本的旅游者；加强彼此间的合作，交流信息，共同进行理论研究。

（三）美洲旅行代表大会

美洲旅行代表大会（IATA）是美洲地区官方的区域性国际旅游组织，于1936年在美国的华盛顿成立。其成员主要是美洲国家旅游组织机构，目前拥有25个国家或地区的成员单位，每3年举行一次代表大会会议。

美洲旅行代表大会的宗旨是：协助参加美洲国家组织的国家发展旅游业，积极组织成员国之间的旅游交流与合作；为成员国提供有关国际和区域的旅游信息资料。

（四）加勒比旅游组织

加勒比旅游组织（CTO）于1989年1月11日在巴巴多斯首都布里奇顿成立，目前拥有30

多个国家的 100 多名成员。

　　该组织的宗旨是：积极讨论和研究该地区旅游基础设施与接待设施的建设和发展，以促进该地区旅游业的发展；加强与世界其他旅游组织的联系和发展，吸引国际资金对该地区旅游业的投入；促进加勒比旅游组织成员国之间的旅游合作，努力发展独具特点的加勒比旅游。如图 11-2 所示为加勒比旅游组织的中文官方网站。

图 11-2　加勒比旅游组织中文官方网站（局部截图）

（五）非洲旅游协会

　　非洲旅游协会（ATA）成立于 1975 年，是为了促进非洲旅游的快速发展，加快非洲旅游协会、企业和个人与其他洲的旅游交流及合作，满足欧美国家及其他地区大量旅游者前往非洲旅游的需求而成立的。其成员包括非洲各国的国家旅游组织、旅游行业协会、旅游公司和研究机构等。总部设在美国的纽约。

【拓展阅读 11-3】

2022 世界旅游城市联合会拉丁美洲及加勒比区域旅游会议在线上召开

　　12 月 13 日，由世界旅游城市联合会主办的 2022 世界旅游城市联合会拉丁美洲及加勒比区域旅游会议在线上顺利召开。本次会议的主题为"推动区域旅游疫后韧性发展"，会议包括开幕式、主题发言、论坛三个部分。本次会议共有来自 12 个国家和地区的 70 余位代表出席了会议。

　　会议开幕式环节由联合会理事会副主席卢卡斯·德尔菲诺、联合会常务副秘书长李宝春致辞。卢卡斯·德尔菲诺副主席在致辞中提出四点关于旅游业可持续发展的重要举措，并指出恢复交通的连通性是恢复国际旅游复苏的关键；李宝春常务副秘书长指出，当前拉丁美洲及加勒比地区旅游业发展面临着深刻的疫后行业结构调整和发展格局重塑，联合会将继续搭建区域间旅游合作、产业协同发展的桥梁纽带。

　　在主题发言环节，联合会专家委员会专家、美国乔治华盛顿大学教授于良以"探究拉丁美洲和加勒比地区旅游未来发展新趋势"为主题，通过研究数据深入分析了拉丁美洲和加勒比地区旅游发展趋势，研究未来拉丁美洲及加勒比地区旅游发展的核心动能；携程研究院执行秘书长、携程集团入境游总经理孙博文以"在线旅游企业目的地营销的创新和发展—提高拉丁美洲和加勒比地区对中国游客的吸引力"为主题，结合携程研究院相关数据研究，以在线旅游目的地为切入点，讲述如何在产品营销进行创新及发展；中国旅游报社广告发行部主任于杰以"借助媒体传播提升拉美旅游城市影响力"为主题，创新媒体宣传的媒介，打造拉丁美洲及加勒比地区优秀旅游目的地的品牌力，进一步提升该区域旅游城市在国际的知名度，塑造优秀旅游城市的形象。

在论坛环节，厄瓜多尔基多市旅游局相关负责人克里斯蒂娜·里瓦德内拉、多米尼加入境游企业协会副主席、Avoris旅游集团主任何塞·阿拉尔孔、去哪儿网智慧旅游总经理闫兰茹、联合会专家委员会专家、美国南卡罗来纳大学教授孟芳结合"构建新形势下拉丁美洲和加勒比地区旅游产业合作新格局"进行了交流探讨，发言嘉宾们分享了拉丁美洲地区旅游城市在疫后恢复旅游业发展成功的创新经验和做法，在国际环境下开展旅游业合作的重要举措，中国旅游市场在未来开拓拉丁美洲地区旅游市场的布局及计划，并畅谈对未来拉丁美洲旅游业的潜力与前景，对拉丁美洲和加勒比地区旅游振兴和发展提出了许多积极的建议。

本次会议通过搭建中国—拉丁美洲及加勒比区域间旅游合作、产业协同发挥的桥梁和纽带，搭建区域间旅游城市、旅游企业、旅游从业者合作沟通的新平台，为进一步促进拉丁美洲和加勒比地区的旅游繁荣起到积极的推动作用。

（资料来源：中国日报网，2022年12月14日）

第三节　我国的旅游组织及其职能

我国的旅游组织主要分为旅游行政管理机构和旅游行业组织两大类。旅游行政管理机构主要是指国家和地方旅游行政管理机构，负责管理全国旅游工作。旅游行业组织主要负责加强行业间的协作与行业间的经营管理研究，为旅游业发展献计献策。

一、旅游行政管理组织

中华人民共和国文化和旅游部（简称文旅部）是我国主管旅游工作的旅游行政管理机构。县级以上地方政府设立文化和旅游行政部门主管本地区旅游工作。

文化和旅游部的主要职责如下。

（1）贯彻落实党的相关方针政策，研究拟订文化和旅游政策措施，起草文化和旅游法律法规草案。

（2）统筹规划文化事业、文化产业和旅游业发展，拟订发展规划并组织实施，推进文化和旅游融合发展，推进文化和旅游体制机制改革。

（3）管理全国性重大文化活动，指导国家重点文化设施建设，组织国家旅游整体形象推广，促进文化产业和旅游产业对外合作和国际市场推广，制定旅游市场开发战略并组织实施，指导、推进全域旅游。

（4）指导、管理文艺事业，指导艺术创作生产，扶持体现社会主义核心价值观、具有导向性代表性示范性的文艺作品，推动各门类艺术、各艺术品种发展。

（5）负责公共文化事业发展，推进国家公共文化服务体系建设和旅游公共服务建设，深入实施文化惠民工程，统筹推进基本公共文化服务标准化、均等化。

（6）指导、推进文化和旅游科技创新发展，推进文化和旅游行业信息化、标准化建设。

（7）负责非物质文化遗产保护，推动非物质文化遗产的保护、传承、普及、弘扬和振兴。

（8）统筹规划文化产业和旅游产业，组织实施文化和旅游资源普查、挖掘、保护和利用工作，促进文化产业和旅游产业发展。

（9）指导文化和旅游市场发展，对文化和旅游市场经营进行行业监管，推进文化和旅游行业信用体系建设，依法规范文化和旅游市场。

（10）指导全国文化市场综合执法，组织查处全国性和跨区域文化、文物、出版、广播电视、电影、旅游等市场的违法行为，督查督办大案要案，维护市场秩序。

（11）指导、管理文化和旅游对外及对港澳台交流、合作和宣传、推广工作，指导驻外及驻港澳台文化和旅游机构工作，代表国家签订中外文化和旅游合作协定，组织大型文化和旅游对外及对港澳台交流活动，推动中华文化走出去。

（12）管理国家文物局。

（13）完成党中央、国务院交办的其他任务。

案例链接

2023年"5·19中国旅游日"主会场活动在云南腾冲举行

"旅游业是'大健康产业'，也是'幸福产业'。云南作为旅游大省，有条件、有责任为新时代旅游业高质量发展贡献更多云南力量。"在云南省保山市腾冲和顺古镇举行的2023年"5·19中国旅游日"主会场启动仪式上，云南省委书记说，云南将坚持生态高颜值和发展高质量齐头并进，大力推进旅游转型升级，实施旅游金牌工程，不断擦亮云南旅游这块金字招牌。

2023年的"中国旅游日"活动以"美好中国，幸福旅程"为主题，全国各地联动、线上线下并举，推出了七大类约5 211项旅游惠民措施。

文化和旅游部相关负责人在致辞中表示，要以"5·19中国旅游日"为契机，坚持旅游为民，深入推动大众旅游；强化创新驱动，加快培育智慧旅游；践行"两山"理念，大力发展绿色旅游；促进社会和谐，积极倡导文明旅游；建设文化强国，推进文旅深度融合，进一步激发文旅消费潜力，积极推进旅游业高水平复苏和高质量发展。

云南、江苏、内蒙古、河北、宁夏在主会场依次推介了特色文旅资源，浙江、海南、江西展演了特色文化和旅游演艺节目。中国旅游协会、中国旅行社协会、中国旅游景区协会、中国旅游饭店业协会、中国旅游车船协会共同发出了《美好中国幸福旅程腾冲倡议》。启动仪式上，相关部门还为国家级文明旅游示范单位和甲级旅游民宿进行了授牌。

据悉，20日、21日，腾冲还将开展一系列主会场配套活动：打造"5·19专属直播间"助力主会场"线上+线下"宣传联动新窗口，进行旅游产品线上销售；搭建"中国礼物"旅游商品展示专区，对近年来我国旅游商品发展成果进行集中展示和推介；推出中国旅游日·数字体验馆，让观众在虚拟空间中行走、观览、互动，体验数字文旅前沿科技；举办中国旅游日·保山非遗文化旅游展、中国旅游日·旅游高质量发展论坛等。

（资料来源：中国青年报，2023年5月）

二、旅游行业管理组织

（一）中国旅游协会

中国旅游协会是由中国旅游行业的有关社团组织和企事业单位在平等、自愿基础上组成的全国综合性旅游行业协会，具有独立的社团法人资格。它是 1986 年 1 月 30 日经国务院批准正式宣布成立的第一个旅游全行业组织。协会接受文化和旅游部的领导、民政部的业务指导和监督管理。

中国旅游协会遵照国家的宪法、法律、法规和有关政策，代表和维护全行业的共同利益与会员的合法权益，开展活动，为会员服务，为行业服务，为政府服务，在政府和会员之间发挥桥梁纽带作用，促进我国旅游业的持续、快速、健康发展。

中国旅游协会现有理事 238 名，各省、自治区、直辖市和计划单列市、重点旅游城市的旅游管理部门、全国性旅游专业协会、大型旅游企业集团、旅游景区（点）、旅游院校、旅游科研与新闻出版单位及与旅游业紧密相关的行业社团都推选了理事。协会的组成具有广泛的代表性。

中国旅游协会根据工作需要设立了 8 个分会和专业委员会，分别进行有关的专业活动。即旅游城市分会、旅游教育分会、妇女旅游委员会、温泉分会、休闲农业与乡村旅游分会、民航旅游专业委员会、休闲度假分会和旅游商品与装备分会。

（二）中国旅行社协会

中国旅行社协会成立于 1997 年 10 月，是由中国境内的旅行社、各地区性旅行社协会等单位，按照平等、自愿的原则结成的全国旅行社行业的专业性协会，是在国家民政部门登记注册的全国性社团组织。具有独立的社团法人资格。代表和维护旅行社行业的共同利益与会员的合法权益，努力为会员服务，为行业服务，在政府和会员之间发挥桥梁和纽带作用。

协会的最高权力机构是会员代表大会，每 4 年举行一次。协会设立理事会和常务理事会，理事会对会员代表大会负责，是会员代表大会的执行机构，在会员代表大会闭会期间领导协会开展日常工作。常务理事会对理事会负责，在理事会闭会期间，行使其职权。截至目前，会员单位有 1 270 家，其中，会员单位 840 家，理事单位 305 家，常务理事单位 102 家，会长、副会长单位 23 家。如图 11-3 所示为 2018 中国旅行社行业发展论坛。

图 11-3　2018 中国旅行社行业发展论坛

知识链接

中国旅行社协会会员的权利、义务摘要

一、会员权利摘要

（一）中国旅行社协会的选举权、被选举权和表决权。

（二）参加中国旅行社所组织的研讨会、踩点考察活动等。

（三）每月免费获取协会的内刊《旅行业》杂志，每年3份行业报告《旅行社行业年度发展报告》《入境旅游报告》《出境旅游报告》。

（四）享有使用本会标志的权利。

（五）对本会的工作和负责人提出建议、质询、批评和监督。

（六）当遇到重大困难或合法权益受到侵害时，有请求提供帮助（如涉及调解、诉讼等）的权利。

（七）入会自愿，退会自由。

二、会员义务摘要

（一）遵守本会章程，执行本会决议，维护本会的声誉和本会的合法权益。

（二）完成本会交办的工作，积极参加并支持本会组织的活动。

（三）按规定缴纳会费。

（四）接受本会的评议和调解。

（五）向本会反映情况，提供信息和有关资料。

（资料来源：中国旅行社协会官网）

（三）中国旅游饭店业协会

中国旅游饭店业协会成立于1986年2月，经民政部登记注册，具有独立法人资格，其主管单位为文化和旅游部。中国旅游饭店业协会是中国境内的饭店和地方饭店协会、饭店管理公司、旅游院校、饭店用品供应厂商等相关的单位，按照平等、自愿的原则结成的全国性的行业协会。

协会的宗旨是：遵守国家法律法规，遵守社会道德风尚，代表中国旅游饭店业的共同利益，维护会员的合法权益，倡导诚信经营，引导行业自律，规范市场秩序。在主管单位的指导下，为会员服务，为行业服务，在政府与企业之间发挥桥梁和纽带作用，为促进中国旅游饭店业的健康发展作出积极的贡献。

目前，中国旅游饭店业协会共有会员2 669家、理事单位333家，其中常务理事单位123家。

（四）中国旅游车船协会

中国旅游车船协会是由中国旅游车船运营企业、旅游车船及零部件生产企业、旅游车船租赁企业、旅游车船俱乐部企业、地方旅游车船协会、与旅游车船业务有关的其他组织以及旅游车船行业资深管理人员和知名研究人员自愿结成的行业性、全国性、非营利性的社会组织，具有独立的社团法人资格。

1991年经批准正式成立，接受民政部和文化和旅游部的业务指导与监督管理。协会的宗旨是：遵守国家的宪法、法律、法规和有关政策，遵守社会道德风尚，广泛团结和联系旅游车船业界人士，代表并维护中国旅游车船行业的共同利益与会员的合法权益，在业务主管单位的指导下，努力为会员服务，为行业服务，为政府服务，在政府和会员之间发挥桥梁与纽带作用。

（五）中国旅游景区协会

中国旅游景区协会是由全国旅游景区行业和与景区相关的企事业单位在平等、自愿的基础上组成的全国旅游景区行业协会，具有独立的社团法人资格。协会接受文化和旅游部的领导、民政部的业务指导和监督管理。

协会遵照国家的宪法、法律、法规和有关政策，代表和维护景区行业的共同利益与会员的合法权益，按照协会章程的有关规定，积极开展调查研究、沟通协调、业务交流、岗位职务培训和市场开拓等活动，积极推进行业自律，努力提高景区行业服务水平和核心竞争力，竭诚为会员服务，为行业服务，为政府服务，在政府和会员之间发挥桥梁与纽带作用。

// 本 章 小 结 //

旅游业已成为当今世界最大的产业，必须有强有力的旅游组织来领导，以有效地组织旅游政策的实施。旅游活动是内容丰富、涉及面广的具有综合性质的社会文化和经济现象，构成旅游组织的机构也广泛、多样和复杂。不同的旅游组织其覆盖的地域范围、成员构成性质、权力和职能均有差异。

// 同 步 练 习 //

一、填空题

1. 世界旅游组织的英文简称为_____。

2. 与旅游相关的政府间国际组织还有_____、世界卫生组织、国际劳工组织等。

二、单项选择题

1. 按照旅游组织所覆盖的地域范围划分，太平洋亚洲旅游协会属于( )。

A. 全球性旅游组织　　B. 区域性旅游组织　　C. 国家旅游组织　　D. 地方旅游组织

2. 世界旅游组织总部设在( )。

A. 瑞士的日内瓦　　B. 菲律宾的马尼拉　　C. 中国的香港　　D. 西班牙的马德里

三、多项选择题

1. 按照旅游组织所拥有的权力，一般可以划分为( )。

A. 官方旅游组织　　B. 半官方旅游组织　　C. 非官方旅游组织　　D. 民间旅游组织

2. 按照旅游组织成员构成性质，一般可以划分为( )。

A. 政府间旅游组织

B. 非政府间旅游组织

C. 以个人为成员的旅游组织

D. 以企业和团体组织为成员的旅游组织

四、简述题

1. 简述旅游组织的含义和分类。

2. 试比较政府间旅游组织和非政府间旅游组织的差别。

3. 简述世界旅游组织的宗旨和职责。

4. 试比较文化和旅游部和中国旅游协会的差别。

// 实 训 项 目 //

结合本章学习内容，讨论旅游组织和旅游发展的关系。

讨论目的：了解旅游组织如何对旅游行业进行引导和管理，并掌握其对旅游业健康、稳定、迅速、持续发展的促进作用。

讨论要求：提前做好准备，分组讨论，并以小组为单位形成一份 2 000 字左右的小结。

第十二章 旅游新业态

【学习目标】

知识目标

- 掌握旅游新业态的内涵和发展特点。
- 掌握智慧旅游的内涵。
- 掌握研学旅行的概念和特征。
- 掌握生态旅游的内涵和特征。

能力目标

- 能分析当前旅游新业态的发展趋势。
- 能分析智慧旅游的特征。
- 能阐述研学旅行的分类。
- 能进行生态旅游资源分类。

素养目标

- 树立全局意识。
- 树立正确的生态文明观。
- 充分认识旅游新业态对推动旅游业发展的重要意义。

【关键概念】

旅游业发展趋势   智慧旅游   研学旅行
生态旅游   生态旅游的特性   生态旅游的类型

【思维导图】

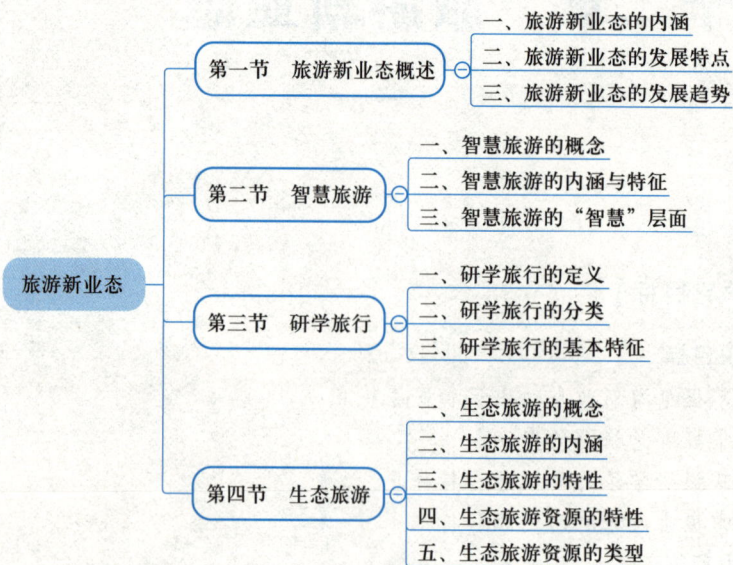

旅游新业态

第一节　旅游新业态概述
一、旅游新业态的内涵
二、旅游新业态的发展特点
三、旅游新业态的发展趋势

第二节　智慧旅游
一、智慧旅游的概念
二、智慧旅游的内涵与特征
三、智慧旅游的"智慧"层面

第三节　研学旅行
一、研学旅行的定义
二、研学旅行的分类
三、研学旅行的基本特征

第四节　生态旅游
一、生态旅游的概念
二、生态旅游的内涵
三、生态旅游的特性
四、生态旅游资源的特性
五、生态旅游资源的类型

当前，产业融合已经成为发展的大潮流。在互联网打破时空界限的有利条件下，伴随消费升级，旅游产业深度创新融合，不断涌现新业态、呈现新特点，表现出新的发展趋势。

第一节　旅游新业态概述

一、旅游新业态的内涵

（一）业态与旅游业态

业态是商业领域中的一个重要概念，它描述了企业为满足不同消费者需求而采取的不同经营方式和形态。通过深入了解和分析不同业态的特点和优势，企业可以更好地制定市场策略，提高市场竞争力。旅游业态是以旅游消费需求为指引，紧密围绕旅游业的发展状态、旅游企业的运营、管理与服务，以及旅游市场的动态变化，所呈现出的旅游产业发展全貌及其市场发展的潜力与趋势，不仅反映了旅游产业的当前状态，更预示着其未来发展的广阔前景。

（二）旅游新业态

随着科技水平的不断进步和消费需求的不断升级，旅游业形成了新的态势和创新性突破。旅游业不再局限于传统意义上的观光游览，而是根据时代发展、技术创新、文化进步和消费者需求特点，增添了文化、技术、传播、营销等方面的新元素、新态势、新模式。于是，相较于传统的旅游业态，旅游新业态的概念应运而生。

旅游新业态指旅游行业中的经营主体（企业或组织），为了适应市场需求变化及不断细分化的旅游目标客户群，对旅游业的经营模式、发展策略、产品与服务类型、产品形态进行更新，它是一种融合传统旅游产业和商业经营形态、提供特色旅游产品和服务模式、满足旅游者的多元化消费需求、实现可持续发展的业态模式。旅游新业态的"新"主要体现在新型旅游组织、新型旅游产品与服务、新型经营模式等方面。

二、旅游新业态的发展特点

伴随居民收入水平及科技水平的稳步提高，创新驱动了旅游新业态的快速发展，逐渐表现出时代性、创新性、动态性、科技性的特点。

（一）时代性

旅游新业态具有很强的时代性。旅游新业态产生于消费需求，不同时代的消费需求具有很大的差异性。当前，中国社会主要矛盾已经转化为人民日益增长的美好生活需要和不平衡不充分的发展之间的矛盾，因而，满足人民对美好生活的向往，也已成为现代旅游新业态发展的重要目标。当前，消费个性化、品质化、多样化趋势亦成为突出特征，"扎堆式""组团式"等旅游方式及单纯的旅游观光已难以满足旅游者的需求，休闲、养生等"物超所值"、个性化的旅游需求已成为时代要求，这也是旅游发展的大势所趋。

（二）创新性

旅游资源本身就具有很强的人文气息特色，创新性是旅游新业态产生、兴起与成熟的重要特征。一方面，以良好的生态环境及优美的人文环境等为载体的优质旅游资源，需要通过创新创造才能实现与不同禀赋资源的融合，形成新业态；另一方面，新的业态在发展过程中，随着技术、人文气息、经济条件等因素的刺激，又会产生新的融合方式及融合内容，从而构成业态发展的新形式。因此，只有通过创新，旅游新业态才能形成一个良性的正向反馈发展机制。

（三）动态性

在消费习性、生活水平、科技等因素的驱动下，旅游新业态发展具有很强的动态性。

（1）新业态载体内容的动态性。旅游新业态的融合不再仅局限于旅游自身的资源，更多地向跨行业，如文化、地产、健康等与消费相关的产业深度融合，同时，融合的内容伴随产业转型升级的层次及消费诉求而发生变化。

（2）新业态产生方式的动态性，旅游新业态的融合已经从传统的单纯的技术融合转向以技术为载体的产业融合、区域融合，这种融合方式伴随着时代的发展而进一步演化。

（四）科技性

随着现代科技尤其是互联网技术的快速发展，旅游新业态的科技属性愈发强烈。

（1）旅游资源的信息化。信息技术加速了旅游资源的信息化，将城市公共资源、个人信息与旅游资源深度融合，将旅游资源可视化、网络化，加速了以智慧旅游基地、智慧旅游城市及大型旅游电子商务会展为代表的智慧旅游的兴起与发展。

（2）旅游方式的科技化。以支付宝、微信支付等为代表的支付方式的出现，通过在线预订、手机支付等方式实现了旅游方式的便捷化。

（3）旅游营销管理的科技化。通过固网终端、移动 App 等载体平台，尤其是物联网平台，利用大数据、云计算等方式对旅游数据资源进行挖掘、开发，从而校准、完善旅游营销方式，极大地提高了旅游营销管理的效率。

三、旅游新业态的发展趋势

在技术扩散及消费需求多样化、个性化的驱动下，旅游产业发展的原有边界逐步被打破，传统旅游业要素重新配置，逐渐表现出传统要素创新化、业态融合化、生态化、定制化与规模化的发展趋势，对优化和提升旅游产业综合竞争力起到了非常重要的作用。

（一）旅游业传统要素创新化趋势

随着居民消费需求的不断变化，以吃、住、行、娱、游、购为代表的传统旅游要素创新趋势不断加强。吃的方面，单一以"吃"为主的传统餐饮产业与文化等要素融合性日益增强，地方特色餐饮街区、大型旅游餐饮中心及饮食文化节等现代餐饮产业日益涌现。住的方面，拓展了现有旅游"住"要素的范围，围绕休闲旅游、观光旅游、会展旅游等现代旅游的会展酒店、分时度假酒店及产权酒店不断出现。行的方面，伴随新技术的创新发展，首汽专车、曹操专车、美团单车等汽车、包机、自行车多种出行业务不断出现。娱的方面，以大型实景演艺、健康休闲、特色文化影视基地等为代表的娱乐项目逐渐与文化等要素深度融合，娱乐形式逐渐多样化。游的方面，影视文化基地、主题公园等现代旅游项目日益涌现。购的方面，以旅游参与式、大型旅游购物中心为代表的现代购物场景消费模式日益成为消费购物的主流。

(二) 旅游业融合化发展趋势

相对于传统旅游产业关联度低、产业边界相对清晰，旅游新业态的产业边界日益模糊，与三次产业的关联度逐步提高，旅游产业融合化趋势日趋明显。一方面，旅游产业内部资源整合趋势加强。围绕吃住行等旅游要素，旅游产业内部资源要素不断向旅游产业的上游及下游拓展，形成了一体化、混业经营的发展格局，专业性、综合性强的大型综合旅游集团开始出现，连锁化、集团化、特色化、跨国式的旅游实体逐渐成为旅游产业发展的主流。另一方面，旅游产业与相关行业的融合也日渐强化。围绕文化、科技、生态、地产等要素，旅游资源要素与相关产业之间的创新点不断交叉融合，创新(意)资源(工农业、动漫游戏等转化为旅游资源)逐渐成为旅游新业态的核心要素。生态旅游、工业旅游、研学旅行等现代旅游形式不断涌现。

(三) 旅游业生态化发展趋势

优越的生态环境和生态资源是旅游产业发展的基础，旅游新业态不再以经济效益为主，兼顾生态效益，而是实现生态效益、社会效益和经济效益的统一，旅游生态化日趋显著。一方面，本质上，旅游资源和生态资源是共生关系，山、水、田、林、空气等生态资源与文化等旅游资源具备深度融合的基础。同时，随着居民消费水平的提高及健康意识的增强，旅游业生态化具有较强的市场需求。另一方面，以休闲旅游、观光旅游、健康旅游等为代表的旅游生态化新业态，深度挖掘、叠加旅游资源价值，充分满足了消费者求新、求异、求美、求知的高标准需求。

(四) 旅游业定制化与规模化发展趋势

当前，传统旅游业态已经难以满足消费者个性化、多样化、差异化的消费需求，旅游定制化与规模化趋势增强。随着消费者对传统旅游疲倦度的提高，对旅游产品的文化价值和审美价值认同提出了新的要求，尤其是观光、休闲、度假、购物、养生、探险等多样化旅游诉求逐步增加，蕴含旅游产品的艺术价值、文化内涵及优质服务的个性化服务，逐渐成为旅游产业发展的新方向，医疗、探险、公务、修学、会展旅游等个性化、定制化旅游产品不断出现。但是，个性化的旅游服务面临较高的运营成本，难以实现利润最大化，而通过产品的规模化能够有效地降低产品成本，取得规模效益，也使得定制化旅游逐步规模化运营。

第二节 智 慧 旅 游

一、智慧旅游的概念

智慧旅游是在智慧地球和智慧城市基础上提出的全新概念，随着智慧地球理念在世界各地深入推广，智慧旅游发展已经引起了各国政府和产业界的广泛重视与热烈响应。而我国更是将智慧旅游提升到了政府战略的高度，随着智慧旅游城市试点和智慧旅游景区试点的规划与建设，我国的智慧旅游发展实践已经取得了一定的成就。

　　智慧旅游，就是利用云计算、物联网等新技术，通过互联网/移动互联网，借助便携的终端上网设备，主动感知旅游资源、旅游经济、旅游活动、旅游者等方面的信息，及时发布，让人们能够及时了解这些信息，及时安排和调整工作与旅游计划，从而达到对各类旅游信息的智能感知、方便利用的效果。

　　智慧旅游的意义，就在于提高旅游业技术含量，加大旅游产品的增值服务能力，从提升行业人才结构，增强游客旅游体验等方面更好地体现现代服务业的优势，从而达到建设人民群众更加满意的现代服务业的要求。

　　首先，通过智慧旅游建设，将旅游带动地区经济发展所涵盖的六大元素（行、食、住、游、娱、购）进行有序的整合，为游客提供便捷的服务，使旅游经济效应最大化。其次，通过智慧旅游建设，提高旅游生态环境检测和保护的能力，提高对游客及工作人员的安全检测和保护能力，提高对街区综合管理监控能力，提高旅游业务的营销和服务能力。最后，通过智慧旅游建设，使街区商家经营与旅游内容更有效地进行结合，拓展街区商家的营销宣传渠道，为其发展创造更多机遇。

二、智慧旅游的内涵与特征

　　智慧旅游的本质是要为旅游者进行旅游活动的全过程提供个性化、泛在化的旅游信息服务，从而为旅游者创造便利化、个性化、智慧化的旅游体验。而为了达到这一目的，就要求旅游经营者和旅游管理者依托云计算、物联网和移动互联网等信息通信技术，实现旅游信息组织方式、旅游管理方式、旅游营销方式、旅游服务方式的智慧化运作与管理。智慧旅游发展涉及旅游业各个部门，必将推动旅游业的全面转型升级。

（一）智慧旅游的内涵

　　智慧旅游的内涵主要体现于以下五个方面。

　　1. 智慧旅游的根本目的是提升旅游者的体验质量

　　首先，智慧旅游是为个体而非群体提供的旅游信息服务，传统的旅游信息服务是面向所有旅游者和潜在旅游者的非定制化服务，如通过电视、广播、互联网、印刷品、群发短信等为旅游者提供各种旅游信息服务，这些旅游信息服务需要旅游者自己进行判别和选择，才能被旅游者利用起来；而智慧旅游则通过利用各种平台和系统使旅游信息的采集、共享与调用过程更加方便，降低旅游信息服务成本，提高旅游信息服务效率，形式更加灵活多样，最大限度地满足了旅游者的个性化、定制化需求。其次，由于移动智能终端的应用与普及，使得旅游者能够借助智慧旅游手段在任何时间、任何地点享受旅游信息服务，促使旅游信息走向泛在化，极大地方便了旅游者出游，提升了旅游体验。

　　2. 智慧旅游的主要表现形式有智慧旅游服务、智慧旅游管理、智慧旅游营销

　　智慧旅游服务是指通过信息通信技术的应用，使得游客在旅游信息获取、旅游计划决策、旅游产品预订支付、旅游目的地游览过程及回顾旅游评价等各个旅游活动环节中享受到智慧旅游带来的全新旅游体验。智慧旅游管理是指通过信息通信技术的应用，实现旅游景区内部管理部门与服务部门之间及旅游景区与交通、卫生、质检、公安、工商、金融等外部部门之间全面信息共享与协作联动，提高旅游服务效率，提升旅游者体验质量。智慧旅游营销是指通过信息通信技术的应用，构建智慧旅游平台，借助物联网、移动互联网技术实现旅游信息

快速、有效传输与共享，为旅游者提供导航、导游、导览、导购等基本服务。

3. 智慧旅游要面向四大应用对象

智慧旅游不仅能够向旅游者提供便捷的旅游信息服务，还能够向政府、旅游企业、旅游目的地居民提供大量的旅游信息服务，有助于实现旅游经营部门、旅游管理部门及旅游目的地整体之间融合发展，促使旅游者和旅游目的地居民之间关系更加和谐，提升旅游业发展的经济效益、社会效益和环境效益。同时，由于智慧旅游发展涉及众多社会部门之间的协调与联动，智慧旅游的发展也不能单纯依赖旅游经营者和旅游管理部门的努力，还需要依赖整个社会信息化水平的提高。

4. 新一代通信技术是智慧旅游发展的技术支撑

智慧旅游的发展必须依赖云计算、大数据、移动互联网和物联网等新一代信息通信技术才能实现。首先运用云计算、大数据、物联网等技术采集、转换、处理旅游信息，然后将其转换为视频、图片、文字、声音、动画等形式，最后通过移动互联网和互联网技术将其传输给持有移动智能终端的旅游者，从而实现向旅游者提供个性化、泛在化旅游信息服务的目的，这也说明智慧旅游是社会经济发展到一定阶段的产物，是旅游信息化发展的高级阶段。

5. 智慧旅游可以激励产业模式创新，驱动旅游业转型升级

随着经济新常态宏观发展背景的形成，旅游业迫切需要实现从传统的粗放式发展方式向集约式发展方式转变，需要实现从传统的要素驱动向创新驱动转变。智慧旅游通过网络使政府、旅游企业、旅游目的地居民、旅游者紧密地联结在一起，融合了智慧旅游发展理念和新一代信息通信技术，新的技术手段、新的营销方式、新的管理方式、新的服务方式和产业发展模式将会激励旅游企业和管理部门创新发展。

（二）智慧旅游的特征

智慧旅游区别于传统旅游模式的基本特征主要表现在以下方面。

1. 基础设施的现代化

智慧旅游的基础设施既包括基于旅游目的地层面的智慧旅游综合管理平台、智慧旅游公共服务平台、旅游信息数据库、旅游信息安全体系等，又包括基于旅游企业层面通过物联网感知网络的各种视频监控设备、环境监控设备、电子门票与刷录设备、无线网络设备等，同时还包括旅游者携带的智能移动终端设备等。通过这些现代化的基础设施才能实现旅游信息的快速、准确采集及共享、交换、更新等，保障智慧化旅游服务、智慧化旅游管理、智慧化旅游营销的有效运作。

2. 信息服务的泛在化

智慧旅游借助物联网技术，通过各种平台和系统的感知体系获取吃、住、行、游、购、娱等方面的旅游信息，综合运用旅游咨询网站、旅游目的地门户网站、电话咨询、短信推荐等渠道，使游客能够在任何时间、任何地点通过移动智能终端及时且准确地获取各种旅游信息，使游客获得智慧化的旅游体验，为游客进行自助游、自导游、导航、导购、电子支付等提供方便。

3. 游客体验的互动化

游客体验的互动化体现在两个方面：一是智慧旅游通过旅游信息服务的个性化定制功能，主动或被动地感知游客的需求特征，有选择地为游客提供各种信息服务，实现游客与旅游信息服务设施之间的智能互动；二是智慧旅游可以为游客、旅游目的地政府管理部门和旅游企

业之间的互动与交流提供便捷的交互平台，及时将旅游者的需求、意见和建议反馈给管理部门和旅游企业，帮助管理部门和旅游企业及时改善旅游产品和旅游服务。

4. 经营管理的协同化

智慧旅游需要旅游企业内部各部门及旅游企业与交通、气象、卫生、安全、环境等外部部门之间通过智慧旅游平台和系统进行协同与配合，整合利用各种社会资源，及时共享与交换各种信息，为游客提供更全面、更贴心、更及时的旅游服务；通过信息共享与应用协同，有效配置资源，提高快速响应与应急管理能力。旅游经营管理的协同化可以推动旅游企业与旅游目的地之间的融合发展、协同运作，使旅游经营与旅游管理更加科学、有效。

5. 产业发展的集约化

智慧旅游将借助信息技术对传统旅游产业进行改进和创新，全面整合旅游资源和旅游产业链条，创造产业发展的新模式和新形态；推动传统旅游营销模式向现代旅游营销模式转变，实现精准有效的网络营销；提高旅游产业链条的运作效率，促进旅游产业结构优化；推动旅游业实现由传统服务业向现代服务业转变，实现旅游业由粗放型发展向集约型发展转变。

知识链接

人大代表话文旅：科技力量带来智慧旅游新体验
——文旅产业转型升级步伐愈发坚定有力

近年来，随着文旅融合的深入，当前以数字化、网络化、智能化为特征的智慧旅游走进大众日常，其蓬勃发展为游客提供了多元化、高质量的体验和服务，也成为文旅产业转型升级的重要推手。

"十四五"规划纲要明确提出，要深入发展智慧旅游，创新旅游产品体系，改善旅游消费体验。各地也围绕"旅游+科技"展开了诸多探索实践，积累了丰富的经验。

智慧旅游作为一个系统工程，平台建设成为代表、委员关注的焦点。2023年，山东省文化和旅游厅"十大行动"中专门提出"科技赋能行动"，丰富数字文旅新场景，完善"好客山东　云游齐鲁"智慧文旅平台建设，提升智慧化文旅服务。"在全域旅游不断拓展的背景下，智慧旅游既是提升游客满意度、获得感的必然要求，也是推动文旅产业提质升级的必由路径。科技赋能正在推动山东文旅融合高质量发展。"全国政协委员孔维克建议，各地要加快智慧旅游基础业态建设，通过深化"互联网+"旅游场景化，推出更多智慧旅游景区、项目，不断丰富智慧文旅新场景。

"四川也正在加快建设'智游天府'，打造一个政府、企业和公众游客信息共享的平台。"全国政协委员宋秋介绍，前端的信息营销、过程中的监管及售后服务都可以通过智慧旅游不断优化和完善。汇集数据为产业发展和游客服务做好指导，为企业引流赋能，也为游客带来更好的消费体验。

宋秋特别提到"拥抱技术"，她建议，政府要做好政策引导，鼓励企业在数字化转型中，以符合老百姓文旅消费需求为投资方向，推出更多高质量的智慧文旅产品。

在数字技术的加持下，具有浓郁历史感和鲜明地方风情的历史文化街区也能焕发出新的活力。2023年，全国政协委员、黑龙江省政协副主席迟子建就带来了《关于建立历史文化街区数字化联盟的提案》。

"历史文化街区多设有特定场景和时段的现场表演，但由于受场地、时间和表演方式等方面的限制，此类文化活动的传播力不够广泛。"迟子建建议，大力开发数字化应用场景，提供场景地图、语音讲解、线上体验式历史文化展厅等服务功能，实现对历史文化街区的数字化呈现。同时，开通街区文创产品、特色食品等线上购买渠道，进一步弘扬民族文化遗产，激发文旅消费市场活力。

"科技的应用，让旅游预订、导览、排队等环节变得更加高效，大大丰富了文旅场景，裸眼 3D、全息影像及元宇宙等技术，让'诗与远方'好看好玩、有趣有料。"全国政协委员、河北旅游投资集团总会计师韩谦认为，相关数据将为之后的个性化、定制化旅游提供科技支撑，提升旅游营销，激活新市场。韩谦介绍，河北旅游投资集团专门组建数字科技公司负责开发拓建集团智慧景区、智慧营销数字化信息平台等。他建议，伴随新科技的不断涌现，政府和相关企业一定要重视旅游数据的深入挖掘，把旅游数据当成一种重要的战略资产。

作为知名的智能语音和人工智能上市企业，科大讯飞近年来在智慧文旅场景中进行了不少实践。"我们的 AI 虚拟人已经应用于不少景区。"全国人大代表、科大讯飞董事长刘庆峰介绍，AI 虚拟人可以开展虚拟讲解、艺术普及和交互体验等数字化服务。比如，以新颖、特别的讲解模式推介景区特色、行程路径、美食介绍等；通过开发沉浸式体验项目，为游客提供全面的资讯服务。

AI 赋能文旅行业，有着无限可能。刘庆峰建议，应加强塑造中国文化特色的原创 IP 开发和转化，打造更多具有广泛影响力的数字文化品牌，推动数字艺术在重点领域和场景的应用创新，更好传承中华美学精神。

"智慧只是方式，其根本仍是支撑文旅产业发展的文化根基和自然瑰宝。"全国人大代表曾莲英建议，发展智慧旅游仍应以讲好中国故事为着力点，围绕"智慧旅游""元宇宙"等风口概念，深度挖掘传统文化的精髓，挖掘自然生态的魅力，用人工智慧、大数据、云计算等智慧科技，不断丰富旅游消费供给，满足个性化、多样化的需求，实实在在地做好线下体验这篇大文章。

（资料来源：文化和旅游部政府门户网站，2023 年 3 月）

三、智慧旅游的"智慧"层面

对比传统旅游，智慧旅游有着鲜明特色，主要体现在智慧旅游管理、智慧旅游服务、智慧旅游营销三个层面。智慧旅游发展应紧紧围绕这三个层面，让智慧旅游更加"智慧"。

1. 以大数据技术实现智慧旅游管理

智慧旅游管理通过现代化技术，准确获取旅游活动信息和旅游景区经营信息，完成对旅游行业的实时监管。通过主动获取游客信息，智慧旅游管理的质量和效率得以提升，形成全面的数据分析，有助于实现旅游活动的科学管理。同时，智慧旅游管理还能够帮助旅游景区改善经营，提升旅游景区竞争力，提高游客满意度。利用大数据技术，管理者能够收集和整理旅游相关信息，对旅游者和旅游景区进行精准分析，不断促进旅游管理优化，推动旅游产业整体发展。

旅游管理朝着更加智慧的方向发展，主要体现在以下几个方面：第一，满足不同主体利益诉求。通过大数据技术，能够有效获取多元主体信息，了解不同主体的利益诉求，从而确保旅游景区能够满足旅游者需求、旅游行业主管单位能够满足旅游景区需求。当不同的利益诉求得到满足时，旅游行业就会朝着积极的方向发展。第二，减少过度行政干预。在旅游产业发展过程中，政府及相关部门具有监管义务，但不应过度干涉。利用大数据技术收集和分析数据，能够有效减少政府及相关部门的主观干涉，让政府及相关部门仅仅扮演监管者角色，让旅游产业发展更多依赖于市场化运行机制。第三，设置科学、合理的评分细则。智慧旅游管理应从主观判断向客观量化考核转变，通过设置考核指标，对旅游景区进行严格的考核监督，以评分和排名的方式对旅游景区进行区分，优先推荐达标景区。例如，北京市在开展智慧旅游管理时出台了《北京智慧景区建设规范》，其中制定了共 1 000 分的评分细则，内容涉及综合管理、游客服务、互动体验等 8 个主要方面，包括 200 余个指标。通过这些量化的指标，实现对旅游景区的智慧管理，确保景区能够符合游客需求，让游客满意。

2. 以专业人才培养提升智慧旅游服务

在智慧旅游服务过程中，人才是提高服务质量的关键，高校和旅游景区都应做好人才培养工作，确保旅游服务人员具有专业性，能够满足游客的服务需求。值得注意的是，在智慧旅游时代，旅游服务人员不仅要对景区有充分的了解，能够灵活掌握各类景区知识，更要熟悉电子设备的应用，帮助游客提升智慧旅游体验。专业人才培养是智慧旅游服务的关键，随着旅游从业人员素质和能力不断提高，智慧旅游服务水平也会不断提升。

专业人才的培养可以通过以下几个渠道。

第一，建立旅游专业信息化实验室。旅游专业人才培养应与时俱进，借助信息化实验室提高人才培养的专业度。高校应提高旅游教学质量，转变旅游教学方向，既要学习相应的理论知识，又要培养旅游人才的信息化能力。信息化实验室能够让学生模拟智慧旅游、智慧酒店、智慧门禁、智慧饮食等多方面内容，让学生仿佛置身于工作岗位，提升信息化能力。

第二，为高校与旅游景区搭建桥梁。高校应完成与旅游景区的对接，根据旅游景区人才需求开展培训活动，并签订相应的人才供给合作，实现人才培养直接输送景区，既满足旅游景区人才需求，又提高高校就业率。同时，当高校完成对人才的基础培养后，旅游景区也可以为人才提供实践基地，让高校学生在理论和实践方面得到双重提升。

第三，丰富旅游课程。一直以来，高校对旅游专业人才的培养以传统旅游教材为主，教材内容也是以理论知识讲解为主，使得学生无法适应岗位的最新要求。高校应丰富旅游课程，对专业旅游课程加以补充，可以通过互联网、旅游平台等获取关于旅游实践的知识内容，将这些内容纳入日常的教学体系，补充原有的理论教材，让学生更加适应旅游市场发展的需求。同时，提升师资力量，聘请具有社会实践经验的从业人员开展授课，提高课程的实践效果。以安徽智慧旅游人才培训计划为例，安徽智慧旅游人才培训推出"现代学徒制"，聘请资深旅游行业专家入驻校园，为旅游专业学生授课，不仅有效提升了学生的理论基础，还让学生了解到丰富的旅游从业知识，培训效果明显提升。

3. 以互联网平台促进智慧旅游营销

智慧旅游营销主要是通过平台数据分析，了解和挖掘旅游者兴趣点，引导和帮助企业制定符合市场需求的旅游项目，并借助网络平台开展旅游产品市场营销，提高旅游产品的营销效果。传统的旅游营销主要是由景区与旅行社达成营销合作项目，由旅行社负责推广旅游项目，并从中抽取提成。这种营销方式导致景区营销成本提高，并且将营销的主动权交给他人，缺点较为明显。在智慧旅游时代，景区应更多依赖自身开展市场营销活动，借助网络平台提高营销效率、降低营销成本，确保景区能够持续性发展。

互联网平台将是未来智慧旅游营销的最主要渠道，具有广泛的影响范围、大规模的受众群体。利用互联网平台促进智慧旅游营销可从以下几个方面入手。

第一，以互联网市场营销准确定位受众群体。随着旅游产业的不断发展，越来越多的"90后""00后"成为旅游市场的最主要消费群体。年轻群体伴随着互联网成长，智慧旅游营销应以互联网为主要渠道，向青年旅游群体进行宣传，帮助其选择参与景区旅游活动。

第二，与互联网平台开展市场营销合作。随着"去哪儿网""驴妈妈旅游网""途牛网"等一批旅游网络平台崛起，这些网络平台承担了从机票购买、门票购买，到酒店安排、餐饮服务的工作，形成了完善的"一条龙"服务。智慧旅游营销应选择与这些网络平台进行合作，以此提高宣传效果，也有利于减少自建网络平台产生的高额费用。同时，微博、微信也是开展网络旅游营销的主要阵地，景区应积极建立官方微博、官方微信，通过这些渠道宣传旅游景区亮点，并及时与旅游者进行沟通，开展互动式营销。

第三，基于游客需求调整旅游营销活动。旅游景区每天都有着大量游客涌入，要对这些游客做好信息收集工作。可以通过建立QQ群、微信群等方式，定期对游客进行回访，了解游客对景区的评价，这样既能够拉近景区与游客的距离，又能够获取相关的数据信息。当旅游景区充分了解游客的需求以后，就可以根据游客意见进行旅游营销方案修正，甚至基于游客需求重新设置营销方案，以此提升客户满意度。同时，在充分获取游客信息之后，也应当基于游客的需求选择，定期向游客发送宣传信息，鼓励游客再次消费，提高企业的市场营销效率。例如，故宫博物院通过官方微博对馆内藏品进行展示，不仅为旅游者提供了丰富的视觉体验，也带动了旅游者亲身走进故宫博物院的热情，借助官方微博的市场营销，故宫博物院游客数量大大增加。

案例链接 12-1

河北加强 5G+智慧旅游协同创新

为推进河北省5G+智慧旅游建设，近日，河北省工业和信息化厅、省通信管理局、省文化和旅游厅联合印发《关于加强5G+智慧旅游协同创新发展的通知》（以下简称《通知》）。

《通知》明确了河北省到2025年5G+智慧旅游发展的阶段性目标：旅游场所5G网络建设基本完善，5G融合应用发展水平显著提升，产业创新能力不断增强，5G+智慧旅游繁荣发展；"河北省文化和旅游云""河北公共文化云""一部手机游河北"充分发挥5G优势，持续推进平台功能拓展优化；智慧旅游景区示范点达到40家，文化和旅游科技创新应用示范项目（案例）达到40个。

《通知》提出，实施9项重点工作，具体包括加强重点旅游区域5G网络覆盖、开放重点单位网络建设资源、创新5G+智慧旅游服务新体验、探索5G+智慧旅游营销新模式、提升5G+智慧旅游管理能力、加强5G+智慧旅游产品供给、增强5G+智慧旅游主体创新活力、打造5G+智慧旅游示范标杆、建设5G+智慧旅游样板村镇。

（资料来源：文化和旅游部政府门户网站，2023年6月）

第三节　研 学 旅 行

研学旅行是教育与旅游两个领域融合而成的新事物,"研学旅行"一词在我国出现较晚,2013年2月,国务院办公厅印发的《国民旅游休闲纲要》才首次提出,在国外称修学旅行、修学旅游、教育旅游、游学等。2018年,中国旅游研究院等发布的《中国研学旅行发展报告》指出,未来3~5年中国研学旅行市场总体规模将超千亿元,不仅市场规模扩大,涉足研学旅行的机构也很多,有学校、培训机构、旅行社,以及基地、营地单位、研学旅行服务机构。在此情形下,厘清研学旅行的基本概念和本质特征,以规范研学行为和市场,显得十分必要和重要。

一、研学旅行的定义

随着中小学研学旅行的推广实施,旅游领域学者对研学旅行的概念进一步研究界定,如朱立新教授提出研学旅行定义有广义和狭义两种界定方式:广义的研学旅行是指以研究性、探究性学习为目的的专项旅行,是旅游者出于文化求知的需要,暂时离开常住地,到异地开展的具有文化性质的旅游活动;狭义的研学旅行特指由学校组织、学生参与的,以学习知识、了解社会、培养人格为主要目的的校外考察活动。

二、研学旅行的分类

关于研学旅行,可以根据教学、研究、运营等实际需要,采用不同的分类方法。为便于研究和匹配行业,借鉴教育部门和文化和旅游部门重要文件中的一般做法,根据研学资源的类型和研学主题内容的不同,对研学旅行进行了分类。

(一) 根据研学资源的分类

文化和旅游部门发布的《研学旅行服务规范》中,将研学旅行产品按照资源类型分为知识科普型、自然观赏型、体验考察型、励志拓展型、文化康乐型5种,研学旅行也可照此进行划分。

1. 知识科普型研学

知识科普型研学主要包括依托各种类型的博物馆、科技馆、主题展览、动物园、植物园、历史文化遗产、工业项目、科研场所等资源开展的研学旅行活动。

2. 自然观赏型研学

自然观赏型研学主要包括依托山川、江、湖、海、草原、沙漠等资源开展的研学旅行活动。

3. 体验考察型研学

体验考察型研学主要包括依托农庄、实践基地、夏令营营地、团队拓展基地等资源开展的研学旅行活动。

4. 励志拓展型研学

励志拓展型研学主要包括依托红色教育基地、大学校园、国防教育基地、军营等资源开展的研学旅行活动。

5. 文化康乐型研学

文化康乐型研学主要包括依托各类主题公园、演艺影视城等资源开展的研学旅行活动。

（二）根据研学主题的分类

学校和教师组织研学旅行时要根据教学课程目标，并基于学生发展的实际需求，设计活动主题和具体内容，教育部也把具有主题课程作为遴选命名国家级研学实践教育基地营地的重要条件。据此，我们根据主题内容的不同，将研学旅行活动分为如下六种类型。

1. 优秀传统文化主题研学

优秀传统文化主题研学主要指依托旅游服务功能完善的文物保护单位、古籍保护单位、博物馆、非遗场所、优秀传统文化教育基地等单位开展的研学旅行，目的是引导学生传承中华优秀传统文化核心思想理念、中华传统美德、中华人文精神，坚定学生的文化自觉和文化自信。

2. 革命传统教育主题研学

革命传统教育主题研学指主要依托爱国主义教育基地、革命历史类纪念设施遗址等单位开展的研学旅行，目的是引导学生了解革命历史、增长革命斗争知识、学习革命斗争精神、培育新的时代精神。

3. 国情教育主题研学

国情教育主题研学指主要依托体现基本国情和改革开放成就的美丽乡村、传统村落、特色小镇、大型知名企业、大型公共设施、重大工程等单位开展的研学旅行，目的是引导学生了解基本国情及中国特色社会主义建设成就，激发学生的爱党、爱国之情。

4. 国防科工主题研学

国防科工主题研学指主要依托国家安全教育基地、国防教育基地、海洋意识教育基地、科技馆、科普教育基地、科技创新基地、高等学校、科研院所等单位开展的研学旅行，目的是引导学生学习科学知识、培养科学兴趣、掌握科学方法、增强科学精神，树立国家安全意识和国防意识。

5. 自然生态主题研学

自然生态主题研学指主要依托自然景区、城镇公园、植物园、动物园、风景名胜区、世界自然遗产地、世界文化遗产地、国家海洋公园、示范性农业基地、生态保护区、野生动物保护基地等单位开展的研学旅行，目的是引导学生感受祖国大好河山，树立保护自然生态环境的意识。

6. 劳动实践主题研学

劳动实践主题研学指主要依托工业、农业、商业或服务业的生产基地或产业园等资源单位开展的研学旅行，目的是教育引导学生树立正确的劳动观，养成尊重劳动的情感，形成热爱劳动的习惯，学习基本的劳动技能。

（三）根据地理范围的分类

旅游学中按旅游者到达目的地的地理范围不同，将旅游活动分为国际旅游和国内旅游。据此可将研学旅行分为国际研学旅行和国内研学旅行。

1. 国际研学旅行

国际研学旅行指青少年学生跨国境进行的研学活动，分为入境研学旅行和境外研学旅行，如短期留学、访问友好学校、冬令营、夏令营等。

2. 国内研学旅行

国内研学旅行指我国青少年学生在国内进行的研学活动，如冬令营、夏令营、游学、中小学生研学旅行等。

三、研学旅行的基本特征

研学旅行强调"读万卷书，行万里路""游中学、学中游"。在研学旅行活动中，学习是目的，旅行是手段，实施者通过旅行中开展的各种教育活动和学生的亲身体验，来实现综合实践育人的目标。它具有如下基本特征。

（一）校外活动

研学旅行强调的是学生走出校门，走进自然和社会去学习，接受一种完全不同于学校教育的学习方式。学生在校内开展的一些兴趣小组实验、俱乐部活动、体育活动、校园文化活动等都不符合研学旅行的范畴。

（二）主体固定

广义的教育旅游的主体可以是任何抱着学习求知目的旅行人，并不一定是学生，但研学旅行的主体明确为青少年学生。因此，在进行研学旅行前期设计、课程开发、服务机构与研学基地营地选择时，都要结合青少年学生的兴趣爱好和身心特点，科学编制研学内容、时间安排、活动距离、线路规划等。

（三）目的明确

研学旅行以"立德树人、培养人才"为根本目的，与一般的旅游活动不同，它是有目的、有意识地作用于学生身心变化的教育活动。学校组织研学旅行活动一定要围绕鲜明的主题来开发课程和设计线路，一定要有明确的活动主题、活动目的、活动方式，能起到培养学生社会责任感和创新精神，提升学生实践能力和核心素养的作用。

（四）学校组织

研学旅行主要是由学校组织的集体教育活动。它不同于家长自发组织或其他社会团体组织的群体活动。研学旅行以年级或班级，乃至以学校为单位进行。"活动有方案，行前有备案，应急有预案"，学生在研学指导师的带领下一起活动，共同体验，相互研讨。

（五）产品多样

随着研学旅行不断完善和深入，研学产品越来越多元化。除了以知识科普，自然观赏、体验考察、励志拓展、文化康乐等主题研学产品频频出现外，以现代动漫、影视、体育、科技、文学、历史、生物、探秘等特色研学产品正成为研学旅行的热点。

（六）互动体验

研学旅行在学习过程中强调学生必须要有体验和互动，不是停留在看一看、玩一玩的"走马观花"形式上，而是要有动手制作、动脑思考、动口表达互动的机会。由此，研学旅行活动的开展应该让学生全程真正地参与其中，寓教于乐，寓乐于教。

（七）跨界融合

研学旅行需要学校、培训机构、旅行社，以及基地营地单位、研学旅行服务机构等多个行业、多种机构跨界融合，共同推动。只有各行各业彻底整合，才能推进研学旅行快速、高质量发展。例如，研学与科技融合，可以将各类展馆、科技园区等打造成科技体验研学基地；研学与农业结合，可以将现代化农业示范区打造成研究型或体验类农业研学基地。据有关研究报告，未来3~5年中国研学旅行市场总体规模将超千亿元，届时研学旅行跨界融合的特点将更加明显。

（八）多方联动

研学旅行工作是一项系统工程，需要国家宏观层面的政策支持、中观层面的学校与行业的支持、微观层面的专业服务机构与企业的支持，形成政府统筹协调、社会多方支持、各行各业联动的良性机制，这样才能整体推进中小学生研学旅行的全面实施。

案例链接 12-2

广西"力行学堂"研学旅行品牌亮相

由广西壮族自治区文化和旅游厅主办，中国—东盟青少年文化艺术中心、广西博物馆承办的"力行学堂"广西研学旅行品牌2023春季推介会在南宁举办。

广西壮族自治区文化和旅游厅有关负责人表示，"力行学堂"品牌的推出是广西研学旅行的新起点，是文化和旅游深度融合发展的新路径、新模式、新领域。全区各级文化和旅游部门要进一步加大特色文旅产品供给，推进文化和旅游的深度融合、各类资源的有机整合，努力创建一批高标准的研学旅行基地，培养一批高素质的研学旅行指导师，开发一批高品质的研学旅行产品，推出更多具有地域特色的研学旅行精品路线，共同打响"力行学堂"广西研学旅行品牌。

推介会上，南宁市、桂林市、贵港市、广西博物馆分别进行了研学旅行精品路线推介，现场设置了20条广西研学旅行精品路线展，涵盖广西14个设区市各研学旅行景区及课程，涉及农耕、非遗、工业、红色、民俗等。

推介会后，"力行学堂"首批研学旅行路线体验营正式发团。相关主题活动也同时开展，如在广西博物馆民族文物苑举办的"力行学堂"研学旅行市集，邀请了来自广西相关研学基地及机构的代表，通过展览展示、研学课程体验、研学特色文创展出等方式，为市民游客带来沉浸式研学旅行体验。

（资料来源：文化和旅游部政府门户网站，2023年4月）

第四节　生态旅游

当今生态旅游已成为世界旅游业的热点和一种旅游时尚。20世纪末，随着世界经济的发展，人类生存环境逐渐恶化，人类面临着生存环境危机，全球兴起了保护自己生存环境的绿色浪潮。旅游者渴望有一个绿色的旅游环境。在世界各国绿色

视频：生态旅游

浪潮的推动下，生态旅游作为"回归大自然"的"绿色旅游"应运而生。

一、生态旅游的概念

国际自然保护联盟（IUCN）特别顾问、墨西哥专家豪·谢贝洛斯·拉斯喀瑞1983年首次在文章中使用"生态旅游"这一概念。它不仅被用来表示所有的观光自然景物的旅游，而且强调被观光对象不应受到损害，是在可持续管理的思想指导下开展的旅游活动。随着经济的增长、科学技术的发展和社会的进步，一方面，在人们生活水平日益提高的同时，人们的生活环境和生活质量却面临下降的威胁，广大旅游者对回归大自然、欣赏大自然美景、享受原野风光和自然地域文化的需求与日俱增；另一方面，却面临着许多旅游区已不同程度地遭受到污染和破坏的被动局面，有些旅游区的环境和生态污染十分严重，影响了旅游业的进一步发展。因而，如何使旅游业的增长与环境保护协调发展，怎样既发展旅游业又保护好自然生态环境；既开发旅游资源又保证持续利用，诸如此类的问题迫切需要寻求新的解决方法和应对措施。因此，生态旅游这一内涵丰富的概念便应运而生了。

"生态旅游"概念一经提出，世界上很多组织和研究者就从不同的角度对生态旅游进行了界定，但至今尚未有一个统一认可的定义，对生态旅游的内涵也众说纷纭。虽然2002年被世界旅游组织定义为生态旅游年，并要求各会员组织相关的生态旅游活动，但是生态旅游只是一个口号，并没有在普通旅游人群中获得认可。

在中国，除了2004年由原国家林业局主办的范围相对狭窄的"中国森林生态旅游博览会"让业内过了一把"作秀"生态旅游的瘾，国内各旅游机构并不重视生态旅游的开发。而许多具备丰富的生态旅游资源的地方，当地官员并不重视推介。同时，国内外的主流旅游展会均以"高、大、全"的目标为主，不重视生态旅游展示。另外，各地旅行社在组织线路上只重视热点旅游地区的开发，而缺少前瞻性眼光，不看重生态旅游的潜在市场。不过，随着党的十八大把生态文明建设确立为我国社会主义现代化建设"五位一体"总体布局的重要组成部分，生态旅游会越来越成为旅游的重要内容和形式。生态旅游的目标应该是：保护自然资源和生物的多样性，维持资源利用的可持续性，实现旅游业的可持续发展。为了更好地实现这一目标，生态旅游应该促进地方经济的发展，唯有经济发展之后才能切实地重视和保护自然；同时，生态旅游还应该突出对旅游者的环境教育意义，生态旅游的经营管理者也更应该重视和保护自然。在2002年召开的世界生态旅游峰会上，前世界旅游组织秘书长弗朗加利在致辞中指出："生态旅游及其可持续发展肩负着三个方面的迫在眉睫的使命：经济方面要刺激经济活力、减少贫困；社会方面要为最弱势人群创造就业岗位；环境方面要为保护自然和文化资源提供必要的财力。生态旅游的所有参与者都必须为这三个重要的目标齐心协力地工作。"2023年7月14日至18日在全国生态环境保护大会上，中共中央总书记、国家主席、中央军委主席习近平出席会议并发表重要讲话强调，今后5年是美丽中国建设的重要时期，要深入贯彻习近平新时代中国特色社会主义思想，坚持以人民为中心，牢固树立和践行"绿水青山就是金山银山"的理念，把建设美丽中国摆在强国建设、民族复兴的突出位置，推动城乡人居环境明显改善、美丽中国建设取得显著成效，以高品质生态环境支撑高质量发展，加快推进人与自然和谐共生的现代化。

二、生态旅游的内涵

（一）生态旅游的定义

自 1987 年 Ceballos Lascurain 正式提出"生态旅游"这一概念以来，大多数的研究都集中在对这一概念的界定上，但到目前为止还是没有一个统一的定义。

近年来国际生态旅游组织对生态旅游定义表述大概有以下几种。

（1）1993 年 9 月在中国北京召开的第一届东亚国家公园自然保护区域会议对生态旅游定义为：倡导爱护环境的旅游，或者提供相应的设施及环境教育，以便旅游者在不损害生态系统或地域文化的情况下访问、了解、鉴赏、享受自然及文化地域。

（2）国际自然与资源保护联合会（IUCN）对生态旅游的定义：生态旅游是到相对未受干扰的自然区域进行对环境负责任的旅行和游览，目的是享受和欣赏自然。它促进环境保护，旅游者的负面影响小，给当地居民提供社会经济利益。

（3）国际生态旅游协会对生态旅游的定义：生态旅游是具有保护自然环境和维系当地人民生活双重责任的旅游活动。

（4）2002 年 2 月，世界旅游组织在马尔代夫召开了"亚太地区生态旅游可持续性发展部长级会议"，大会一致认为：未来生态旅游是国际可持续发展的主流。

（5）国际生态协会将生态旅游定位为负"责任"的旅游，既要保护环境，又要维系当地人们生活。

目前，对生态旅游的理解虽然有所分歧，但在生态旅游的可持续性和对环境的保护上观点是一致的。本书倾向于将生态旅游定义为：以自然为基础的旅游、可持续性旅游、生态环境保护旅游和造福当地社区旅游的综合体。生态旅游的主要吸引物是基于自然的，生态旅游是"回归大自然"的"绿色旅游"；生态旅游要求保护环境和维系当地人民生活，生态旅游是"保护性旅游"和"可持续旅游"。

（二）生态旅游者

生态旅游者是生态旅游活动的主体，被认为是生态旅游业的核心，所以很多学者非常重视生态旅游者的研究。而什么样的旅游者才是生态旅游者呢？总结国内外相关的论述，可分为广义和狭义两类定义。广义的生态旅游者指的是到生态旅游区的所有旅游者。这类界定具有统计上的可操作性，但只是对旅游者行为现象的部分概括，并不能真正体现生态旅游的内涵。狭义的生态旅游者，仅指来到生态旅游区的对环保与经济发展负有一定责任的那部分旅游者。狭义的生态旅游者尽管不便于统计分析，但是反映了生态旅游的内涵，同时也涉及了生态旅游者的本质特征。

吴楚材认为生态旅游者至少具备两个特征：第一，生态旅游者的旅游动机是享受自然、认识自然、了解自然、亲近自然；第二，生态旅游者必须负有一定的环境责任。根据陈传康的行为层次理论，生态旅游者的行为可以分为 3 个层次：基本层次是亲近自然，提高层次是学习自然，专门层次是保护自然。

（三）生态旅游资源

"生态旅游资源"一词是随生态旅游活动而出现的概念，它是吸引生态旅游者"回归大自然"的客体，又是生态旅游活动得以实施和生态旅游得以形成和发展的物质基础。杨桂华认为："生态旅游资源是指以生态美吸引游客前来进行生态旅游活动，为旅游业利用，在保护的前提下，能够产生可持续的生态旅游综合效益的客体。"

郭来喜认为，在我国生态旅游资源的主要载体是自然保护区、森林公园、国家风景名胜区、海洋自然保护区、国家历史文化名城、国家重点文物保护单位、国家旅游度假区及动物园、植物园、野生动物繁殖中心、野生植物保存基地、生态研究站网体系等。吴楚材从生态旅游资源开发角度将生态旅游资源定义为："自然界和人类社会，凡能激发旅游者享受自然、认识自然、了解自然和亲近自然的旅游动机并能够为旅游业所利用，产生经济效益、社会效益和生态效益的客观存在。"他还从中国国情出发，强调"在我国开展生态旅游，生态旅游资源应该包括那些保护完好的原生生态环境和人工生态环境，也包括那些已经被破坏但仍然有观赏、学习、教育价值的生态环境，如沙漠"。森林中的空气负离子、森林植物释放出来的植物精气等都是很好的生态旅游资源。

三、生态旅游的特性

（一）生态旅游是一种保护生态环境的旅游

生态旅游强调旅游规模小型化，限定在承受能力范围之内，这样既有利于游客的观光质量，又不会对旅游造成大的破坏。生态旅游区的游客量要限定在旅游区生态环境承载力范围内，在旅游旺季要合理控制游客数量，避免给生态环境带来压力；生态旅游区要限制那些可能严重破坏生态环境的活动项目，如大兴土木等，并倡导那些对自然生态环境影响小的旅游项目，如拍照、观鸟、沿着规划好的生态安全通道徒步旅行等；生态旅游地不需要给旅游者提供不必要的舒适和服务，交通以徒步为主，同时应关注对生态旅游者环保意识等的教育和熏陶。

（二）生态旅游需要旅游者的参与与配合

生态旅游需要旅游者的参与与配合。旅游者应该尊重地方文化，不要把不良生活习惯带到旅游目的地；不要打扰野生动物；不要收集受保护和濒危的动植物和它们的样品；不要购买受保护和濒危的动植物或它们的制品；应将所有废物丢入垃圾桶，不要污染水和土壤。生态旅游可以让旅游者参与其中，在实际体验中领会生态旅游的奥秘，从而更加热爱自然，这也有利于自然与文化资源的保护。"除了照片什么也不带走，除了脚印什么也不留下"是生态旅游的基本准则。

（三）生态旅游是一种负责任的旅游

生态旅游是一种负责任的旅游。生态旅游需要对当地的环境负责任，要求在旅游过程中不破坏当地的自然生态环境系统；生态旅游需要对旅游的可持续发展负责任，在旅游发展过程中不能破坏或过度消耗旅游资源；生态旅游要对当地居民负责任，通过发展生态旅游，当地居民能从中获益，并且能主动参与到生态旅游中去。

（四）生态旅游目的地是一些保护完整的自然和文化生态系统

生态旅游的目的地是一些保护完整的自然和文化生态系统，亲近大自然、绿色环保、原生态是生态旅游的重要标签。在生态旅游地，游客往往可以观赏到原始的自然生态群落、珍稀的野生动植物，呼吸到新鲜的空气，空气中高浓度的负离子可以有效缓解游客的亚健康身体状况。在生态旅游地，游客参与生态旅游能够获得与众不同的经历，这种经历具有原始性、独特性的特点。

四、生态旅游资源的特性

（一）并非所有的自然旅游资源都是生态旅游资源

生态旅游资源与一般自然旅游资源的本质区别在于其环境质量较好。一些林木分泌不利于人类健康的物质，一些谷地、林地小气候恶劣，一些洞穴、湖泊、湿地有毒气，一些自然生态系统有致病的生物和微生物。所以，并非所有的生态系统、所有的生物群落都适宜开发生态旅游。应当指出，某些典型的生态环境退化地，也可作为生态旅游资源，如某些水土流失地等，对游客具有反面的教育意义。

（二）生态旅游资源不是旅游资源单体，而是旅游资源的集合体

环境容量较大的生态系统，生态旅游资源必须占有一定的空间，环境容量足以支持比较全面的生态旅游活动。生态旅游的游客要体验到优质环境，要开展人与环境和谐的活动，一些自然旅游资源单体是不足以满足这些旅游需求的。所以生态旅游资源不是旅游资源单体，而是旅游资源的集合体，是大大小小的生态系统，如一座山林、一片湿地等。

（三）生态旅游资源转化为生态旅游产品不宜过多地人为加工

如前文所述，生态旅游资源转化为生态旅游产品不宜过多地人为加工。人为加工多了，就会破坏生态环境，降低环境质量，削弱旅游资源的生态功能。如果某处生物群落可进入性极差，如果某处生态环境较好但区位环境偏僻，如果某处生态系统比较脆弱，如果某地的自然灾害频繁，如果某处生态系统是其他生态系统保持生态平衡的保障（如自然保护区核心区等），则这些地方的自然资源至少现在还不能成为生态旅游资源。

五、生态旅游资源的类型

（一）从空间分布角度分类

1. 山岳生态旅游资源

山岳由于人口和聚落稀少，生态旅游资源比较丰富。由于山体的高度和隔离作用，可作为生态旅游资源组成部分的植物、动物也比较多。山岳居民的生产、生活方式保留有不少与自然环境和谐之处，也是生态旅游资源的组成部分。山岳生态旅游资源呈垂直分布，而且具有多样性。我国山区面积占国土面积的大部分，山岳生态旅游空间十分广阔，生态旅游资源丰富而多样。图 12-1 为我国各类地形面积比例示意图。

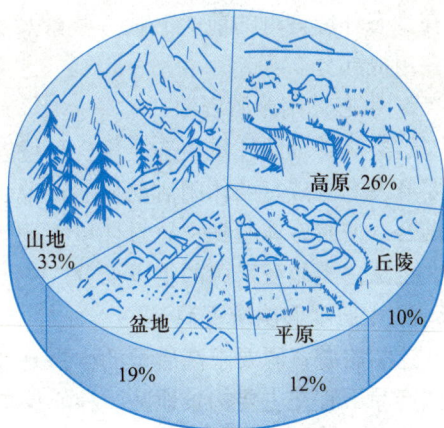

图 12-1　我国各类地形面积比例示意图

2. 河湖生态旅游资源

环境质量较高的河湖水域构成河湖生态旅游资源，其特点与滨海生态旅游资源类似。我国河川、湖泊众多，河湖生态旅游资源开发较多，应提高开发的深度和广度。

3. 滨海生态旅游资源

滨海生态旅游资源分布在海陆交界地带。由于海陆之间空气和水的往复运动，使海洋巨大的环境净化作用延伸到沿海陆上，虽然存在较密集的人群和聚落的影响，但滨海地带仍具有较高的生态质量。规模不大的海湾、海岛、半岛，海滩、岩岸、滨海林地、田野湿地及近岸水域等都是滨海生态旅游资源。滨海地带水中、陆上、空中多种多样的生物，大多数是生态旅游资源的组成部分。由于有海水作为生态旅游的活动载体，并且人类有天生的亲水习性，滨海生态旅游资源有较高的开发价值。我国是个海陆兼备、季风性气候的大国，海岸线漫长而曲折，滨海生态旅游资源开发前景较好。

4. 湿地生态旅游资源

湿地作为生态旅游资源，在我国是近年的事。例如，东北地区湿地生态旅游资源经评价，其价值不亚于森林生态旅游资源。我国湿地破坏严重，必须树立湿地生态环境保护意识。种类繁多的湿地生物是湿地生态旅游资源的组成部分。

5. 冰雪地带生态旅游资源

冰雪地带生态旅游资源除了山区、滨海、河湖、湿地、草原等地的冰雪覆盖地带之外，苔原、冰原地带的冰雪覆盖空间中也存在冰雪生态旅游资源。苔原、冰原地带的生态旅游资源具有远景开发价值。这种生态旅游资源环境脆弱，特别易受污染。

6. 绿洲生态旅游资源

荒漠并非毫无生机，平原和高原上的荒漠中也有绿洲生态旅游资源。我国荒漠面积较大，其中的绿洲生态旅游开发利用还很少，荒漠环境十分脆弱。

（二）从旅游产品开发角度分类

1. 生态观光旅游资源

这类旅游资源不但具有较高的生态质量，而且具有较高的景观观赏价值，同时具有多种感官吸引力。优质生态环境中的构景地貌、构景水体、构景生物群落、构景天象气象、突变遗迹及人为生态恢复景观等，均属生态观光旅游资源。这类旅游资源对可进入性要求不高，如封山育林也可，远望景观也可。有不少景观不美的生态旅游资源不宜开发观光旅游，少数可在生态环境许可的前提下做一些景观更新。野生或放养动物和珍稀植物是这类旅游资源的重要组成部分。

2. 生态休闲旅游资源

这类旅游资源注重生态质量、环境容量、环境多样性，对运动场地、景观审美要求不高。主要开发老少咸宜的休闲活动旅游产品，巧妙地将各种休闲活动，游艺竞赛与生态环境背景相结合，使游客体验到在异常环境下同类休闲活动所没有的乐趣。能与游客亲善的一些小动物，也是这类旅游资源的组成部分。

3. 生态度假旅游资源

这类旅游资源要求高质量的生态环境、较大的环境容量和聚落空间及优越的区位。开发度假产品不宜在主要构景地区、核心保护地区，可以依托已有小规模聚落。所处的地形部位、风向和水流位置都要有利于小气候、排污。位置最好接近风景名胜区。空间要能容纳较大的团队或会议。合格的生态度假旅游资源较少，不要忽视季节性的生态度假旅游资源，要充分利用纬度、海拔高度的差异。

4. 生态科考旅游资源

这类旅游资源也叫生态教育（修学）旅游资源。科学考察性质和游客性质，取决于生态性质和空间容量。生态修复工程、绿化种苗场、保护生物培育放养基地、环境质量监测处等均可作为生态科考旅游资源。这类资源一般包括游客参与生态建设的场所，如采集、植树、研究等场所。典型的生态退化景观也具有生态教育和生态科考的旅游价值。

5. 生态探险旅游资源

这类旅游资源必须具备风险性。复杂险峻的地形，茂密的森林，神秘的河谷、洞穴，浩瀚的荒漠、冰雪、海洋、湖沼，自然灾害频发地区等，生态质量好，可构成生态探险旅游资源。

案例链接 12-3

青海：打造国际生态旅游目的地

近日，青海省委相关负责人主持召开省委全面深化改革委员会第二十一次会议。会议传达学习二十届中央深化改革委员会第一次会议精神，深入学习贯彻习近平总书记考察青海重要讲话精神，强调要结合主题教育，坚持守正创新，突出问题导向，以改革的思路谋划推动工作、用改革的办法解决困难问题，把打造国际生态旅游目的地作为青海实现高质量发展、推动共同富裕的重要路径。

会议指出，打造国际生态旅游目的地是习近平总书记赋予青海的重大任务，也是青海推动高质量发展的重大机遇。要突出青海特色，坚守生态保护底线、完善生态旅游机制、彰显生态资源价值，以国际眼光看待优势潜力，以国际视野培育特色产业，以国际标准打造旅游品牌。要明确发展思路，分阶段、分区域构建打造国际生态旅游目的地的指标体系和政策支撑，将提升旅游品质的近期目标和打造"目的地"的远期目标相统一。要处理好保护和发展的关系，在保护生态的前提下有序发展，找到生态和旅游有效融合的路径，创新联农带农机制，让各族群众通过发展生态旅游产业实现增收致富。要充分发挥市场配置资源的作用，调动各类市场主体积极性，大力培育龙头企业，扶持中小微企业，鼓励和引导社会资本参与青海生态旅游建设。

会议强调，要强化组织协调，加大研究解决重点问题的力度，按照打造"高地"、建设"四地"重大要求，落实青藏高原生态保护法等法律法规，理顺规划层面的矛盾问题，丰富旅游品牌内涵，推动重点工作早日破题。加大宣传推介和旅游执法力度，强化正面舆论引导，围绕市场需求和游客需要，讲好青海故事，推介特色资源，展现青海魅力。

（资料来源：文化和旅游部政府门户网站，2023 年 7 月）

// 本 章 小 结 //

本章阐述了旅游业发展新趋势，以智慧旅游、研学旅行和生态旅游为典型阐述了旅游新业态的主要知识内容。从智慧旅游的概念、内涵与特征及"智慧"层面阐述智慧旅游的发展。从研学旅行的定义、分类和基本特征阐述研学旅行。从生态旅游的概念、内涵、特性，生态旅游资源的特性、类型阐述生态旅游。

∥ 同 步 练 习 ∥

一、填空题

1. 智慧旅游的本质是要为＿＿＿＿＿进行旅游活动的全过程提供个性化、泛在化的旅游信息服务，从而为旅游者创造＿＿＿＿＿、＿＿＿＿＿、＿＿＿＿＿的旅游体验。

2. ＿＿＿＿＿年＿＿＿＿＿首次使用生态旅游这一概念；＿＿＿＿＿年被世界旅游组织定义为生态旅游年。

二、单项选择题

生态旅游的最核心的理念是（　　　）

A. 体验和了解大自然　　　　　　　B. 猎奇和探险

C. 发展经济　　　　　　　　　　　D. 陶冶身心

三、多项选择题

1. 智慧旅游的主要表现形式有（　　　　）。

A. 智慧旅游服务　　　　　　　　　B. 智慧旅游管理

C. 智慧旅游营销　　　　　　　　　D. 智慧旅游导览

2. 依据研学资源的不同，研学旅行可分为（　　　　）。

A. 知识科普型　　　　　　　　　　B. 自然观赏型

C. 体验考察型　　　　　　　　　　D. 励志拓展型

E. 文化康乐型

3. 关于生态旅游，正确的表述有（　　　　）。

A. 是一种实现可持续发展的方式　　B. 不是一般意义上的自然旅游

C. 是遵循可持续发展原则的自然旅游　D. 不是可持续旅游发展原则，而是一种形式

四、简述题

1. 简述旅游新业态的发展趋势。

2. 简述智慧旅游的概念及特征。

3. 简述旅游新业态的内涵和特征。

4. 简述研学旅行的概念和特征。

5. 简述生态旅游的概念和特征。

∥ 实 训 项 目 ∥

实训内容：开展××市研学旅游发展状况的调研。

实训目的：深入体会研学旅游发展的特点和意义。

实训形式：分小组进行。

实训报告：以小组为单位形成一份实训报告，介绍××市研学旅游开展的现状和体会。

主要参考文献

[1] 王昆欣. 旅游概论 [M]. 北京：高等教育出版社，2021.

[2] 刘伟. 旅游概论 [M].5 版. 北京：高等教育出版社，2023.

[3] 罗明义. 国际旅游发展导论 [M]. 天津：南开大学出版社，2002.

[4] 何丽芳. 旅游学概论 [M]. 北京：清华大学出版社，2006.

[5] 苟胜东. 旅游学概论 [M]. 北京：中国发展出版社，2009.

[6] 李肇荣，曹华盛. 旅游学概论 [M]. 北京：清华大学出版社，2006.

[7] 张吉献. 旅游学概论 [M]. 北京：机械工业出版社，2011.

[8] 杨桂华. 生态旅游 [M]. 北京：高等教育出版社，2000.

[9] 钟林生. 生态旅游规划原理与方法 [M]. 北京：化学工业出版社，2003.

[10] 李天元. 中国旅游可持续发展研究 [M]. 天津：南开大学出版社，2004.

[11] 任黎秀. 旅游规划 [M]. 北京：中国林业出版社，2004.

[12] 张金霞. 旅游学导论 [M]. 北京：北京大学出版社，2012.

[13] 谢春山. 旅游学 [M]. 北京：北京理工大学出版社，2017.

[14] 席婷婷. 国内外旅游业发展现状和前景分析 [J]. 市场论坛，2017，(10)：69-72.

[15] 黄建男，沈尧. "互联网+"时代我国农业旅游产业融合发展研究 [J]. 改革与战略，2018，(3)：70-72，83.

[16] 兰卉. 产业融合背景下农业旅游发展新模式探究 [J]. 南方农业，2017，(33)：83-84.

[17] 孟铁鑫. 旅游业与农业的融合模式与发展对策研究 [J]. 商业经济，2018，(5)：48-50.

[18] 周昌芹. 产业融合背景下农业旅游的开发模式研究——以浙江省为例 [D]. 重庆：重庆师范大学，2012：1-52.

[19] 袁净. 基于产业融合的"步步升"旅游发展模式研究 [D] 武汉：华中师范大学，2011：1-64.

[20] 王国华. 论推进工业旅游产业发展的理念、路径与措施 [J]. 北京联合大学学报(人文社会科学版)，2019，(1)：47-54.

[21] 张友江. 做好工业旅游不"误"正业 [N]. 中国商报，2017.

[22] 薛婧，王恒. 体旅融合发展的路径选择 [J]. 旅游纵览，2019，(1)：47-48.

[23] 雷铭. 医疗旅游研究现状及启示 [J]. 中国卫生政策研究，2017，(7)：65-70.

[24] 郭又荣. 智慧旅游何以更加"智慧" [J]. 人民论坛，2019，(8)：76-77.

[25] 刘晓英. 产业融合视角下我国旅游新业态发展对策研究 [J]. 中州学刊，2019，(4)：20-25.

郑重声明

高等教育出版社依法对本书享有专有出版权。任何未经许可的复制、销售行为均违反《中华人民共和国著作权法》，其行为人将承担相应的民事责任和行政责任；构成犯罪的，将被依法追究刑事责任。为了维护市场秩序，保护读者的合法权益，避免读者误用盗版书造成不良后果，我社将配合行政执法部门和司法机关对违法犯罪的单位和个人进行严厉打击。社会各界人士如发现上述侵权行为，希望及时举报，我社将奖励举报有功人员。

反盗版举报电话　(010)58581999　58582371

反盗版举报邮箱　dd@ hep. com. cn

通信地址　北京市西城区德外大街 4 号　高等教育出版社法律事务部

邮政编码　100120

读者意见反馈

为收集对教材的意见建议，进一步完善教材编写并做好服务工作，读者可将对本教材的意见建议通过如下渠道反馈至我社。

咨询电话　400-810-0598

反馈邮箱　gjdzfwb@ pub. hep. cn

通信地址　北京市朝阳区惠新东街 4 号富盛大厦 1 座　高等教育出版社总编辑办公室

邮政编码　100029

资源服务提示

授课教师如需获得本书配套教辅资源，请登录"高等教育出版社产品信息检索系统"（http：//xuanshu. hep. com. cn/）搜索下载，首次使用本系统的用户，请先进行注册并完成教师资格认证。